广西中华民族共同体意识研究院系列丛书

广西中越边境地区兴边富民政策效应及“后脱贫时代”转型路径研究

马　静　刘金林　著

中国财经出版传媒集团
中国财政经济出版社

图书在版编目（CIP）数据

广西中越边境地区兴边富民政策效应及“后脱贫时代”转型路径研究 / 马静，刘金林著. --北京：中国财政经济出版社，2021.11

（广西中华民族共同体意识研究院系列丛书）

ISBN 978－7－5223－0979－8

Ⅰ.①广… Ⅱ.①马… ②刘… Ⅲ.①边疆地区－扶贫－研究－广西 Ⅳ.①F127.67

中国版本图书馆 CIP 数据核字（2022）第 016039 号

责任编辑：闫 娟　　　　责任校对：徐艳丽

封面设计：陈宇琰　　　　责任印制：刘春年

广西中越边境地区兴边富民政策效应及“后脱贫时代”转型路径研究

GUANGXI ZHONGYUE BIANJING DIQU XINGBIAN FUMIN ZHENGCE XIAOYING JI “HOUTUOPIN SHIDAI” ZHUANXING LUJING YANJIU

中国财政经济出版社 出版

URL：http：//www.cfeph.cn

E－mail：cfeph@cfeph.cn

社址：北京市海淀区阜成路甲 28 号　邮政编码：100142

营销中心电话：010－88191522

天猫网店：中国财政经济出版社旗舰店

网址：https：//zgczjjcbs.tmall.com

北京财经印刷厂印刷　各地新华书店经销

成品尺寸：170mm×240mm　16 开　25.75 印张　436 000 字

2021 年 12 月第 1 版　2021 年 12 月北京第 1 次印刷

定价：118.00 元

ISBN 978－7－5223－0979－8

（图书出现印装问题，本社负责调换，电话：010－88190548）

本社质量投诉电话：010－88190744

打击盗版举报热线：010－88191661　QQ：2242791300

前　　言

2017 年，习近平总书记在广西考察时强调，广西是革命老区，是贫困地区，也是边境地区、民族地区。脱贫攻坚工作做好了，边疆稳定、民族团结就有了坚实基础；边境建设搞好了，民族事业发展了，对打赢脱贫攻坚战也是极大促进。这几项工作是一个有机整体，要一并研究、同步推进。位于中国西南边陲的广西壮族自治区，与越南接壤，是中国唯一与东盟陆海相连的省区，在长度超过 1000 公里的陆地边境线上，分布着 8 个边境县（市、区），因而在深化与东盟开放合作、维护国家安全和西南边境稳定方面具有重要的战略地位。同时，广西是中国少数民族人口最多的自治区，有 29 个国家级贫困县和 20 个国际深度贫困县，因此是全国精准扶贫工作的重点地区，国家脱贫攻坚的主战场之一。2020 年，广西脱贫攻坚取得决定性成就，106 个有扶贫开发工作任务县（市、区）建档立卡贫困人口全部脱贫，5379 个贫困村全部出列，54 个贫困县全部“摘帽”。这意味着，全国少数民族人口最多的省份，历史性地告别了延续千百年的绝对贫困。在如期打赢脱贫攻坚战、全面建成小康社会的基础上，2021 年，习近平总书记在广西考察时对广西提出了“四新”要求，即要在推动边疆民族地区高质量发展上闯出新路子，在服务和融入新发展格局上展现新作为，在推动绿色发展上迈出新步伐，在巩固发展民族团结、社会稳定、边疆安宁上彰显新担当，建设新时代中国特色社会主义壮美广西。

治国必治边，实施兴边富民行动，对于推动边境地区经济社会快速发展，提高各族群众生活水平，加强民族团结，巩固祖国边防，维护国家统一，增进中外睦邻友好具有特殊重要意义。为贯彻落实党中央、国务院关于进一步推进兴边富民行动的决策部署，根据《中共中央国务院关于加强和改进新形势下民族工作的意见》《中华人民共和国国民经济和社会发展第十三个五年规划纲要》《国务院办公厅关于印发兴边富民行动“十三五”规划的通知》等文件精神，广西出台了《广西壮族自治区人民政府办公厅关于贯彻落实〈兴边富民行动“十三五”规划〉的实施意见》等兴边富民政策。自广西兴边富民政策体系推行以来，广西中越边境地区综合实力不断增强，基础设施不断完善，沿边开放水平不断提升，民生保障水平不断提高，民族团结稳定局面不断巩固。但同时，整体发展能力依然较弱，与东部地区发展差距仍然较大，政策的实施效果与预期目标仍然存在着一定的差距。

回首来时路，展望新征程。本书以广西兴边富民政策实施效果评估为核心内容，在分别对广西边境地区（沿边）开发开放政策、“十三五”促进民族地区和人口较少民族发展规划、广西兴边富民行动“十三五”规划、推普扶贫与教育扶贫等兴边富民政策实施效果进行量化评估的基础上，探讨“后脱贫时代”广西中越边境地区兴边富民政策的转型路径，为“后脱贫时代”广西中越边境地区乃至全国其他边境地区兴边富民政策的调整和完善提供决策参考，助力广西“闯出新路子”“展现新作为”“迈出新步伐”“彰显新担当”，奋力谱写全面建设社会主义现代化国家的广西篇章。

目　　录

第一部分　广西边境地区（沿边）开发开放政策篇

第二部分　广西贯彻落实“十三五”促进民族地区和人口较少民族发展规划篇

第三部分　广西贯彻落实兴边富民行动“十三五”规划篇

第四部分　脱贫攻坚背景下广西少数民族发展资金使用绩效及优化篇

第五部分　广西中越边境推普扶贫篇

第六部分　广西中越边境教育扶贫篇

第一部分

广西边境地区（沿边）开发开放政策篇

随着“一带一路”建设的深入推进，沿边地区已成为我国与周边国家和地区合作的重要平台。广西地处祖国南疆，位于大陆东、中、西三个地带的交汇点，是华南经济圈、西南经济圈和东盟经济圈的结合部，背靠大西南，毗邻粤港澳，濒临北部湾，面向东南亚，具有沿海、沿江、沿边的区位优势，是我国与东盟唯一一个既陆地接壤又海上相通的省区，是中国西南乃至西北地区最便捷的国际出海通道，地缘政治与经济地位极为重要。2015 年两会期间，习近平总书记在参加广西代表团审议时，从战略层面明确赋予广西发展三大定位：构建面向东盟的国际大通道、打造西南中南地区开放发展新的战略支点、形成 21 世纪海上丝绸之路和丝绸之路经济带有机衔接的重要门户。“三大定位”的核心是开放，通过发挥广西的区位优势，构建“南向、北联、东融、西合”的全方位开放发展格局，继而以广西为支点撬动我国西南和中南地区的开放发展。2017 年 4 月，习总书记在广西考察时对广西的开发开放作了进一步指示：“立足独特区位，释放‘海’的潜力，激发‘江’的活力，做足‘边’的文章，全力实施开放带动战略，推进关键项目落地，夯实提升中国—东盟开放平台，构建全方位开放发展新格局。”总书记的殷切希望为广西经济与社会发展和进一步开发开放指明了方向，是广西立足当前、着眼长远，推动边境开发开放高质量发展的新使命。

中国与 14 个国家接壤，陆地边境线长达 2.28 万公里，边境地区总面积约占我国陆地面积的 20%。边境地区作为我国对外开放的重要窗口，具有重要的军事、政治和经济地位。但由于我国大部分沿边地区位于西部老、少、边、山、穷地区，受地理条件和资源禀赋的制约，普遍存在基础设施不够完善、人均收入偏低、经济发展水平滞后等问题。为了促进边境地区的发展，改善边境地区落后的状况，缩小沿边地区与其他地区之间的发展差距，加强我国与周边国家和地区的经济合作，提升我国在世界经济中的影响力，中央于 20 世纪 90 年代开始实施沿边开放大战略。之后，国家又陆续出台了西部大开发、兴边富民、扩大沿边开放等一系列支持沿边开发开放的政策，边境各省、自治区也纷纷出台了一系列地方配套支持政策，促进当地的开发开放。各种政策的实施，使得沿边地区的开发开放取得了显著成效。但沿边地区的开放程度与我国沿海地区全方位、多层次的开发开放格局相比，仍处于相对滞后的状态。本部分以广西边境地区（沿边）开发开放政策作为研究主题，对促进广西边境地区开发开放发展的主要政策展开梳理，对广西边境地区开发开放发展政策设计及运用存在的不足进行分析，通过借鉴国内其他边境地区（沿边）开发开放政策设计的成功经验，提出完善广西沿边开发开放政策的对策建议。

第一章

广西沿边开发开放相关政策的梳理

广西地处祖国南疆，西与云南毗邻，西南与越南接壤，有百色、崇左、防城港 3 个沿边地级市，有靖西市、那坡县、凭祥市、宁明县、龙州县、大新县、东兴市、防城区等 8 个沿边县（市、区），38 个边境乡镇和 225 个沿边行政村，有 9 个国家边境一类口岸、3 个沿边二类口岸，与越南陆地边境线总长 1020 公里，占中越陆地边境线的 75%。广西是我国对越南及东南亚开放的重要门户，是国家对外开放政策实施的重点省份之一，在全国沿边开放格局中具有重要的战略地位。为了加快推动广西沿边地区的开发开放，国家层面、自治区层面及沿边各县级政府都相继出台了一系列政策。

一、国家层面促进广西沿边开发开放的政策

我国实行改革开放以来，经济迅猛发展，国内中西部内陆地区特别是沿边地区与沿海地区的差距日益增大。在此背景下，国家的开放战略以经济特区、沿海开放逐渐转向沿海、沿边、内陆全方位开放发展。我国于 1992 年开始全面推行沿边开放，从 1992 年至 2020 年，国务院、各部委为促进我国边境地区（沿边）开发开放，从边境贸易、财政税收、跨境结算等多个领域，共颁布和实施了多项政策，主要政策详见表 1－1。

表 1－1　　　　　国家层面促进广西沿边开发开放的主要政策

序号	日期	发文单位	文号	文件名
1	1991 年 4 月 19 日	国务院办公厅	国办发〔1991〕25 号	转发经贸部等部门《关于积极发展边境贸易和经济合作促进边疆繁荣稳定意见的通知》
2	1992 年 6 月 9 日	国务院	国函〔1992〕62 号	《关于进一步对外开放南宁、昆明市及凭祥等五个边境城镇的通知》
3	1992 年 9 月 18 日	国家税务局	国税发〔1992〕218 号	《关于进一步对外开放的边境、沿海和内陆省会城市、沿江城市有关涉外税收政策问题的通知》
4	1993 年 9 月 23 日	国务院	国发〔1993〕68 号	《关于整顿边地贸易经营秩序制止假冒伪劣商品出境的通知》
5	1993 年 4 月 22 日	商检局	国检检〔1993〕134 号	《边境贸易进出口商品检验管理办法》的通知
6	1996 年 3 月 29 日	国家经贸委、对外贸易经济合作部、海关总署	国经贸机〔1996〕第 201 号	《边境小额贸易机电产品进口管理实施办法》
7	1996 年 3 月 29 日	海关总署、对外经贸合作部	署监〔1996〕242 号	《边民互市贸易管理办法》
8	1996 年 3 月 29 日	外经贸部海关总署	〔1996〕外经贸政发第 222 号	关于《边境小额贸易和边境地区对外经济技术合作管理办法》的通知
9	1996 年 5 月 22 日	国务院	国发〔1996〕2 号	《关于边境贸易有关问题的通知》
10	1997 年 1 月 23 日	国家外汇管理局	〔97〕汇管函字第 021 号	《边境贸易外汇管理暂行办法》
11	1998 年 11 月 19 日	对外贸易经济合作部、海关总署	〔1998〕外经贸政发第 844 号	《关于进一步发展边境贸易的补充规定的通知》
12	1999 年 1 月 11 日	对外贸易经济合作部	外经贸合函字〔1999〕第 1 号	《关于我边境地区与毗邻国家开展经济技术合作有关问题的通知》
13	1999 年 6 月 9 日	对外贸易经济合作部	外经贸机电函字〔1999〕256 号	《关于边境小额贸易企业出口四种招标机电产品免领出口许可证的通知》
14	2002 年 1 月 23 日	对外经济合作部、财政部、海关总署、国家税务总局	外经贸资发〔2002〕10 号	《关于边境贸易方式钻石进口有关问题的通知》
15	2003 年 9 月 22 日	国家外汇管理局	汇发〔2003〕113 号	《边境贸易外汇管理办法》
16	2004 年 10 月 29 日	财政部、国家税务总局	财税〔2004〕178 号	《关于以人民币结算的边境小额贸易出口货物试行退（免）税的补充通知》

续表

序号	日期	发文单位	文号	文件名
17	2005 年 3 月 3 日	国家外汇管理局	汇发〔2005〕14 号	《关于边境地区境外投资外汇管理有关问题的通知》
18	2005 年 10 月 19 日	海关总署	海关总署公告 2005 年第 52 号	《关于边境小额贸易项下进口货物适用税率的有关问题的公告》
19	2007 年 6 月 9 日	国务院办公厅	国办发〔2007〕43 号	《兴边富民行动“十一五”规划》
20	2008 年 1 月 23 日	国家税务总局	国税发〔2008〕11 号	《关于边境贸易出口货物退（免）税有关问题的公告》
21	2008 年 10 月 18 日	国务院	国函〔2008〕92 号	《关于促进边境地区经济贸易发展问题的批复》
22	2008 年 10 月 30 日	财政部、海关总署、国家税务总局	财关税〔2008〕90 号	《关于促进边境贸易发展有关财税政策的通知》
23	2009 年 2 月 25 日	财政部	财建〔2009〕36 号	《国家级边境经济合作区基础设施项目贷款财政贴息资金管理办法》
24	2009 年 3 月 31 日	财政部	财预〔2009〕31 号	《边境地区专项转移支付资金管理办法》
25	2010 年 3 月 29 日	财政部、国家税务总局	财税〔2010〕26 号	《关于边境地区一般贸易和边境小额贸易出口货物以人民币结算准予退（免）税试点的通知》
26	2010 年 6 月 29 日	党中央、国务院	中发〔2010〕11 号	《中共中央国务院关于深入实施西部大开发战略的若干意见》
27	2010 年 4 月 16 日	财政部、海关总署、国家税务总局	财关税〔2010〕18 号	《关于边民互市进出口商品不予免税清单的通知》
28	2011 年 3 月 10 日	财政部、国家税务总局	财税〔2011〕8 号	《关于边境地区一般贸易和边境小额贸易出口货物以人民币结算准予退（免）税试点的补充通知》
29	2012 年 4 月 20 日	财政部	财预〔2013〕267 号	《边境地区转移支付资金管理办法》
30	2013 年 12 月	国务院	国发〔2013〕50 号	《关于加快沿边地区开发开放的若干意见》
31	2015 年 2 月 9 日	国务院	国函〔2015〕21 号	《关于左右江革命老区振兴规划的批复》
32	2015 年 3 月 28 日	国家发改委、外交部、商务部	未编号	《推动共建丝绸之路经济带和 21 世纪海上丝绸之路的愿景与行动》
33	2015 年 12 月 24 日	国务院	国发〔2015〕72 号	《国务院关于支持沿边重点地区开发开放若干政策措施的意见》
34	2016 年 8 月 2 日	国务院	国函〔2016〕141 号	《国务院同意设立广西凭祥重点开发开放试验区的批复》
35	2017 年 1 月 12 日	国务院	国发〔2017〕5 号	《国务院关于扩大对外开放积极利用外资若干措施的通知》

续表

序号	日期	发文单位	文号	文件名
36	2017 年 1 月 11 日	国家发改委	发改西部〔2017〕89 号	关于印发《西部大开发“十三五”规划》的通知
37	2017 年 5 月 28 日	国务院办公厅	国办发〔2017〕50 号	国务院办公厅关于印发《兴边富民行动“十三五”规划》的通知
38	2017 年 9 月	中共中央办公厅、国务院办公厅	中办发〔2017〕53 号	《关于加大边民支持力度促进守边固边的指导意见》
39	2018 年 4 月 16 日	文化和旅游部等 10 部门	文旅旅发〔2018〕1 号	《关于印发内蒙古满洲里、广西防城港边境旅游试验区建设实施方案的通知》
40	2018 年 12 月 28 日	中国人民银行等 13 部委	银发〔2018〕345 号	关于印发《广西壮族自治区建设面向东盟的金融开放门户总体方案》的通知
41	2019 年 8 月 2 日	国家发展改革委	发改基础〔2019〕1333 号	关于印发《西部陆海新通道总体规划》的通知
42	2019 年 8 月 2 日	国务院	国发〔2019〕16 号	《关于印发 6 个新设自由贸易试验区总体方案的通知》
43	2020 年 4 月 7 日	国务院	国函〔2020〕34 号	《国务院关于同意设立广西百色重点开发开放试验区的批复》
44	2020 年 5 月 17 日	中共中央国务院	国务院公报〔2020〕15 号	《新时代推进西部大开发形成新格局的指导意见》

通过对国家层面有关促进广西边境地区开发开放政策的梳理，可以看出国家对我国沿边地区的开发开放给予了较大关注与支持。国家根据我国经济的发展程度和国内外形势的差异，在不同时期出台的沿边开发开放政策有所不同，呈现出不同的特点。经过对各时期沿边开放政策的梳理归纳，可以将我国沿边开放政策划分为三个阶段。

第一阶段：1992—1997 年，修正管束阶段。1991 年，经贸部等部门出台了《关于积极发展边境贸易和经济合作促进边疆繁荣稳定意见》，我国的沿边开发开放战略拉开了序幕。到 1993 年，我国边贸进出口额规模不断扩大，但随之也暴露了诸多问题，边贸秩序极为混乱，周边国家甚至开始抵制我国的商品。于是，我国 1994 年出台的《中华人民共和国和对外贸易法》和 1996 年的《国务院关于边境有关问题的通知》对部分边贸进出口商品恢复了配额管理和严格的审批制度，1996 年海关总署出台的《边民互市贸易管理办法》对边民互市的品种和金额做出了限制。

第二阶段：1998—2007 年，适当放宽阶段。1998 年，国家外经贸部颁布了《进一步发展边境贸易的补充规定》，延长了政策优惠的期限；2003 年，国家外汇管理局制定了《边境贸易外汇管理办法》，允许沿边地区的贸易企业在进行边境贸易时自由兑换货币，可以用人民币或毗邻国家货币进行结算；2003年出台的《关于调整部分商品边境贸易进口税收政策的通知》批准了对20种商品免征边贸进口税；2007年出台的《兴边富民行动“十一五”规划》对边境地区的发展给予了更多的倾斜，对边境贸易的健康持续发展起到了重要的推动作用。

第三阶段：2008年至今，加力开放阶段。党的十七大提出“提升沿边开放水平”，标志着我国新一轮沿边开放政策的实施。财政部在2008年出台《关于促进边境贸易发展有关财税政策的通知》加大了对边境贸易的财政支持力度，采取专项转移支付替代之前的进口税“双减半”，提高了边民互市贸易进口的免税额度，大力支持边境口岸建设和边境特殊经济区的建设和发展等，扶持和倾斜力度进一步加大。之后，国家又陆续出台了西部大开发、兴边富民、扩大沿边开放等一系列支持沿边开发开放的政策，边境各省、自治区也纷纷出台了一系列地方配套支持政策，促进当地的开发开放。

党的十八大以来，以习近平同志为总书记的党中央准确把握和平、发展、开放、合作、共赢的时代潮流和国际大势，以开放促改革、促发展、促创新，引领中国深层次全方位开放，国家相继出台了一系列促进沿边开发开放的重大政策。2013年12月国务院出台《关于加快沿边地区开发开放的若干意见》（国发〔2013〕50号），共22条，涉及六大方面，提出研究设立广西凭祥、云南勐腊（磨憨）、内蒙古二连浩特、黑龙江绥芬河（东宁）、吉林延吉（长白）、辽宁丹东重点开发开放试验区，明确要全力构建我国沿边地区开发开放的战略布局，不断增强对周边地区的辐射和带动功能；2015年12月，国务院再次出台《关于支持沿边重点地区开发开放若干政策措施的意见》（国发〔2015〕72号），决定加快广西东兴等五个重点开发开放试验区的开发开放进程，给予17个边境经济合作区（广西东兴、凭祥，云南瑞丽、河口等）、2个沿边经济特区、28个边境城市（广西东兴市、凭祥市，云南景洪市、芒市等）以及72个铁路和公路重要口岸新的开发开放政策；2017年国家发改委出台的《西部大开发“十三五”规划》、国务院办公厅出台的《兴边富民行动“十三五”规划》、中共中央办公厅和国务院办公厅出台的《关于加大边民支持力度促进守边固边的指导意见》等几项重大政策为广西沿边开发开放的进一步发展提供了难得的机遇，在推动边境地区经济社会快速发展，提高边境地区群众生活水平，加强民族团结，加快沿边开发开放步伐，进一步完善我国全方位对外开放格局、全面提高我国对外开放水平等方面都具有极为重要的意义；2018年4月，文化和旅游部等10部门出台了《内蒙古满洲里、广西防城港边境旅游试验区建设实施方案》，同意设立广西防城港边境旅游试验区，旨在打造广西边境旅游目的地，推进广西沿边重点地区全域旅游发展；2018年12月，中国人民银行等13部委印发的《广西壮族自治区建设面向东盟的金融开放门户总体方案》是党的十九大以来国家批准实施的重要金融开放战略，是我国金融改革开放的重要举措和重要试验，标志着广西建设面向东盟的金融开放门户进入实施阶段，对广西服务“一带一路”和国际陆海贸易新通道建设、推动广西形成全面开放新格局意义重大、作用深远；2019年8月，国家发展改革委印发的《西部陆海新通道总体规划》对于充分发挥西部地区连接“一带”和“一路”的纽带作用，深化陆海双向开放，强化措施推进西部大开发形成新格局，推动区域经济高质量发展，具有重大现实意义和深远历史意义；2020年4月《国务院关于同意设立广西百色重点开发开放试验区的批复》的出台，将充分发挥试验区对东盟特别是对越南合作的独特优势，推进体制机制创新，提升基础设施互联互通水平，推动产业深度开放合作，构建沿边高质量开放型经济体系，促进边境地区繁荣发展，辐射带动周边经济发展。

从国家沿边开放政策的发展阶段和特点可以看出，国家沿边开放政策由单纯支持边境贸易发展逐步转变为支持边境地区的整体经济发展。沿边开放政策在促进沿边地区经济社会发展，改善沿边地区人民生活水平以及确保边疆地区的繁荣稳定方面发挥了重要的作用，有效推进了沿边地区的开发开放进程。

二、广西地方性有关沿边开发开放政策

（一）广西壮族自治区促进沿边开发开放的政策

为了贯彻落实以习近平同志为总书记的党中央十八大以来的各项国家沿边开发开放政策，加快广西国家重点开发开放试验区、边境国家一类口岸、边境城市、边境合作区和跨境经济合作区等沿边重点地区的开发开放，广西壮族自治区紧抓机遇，结合自身区位优势和发展实际，相继出台了一系列政策，主要政策详见表1－2。在这一系列政策中，对沿边开发开放针对性强、且影响较大的有《关于支持沿边重点地区开发开放的实施意见》（桂政办发〔2016〕52号）、《广西扩大开放合作和促进开放型经济发展“十三五”规划》（桂政办发〔2017〕14号）、《广西沿边地区开发开放“十三五”规划》（桂政办发〔2017〕15号）、《西部大开发“十三五”规划广西实施方案》（桂政办发

〔2017〕179 号)、《关于做好我区加快沿边开发开放政策落地工作的通知》（桂政办发〔2018〕47 号)、《广西壮族自治区人民政府关于同意设立自治区级防城、靖西、龙州边境经济合作区的批复》（桂政函〔2021〕3 号)、《关于印发广西建设西部陆海新通道三年提升行动计划（2021—2023 年）的通知》（桂政办发〔2021〕103 号）等几项政策。

通过对广西壮族自治区层面出台的沿边开发开放政策的梳理和分析，可以看出，在沿边开放初期，广西的沿边开放政策主要是促进边境贸易浅层次的发展。国家在 1998 年实施第二轮沿边开放政策后，我国开放局面不断扩大，开放水平不断提升，广西也逐步明晰了对外开放的新思路与新定位，由单一的支持边境贸易发展转向区域合作。

表 1－2　广西壮族自治区层面促进沿边开发开放的主要政策

序号	日期	发文单位	文号	文件名
1	2014 年 1 月 8 日	广西壮族自治区人民政府	桂政发〔2014〕3 号	《关于建设沿边金融综合改革试验区的实施意见》
2	2014 年 1 月 13 日	广西壮族自治区人民政府	桂政发〔2014〕5 号	《关于延续和修订促进广西北部湾经济区开放开发若干政策规定的通知》
3	2014 年 10 月 24 日	广西壮族自治区人民政府	桂政发〔2014〕62 号	《广西北部湾经济区口岸通关一体化工作方案》
4	2014 年 10 月 27 日	广西壮族自治区人民政府	桂政发〔2014〕65 号	《珠江—西江经济带发展规划广西实施意见》
5	2016 年 10 月 23 日	广西壮族自治区人民政府	桂政发〔2016〕52 号	《关于支持沿边重点地区开发开放的实施意见》
6	2016 年 12 月 23 日	广西壮族自治区人民政府	桂政发〔2016〕70 号	《加快珠江—西江经济带（广西）发展若干政策》
7	2016 年 12 月 23 日	广西壮族自治区人民政府办公厅	桂政办发〔2016〕187 号	《广西沿边新型城镇示范带建设实施方案》
8	2017 年 1 月 17 日	广西壮族自治区人民政府办公厅	桂政办发〔2017〕14 号	《广西扩大开放合作和促进开放型经济发展“十三五”规划》
9	2017 年 1 月 17 日	广西壮族自治区人民政府办公厅	桂政办发〔2017〕15 号	《广西沿边地区开发开放“十三五”规划》
10	2017 年 6 月 15 日	广西沿边金融综合改革试验区工作领导小组	桂金改发〔2017〕1 号	《广西建设沿边金融综合改革试验区 2017 年工作要点》
11	2017 年 10 月 16 日	广西壮族自治区人民政府	桂政发〔2017〕51 号	《加快推进广西凭祥重点开发开放试验区建设若干政策》
12	2017 年 12 月 7 日	广西壮族自治区人民政府办公厅	桂政发〔2017〕179 号	《西部大开发“十三五”规划广西实施方案》

续表

序号	日期	发文单位	文号	文件名
13	2018年5月14日	广西壮族自治区人民政府办公厅	桂政办发〔2018〕47号	《关于做好我区加快沿边开发开放政策落地工作的通知》
14	2018年12月4日	广西壮族自治区自然资源厅办公室	桂自然资办〔2018〕40号	《支持防城港边境旅游试验区发展的若干政策措施的通知》
15	2018年12月22日	广西自治区自然资源厅、财政厅	桂自然资发〔2018〕15号	《广西兴边富民土地整治重大工程实施指导意见》
16	2019年5月31日	广西壮族自治区人民政府办公厅	桂政办发〔2019〕63号	《关于印发深化东兴重点开发开放试验区和跨境经济合作区管理体制机制改革方案的通知》
17	2019年6月11日	广西壮族自治区人民政府	桂政办发〔2019〕112号	《关于进一步加强口岸工作的通知》
18	2020年7月19日	广西壮族自治区人民政府办公厅	桂政办发〔2021〕69号	《关于加快建设交通强区构建现代综合交通运输体系若干政策措施的通知》
19	2020年9月8日	广西壮族自治区人民政府	桂政函〔2020〕80号	《关于同意广西防城港口岸企沙港区赤沙作业区4#泊位对外启用的批复》
20	2020年10月20日	广西壮族自治区人民政府办公厅	桂政办发〔2021〕103号	《关于印发广西建设西部陆海新通道三年提升行动计划（2021—2023年）的通知》
21	2020年11月11日	广西壮族自治区人民政府办公厅	桂政办发〔2020〕76号	《广西壮族自治区人民政府办公厅印发关于加快推进广西百色重点开发开放试验区高质量建设若干政策的通知》
22	2020年12月22日	广西壮族自治区人民政府	桂政函〔2020〕135号	《关于崇左港总体规划（2035年）的批复》
23	2021年1月11日	广西壮族自治区人民政府	桂政函〔2021〕3号	《广西壮族自治区人民政府关于同意设立自治区级防城、靖西、龙州边境经济合作区的批复》
24	2021年3月5日	广西壮族自治区人民政府	桂政函〔2021〕28号	《关于做好中国（广西）自由贸易试验区首批自治区级制度创新成果复制推广工作的通知》
25	2021年3月30日	广西壮族自治区人民政府办公厅	桂政办发〔2021〕24号	《关于印发广西重大项目建设三年行动计划（2021—2023年）的通知》
26	2021年6月22日	广西壮族自治区人民政府办公厅	桂政办发〔2021〕51号	《关于印发广西推进对外贸易创新发展实施方案的通知》

（二）广西沿边地级市促进沿边开发开放的政策

广西百色市、崇左市、防城港市3个沿边地级市为了积极响应党中央、国务院面向新时期构建我国全方位对外开放新格局战略部署，贯彻落实国家及自治区有关开发开放政策，进一步加快沿边开发开放政策在各地级市落地，大力提升沿边各市人民生产生活水平，推进各地沿边开放合作协调健康发展，出台了一系列地方性政策，主要政策详见表1－3。百色市先后出台了《关于促进外向型产业创新发展的实施意见》《百色市构建面向东盟开放门户·重要城市工作方案》《百色市沿边开发开放总体规划》《百色市加快沿边开发开放政策落地实施方案》等政策，崇左市先后出台了《崇左市拓展中国－中南半岛物流通道合作实施方案》《关于印发崇左沿边开发开放“十三五”规划》《加快推进广西凭祥重点开发开放试验区建设若干政策落实落地工作措施》等政策，防城港市出台了《关于建设广西东兴国家重点开发开放试验区人才特区的若干意见》《防城港市关于加强边境贸易工作的实施意见》《防城港市关于加快沿边开发开放政策落地工作方案》等政策。

表1－3　广西沿边地级市促进沿边开发开放的主要政策

城市	序号	日期	发文单位	文号	文件名
百色市	1	2016年10月13日	百色市人民政府	百政发〔2016〕28号	《关于促进外向型产业创新发展的实施意见》
	2	2016年11月2日	百色市人民政府办公室	百政办发〔2016〕83号	《百色市构建面向东盟开放门户·重要城市工作方案》
	3	2017年12月22日	百色市人民政府	百政发〔2017〕40号	《百色市沿边开发开放总体规划》
	4	2018年8月8日	百色市人民政府办公室	百政办发〔2018〕60号	《百色市加快沿边开发开放政策落地实施方案》
	5	2018年9月10日	百色市人民政府办公室	百政办发〔2018〕69号	《百色市开展中越跨境劳务合作试点工作实施方案》
	6	2018年12月13日	百色市人民政府办公室	百政办发〔2018〕103号	《中国龙邦—越南茶岭跨境经济合作区（中方区域）总体发展规划（2016—2030）》
	7	2018年12月21日	百色市人民政府办公室	百政办发〔2018〕107号	《西部大开发“十三五”规划百色市（2018—2020年）实施方案》
	8	2020年3月23日	百色市人民政府办公室	百政发〔2020〕7号	《百色市全域旅游发展总体规划（2019—2030年）》
	9	2020年4月28日	百色市商务局	百商字〔2020〕25号	《2020年百色优化营商环境对外开放专项实施方案》

续表

城市	序号	日期	发文单位	文号	文件名
百色市	10	2020 年 9 月 12 日	百色市人民政府办公室	百政发〔2020〕14 号	《广西百色重点开发开放试验区招商引资若干措施》
	11	2020 年 12 月 14 日	百色市人民政府办公室	百政办发〔2020〕46 号	《广西百色重点开发开放试验区重点工程建设三年行动计划实施方案》
	12	2021 年 5 月 9 日	百色市人民政府办公室	百政办发〔2021〕21 号	《广西百色重点开发开放试验区招商引资若干措施实施细则（试行）》
	13	2021 年 6 月 1 日	百色市人民政府办公室	百政办发〔2021〕26 号	《百色市对外贸易发展促进资金管理办法》
崇左市	1	2017 年 6 月 13 日	崇左市人民政府	崇政办发（2017）41 号	《崇左市拓展中国 – 中南半岛物流通道合作实施方案》
	2	2017 年 11 月 18 日	崇左市人民政府办公室	崇政办发〔2018〕81 号	《崇左市加快推进中新互联互通南向通道建设工作方案（2018—2020 年）》
	3	2018 年 3 月 2 日	崇左市人民政府	崇政发〔2018〕5 号	《崇左市关于推进海峡两岸产业合作区崇左产业园建设的若干政策措施》
	4	2018 年 2 月 27 日	崇左市人民政府办公室	崇政办发〔2018〕12 号	《崇左沿边开发开放“十三五”规划》
	5	2018 年 10 月 16 日	崇左市人民政府办公室	崇政办发〔2018〕80 号	《加快推进广西凭祥重点开发开放试验区建设若干政策落实落地工作措施》
	6	2018 年 10 月 26 日	崇左市人民政府办公室	崇政办发〔2018〕82 号	《关于优化通关环境畅通南向通道的若干措施》
	7	2019 年 3 月 8 日	崇左市人民政府办公室	崇政办发〔2019〕11 号	《崇左市优化营商环境大行动三年实施方案（2018—2020 年）》
	8	2019 年 8 月 9 日	崇左市人民政府办公室	崇政办发〔2019〕38 号	《崇左市加快实施“四建一通”工程推进“四好农村路”高质量发展工作方案（2019—2021 年）》
	9	2019 年 12 月 13 日	崇左市人民政府办公室	崇政办发〔2019〕54 号	《崇左市建设面向东盟的金融开放门户实施方案》
	10	2020 年 4 月 3 日	崇左市人民政府办公室	崇政发〔2020〕5 号	《中国（广西）自由贸易试验区崇左片区建设实施方案》
	11	2020 年 8 月 25 日	崇左市人民政府办公室	崇政办发〔2020〕18 号	《崇左市跨境金融创新试点（凭祥市）方案》
	12	2020 年 9 月 14 日	崇左市人民政府办公室	崇政规〔2020〕3 号	《关于支持中国（崇左）跨境电子商务综合试验区建设的政策措施》

续表

城市	序号	日期	发文单位	文号	文件名
防城港市	1	2014年12月25日	防城港市人民政府办公室	防政办发〔2014〕70号	《防城港市口岸通关一体化工作方案》
	2	2015年8月28日	东兴试验区管委会	未编号	《关于建设广西东兴国家重点开发开放试验区人才特区的若干意见》
	3	2017年6月29日	防城港市人民政府	防政发〔2017〕15号	《广西东兴国家重点开发开放试验区加快跨境劳务合作发展实施方案》
	4	2018年5月29日	防城港市人民政府办公室	未编号	《西部大开发“十三五”规划防城港市工作计划》
	5	2018年7月21日	中共防城港市委员会	未编号	《关于加快防城港边境旅游试验区建设的决定》
	6	2018年7月31日	防城港市人民政府	未编号	《防城港边境旅游试验区建设三年行动计划》和《2018年防城港边境旅游试验区旅游重大项目表》
	7	2018年9月5日	防城港市人民政府办公室	未编号	《防城港市关于加强边境贸易工作的实施意见》
	8	2018年9月6日	防城港市人民政府办公室	未编号	《促进全市外边贸企业能力建设三年行动计划工作措施》
	9	2018年9月30日	防城港市人民政府办公室	未编号	《防城港市关于加快沿边开发开放政策落地工作方案》
	10	2019年12月6日	防城港市人民政府办公室	未编号	《防城港市促进海运业发展的意见》
	11	2020年4月1日	防城港市人民政府	防政规〔2020〕7号	《防城港边境旅游试验区文化旅游产业高质量发展扶持奖励办法》
	12	2020年7月28日	防城港市人民政府办公室	未编号	《东兴试验区跨越发展三年行动计划（2020—2022年）》
	13	2020年12月27日	防城港市人民政府办公室	防政办发〔2020〕19号	《防城港市加快向海经济发展推动海洋强市建设三年行动计划（2020—2022年）》
	14	2021年9月8日	防城港市人民政府	防政发〔2021〕11号	《防城港渔港经济区建设规划（2021—2030年）》

（三）广西沿边县（市、区）有关沿边开发开放的政策

广西共有靖西市、那坡县、凭祥市、宁明县、龙州县、大新县、东兴市、防城区8个沿边县（市、区）。随着国家沿边开发开放政策的出台以及广西壮族自治区和地级市政府一系列支持政策的实施，广西沿边地区的开发开放被注

入强势推力。各沿边县（市、区）政府作为各项政策的具体执行者，为了贯彻落实各项政策规定，扎实推动本地的开发开放，从口岸建设及管理、园区及合作区的建设及管理、发展电子商务、招商引资、旅游开发管理等方面制定了一系列促进开发开放的措施与方案。

1. 靖西市有关开发开放的政策

靖西市人民政府、政府办公室、发展和改革局从加大招商引资和财政支持、推进电子商务与快递物流、扶持鼓励特色产业、升级改造农村电网、推进高铁无轨站建设、边贸扶贫、创建农村金融信用市、改造升级农村电网、跨境合作、加强工业园管理、加快口岸和高速公路建设、完善越南籍自然人在靖西的管理等方面制定了一系列实施方案和措施，重要政策详见表1－4。

表1－4　　　　靖西市有关开发开放的重要政策

序号	日期	发文单位	文号	文件名
1	2014年2月18日	靖西县人民政府	靖政发〔2014〕3号	《靖西县农业产业扶持办法》
2	2014年3月4日	靖西县人民政府	靖政发〔2014〕11号	《靖西县返乡农民工创业园优惠政策若干规定》
3	2014年5月4日	靖西县人民政府	靖政发〔2015〕23号	《靖西县2015年对辖区外贸企业扶持办法》
4	2014年5月14日	靖西县人民政府	靖政发〔2014〕14号	《靖西县规模以上锰冶炼企业用电生产扶持政策若干规定》
5	2014年7月23日	靖西县人民政府	靖政发〔2014〕38号	《靖西县工业招商优惠办法》
6	2015年4月2日	靖西县人民政府	靖政发〔2015〕15号	《靖西县电子商务发展的若干意见（试行）》
7	2015年4月2日	靖西县人民政府	靖政发〔2015〕16号	《靖西县电子商务进农村的实施意见（试行）》
8	2015年4月2日	靖西县人民政府办公室	靖政办发〔2015〕13号	《靖西县电子商务进农村三年发展规划（2015—2017）分年度实施方案》
9	2015年5月4日	靖西县人民政府办公室	靖政发〔2015〕23号	《2015年对辖区外贸企业扶办法》
10	2015年7月1日	靖西县人民政府办公室	靖政发〔2015〕49号	《靖西县依法整治旅游市场秩序和文明旅游行动（2015—2017）实施方案》
11	2016年3月9日	靖西市人民政府	靖政发〔2016〕3号	《靖西市2016年农业产业扶持办法》

续表

序号	日期	发文单位	文号	文件名
12	2016年5月6日	靖西县人民政府办公室	靖政办发〔2016〕37号	《靖西市2016年培育新增规模以上工业企业工作方案》
13	2016年6月15日	靖西县人民政府办公室	靖政办发〔2016〕54号	《2016年靖西市落实创新发展新理念加快推进绿色增粮工作指导意见》
14	2016年6月15日	靖西市人民政府	靖政发〔2016〕10号	《靖西市促进限额以上商贸企业发展奖励办法》
15	2016年10月10日	靖西市人民政府办公室	靖政办发〔2016〕77号	《靖西市加快推进生态文明建设实施方案》
16	2016年10月20日	靖西市人民政府办公室	靖政办发〔2016〕111号	《靖西市电子商务进农村示范项目建设方案》
17	2016年12月14日	靖西市人民政府	靖政发〔2016〕32号	《靖西市2017年农业产业扶持办法》
18	2016年12月14日	靖西市人民政府办公室	靖政办发〔2016〕96号	《靖西市统筹使用财政专项资金管理办法》
19	2017年2月22日	靖西市人民政府	靖政发〔2017〕4号	《靖西市促进边民互市收购企业发展扶持奖励办法》
20	2017年5月27日	靖西市人民政府办公室	靖政办发〔2017〕59号	《靖西市2017年出口食品农产品示范区建设工作实施方案》
21	2017年6月5日	中共靖西市委员会 靖西市人民政府	靖发〔2017〕8号	《靖西市投资环境综合整治年实施方案》
22	2017年6月14日	靖西市人民政府办公室	靖政办发〔2017〕77号	《2017年靖西市开展国家新型城镇化综合试点工作方案》
23	2017年7月12日	靖西市人民政府办公室	靖政办发〔2017〕91号	《靖西市推进高铁无轨站建设工作方案》
24	2017年7月22日	靖西市人民政府	靖政发〔2017〕23号	《靖西市“十三五”工业发展规划》
25	2017年8月29日	靖西市人民政府办公室	靖政办发〔2017〕125号	《靖西市加快推进现代特色农业示范区建设实施方案》
26	2017年12月26日	靖西市人民政府	靖政发〔2017〕55号	《靖西市2018年农业特色产业发展工作方案》
27	2018年10月23日	靖西市人民政府	靖政发〔2018〕35号	《靖西市特色加工业发展“十三五”规划》
28	2018年7月2日	靖西市人民政府办公室	靖政办发〔2018〕60号	《靖西市促进加工贸易产业创新发展工作方案》
29	2018年7月25日	靖西市人民政府办公室	靖政办发〔2018〕83号	《靖西市边贸扶贫工作实施方案》

续表

序号	日期	发文单位	文号	文件名
30	2018年11月29日	靖西市人民政府办公室	靖政办发〔2018〕82号	《越南籍自然人在靖西市经营登记管理暂行办法》
31	2018年12月5日	靖西市人民政府办公室	靖政办发〔2018〕134号	《靖西市推进电子商务与快递物流协同发展实施方案》
32	2019年2月20日	靖西市人民政府办公室	靖政办发〔2019〕6号	《靖西市开展跨境劳务合作试点工作方案》
33	2019年3月22日	靖西市人民政府	靖政发〔2019〕1号	《靖西市工业发展规划（2018—2020年）》
34	2019年5月5日	靖西市人民政府	靖政发〔2019〕6号	《靖西市2019年农业产业扶持方案》
35	2019年7月24日	靖西市人民政府办公室	靖政办发〔2019〕50号	《发靖西市加快推进现代特色农业高质量发展实施方案》
36	2019年8月2日	靖西市人民政府	靖政发〔2019〕14号	《靖西市“四上”企业培育行动方案》
37	2019年9月5日	靖西市人民政府	靖政发〔2019〕15号	《靖西市2019年国民经济和社会发展计划》
38	2019年9月25日	靖西市人民政府	靖政发〔2019〕18号	《2019年靖西市开展国家新型城镇化综合试点重点工作方案》
39	2020年4月27日	靖西市人民政府办公室	靖政办发〔2020〕17号	《靖西市2020年推普脱贫攻坚工作实施方案》
40	2020年5月19日	靖西市人民政府办公室	靖政办发〔2020〕21号	《靖西市2020年“壮美广西·智慧广电”工程建设实施方案》
41	2020年7月9日	靖西市人民政府办公室	靖政发〔2020〕8号	《2020年靖西市推进新型城镇化和城乡融合发展重点工作方案》
42	2020年8月6日	靖西市人民政府办公室	靖政发〔2020〕11号	《龙邦口岸升格为国际性口岸并扩大开放至那西通道验收工作方案》
43	2020年9月29日	靖西市人民政府办公室	靖政办发〔2020〕62号	《2020年靖西市优化营商环境百日攻坚行动方案》
44	2021年3月31日	靖西市人民政府办公室	靖政办发〔2021〕1号	《靖西市加快牛羊产业高质量发展助推乡村振兴工作方案》

2. 那坡县有关开发开放的政策

那坡县人民政府、政府办公室、发展改革局从推进农村金融改革、促进边境贸易和边贸扶贫、建设特色示范村和农村金融信用县、升级改造公路和电网、加快交通物流发展、加大招商引资和财政支持、加快重大项目建设、高铁无轨站建设、口岸和互市贸易区建设等方面制定了一系列促进当地开发开放的方案和措施，重要政策详见表1-5。

表1-5　那坡县有关开发开放的重要政策

序号	日期	发文单位	文号	文件名
1	2014年8月4日	那坡县人民政府办公室	那政办〔2014〕64号	《那坡县招商引资工作流程》
2	2014年12月31日	那坡县人民政府办公室	那政办发〔2014〕89号	《那坡县全面深化推进农村金融改革实施方案》
3	2015年12月2日	那坡县水利局	那水〔2015〕21号	《那坡县水利局加快推进水利工程建设实施方案》
4	2016年6月6日	那坡县发展和改革局	那发改〔2016〕44号	《关于广西那坡平孟国际商贸城项目立项的批复》
5	2016年10月13日	那坡县人民政府办公室	那政办发〔2016〕73号	《2016年那坡县乡土特色示范村建设工作实施方案》
6	2016年12月14日	那坡县人民政府办公室	那政办发〔2016〕95号	《加快推进交通物流业发展工作方案》
7	2017年1月22日	那坡县发展和改革局	那发改〔2017〕9号	《关于那坡县2017年兴边富民行动建设项目立项的批复》
8	2017年4月17日	那坡县人民政府办公室	那政办发〔2017〕26号	《那坡县新增限上企业入统奖励办法（试行）》
9	2017年4月19日	那坡县人民政府	那政发〔2017〕8号	《那坡县招商引资优惠政策（试行）》
10	2017年4月27日	那坡县人民政府	那政发〔2017〕9号	《那坡县边境贸易运行激励办法（试行）》
11	2017年4月27日	那坡县发展和改革局	未编号	《统筹城乡，打造宜居宜业边关新城》
12	2017年5月31日	那坡县人民政府办公室	那政办发〔2017〕52号	《2017年县层面统筹推进重大项目建设实施方案》
13	2017年6月15日	那坡县人民政府办公室	那政办发〔2017〕67号	《那坡县小型水利工程管理量化考核暂行办法》
14	2017年6月15日	那坡县人民政府办公室	那政办发〔2017〕76号	《那坡县高铁无轨站规划建设与管理实施方案》
15	2017年6月15日	那坡县政府办公室	那政办发〔2017〕77号	《那坡县完善口岸基础设施建设工作方案》
16	2017年6月30日	那坡县发展和改革局	那发改〔2017〕143号	《关于那坡县德隆边防检查站建设项目立项的批复》
17	2017年10月17日	那坡县人民政府办公室	那政办发〔2017〕189号	《"美丽那坡·宜居乡村"国省干线公路专项整治活动实施方案》
18	2017年11月25日	那坡县市场监督管理局	那工商发〔2017〕53号	《2017年那坡县工商系统环境保护巩固提升年存在问题及整改工作方案》

续表

序号	日期	发文单位	文号	文件名
19	2017 年 11 月 29 日	那坡县发展和改革局	那发改〔2017〕327 号	《关于那坡县边关丝路生态桑蚕产业（核心）示范区清华村百沙屯示范点建设项目建议书的批复》
20	2018 年 4 月 3 日	那坡县人民政府办公室	那政办发〔2018〕24 号	《那坡县村级光伏扶贫电站项目实施方案》
21	2018 年 6 月 26 日	那坡县人民政府办公室	那政办发〔2018〕53 号	《那坡县弄平互市区简易通关推进工作方案》
22	2018 年 7 月 2 日	那坡县人民政府办公室	那政办发〔2018〕61 号	《那坡县创建农村金融信用县实施方案》
23	2018 年 7 月 10 日	那坡县人民政府办公室	那政办发〔2018〕66 号	《那坡县特色加工业发展“十三五”规划》
24	2018 年 8 月 3 日	那坡县人民政府办公室	那政办发〔2018〕72 号	《关于加大金融支持实体经济发展的若干措施》
25	2018 年 8 月 3 日	那坡县人民政府办公室	那政办发〔2018〕76 号	《关于优化通关环境畅通南向通道的若干措施》
26	2018 年 8 月 27 日	那坡县人民政府办公室	那政办发〔2018〕87 号	《那坡县边贸扶贫工作实施方案》
27	2019 年 12 月 6 日	那坡县人防办	那政发〔2019〕15 号	《那坡县人民政府关于认定 那坡县 2019 年第一批现代特色农业乡级示范园、村级示范点的决定》
28	2020 年 6 月 4 日	那坡县人民政府办公室	那政办发〔2020〕46 号	《2020 年“壮美广西·智慧广电”数字那坡“广电云”村村通户户用工程建设实施方案》
29	2020 年 6 月 24 日	那坡县人民政府办公室	那政办发〔2020〕52 号	《那坡县创新消费扶贫助力脱贫攻坚工作方案》
30	2020 年 5 月 10 日	那坡县人民政府办公室	那政发〔2021〕4 号	《那坡县推进工业振兴的若干政策措施（试行）》

3. 凭祥市有关开发开放的政策

凭祥市人民政府、政府办公室、发展和改革局从推进边民互市贸易合作、跨境劳务合作、口岸建设、凭祥重点开发开放试验区建设、全域旅游、边贸扶贫、招商引资、政府性融资担保体系建设、电子商务、产业园建设与管理、景区提升改造、信息化能力提升等方面制定了一系列促进本地开发开放的方案和措施，重要政策详见表 1－6。

表 1－6　　凭祥市有关开发开放的重要政策

序号	日期	发文单位	文号	文件名
1	2014 年 1 月 3 日	凭祥市人民政府办公室	未编号	《凭祥市关于进一步解放思想加力开放合作的实施办法》
2	2014 年 1 月 3 日	凭祥市招商促进局	未编号	《进一步扶持旅游业发展的若干意见》
3	2014 年 6 月 30 日	凭祥市人民政府办公室	未编号	《凭祥市建设沿边金融综合改革试验区实施方案》
4	2015 年 6 月 2 日	凭祥市人民政府办公室	未编号	《凭祥市边民互市贸易改革试点管理暂行办法》
5	2016 年 1 月 20 日	凭祥市人民政府办公室	未编号	《加快发展体育产业促进体育消费的实施方案》
6	2016 年 2 月 2 日	凭祥市科学技术局	未编号	《加快发展广西专利密集型产业（制造业）实施方案》
7	2016 年 5 月 9 日	凭祥市人民政府办公室	未编号	《凭祥市进一步促进红木产业发展工作方案》
8	2016 年 5 月 25 日	凭祥市人民政府办公室	未编号	《凭祥市加快科技服务业发展实施方案（2016—2020 年）》
9	2016 年 8 月 24 日	凭祥市人民政府办公室	未编号	《中国—东盟（凭祥）沿边开发开放产业发展基金方案》
10	2016 年 12 月 28 日	凭祥市人民政府	桂政发〔2015〕63 号	《凭祥市农业科技创新体系建设实施方案》
11	2017 年 5 月 8 日	凭祥市人民政府办公室	凭政办发〔2017〕33 号	《凭祥市政府性投资基本建设项目管理办法（2017 年修订）》
12	2017 年 7 月 25 日	凭祥市人民政府办公室	凭政办发〔2017〕75 号	《凭祥市边民互市贸易合作社管理制度（试行）》
13	2017 年 12 月 25 日	凭祥市人民政府	凭政发〔2017〕15 号	《加快政府性融资担保体系建设的实施意见》
14	2018 年 3 月 1 日	凭祥市人民政府办公室	凭政办发〔2018〕18 号	《凭祥市解决当前跨境劳务工作方案》
15	2018 年 3 月 16 日	凭祥市人民政府办公室	凭政办发〔2018〕27 号	《凭祥市促进县域创新驱动发展实施方案》
16	2018 年 5 月 21 日	凭祥市人民政府办公室	凭政办发〔2018〕47 号	《凭祥市电子商务进农村综合示范工作实施方案》
17	2018 年 6 月 11 日	凭祥市人民政府	凭政发〔2018〕8 号	《〈关于优化通关环境畅通南向通道若干措施〉实施意见》
18	2018 年 7 月 3 日	凭祥市人民政府办公室	凭政办发〔2018〕75 号	《凭祥市加快发展健身休闲产业实施方案》
19	2018 年 7 月 13 日	凭祥市人民政府办公室	凭政办规〔2018〕3 号	《凭祥市进一步加快全域旅游发展的奖励办法》
20	2018 年 8 月 17 日	凭祥市人民政府办公室	凭政办发〔2018〕93 号	《关于成立凭祥市边贸扶贫服务中心的通知》

续表

序号	日期	发文单位	文号	文件名
21	2018 年 9 月 25 日	凭祥市人民政府办公室	凭政办发〔2018〕81 号	《凭祥市农业对外合作试验区建设实施方案》
22	2018 年 9 月 30 日	凭祥市人民政府	凭政发〔2018〕14 号	《凭祥市加快牛羊养殖业发展实施方案》
23	2018 年 9 月 30 日	凭祥市人民政府办公室	凭政办发〔2018〕108 号	《关于成立凭祥市边境出口加工产业园指挥部的通知》
24	2018 年 10 月 18 日	凭祥市人民政府办公室	凭政办发〔2018〕111 号	《凭祥市推进通关便利化实施方案》
25	2018 年 10 月 20 日	凭祥市人民政府办公室	凭政办发〔2018〕130 号	《凭祥市边贸扶贫产业覆盖认定标准》
26	2018 年 10 月 25 日	凭祥市人民政府	凭政发〔2018〕16 号	《提升质量安全推动地方特色食品产业发展的实施方案》
27	2018 年 11 月 9 日	凭祥市人民政府办公室	凭政办发〔2018〕121 号	《凭祥市 2018 年新型职业农民培育工程项目实施方案》
28	2018 年 11 月 27 日	凭祥市人民政府办公室	凭政办发〔2018〕126 号	《凭祥市促进健康产业发展实施意见》
29	2019 年 1 月 17 日	凭祥市人民政府办公室	凭政办规〔2019〕1 号	《凭祥市扶持加工行业聘用涉外务工人员政策（试行）》
30	2019 年 1 月 22 日	凭祥市人民政府办公室	凭政办规〔2019〕2 号	《进一步规范跨境劳务合作试点工作实施意见》
31	2019 年 2 月 25 日	凭祥市人民政府办公室	桂政办发〔2019〕20 号	《金融支持工业高质量发展若干措施》
32	2019 年 3 月 4 日	凭祥市人民政府	桂政发〔2019〕8 号	《深化体制机制改革加快糖业高质量发展的意见》
33	2019 年 4 月 2 日	凭祥市人民政府	凭政发〔2019〕4 号	《凭祥市深化体制机制改革加快糖业高质量发展实施方案》
34	2019 年 4 月 12 日	凭祥市人民政府办公室	凭政办发〔2019〕12 号	《凭祥市招商引资激励办法》
35	2019 年 5 月 5 日	凭祥市人民政府办公室	凭政办发〔2019〕20 号	《凭祥市电子商务进农村综合示范工作实施方案》
36	2019 年 5 月 7 日	凭祥市发展和改革局	凭发改字〔2019〕86 号	《关于凭祥市边境贸易货物监管中心扩区扶贫产业园项目可行性研究报告的批复》
37	2019 年 6 月 19 日	凭祥市人民政府办公室	凭政办规〔2019〕4 号	《凭祥市发展总部经济优惠政策》
38	2019 年 7 月 25 日	凭祥市人民政府办公室	凭政办规〔2019〕8 号	《凭祥市扶持发展百香果产业实施方案》
39	2019 年 12 月 18 日	凭祥市人民政府	凭政发〔2019〕10 号	《中国（广西）自由贸易试验区崇左片区发展支持政策》

续表

序号	日期	发文单位	文号	文件名
40	2019 年 12 月 30 日	凭祥市人民政府办公室	凭政办发〔2019〕68 号	《中国（广西）自由贸易试验区崇左片区三个招商引资服务平台制度》
41	2020 年 1 月 3 日	凭祥市人民政府办公室	凭政办规〔2020〕2 号	《凭祥市推进澳洲坚果产业发展的实施方案》
42	2020 年 8 月 6 日	凭祥市人民政府办公室	凭政办规〔2020〕6 号	《凭祥市人民政府办公室关于印发凭祥市引进和发展总部经济的意见》
43	2020 年 4 月 19 日	凭祥市人民政府	凭政发〔2021〕2 号	《凭祥市国民经济和社会发展第十四个五年规划纲要》
44	2020 年 4 月 22 日	凭祥市人民政府办公室	凭政办发〔2020〕11 号	《凭祥市探索“边贸 + 扶贫小额信贷”发展模式工作方案》
45	2020 年 7 月 6 日	凭祥市人民政府办公室	凭政办发〔2020〕28 号	《中国（广西）自由贸易试验区崇左片区移动支付引领区建设工作方案（2020—2021 年）》
46	2020 年 7 月 20 日	凭祥市人民政府办公室	凭政办规〔2020〕5 号	《支持商品交易市场上规入统激励政策实施办法（试行）》
47	2020 年 9 月 22 日	凭祥市人民政府办公室	凭政办发〔2021〕32 号	《凭祥市城乡通信基础设施（含 5G）专项规划（2020—2035 年）》

4. 宁明县有关开发开放的政策

由于宁明县人民政府网站于 2017 年 1 月启用，所以本研究只收集到 2017 年 1 月后发布的开发开放政策。从 2017 年开始，宁明县人民政府、政府办公室、发展和改革局从推进口岸建设、边贸扶贫加工园建设、兴边富民道路基础设施建设、广西特色旅游名县建设、边民互市区项目建设、景区建设、边境数字化管控和公安信息化建设、产业园入园配套道路建设、加大金融支持和产业扶持等方面制定了一系列方案和措施，重要政策详见表 1－7。

表 1－7　　宁明县有关开发开放的重要政策

序号	日期	发文单位	文号	文件名
1	2017 年 2 月 28 日	宁明县人民政府办公室	宁政办发〔2017〕17 号	《宁明县 2017 年现代农（林）业示范区创建工作方案》
2	2017 年 3 月 7 日	宁明县人民政府办公室	宁政办发〔2017〕19 号	《宁明县工业发展奖励办法（试行）》
3	2017 年 5 月 10 日	宁明县人民政府	宁政发〔2017〕10 号	《宁明县推进创建广西特色旅游名县奖励办法》
4	2017 年 5 月 31 日	宁明县人民政府办公室	宁政办发〔2017〕56 号	《宁明县深化小型水利工程管理体制改革实施方案》

续表

序号	日期	发文单位	文号	文件名
5	2017 年 6 月 28 日	宁明县人民政府办公室	宁政办发〔2017〕69 号	《宁明花山国际文化交流合作中心项目推进工作实施方案》
6	2017 年 8 月 30 日	宁明县人民政府办公室	宁政办发〔2017〕94 号	《宁明县花山松涛桐棉松产业示范区建设实施方案》
7	2018 年 5 月 11 日	宁明县人民政府	宁政发〔2018〕11 号	《服务园区重点项目实施方案》
8	2018 年 5 月 14 日	宁明县人民政府	宁政发〔2018〕10 号	《宁明县创建自治区生态县工作实施方案》
9	2018 年 9 月 20 日	宁明县人民政府办公室	宁政办发〔2018〕105 号	《宁明县现代特色农业示范区建设增点扩面提质升级（2018—2020）三年行动方案》
10	2018 年 9 月 25 日	宁明县人民政府	宁政规〔2018〕1 号	《宁明县促进全域旅游发展扶持奖励办法》
11	2018 年 9 月 25 日	宁明县人民政府办公室	宁政办发〔2018〕113 号	《宁明县尚州源肉牛产业示范区建设实施方案》
12	2018 年 10 月 18 日	宁明县人民政府办公室	宁政办发〔2018〕106 号	《宁明县金花茶产业示范区建设实施方案》
13	2018 年 10 月 30 日	宁明县人民政府办公室	宁政办发〔2018〕131 号	《宁明县推进“一事通办”改革工作方案》
14	2018 年 11 月 28 日	宁明县农业局	宁农发〔2018〕33 号	《宁明县加快推进农业品牌建设指导意见》
15	2018 年 11 月 30 日	宁明县水产畜牧兽医局	宁渔牧医发〔2018〕26 号	《宁明县基层农技推广体系改革与建设补助项目实施方案（养殖业）》
16	2018 年 11 月 30 日	宁明县农业局	宁农发〔2018〕35 号	《宁明县农业局关于印发宁明县农业局农业品牌三年培育计划》
17	2018 年 11 月 30 日	宁明县农业局	宁农发〔2018〕36 号	《宁明县特色农产品优势区项目建设方案》
18	2018 年 12 月 12 日	宁明县人民政府办公室	宁政办发〔2018〕149 号	《宁明县深化小型水利工程管理体制改革县级验收意见》
19	2019 年 1 月 28 日	宁明县人民政府办公室	宁政办发〔2019〕5 号	《宁明县农业信息进村入户整县推进工作实施方案》
20	2019 年 4 月 3 日	宁明县人民政府办公室	宁政办发〔2019〕12 号	《宁明县工业发展规划（2018—2020）》
21	2019 年 5 月 21 日	宁明县人民政府办公室	宁政办发〔2019〕33 号	《宁明县 2019 年油茶产业“双千”计划实施方案》
22	2019 年 5 月 28 日	宁明县人民政府	宁政发〔2019〕13 号	《宁明县坚果美藤果（星油藤）产业发展工作实施方案》
23	2019 年 6 月 12 日	宁明县人民政府	宁政发〔2019〕16 号	《宁明县推进花山田园现代特色农业核心示范区提档升级工作实施方案》

续表

序号	日期	发文单位	文号	文件名
24	2019年7月4日	宁明县人民政府	宁政发〔2019〕18号	《2019年宁明县服务业发展工作要点》
25	2019年7月6日	宁明县人民政府办公室	宁政办发〔2019〕61号	《宁明县加大金融支持实体经济发展若干措施》
26	2019年7月8日	宁明县人民政府	宁政办发〔2019〕62号	《2019年宁明县〈政府工作报告〉重点工作部门分工方案》
27	2019年9月12日	宁明县人民政府，崇左市凭祥边境经济合作区管理委员	宁政发〔2019〕21号	《凭祥—宁明贸易加工园区东区项目入园快速决策工作方案》
28	2019年9月18日	宁明县人民政府办公室	宁政办发〔2019〕93号	《宁明县“壮美广西·智慧广电”工程建设三年攻坚会战（2019—2021年）实施方案》
29	2020年5月28日	宁明县人民政府办公室	宁政办发〔2020〕24号	《宁明县互市进口商品落地加工改革实施方案（试行）》

5. 龙州县有关开发开放的政策

从2015年开始，龙州县人民政府、政府办公室、发展和改革局从深化金融综合改革、加快旅游业跨越发展、特色产业发展、加强跨境劳务合作、越南籍自然人在龙州县互市贸易区的管理、推进边境经济合作区道路工程建设、数字龙州信息通信基础设施建设、有线电视“进村入户”工程建设、政府性融资担保体系建设等方面制定和实施了一系列方案和措施，重要政策详见表1－8。

表1－8　　龙州县有关开发开放的重要政策

序号	日期	发文单位	文号	文件名
1	2015年2月28日	龙州县人民政府办公室	龙政办发〔2015〕10号	《龙州县深化金融综合改革发展工作方案（2015—2016年）》
2	2015年4月3日	龙州县人民政府办公室	龙政办发〔2015〕12号	《越南籍自然人在龙州县互市贸易区经营登记管理暂行办法》
3	2015年5月4日	龙州县教育局	龙教字〔2015〕19号	《关于做好左江花山岩画文化景观申报世界文化遗产知识宣传工作的通知》
4	2015年6月9日	龙州县人民政府办公室	未编号	《龙州县2015年落实稳增长若干措施》
5	2015年11月25日	龙州县人民政府办公室	未编号	《龙州县贯彻实施质量发展纲要2015年行动计划工作方案》
6	2015年12月15日	龙州县人民政府办公室	未编号	《龙州县促进电子商务发展扶持政策》

续表

序号	日期	发文单位	文号	文件名
7	2016年5月10日	龙州县工商行政管理和质量技术监督局	龙工商发〔2016〕8号	《龙州县工商行政管理局推进电子营业执照和全程电子化登记管理工作方案》
8	2016年5月13日	龙州县工商行政管理和质量技术监督局	龙工商发〔2016〕9号	《龙州县工商行政管理局推行“全城通、就近办”企业登记制度改革实施方案（试行）》
9	2016年6月28日	龙州县工业和信息化局	未编号	《龙州工业发展优惠政策》
10	2016年7月20日	龙州县人民政府办公室	未编号	《龙州县现代特色农业示范区建设（2016—2017年）行动方案》
11	2016年8月25日	龙州县人民政府办公室	未编号	《龙州县推进农村一二三产业融合发展实施方案》
12	2016年9月29日	龙州县人民政府办公室	龙政办发〔2016〕17号	《关于转发水利局财政局〈深化小型水利工程管理体制改革实施方案〉的通知》
13	2016年11月30日	龙州县旅游发展局	未编号	《龙州县加快旅游业跨越发展的若干政策》
14	2016年12月29日	龙州县人民政府办公室	龙办发〔2016〕46号	《龙州县工业产业转型升级三年攻坚行动计划（2016—2018年）》
15	2016年12月30日	龙州县人民政府办公室	龙政办发〔2016〕34号	《龙州县促进金融业发展年度奖励暂行办法》
16	2017年3月3日	龙州县人民政府办公室	龙政办发〔2017〕10号	《2017年龙州县现代特色农业示范区创建工作方案的通知》
17	2017年9月7日	龙州县人民政府办公室	龙政办发〔2017〕18号	《龙州县中越跨境劳务合作工作方案》
18	2018年1月10日	龙州县人民政府	龙政发〔2018〕1号	《龙州县加快政府性融资担保体系建设的实施意见》
19	2018年3月15日	龙州县文化体育新闻出版广电	未编号	《龙州县文新广局支持全域旅游发展工作方案》
20	2018年4月15日	龙州县人民政府办公室	龙政办发〔2018〕10号	《龙州县促进县域创新驱动发展实施方案》
21	2018年4月20日	龙州县发展和改革局	龙发改发〔2018〕29号	《关于龙州县跨境劳务审批中心项目立项的批复》
22	2018年9月13日	龙州县人民政府办公室	龙政办发〔2018〕26号	《龙州县推行“354560”改革提升服务企业效能实施方案》
23	2018年9月13日	龙州县人民政府办公室	龙政办发〔2018〕25号	《龙州县开展“美丽广西·宜居城市”建设工作方案》
24	2018年12月30日	龙州县人民政府办公室	龙政办发〔2018〕46号	《龙州县工业发展规划（2018—2020年）》
25	2018年7月10日	龙州县农业局	龙农发〔2018〕14号	《龙州县2018年信息进村入户整县推进实施方案》

续表

序号	日期	发文单位	文号	文件名
26	2018年11月15日	龙州县人民政府办公室	龙政办发〔2018〕37号	《关于完善和落实支持政策促进农民持续增收的实施意见》
27	2019年4月10日	龙州县人民政府办公室	龙政办发〔2019〕8号	《数字龙州信息通信基础设施建设行动方案（2019—2020年）》
28	2019年4月24日	龙州县人民政府办公室	龙政办发〔2019〕9号	《龙州县深化产教融合实施方案》
29	2019年5月5日	龙州县人民政府办公室	龙农发〔2019〕7号	《龙州县农产品加工集聚区建设总体方案》
30	2019年5月6日	龙州县人民政府办公室	龙政办发〔2019〕10号	《龙州县实施质量强县战略工作方案》
31	2019年7月12日	龙州县人民政府办公室	龙政办发〔2019〕19号	《龙州县推动工业高质量发展行动2019年实施方案》
32	2019年8月30日	龙州县人民政府办公室	龙政办发〔2019〕22号	《龙州县“壮美广西·智慧广电”工程实施方案》
33	2019年9月12日	龙州县人民政府办公室	龙政办发〔2019〕23号	《龙州县水污染防治攻坚三年作战方案（2018—2020年）》
34	2019年10月16日	龙州县人民政府办公室	龙政办规〔2019〕1号	《龙州县新增规上限上服务业企业入统扶持奖励办法》
35	2020年1月20日	龙州县人民政府办公室	龙政办发〔2020〕2号	《龙州县建设面向东盟的金融开放门户实施方案》
36	2021年8月31日	龙州县人民政府办公室	龙政发〔2021〕5号	《龙州县国民经济和社会发展第十四个五年规划和2035年远景目标纲要》

6. 大新县有关开发开放的政策

大新县人民政府、政府办公室、发展和改革局从加大招商引资和财政支持、扶持工业产业发展、加快电子商务和物流业发展、推进有线电视“进村入户”工程建设、农村电网改造升级工程建设、百镇建设示范工程建设、口岸基础设施建设、基地建设、园区建设、边民互市点建设、跨境合作区建设、机场建设、网络通信建设等方面出台了一系列政策，重要政策详见表1－9。

表1－9　　大新县有关开发开放的重要政策

序号	日期	发文单位	文号	文件名
1	2014年3月17日	大新县人民政府	新政发〔2014〕2号	《延续大新县扶持规模以上锰工业企业暂行办法》
2	2014年3月26日	大新县人民政府	新政发〔2014〕5号	《关于扶持规模以上工业企业暂行办法》
3	2014年11月21日	大新县人民政府办公室	新政办发〔2014〕55号	《大新县辖区外贸企业奖励暂行办法》

续表

序号	日期	发文单位	文号	文件名
4	2015年3月2日	大新县人民政府	新政发〔2015〕1号	《大新县扶持规模以上锰工业企业暂行办法》
5	2016年1月29日	大新县人民政府	新政发〔2016〕1号	《大新县招商引资项目履约保证金制度（试行）》
6	2016年4月12日	大新县人民政府	新政发〔2016〕6号	《大新县下雷镇实施百镇建设示范工程建设工作方案》
7	2016年4月21日	大新县人民政府办公室	新政办发〔2016〕24号	《大新县现代特色农业示范区建设（2016—2017年）行动方案》
8	2016年5月23日	大新县人民政府	新政发〔2016〕8号	《大新县农民工创业园优惠政策若干规定（试行）》
9	2016年8月5日	大新县人民政府	新政发〔2016〕15号	《大新县明仕田园创建中国乡村旅游创客示范基地建设方案》
10	2016年10月27日	大新县人民政府办公室	新政办发〔2016〕92号	《大新县全面推进“六证合一、一照一码”登记制度改革工作实施方案》
11	2017年4月22日	大新县人民政府办公室	新政办发〔2017〕21号	《大新县2017年现代特色农业（核心）示范区建设工作》
12	2017年5月6日	大新县人民政府办公室	新政办发〔2017〕39号	《大新县电子商务进农村综合示范项目实施方案》
13	2017年10月1日	大新县人民政府办公室	新政发〔2017〕17号	《大新县2017年促进工业稳增长实施意见》
14	2017年10月26日	大新县人民政府办公室	新政办发〔2017〕128号	《大新县中越跨境劳务合作试点工作方案》
15	2018年1月27日	大新县人民政府办公室	新政办发〔2018〕3号	《大新县2018—2019年栀子产业发展扶持方案》
16	2018年6月5日	大新县人民政府办公室	新政办发〔2018〕61号	《大新县2018年推进服务业“上规入统”工作方案》
17	2018年6月21日	大新县人民政府办公室	新政办发〔2018〕73号	《大新县加快发展健身休闲产业实施方案》
18	2018年7月2日	大新县人民政府办公室	新办发〔2018〕30号	《大新县2018年特色农业发展奖补办法（暂行）》
19	2018年9月1日	大新县人民政府办公室	新政办发〔2018〕107号	《大新县德天通用机场前期工作方案》
20	2018年9月5日	大新县人民政府办公室	新政办发〔2018〕128号	《大新县2018年网络通讯建设工作方案》
21	2018年10月12日	大新县人民政府办公室	新政办发〔2018〕129号	《大新县2018年水稻绿色高质高效创建项目实施方案》
22	2018年10月22日	大新县人民政府办公室	新政办发〔2018〕131号	《大新县特色加工业发展“十三五”规划（2016—2020年）》
23	2018年11月1日	大新县人民政府	新政发〔2018〕19号	《大新县支持物流业发展十条措施》

续表

序号	日期	发文单位	文号	文件名
24	2018 年 11 月 1 日	大新县人民政府	新政发〔2018〕20 号	《大新县支持工业企业发展十条措施》
25	2018 年 11 月 12 日	大新县人民政府	新政发〔2018〕18 号	《关于加强边境地区应急管理智能体系建设的决定》
26	2018 年 11 月 18 日	大新县人民政府办公室	新政办发〔2018〕145 号	《大新县水产畜牧业发展“十三五”规划》
27	2019 年 4 月 15 日	大新县发展改革局	新发改字〔2019〕55 号	《关于大新县中越两国友谊文化陈列展项目建议书的批复》
28	2019 年 5 月 19 日	大新县市场监督管理局	新市监发〔2019〕1 号	《大新县优化营商环境企业开办指标百日攻坚实施方案》
29	2019 年 9 月 29 日	大新县人民政府办公室	新政办发〔2019〕59 号	《大新县“壮美广西·智慧广电”数字广西“广电云”村村通户户用工程建设实施方案》
30	2019 年 10 月 17 日	大新县人民政府办公室	新政办发〔2019〕66 号	《大新县全域推进“三清三拆”工作实施方案》
31	2020 年 7 月 9 日	大新县人民政府办公室	新政办发〔2020〕30 号	《大新县 2020 年产业大招商工作方案》
32	2020 年 10 月 20 日	大新县工业和信息化局	未编号	《大新县激励工业企业做大做强若干措施》

7. 东兴市有关开发开放的政策

由于在东兴市人民政府网站上搜索到的政策都是 2018 年 6 月后的政策，本研究只整理了 2018 年 6 月至今发布的有关开发开放政策。一年多来，东兴市人民政府、政府办公室、发展和改革局从加大招商引资和财政支持、优化营商环境、推进特色产业发展、推进口岸建设、防城港边境旅游试验区东兴辖区建设、跨境经济合作区建设、东盟商品加工贸易中心建设、跨境金融和金融对外开放核心区建设、加强市境外人员入境务工管理等方面出台了一系列政策，重要政策详见表 1－10。

表 1－10　　东兴市有关开发开放的重要政策

序号	日期	发文单位	文号	文件名
1	2018 年 6 月 8 日	东兴市人民政府	东政发〔2018〕9 号	《东兴市 2018 年实施“产业提升年”“项目提速年”“城乡提质年”工作方案》
2	2018 年 7 月 13 日	东兴市人民政府	东政发〔2018〕14 号	《防城港边境旅游试验区东兴辖区三年行动方案（2018—2020）》

续表

序号	日期	发文单位	文号	文件名
3	2018年9月17日	东兴市发展和改革局	东发改发〔2018〕13号	《“一带一路”南向通道广西基础设施建设三年行动计划（2018—2020）东兴市项目》
4	2018年9月26日	东兴市人民政府办公室	未编号	《防城港旅游试验区东兴免税购物中心建设方案》
5	2018年9月26日	东兴市人民政府办公室	未编号	《东兴市优化营商环境三年行动方案（2018—2020）》
6	2018年9月26日	东兴市人民政府办公室	未编号	《东兴市商贸文化旅游一体化试行方案》
7	2018年10月9日	东兴市人民政府办公室	东政规〔2018〕9号	《东兴市境外人员入境务工管理暂行办法》
8	2018年10月30日	东兴市人民政府办公室	东政办函〔2018〕54号	《推进“十个一万”特色农业产业项目》
9	2018年11月2日	东兴市人民政府办公室	未编号	《东兴农业科技园区农村科技特派员工作实施方案》
10	2018年11月21日	东兴市旅游局	东旅发〔2018〕19号	《关于参加2018中越（东兴—芒街）国际商贸·旅游博览会美食大赛活动的通知》
11	2018年11月21日	东兴市人民政府办公室	东政办函〔2018〕62号	《东兴东盟商品加工贸易中心规划建设方案》
12	2018年12月7日	东兴市国土海洋局	桂自然资办〔2018〕40号	《支持防城港边境旅游试验区发展的若干政策措施》
13	2018年12月12日	东兴市人民政府办公室	东政办发〔2018〕43号	《东兴国际综合性服务集聚区详细规划》
14	2018年12月29日	东兴市人民政府办公室	东政办发〔2018〕46号	《东兴市工业发展规划（2018—2020）》
15	2019年4月16日	东兴市住房和城乡建设局	东住建发〔2019〕4号	《东兴市优化营商环境工程建设项目报建指标百日攻坚行动实施方案》
16	2019年4月16日	东兴市农业农村水利局	东农水发〔2019〕4号	《2019年东兴市农民合作社发展资金项目实施方案》
17	2019年5月21日	东兴市人民政府办公室	东政办函〔2019〕9号	《东兴边民互市贸易区全面整治工作方案》
18	2019年7月16日	东兴市人民政府办公室	东政办发〔2019〕11号	《东兴市建设东兴跨境金融和金融对外开放核心区方案》
19	2019年7月16日	东兴市人民政府办公室	未编号	《东兴市依法整治中越海域自由航行区占海设施执行方案》
20	2020年9月20日	东兴市人民政府办公室	东政办发〔2019〕25号	《东兴市互市进口商品落地加工改革实施方案（试行）》
21	2019年11月15日	东兴市人民政府办公室	东政办发〔2019〕35号	《东兴市打造商贸文化旅游“十个一批”实施方案》

续表

序号	日期	发文单位	文号	文件名
22	2020 年 3 月 27 日	东兴市人民政府办公室	东政办函〔2020〕3 号	《东兴市创建国家级渔业健康养殖示范县工作方案》
23	2020 年 6 月 5 日	东兴市人民政府	2020 年 6 月 8 日	《东兴市文化旅游产业高质量发展扶持奖励办法》
24	2020 年 6 月 8 日	东兴市人民政府办公室	东政办发〔2020〕6 号	《东兴市深化互市进口商品落地加工改革实施方案》
25	2020 年 10 月 12 日	东兴市人民政府办公室	东政办发〔2020〕19 号	《东兴市贯彻落实〈广西加快 5G 产业发展行动计划（2019—2021 年）〉实施方案》
26	2020 年 12 月 23 日	东兴市人民政府	东政发〔2020〕7 号	《东兴市贯彻落实〈交通强国建设纲要〉实施方案》

8. 防城区有关开发开放的政策

由于防城区人民政府网站上发布的重要政策都在 2017 年之后，本研究整理了 2017 年至今有关开发开放的重要政策详见表 1－11。从 2017 年至今，防城区人民政府、政府办公室、发展与改革局从推进产业发展、推进物流园区建设、口岸建设、“边海经济带建设”、兴边富民土地整治重大工程项目建设、边贸产品落地加工园建设、促进全区外边贸企业能力建设、农村电子商务服务点建设等方面制定了一系列方案和措施。

表 1－11　防城区有关开发开放的重要政策

序号	日期	发文单位	文号	文件名
1	2017 年 4 月 25 日	防城区人民政府办公室	防区政办发〔2017〕17 号	《防城港南国金花茶生态旅游度假区项目推进工作实施方案》
2	2017 年 4 月 28 日	防城区工商行政管理局	防区工商办发〔2017〕10 号	《深入开展“美丽广西 · 生态乡村 · 整治市场”活动工作方案》
3	2017 年 8 月 30 日	防城区人民政府办公室	防区政办发〔2017〕39 号	《关于印发 2017 年防城港市防城区责任单位推进“边海经济带”项目工作目标责任分解表的通知》
4	2018 年 1 月 2 日	防城区人民政府办公室	防区政办发〔2017〕69 号	《防城区深化简政放权放管结合优化服务改革重点任务分工方案》
5	2018 年 1 月 31 日	防城区人民政府办公室	防区政办发〔2018〕2 号	《加快防城区文化产业发展实施意见》
6	2018 年 5 月 18 日	防城区人民政府办公室	防区政办发〔2018〕25 号	《防城区推动有机产业发展实施方案》
7	2018 年 6 月 6 日	防城区人民政府办公室	防区政办发〔2018〕33 号	《配合宣传第十二届中国（南宁）国际园林博览会》
8	2018 年 6 月 27 日	防城区人民政府办公室	防区政办发〔2018〕30 号	《防城区现代特色农业示范区建设增点扩面提质升级工作方案》

续表

序号	日期	发文单位	文号	文件名
9	2018年8月6日	防城区人民政府办公室	防区政办发〔2018〕43号	《防城港市防城区大南山金花茶产业（核心）示范区创建工作方案》
10	2018年9月30日	防城区发展与改革局	防区发改〔2018〕83号	《关于防城区茅岭边境检查站项目建议书的批复》
11	2018年9月30日	防城区发展与改革局	防区发改〔2018〕84号	《关于防城区那丽边境检查站项目建议书的批复》
12	2018年10月14日	防城区发展与改革局	防区发改〔2018〕87号	《关于防城区边贸产品落地加工园项目建议书的批复》
13	2018年12月31日	防城区人民政府办公室	防区政办发〔2018〕69号	《防城区加快推进“一带一路”国际陆海贸易新通道建设工作实施方案（2018—2020年）》
14	2019年5月10日	防城区人民政府	防区政发〔2019〕3号	《政府工作报告重点工作任务分工方案》
15	2019年5月16日	防城区人民政府办公室	防区政办发〔2019〕10号	《2019年促进全区外边贸企业能力建设工作措施》
16	2019年7月8日	防城区人民政府办公室	防区政办发〔2019〕13号	《防城港市防城区新增规模以上工业企业奖励暂行办法》
17	2020年3月27日	防城区人民政府办公室	未编号	《防城区2020年促进外边贸企业能力建设工作措施》
18	2020年7月17日	防城区人民政府	未编号	《防城区互市进口商品落地加工改革实施方案》
19	2020年7月21日	防城区人民政府办公室	未编号	《防城港市防城区培育扶持服务业企业上规入统奖励暂行办法》
20	2020年11月5日	防城区政府办	未编号	《2020年防城区优化营商环境百日攻坚行动方案》
21	2020年11月19日	防城区人民政府办公室	防区政办发〔2020〕24号	《防城港市防城区“十四五”规划编制工作方案》

第二章

广西沿边开发开放政策的评估

对广西边境地区（沿边）开发开放政策的评估，包括政策事实、政策执行过程、政策实施效果三个维度。政策本身的质量和执行过程直接决定着政策执行的力度与效果，是政策实施效果的前提和保障，只有对这三个维度进行全面分析评估，才能真实、全面地反映开发开放政策在各个环节中存在的问题，才能对广西沿边开发开放政策的未来走向做出基本的判断，对政策的调整、修正，以及制定新政策提出合理的建议。本研究在构建评估指标体系时，遵循科学性、系统性、全面性和可比性原则，从事实、执行过程和实施效果三维视角出发，设计广西沿边开发开放政策的评价指标体系，力求客观、全面地反映广西边境地区（沿边）开发开放政策体系的执行效应。

一、评估指标体系的构建

（一）指标体系构建的原则

1. 科学性原则

广西沿边开发开放政策评价指标体系的构建，应以开发开放政策执行力影响因素相关理论为依据，根据指标间逻辑联系设计指标体系，使评价结果能够从事实、执行过程、实施效果三个维度科学、全面地反映广西沿边开发开放政策的制定及执行情况，并有利于从三个维度找出广西沿边开发开放政策制定及执行方面存在的问题。

2. 系统性原则

广西沿边开发开放政策评价体系应是一个由若干个反映广西沿边开发开放政策制定及执行情况的相对独立但又相互联系的指标所组成的全面、系统的有机整体。评价指标体系的构建应符合要素优化组合的要求，指标全面、完整，各指标相对独立且边界清晰，但所指向的总目标一致，指标体系这一有机整体应结构合理，层次分明。

3. 可操作性原则

各项指标数据应易于标准化与规范化，易于量化，便于计算和指标间对比分析，确保评估结果能够通过科学的方法使各评价对象在同一指标上具有可比性，在评估对象间能够进行横向与纵向比较，并且对于建立模型、评价考核、综合分析应都是可行的。

4. 有效性原则

广西沿边开发开放政策评价体系中各项指标的数据都应该是容易采集的，且可以保证其客观真实性，力求评价指标能客观地反映评价对象的实际情况。通过评价不仅能够量化广西沿边各县（市、区）开发开放政策制定及执行的优劣，更重要的是通过评价能够发现各县开发开放政策制定、执行、实施效果三个维度存在的不足，从而为政府部门对于相关政策的调整与修正提供决策参考。

（二）指标及权重的确立

1. 指标层次的确定

广西沿边开发开放政策评估指标体系这一总指标共分为“基于事实维度广西沿边开发开放政策的评估指标体系”“基于执行过程维度广西沿边开发开放政策的评估指标体系”和“基于实施效果维度广西沿边开发开放政策的评估指标体系”三个一级指标。基于事实维度、执行过程维度、实施效果维度的广西沿边开发开放政策评价指标的初选，本研究结合广西沿边开发开放的工作重点与公共政策评估理论，采用定性分析与定量分析相结合的方法，综合考虑评价指标体系设立的目的与原则等因素而选取。随后，为了使初选评价指标更具科学性与可操作性，课题组设计了《基于事实维度广西沿边开发开放政策评价指标调查问卷》《基于执行过程维度的广西沿边开发开放政策评价指标调查问卷》《基于实施效果维度的广西沿边开发开放政策评价指标调查问卷》等3项调查问卷，针对指标重要程度进行问卷调查，并收集可能遗漏但实际中却很重要的指标。根据调查问卷反馈的调查结果分析指标的相关性，对初选评价指标进行信度、效度分析，并多次讨论，最终确定了基于事实维度、执行过程维度、实施效果维度的广西沿边开发开放政策评估指标体系。3 项调查问卷每项问卷各发放 5 份，共发放调查问卷 15 份，调查对象包括高校及科研机构专家、民宗委工作人员以及边境县（市、区）政府办公室工作人员。《基于事实维度的广西沿边开发开放政策评价指标调查问卷》收回 5 份，其中 5 份为有效问卷；《基于执行过程维度的广西沿边开发开放政策评价指标调查问卷》收回 4 份，其中 4 份为有效问卷；《基于实施效果维度的广西沿边开发开放政策评价指标调查问卷》收回 5 份，其中 5 份为有效问卷。

（1）基于事实维度评估指标的确定。

基于事实维度的广西沿边开发开放评估指标主要是对广西 8 个边境县（市、区）开发开放政策本身的分析与评价，即对政策的科学性、可操作性、可持续性等政策本身质量的评估。在基于事实维度广西沿边开发开放政策评估指标体系这一总指标下共设立了“政策的科学性”“政策的可操作性”和“政策的可持续性”3 项一级指标，经过课题组进一步辨析、分解，得出影响各项一级指标的二级分指标共 8 项，具体评估指标结构见表 1－12。

表 1－12　　基于事实维度广西沿边开发开放政策评估指标

一级指标	二级指标
B1：政策的科学性	C1：政策发布的及时性
	C2：政策定位的准确性
	C3：与相关政策的协同性
	C4：政策内容的全面系统性
B2：政策的可操作性	C5：政策的明确性
	C6：保障措施的完备性
B3：政策的可持续性	C7：与广西沿边发展需求的一致性
	C8：与“开放”理念的一致性

（2）基于执行过程维度评估指标的确定。

基于执行过程维度的评估指标主要是对广西 8 个边境县（市、区）在开发开放政策执行过程中执行主体与执行机制的分析评价。在基于执行过程维度广西沿边开发开放政策评估指标体系这一总指标下共设立了“执行主体优化度”“执行机制健全度”2 项一级指标，经过课题组进一步辨析、分解，得出影响各项一级指标的 4 项二级分指标：“执行意愿度”“组织合理度”“宣传机制”“督查奖惩机制”，具体指标结构见表1－13。

表1－13　基于执行过程维度广西沿边开发开放政策评估指标

一级指标	二级指标
B1：执行主体优化度	C1：执行意愿度
	C2：组织合理度
B2：执行机制健全度	C3：宣传机制
	C4：督查奖惩机制

（3）基于实施效果维度评估指标的确定。

基于实施效果维度的广西沿边开发开放政策评估指标是反映广西8个边境县（市、区）在对上级政策及本地制定的开发开放政策总体实施结果、实施效果的指标，表现为各边境县（市、区）在实施政策后的开放程度，本研究主要依据《关于支持沿边重点地区开发开放的实施意见》（国发〔2015〕72号）、《关于支持沿边重点地区开发开放的实施意见》（桂政发〔2016〕52号）和《广西沿边开发开放“十三五”规划》（桂政办发〔2017〕15号）中提出的具体任务，并结合课题组在实地调研中能获取到的数据，最终设定了“贸易开放度”“信息开放度”“劳务开放度”“旅游开放度”和“基础设施开放度”5个一级指标。经过课题组对5项一级指标的进一步辨析、分解，得出影响各一级指标的二级分指标共10项。基于实施效果维度广西沿边开发开放政策的评价指标详见表1－14。

表1－14　基于实施效果维度广西沿边开发开放政策评估指标体系

一级指标	二级指标	测算方法	指标性质
B1：贸易开放度	C1：商品市场活跃度	地区社会消费品零售总额/地区GDP	正
	C2：外贸依存度	进出口总额/地区GDP	正
B2：信息开放度	C3：移动电话普及率	年末移动电话用户数/地区常住人口	正
	C4：互联网宽带家庭普及率	年末互联网宽带接入用户/地区总户数	正
B3：劳务开放度	C5：人口增长率	（地区本年末实际人口数－地区上年末实际人口数）/年平均人口	正
B4：旅游开放度	C6：旅游活跃度	外地游客人次/地区常住人口	正
	C7：旅游依存度	本地从外地游客处获得的旅游收入/地区GDP	正
B5：基础设施开放度	C8：人均公路里程	公路总里程/地区常住人口	正
	C9：国家一类口岸个数	—	正
	C10：国家二类口岸个数	—	正

2. 指标权重的确定

基于事实维度、执行过程维度及实施效果维度的广西沿边开发开放政策评估指标体系为层次指标体系，故本研究采用层次分析法为各项指标进行赋权。层次分析法（Analytic Hierarchy Process，AHP）是美国运筹学家、匹兹堡大学教授 T. L. Saaty 在 20 世纪 70 年代初期提出的一种简便、灵活又实用的层次权重决策分析方法。AHP 将总目标分解为多项指标的多个层次结构，根据对一定客观现实的主观判断结构，把专家意见和分析者的客观判断结果直接而有效地结合起来，将同一层次中的各项指标两两比较，用求解判断矩阵特征向量的方法求得每一层次中各项指标对上一层次某项指标的优先权重。AHP 的特点是把复杂问题中的各种因素划分为相互联系的有序层次，使之层次化、数量化，合理地将定性与定量的决策结合起来。

本研究先根据广西沿边开发开放政策事实维度、执行过程维度、实施效果维度的指标，设计了各个维度指标权重的专家评分问卷，共邀请政策评估、区域经济学等领域的 5 位专家对各个指标的重要程度进行评分，再统计专家评分问卷的结果，建立矩阵并进行计算和验证，最终得到各指标的权重。

设 $W=(W_1, W_2, W_3, \cdots, W_n), 0 \leqslant W_i \leqslant 1(i=1,2,3,\cdots,n)$ 为指标权重向量，为避免过分外推，设定各指标权重向量之和为 1。根据专家调查问卷收集的数据，经过 AHP 法处理后基于事实维度、执行过程维度、实施效果维度，广西沿边开发开放政策评估体系中各指标及其权重见表 1－15 至表1－17。

表 1－15　基于事实维度广西沿边开发开放政策评估指标及权重

一级指标	权重	二级指标	权重
B1：政策的科学性	0.6603	C1：政策发布的及时性	0.0619
		C2：政策定位的准确性	0.3824
		C3：与相关政策的协同性	0.1080
		C4：政策内容的全面系统性	0.1080
B2：政策的可操作性	0.1753	C5：政策的明确性	0.1376
		C6：保障措施的完备性	0.0377
B3：政策的可持续性	0.1644	C7：与广西沿边发展需求的一致性	0.0822
		C8：与“开放”理念的一致性	0.0822

表 1-16 基于执行过程维度广西沿边开发开放政策评估指标及权重

一级指标	权重	二级指标	权重
B1：执行主体优化度	0.5436	C1：执行意愿度	0.2718
		C2：组织合理度	0.2718
B2：执行机制健全度	0.4564	C3：宣传机制	0.2282
		C4：督查奖惩机制	0.2282

表 1-17 基于实施效果维度广西沿边开发开放政策评估指标及权重

一级指标	权重	二级指标	权重
B1：贸易开放度	0.2624	C1：商品市场活跃度	0.1312
		C2：外贸依存度	0.1312
B2：信息开放度	0.1326	C3：移动电话普及率	0.0663
		C4：互联网宽带家庭普及率	0.0663
B3：劳务开放度	0.0823	C5：人口增长率	0.0823
B4：旅游开放度	0.2224	C6：旅游活跃度	0.1112
		C7：旅游依存度	0.1112
B5：基础设施开放度	0.3003	C8：人均公路里程	0.1001
		C9：国家一类口岸个数	0.1001
		C10：国家二类口岸个数	0.1001

经过进一步对判断矩阵进行一致性检验，结果显示，无论方案层 C 对于准则层 B 的一致性检验结果，还是准则层 B 对目标层 A 的一致性检验结果，一致性比例 C. R 均小于 0.1，表明层次分析的结果是可以接受的。

二、政策事实维度的评估

（一）政策的科学性

1. 政策发布的及时性

地方政府开发开放政策发布的及时性应达到两方面的要求，其一，及时传达国家、自治区和上级市出台的开发开放政策；其二，积极响应上级政策部署，及时制定并发布本县（市、区）开发开放方案及实施意见。

国家为了促进沿边地区的开发开放，分别于 2013 年 12 月与 2015 年 12 月出台了《关于加快沿边地区开发开放的若干意见》（国发〔2013〕50 号）和

《关于支持沿边重点地区开发开放的实施意见》（国发〔2015〕72 号）两项有关沿边开发开放的专项政策。广西壮族自治区为了贯彻党和国家的大政方针，分别于 2016 年 10 月 23 日、2017 年 1 月 17 日、2018 年 5 月 14 日先后出台了《关于支持沿边重点地区开发开放的实施意见》（桂政发〔2016〕52 号）、《广西沿边地区开发开放“十三五”规划》（桂政办发〔2017〕15 号）、《关于做好我区加快沿边开发开放政策落地工作的通知》（桂政办发〔2018〕47 号）和《关于加快推进广西百色重点开发开放试验区高质量建设的若干政策》（桂政办发〔2020〕76 号）等四项有关沿边开发开放的实施意见和具体规划。广西 3 个沿边地级市百色市、崇左市和防城港市也制定了相应的促进本地开发开放的规划和方案。百色市于 2017 年 12 月印发了《百色市沿边开发开放总体规划》，于 2018 年 8 月印发了《百色市加快沿边开发开放政策落地实施方案》，于 2020 年 12 月印发了《广西百色重点开发开放试验区重点工程建设三年行动计划实施方案》。崇左市于 2018 年 2 月印发了《崇左沿边开发开放“十三五规划”》。防城港市于 2018 年 9 月印发了《防城港市关于加快沿边开发开放政策落得工作方案》。广西 8 个沿边县（市、区）为了响应国家、自治区和所属地级市的政策，也制定了一系列开发开放的具体措施和实施方案。

由于国家出台第一项有关沿边开发开放专项政策（国发〔2013〕50 号）的时间为 2013 年 12 月，本研究从靖西市、那坡县、凭祥市、宁明县、龙州县、大新县、东兴市、防城区等 8 个边境县（市、区）的政府网站收集汇总了各县 2014 年 1 月 1 日之后发布的有关开发开放的重要政策，详见表 1 – 3 至表 1 – 10。

在传达国家、自治区及所属地级市的沿边开发开放政策方面，凭祥市于 2016 年 1 月在政府网站解读了国发〔2015〕72 号政策，龙州县于 2017 年 11 月召开了沿边开发开放政策专题学习会，靖西市于 2018 年 11 月在政府网站转发了百政办发〔2018〕60 号文件，那坡县、宁明县、大新县、东兴市、防城区等 5 个县（市、区）未在政府网站中传达上级政府沿边开发开放政策。在发布本地区开发开放政策的及时性方面，在国家出台国发〔2013〕50 号之后，沿边 8 个县（市、区）纷纷制定了本县的开发开放政策。从政府网站的发布时间来看，凭祥市、靖西市、那坡县、大新县出台当地较重要的促进开放的政策较早，防城区和宁明县在政府网站发布开发开放政策的时间较晚，都在 2017 年之后。

针对各边境县（市、区）传达上级政府开发开放政策的情况和发布本县开发开放政策的情况，依据传达上级开发开放政策越全面得分越高、发布本县开发开放政策时间越早得分越高的评分准则，课题组对各县政策发布的及时性进行讨论评分，最终分值如表1－18所示。

表1－18　沿广西沿边县（市、区）开发开放政策“发布的及时性”事实情况及评分

<table>
<tr><th>发布的及时性</th><th>靖西市</th><th>那坡县</th><th>凭祥市</th><th>宁明县</th><th>龙州县</th><th>大新县</th><th>东兴市</th><th>防城区</th></tr>
<tr><td>传达国家沿边开发开放政策</td><td>无</td><td>无</td><td>2016年1月解读国发〔2015〕72号政策</td><td>无</td><td rowspan="3">2017年11月召开沿边开发开放若干政策专题学习会</td><td>无</td><td>无</td><td>无</td></tr>
<tr><td>传达自治区沿边开发开放政策</td><td>无</td><td>无</td><td>无</td><td>无</td><td>无</td><td>无</td><td>无</td></tr>
<tr><td>传达地市级开发开放政策</td><td>2018年11月传达百政办发〔2018〕60号文件</td><td>无</td><td>无</td><td>无</td><td>无</td><td>无</td><td>无</td></tr>
<tr><td>发布本县有关开发开放政策的最早时间</td><td>2014年2月</td><td>2014年8月</td><td>2014年3月</td><td>2017年2月</td><td>2015年2月</td><td>2014年3月</td><td>2015年11月</td><td>2017年4月</td></tr>
<tr><td>评分</td><td>8</td><td>7</td><td>8</td><td>5</td><td>9</td><td>7</td><td>5</td><td>6</td></tr>
</table>

2. 政策定位的准确性

广西沿边8个县（市、区）为了抓住国家沿边开放开发的重大历史机遇，加快开放开发步伐，都出台了一系列相应的开发开放措施与方案。经过课题组对8个边境县（市、区）的开发开放政策的梳理，可以看出，8个边境县（市、区）政府都能把本地区的开发开放提升到战略高度，能根据国家和自治区的沿边开放政策导向，结合自身发展实际找准本地区未来发展的定位。因此，课题组对广西沿边县（市、区）开发开放政策“定位的准确性”这一指标的评分上，8个县均评定为10分。

3. 与相关政策的协同性

政策的协调性，指政策同其他相关的政策之间协调配合，紧密衔接，主要有长期政策与短期政策的协调、新政策与旧政策的协调、顶层宏观政策与基层微观政策的协调等。广西沿边县一级政府出台的开发开放政策，首先必须与党中央、国家、自治区、所属地级市出台的相关政策协调，使上级政策能够更好地贯彻落实；其次要与云南省的政策相协调，以更好地融入西南经济圈，提高我国面向南亚地区开放政策的整体协同度；再次，要与越南和东盟之间的政策相协调，以便加强与越南和东盟之间的交流合作，积极对接和呼应越南与东盟的战略与发展思路，共同推动区域和次区域合作，推进“一带一路”的建设；最后，要与本级政府出台的其他政策协调，使本地相关政策举措可以相互支持配合，形成政策合力，推进政策的落实。

本研究将广西沿边 8 个县（市、区）制定的有关开发开放的重要政策，对比上级开发开放政策的主要精神，云南、越南及东盟相关政策的主要宗旨，本地其他相关政策的方案措施，综合考量各县政策的协同性，并按照协同度越强得分越高的规则进行评分，广西沿边各县（市、区）开发开放政策“与相关政策的协同性”的评分见表 1－19。

表 1－19　广西沿边八县（市、区）开发开放政策“与相关政策的协同性”评分

与相关政策的协同性	靖西市	那坡县	凭祥市	宁明县	龙州县	大新县	东兴市	防城区
评分	8	7	8	7	7	8	7	6

4. 政策内容的全面系统性

县级开发开放政策的内容应该以国家和自治区出台的沿边开发开放政策提出的要求和任务为基准，结合本地实际发展情况来制定。广西壮族自治区人民政府办公厅在《广西沿边地区开发开放“十三五”规划》（桂政办发〔2017〕15 号）中明确提出了广西沿边开发开放的政策应包括产业发展政策、贸易投资政策、财税金融政策、土地城乡政策、人力资源政策、安全政策等六大类支持政策。因此，在对广西沿边县（市、区）开发开放政策“内容的全面系统性”这一指标的评估中，本研究从该六大类支持政策来评估考量。课题组将广西沿边各县制定的开发开放主要相关政策进行收集梳理，并按产业发展政策、贸易投资政策、财税金融政策、土地城乡政策、人力资源政策、安全政策六个大类进行归类，再分别对各类政策中各县政策的发布情况进行评分，依据政策内容涵盖越广得分越高、与开发开放相关度越高得分越高、方案措施越具体得分越高的评分原则，广西沿边各县（市、区）六大类政策的发布情况及评分详见表 1－20 至表 1－25。

表1－20 广西沿边八县（市、区）产业发展政策及评分

县（市、区）	产业发展政策	评分
靖西市	《靖西县2015年对辖区外贸企业扶持办法》 《靖西县规模以上锰冶炼企业用电生产扶持政策若干规定》 《“科技富民强县专项行动计划”实施方案（试行）》 《靖西县电子商务发展的若干意见（试行）》 《靖西县依法整治旅游市场秩序和文明旅游行动（2015—2017）实施方案》 《靖西市2016年农业产业扶持办法》 《靖西市2016年培育新增规模以上工业企业工作方案》 《2016年靖西市落实创新发展新理念加快推进绿色增粮工作指导意见》 《靖西市“十三五”工业发展规划》 《靖西市加快推进现代特色农业示范区建设实施方案》 《靖西市2018年农业特色产业发展工作方案》 《靖西市特色加工业发展“十三五”规划》 《靖西市促进加工贸易产业创新发展工作方案》 《靖西市推进电子商务与快递物流协同发展实施方案》 《靖西市工业发展规划（2018—2020年）》 《靖西市2019年农业产业扶持方案》 《靖西市加快推进现代特色农业高质量发展实施方案》 《靖西市“四上”企业培育行动方案》 《靖西市加快牛羊产业高质量发展助推乡村振兴工作方案》	9
那坡县	《2016年那坡县乡土特色示范村建设工作实施方案》 《加快推进交通物流业发展工作方案》 《那坡县新增限上企业入统奖励办法（试行）》 《关于那坡县边关丝路生态桑蚕产业（核心）示范区清华村百沙屯示范点建设项目建议书的批复》 《那坡县特色加工业发展“十三五”规划》 《2019年特色种植业奖励方案》 《那坡县人民政府关于认定 那坡县2019年第一批现代特色农业乡级示范园、村级示范点的决定》 《那坡县推进工业振兴的若干政策措施（试行）》	6
凭祥市	《进一步扶持旅游业发展的若干意见》 《加快发展广西专利密集型产业（制造业）实施方案》 《凭祥市农业科技创新体系建设实施方案》 《凭祥市加快科技服务业发展实施方案（2016—2020年）》 《凭祥市进一步促进红木产业发展工作方案》 《凭祥市关于进一步解放思想加力开放合作的实施办法》 《中国—东盟（凭祥）沿边开发开放产业发展基金方案》 《凭祥市促进县域创新驱动发展实施方案》 《凭祥市加快牛羊养殖业发展实施方案》 《提升质量安全推动地方特色食品产业发展的实施方案》 《凭祥市加快发展健身休闲产业实施方案》 《凭祥市促进健康产业发展实施意见》	9

续表

县（市、区）	产业发展政策	评分
凭祥市	《凭祥市进一步加快全域旅游发展的奖励办法》 《凭祥市农业对外合作试验区建设实施方案》 《关于成立凭祥市边境出口加工产业园指挥部的通知》 《金融支持工业高质量发展若干措施》 《凭祥市深化体制机制改革加快糖业高质量发展实施方案》 《凭祥市扶持发展百香果产业实施方案》 《凭祥市推进澳洲坚果产业发展的实施方案》	
宁明县	《宁明县 2017 年现代农（林）业示范区创建工作方案》 《宁明县工业发展奖励办法（试行）》 《宁明县推进创建广西特色旅游名县奖励办法》 《宁明花山国际文化交流合作中心项目推进工作实施方案》 《宁明县工业发展规划（2018—2020）》 《宁明县花山松涛桐棉松产业示范区建设实施方案》 《宁明县 2019 年油茶产业“双千”计划实施方案》 《宁明县金花茶产业示范区建设实施方案》 《宁明县现代特色农业示范区建设增点扩面提质升级（2018—2020）三年行动方案》 《宁明县骆畔循环农业核心示范区建设实施方案》 《宁明县尚州源肉牛产业示范区建设实施方案》 《宁明县加快推进农业品牌建设指导意见》 《宁明县农业局关于印发宁明县农业局农业品牌三年培育计划》 《宁明县特色农产品优势区项目建设方案》 《宁明县基层农技推广体系改革与建设补助项目实施方案（养殖业）》 《宁明县推进花山田园现代特色农业核心示范区提档升级工作实施方案》 《2019 年宁明县服务业发展工作要点》 《宁明县坚果美藤果（星油藤）产业发展工作实施方案》 《宁明县促进全域旅游发展扶持奖励办法》	8
龙州县	《关于做好左江花山岩画文化景观申报世界文化遗产知识宣传工作的通知》 《关于印发龙州县 2015 年落实稳增长若干措施的通知》 《龙州县贯彻实施质量发展纲要 2015 年行动计划工作方案》 《龙州县促进电子商务发展扶持政策》 《龙州工业发展优惠政策》 《龙州县现代特色农业示范区建设（2016—2017 年）行动方案》 《龙州县推进农村一二三产业融合发展实施方案》 《龙州县加快旅游业跨越发展的若干政策》 《龙州县工业产业转型升级三年攻坚行动计划（2016—2018 年）》 《龙州县促进金融业发展年度奖励暂行办法》 《2017 年龙州县现代特色农业示范区创建工作方案》 《龙州县文新广局支持全域旅游发展工作方案》 《龙州县推行“354560”改革提升服务企业效能实施方案》 《龙州县促进县域创新驱动发展实施方案》 《龙州县工业发展规划（2018—2020 年）》	9

续表

县（市、区）	产业发展政策	评分
龙州县	《关于完善和落实支持政策促进农民持续增收的实施意见》 《龙州县深化产教融合实施方案》 《龙州县农产品加工集聚区建设总体方案》 《龙州县实施质量强县战略工作方案》 《龙州县人民政府关于认定2019年龙州县现代特色农业乡级示范园和龙州县现代特色农业村级示范点的决定》 《龙州县人民政府关于认定2020年龙州县现代特色农业乡级示范园和龙州县现代特色农业村级示范点的决定》 《龙州县推动工业高质量发展行动2019年实施方案》	
大新县	《延续大新县扶持规模以上锰工业企业暂行办法》 《关于扶持规模以上工业企业暂行办法》 《大新县2014年珍贵树种种植发展方案》 《大新县辖区外贸企业奖励暂行办法》 《大新县扶持规模以上锰工业企业暂行办法》 《大新县现代特色农业示范区建设（2016—2017年）行动方案》 《大新县农民工创业园优惠政策若干规定（试行）》 《大新县明仕田园创建中国乡村旅游创客示范基地建设方案》 《大新县2017年现代特色农业（核心）示范区建设工作》 《大新县2017年水稻绿色高产高效创建项目实施方案（2017 - 09 - 02）》 《大新县2017年促进工业稳增长实施意见》 《大新县2018—2019年栀子产业发展扶持方案》 《大新县2018年推进服务业“上规入统”工作方案》 《大新县加快发展健身休闲产业实施方案》 《大新县2018年特色农业发展奖补办法（暂行）》 《大新县2018年水稻绿色高质高效创建项目实施方案》 《大新县特色加工业发展“十三五”规划（2016—2020年）》 《大新县支持物流业发展十条措施》 《大新县支持工业企业发展十条措施》 《大新县水产畜牧业发展“十三五”规划》 《大新县2020年耕地地力保护补贴实施方案》 《大新县激励工业企业做大做强若干措施》	9
东兴市	《防城港边境旅游试验区东兴辖区三年行动方案（2018—2020）》 《东兴市商贸文化旅游一体化试行方案》 《推进“十个一万”特色农业产业项目》 《东兴农业科技园区农村科技特派员工作实施方案》 《东兴市推进境外旅客购物离境退税政策工作联席会议制度》 《东兴东盟商品加工贸易中心规划建设方案》 《支持防城港边境旅游试验区发展的若干政策措施》 《东兴国际综合性服务集聚区详细规划》 《东兴市文化旅游产业高质量发展扶持奖励办法》 《东兴市打造商贸文化旅游“十个一批”实施方案》 《东兴市创建国家级渔业健康养殖示范县工作方案》 《东兴市文化旅游产业高质量发展扶持奖励办法》 《东兴市贯彻落实〈广西加快5G产业发展行动计划（2019—2021年）〉实施方案》	6

续表

县（市、区）	产业发展政策	评分
防城区	《防城港南国金花茶生态旅游度假区项目推进工作实施方案》 《加快防城区文化产业发展实施意见》 《防城区推动有机产业发展实施方案》 《防城区现代特色农业示范区建设增点扩面提质升级工作方案》 《防城港市防城区大南山金花茶产业（核心）示范区创建工作方案》 《防城港市防城区新增规模以上工业企业奖励暂行办法》	6

表 1－21　　广西沿边八县（市、区）贸易投资政策及评分

县（市、区）	贸易投资政策	评分
靖西市	《靖西县 2015 年对辖区外贸企业扶持办法》 《靖西县工业招商优惠办法》 《2015 年对辖区外贸企业扶持办法》 《靖西市促进限额以上商贸企业发展奖励办法》 《靖西市促进边民互市收购企业发展扶持奖励办法》 《靖西市投资环境综合整治年实施方案》 《靖西市促进加工贸易产业创新发展工作方案》 《靖西市开展跨境劳务合作试点工作方案》 《靖西市边贸扶贫工作实施方案》 《龙邦口岸升格为国际性口岸并扩大开放至那西通道验收工作方案》 《2019 年靖西市开展国家新型城镇化综合试点重点工作方案》 《2020 年靖西市优化营商环境百日攻坚行动方案》	8
那坡县	《那坡县招商引资工作流程》 《关于建立那坡县口岸工作联席会议制度的通知》 《那坡县招商引资优惠政策（试行）》 《那坡县边境贸易运行激励办法（试行）》 《2017 年县层面统筹推进重大项目建设实施方案》 《那坡县完善口岸基础设施建设工作方案》 《那坡县弄平互市区简易通关推进工作方案》 《关于优化通关环境畅通南向通道的若干措施》 《那坡县边贸扶贫工作实施方案》 《那坡县永乐工业园优惠政策》 《那坡县创新消费扶贫助力脱贫攻坚工作方案》	8
凭祥市	《凭祥市关于进一步解放思想加力开放合作的实施办法》 《凭祥市边民互市贸易改革试点管理暂行办法》 《凭祥市政府性投资基本建设项目管理办法（2017 年修订）》 《凭祥市边民互市贸易合作社管理制度（试行）》 《落实〈加快推进广西凭祥重点开发开放试验区建设的若干政策〉分工方案》 《凭祥市解决当前跨境劳务工作方案》 《〈关于优化通关环境畅通南向通道若干措施〉实施意见》 《凭祥市推进通关便利化实施方案》 《进一步规范跨境劳务合作试点工作实施意见》	8

续表

县（市、区）	贸易投资政策	评分
凭祥市	《凭祥市招商引资激励办法》 《凭祥市发展总部经济优惠政策》 《中国（广西）自由贸易试验区崇左片区发展支持政策》 《中国（广西）自由贸易试验区崇左片区三个招商引资服务平台制度》 《凭祥市探索“边贸＋扶贫小额信贷”发展模式工作方案》 《中国（广西）自由贸易试验区崇左片区移动支付引领区建设工作方案（2020—2021年）》 《支持商品交易市场上规入统激励政策实施办法（试行）》	
宁明县	《服务园区重点项目实施方案》 《调整宁明县“多证合一”改革事项实施方案》	2
龙州县	《龙州县工商行政管理局推进工商登记制度改革工作实施方案》 《龙州县2015年落实稳增长若干措施》 《龙州县农产品加工集聚区建设总体方案》 《龙州县开展政府和社会资本合作实施方案》 《龙州县工商行政管理局推进电子营业执照和全程电子化登记管理工作方案》 《龙州县工商行政管理局推行“全城通、就近办”企业登记制度改革实施方案（试行）》 《龙州县加快工业园区标准厂房建设和强化企业入驻工作方案》 《龙州县中越跨境劳务合作工作方案》 《龙州县建设面向东盟的金融开放门户实施方案》 《龙州县新增规上限上服务业企业入统扶持奖励办法》	6
大新县	《大新县辖区外贸企业奖励暂行办法》 《大新县招商引资项目履约保证金制度（试行）》 《大新县中越跨境劳务合作试点工作方案》 《大新县全面推进“六证合一、一照一码”登记制度改革工作实施方案》 《关于加强边境地区应急管理智能体系建设的决定》 《大新县优化营商环境企业开办指标百日攻坚实施方案》 《大新县2020年产业大招商工作方案》	5
东兴市	《“一带一路”南向通道广西基础设施建设三年行动计划（2018—2020）东兴市项目》 《防城港旅游试验区东兴免税购物中心建设方案》 《东兴市优化营商环境三年行动方案（2018—2020）》 《东兴市商贸文化旅游一体化试行方案》 《东兴东盟商品加工贸易中心规划建设方案》 《东兴国际综合性服务集聚区详细规划》 《东兴边民互市贸易区全面整治工作方案》 《东兴市建设东兴跨境金融和金融对外开放核心区方案》 《东兴市互市进口商品落地加工改革实施方案（试行）》 《东兴市深化互市进口商品落地加工改革实施方案》 《东兴市贯彻落实〈交通强国建设纲要〉实施方案》	6

续表

县（市、区）	贸易投资政策	评分
防城区	《防城区深化简政放权放管结合优化服务改革重点任务分工方案》 《防城区加快推进“一带一路”国际陆海贸易新通道建设工作实施方案（2018—2020 年）》 《2019 年促进全区外边贸企业能力建设工作措施》 《防城区互市进口商品落地加工改革实施方案》 《防城区 2020 年促进外边贸企业能力建设工作措施》 《防城区互市进口商品落地加工改革实施方案》 《防城港市防城区培育扶持服务业企业上规入统奖励暂行办法》	3

表 1-22　广西沿边八县（市、区）财税金融政策及评分

县（市、区）	财税金融政策	评分
靖西市	《靖西县返乡农民工创业园优惠政策若干规定》 《靖西县 2015 年对辖区外贸企业扶持办法》 《靖西县工业招商优惠办法》 《靖西市促进限额以上商贸企业发展奖励办法》 《靖西市统筹使用财政专项资金管理办法》 《靖西市开展中央预算内投资项目精细化管理工作方案》 《靖西市创建农村金融信用市实施方案》	8
那坡县	《那坡县全面深化推进农村金融改革实施方案》 《那坡县新增限上企业入统奖励办法（试行）》 《那坡县招商引资优惠政策（试行）》 《那坡县边境贸易运行激励办法（试行）》 《那坡县创建农村金融信用县实施方案》 《关于加大金融支持实体经济发展的若干措施》 《那坡县永乐工业园优惠政策》	8
凭祥市	《凭祥市建设沿边金融综合改革试验区实施方案》 《中国—东盟（凭祥）沿边开发开放产业发展基金方案》 《凭祥市政府性投资基本建设项目管理办法（2017 年修订）》 《加快政府性融资担保体系建设的实施意见》 《凭祥市招商引资激励办法》 《凭祥市发展总部经济优惠政策》 《金融支持工业高质量发展若干措施》 《凭祥市人民政府办公室关于印发凭祥市引进和发展总部经济的意见》	8
宁明县	《宁明县加大金融支持实体经济发展若干措施》 《关于宁明县 2018 年度统筹整合使用财政涉农资金实施方案（调整）有关事项的报告》 《宁明县开展政府和社会资本合作（PPP）实施方案的通知》 《宁明县 2018—2020 年农业机械购置补贴实施方案》 《宁明县 2018 年稻谷生产者补贴实施方案》 《2018 年防范金融风险工作计划安排》	8

续表

县（市、区）	财税金融政策	评分
宁明县	《宁明县2019年度统筹整合使用财政涉农资金实施方案》 《宁明县2019年稻谷目标价格补贴实施方案》 《凭祥—宁明贸易加工园区东区项目入园快速决策工作方案》 《宁明县互市进口商品落地加工改革实施方案（试行）》	
龙州县	《龙州县深化金融综合改革发展工作方案（2015—2016年）》 《龙州县开展政府和社会资本合作实施方案》 《龙州工业发展优惠政策》 《龙州县加快政府性融资担保体系建设的实施意见》 《龙州县加快推进农业信贷担保体系建设助推乡村振兴工作方案》	5
大新县	《大新县2015年优质高产高糖糖料蔗基地土地整治以奖代补专项资金管理实施细则》 《大新县电子商务进农村综合示范项目专项资金使用方案》 《大新县探索建立涉农资金统筹整合长效机制实施方案》 《关于大新县2017年农机购置补贴实施方案》 《大新县农业三项补贴改革实施方案》 《大新县2018年耕地地力保护补贴实施方案》 《大新县统筹整合使用财政涉农资金实施细则（试行）》 《大新县甘蔗机收环节机具补贴工作方案》 《大新县2019年耕地地力保护补贴实施方案》 《大新县2019年稻谷目标价格补贴实施方案》 《大新县2019年度统筹整合使用财政涉农资金实施方案》	7
东兴市	《东兴市2018年耕地地力保护补贴标准发放方案》 《东兴市村级集体经济发展财政专项资金管理暂行办法》 《东兴市争取海洋渔业上级项目资金工作整改方案》 《2019年东兴市农民合作社发展资金项目实施方案》 《东兴市建设东兴跨境金融和金融对外开放核心区方案》	6
防城区	《防城区2018—2020年农业机械购置补贴实施方案》 《防城港市防城区新增规模以上工业企业奖励暂行办法》	3

表1-23　广西沿边八县（市、区）土地城乡政策及评分

县（市、区）	土地城乡政策	评分
靖西市	《靖西县电子商务进农村的实施意见（试行）》 《靖西县电子商务进农村三年发展规划（2015—2017）分年度实施方案》 《靖西市网格化环境监管体系实施方案》 《靖西市加快推进生态文明建设实施方案》 《关于成立靖西市新一轮农村电网改造升级工程领导小组的通知》 《靖西市电子商务进农村示范项目建设方案》 《靖西市电子商务进农村综合示范项目资金使用方案》 《靖西市2016年村级公共服务中心建设工作实施方案》	8

续表

县（市、区）	土地城乡政策	评分
靖西市	《2017年靖西市开展国家新型城镇化综合试点工作方案》 《靖西市推进高铁无轨站建设工作方案》 《靖西至龙邦高速公路那西连线征地拆迁工作方案》 《2020年靖西市推进新型城镇化和城乡融合发展重点工作方案》 《靖西市2020年“壮美广西·智慧广电”工程建设实施方案》	
那坡县	《2016年那坡县乡土特色示范村建设工作实施方案》 《“美丽那坡·清洁田园”活动方案》 《那坡县开展百色市创建国家森林城市实施方案》 《统筹城乡，打造宜居宜业边关新城》 《2017年县层面统筹推进重大项目建设实施方案》 《那坡县小型水利工程管理量化考核暂行办法》 《那坡县水利局加快推进水利工程建设实施方案》 《那坡县高铁无轨站规划建设与管理实施方案》 《那坡县完善口岸基础设施建设工作方案》 《“美丽那坡·宜居乡村”国省干线公路专项整治活动实施方案》 《2017年那坡县工商系统环境保护巩固提升年存在问题及整改工作方案》 《那坡县村级光伏扶贫电站项目实施方案》 《平孟口岸验货场二期工程房屋征收补偿方案》 《2020年“壮美广西·智慧广电”数字那坡“广电云”村村通户户用工程建设实施方案》	8
凭祥市	《凭祥市生态环境监测网络建设工作方案》 《凭祥市电子商务进农村综合示范工作实施方案》 《凭祥市深化小型水利工程管理体制改革验收意见》 《凭祥市电子商务进农村综合示范工作实施方案》 《凭祥市农村人居环境整治三年行动实施方案（2018—2020年）》	7
宁明县	《2017年宁明左江花山文化景区美化绿化工作实施方案》 《宁明县推进创建广西特色旅游名县奖励办法》 《宁明县深化小型水利工程管理体制改革实施方案》 《宁明县推进“一事通办”改革工作方案》 《宁明县深化小型水利工程管理体制改革县级验收意见》 《宁明县创建自治区生态县工作实施方案》 《宁明县明江河、派连河饮用水水源地一级保护区退耕工作实施方案》 《宁明县“壮美广西·智慧广电”工程建设三年攻坚会战（2019—2021年）实施方案》 《宁明县城乡建设用地增减挂钩工作实施方案》 《宁明县农业信息进村入户整县推进工作实施方案》 《调整宁明县“多证合一”改革事项实施方案》 《宁明县生态环境保护基础设施建设三年作战方案（2018—2020年）》 《宁明县2019年耕地地力保护补贴实施方案》	9

续表

县（市、区）	土地城乡政策	评分
龙州县	《关于转发水利局财政局〈深化小型水利工程管理体制改革实施方案〉的通知》 《龙州县开展“美丽广西·宜居城市”建设工作方案》 《龙州县2018年信息进村入户整县推进实施方案》 《龙州县开展“美丽广西·宜居城市”建设工作方案》 《数字龙州信息通信基础设施建设行动方案（2019—2020年）》 《龙州县“壮美广西·智慧广电”工程实施方案》	7
大新县	《关于我县部分县道公路等级提升为国省道建筑控制区范围的通知》 《大新县新一轮退耕还林工作整改方案》 《大新县电子商务进农村综合示范项目实施方案》 《大新县公路沿线、高速公路沿线、沿河村庄建设管理办法（试行）》 《大新县德天通用机场前期工作方案》 《大新县2018年网络通讯建设工作方案》 《关于加强边境地区应急管理智能体系建设的决定》 《大新县深化小型水利工程管理体制改革县级验收意见》 《大新县城乡建设用地增减挂钩工作实施方案》	7
东兴市	《东兴市土地整治项目工程设计变更管理制度》 《东兴市人民政府关于调整城镇土地使用税税额的通告》 《东兴市人民政府征收土地方案公告》 《东兴市统筹城乡就业实名制登记工作实施方案》 《东兴市农村环境连片整治项目第三方运营实施细化方案》 《东兴市2018年农村环境质量试点监测方案》 《东兴市创建农村信用体系建设示范县三年工作方案（2018—2020年）》 《东兴市2018年实施“产业提升年”“项目提速年”“城乡提质年”工作方案》 《东兴市集体土地征收搬迁安置管理暂行办法》 《东兴市互市进口商品落地加工改革实施方案（试行）》 《东兴市创建国家级渔业健康养殖示范县工作方案》 《东兴市文化旅游产业高质量发展扶持奖励办法》 《东兴市深化互市进口商品落地加工改革实施方案》 《东兴市贯彻落实〈广西加快5G产业发展行动计划（2019—2021年）〉实施方案》 《东兴市贯彻落实〈交通强国建设纲要〉实施方案》	7
防城区	《2016年防城区闲置土地清查处置工作实施方案》 《防城区农垦国有土地山林权属纠纷案件调解处理流程》 《防城区开展耕地后备资源开发利用、耕地提质改造项目和城乡建设用地增减挂钩项目实施方案》 《深入开展“美丽广西·生态乡村·整治市场”活动工作方案》	6

表 1－24 广西沿边八县（市、区）人力资源政策及评分

县（市、区）	人力资源政策	评分
靖西市	《靖西县返乡农民工创业园优惠政策若干规定》 《越南籍自然人在靖西市经营登记管理暂行办法》 《靖西市开展跨境劳务合作试点工作方案》 《靖西市贫困村创业致富带头人培育工程实施方案》	6
那坡县	《那坡县引进人才工作暂行办法》 《2018 年全县乡村医生培训实施方案》 《那坡县 2018 年农村农业实用技术培训工作实施方案》 《那坡县自主就业退役士兵职业教育和技能培训工作实施方案》 《那坡县审计局 2016 年“全员参与、人人培训”审计业务培训活动工作方案》 《那坡县教育局 2019 年中小学教师培训工作方案》	9
凭祥市	《凭祥市培养和引进医学专业技术人才方案》 《关于印发凭祥市解决当前跨境劳务工作方案》 《凭祥市扶持加工行业聘用涉外务工人员政策（试行）》 《进一步规范跨境劳务合作试点工作实施意见》 《凭祥市 2018 年新型职业农民培育工程项目实施方案》 《凭祥市 2019 年秋季重大动物疫病防控技术培训方案》	8
宁明县	《关于做好宁明县 2018 年农村实用技术培训工作的通知》 《宁明县扶贫创业致富带头人培训工程实施方案》 《宁明县 2018 年新型职业农民培育工程项目实施方案》 《2018 年宁明县乡村医生培训实施方案》 《宁明县 2019 年扶贫培训和就业扶贫工作方案》 《2019 年宁明县农民教育培训工程项目实施方案》	8
龙州县	《越南籍自然人在龙州县互市贸易区经营登记管理暂行办法》 《龙州县推进劳动保障监察网格化网络化管理工作实施方案》 《龙州县中越跨境劳务合作工作方案》 《龙州县贫困村创业致富带头人培育工程扶持政策实施细则》 《关于龙州县跨境劳务审批中心项目立项的批复》 《龙州县全民科学素质行动计划纲要实施方案》 《龙州县“三区”人才支持文艺骨干免费培训班方案》 《龙州县深化产教融合实施方案》	8
大新县	《大新县中越跨境劳务合作试点工作方案》 《大新县教育事业发展“十三五”规划》 《大新县 2018 年新型职业农民培育工程项目实施方案》 《2018 年大新县农机化教育培训工作实施方案》 《大新县 2018 年农村党员农机手培训工作方案》 《大新县 2019 年就业扶贫车间岗位技能培训工作实施方案》	8
东兴市	《东兴市境外人员入境务工管理暂行办法》 《东兴农业科技园区农村科技特派员工作实施方案》 《跨境劳务用工单位检查工作方案》 《越南籍自然人在东兴市就业管理暂行办法》	6

续表

县（市、区）	人力资源政策	评分
防城区	《2017 年防城港市防城区新型职业农民培育工程项目实施方案》 《防城区 2018 年职业培训方案》 《2016 年农村党员经纪人培训工作实施方案》 《防城区地方税务局关于印发 2017 年度教育培训计划的通知》	6

表 1－25　　广西沿边八县（市、区）安全政策及评分

县（市、区）	安全政策	评分
靖西市	《安全生产网格化管理实施方案》 《靖西市质量技术监督局“五一”节期间全市特种设备安全检查实施方案》 《靖西县交通运输局道路交通领域公共安全保障工程实施方案》 《关于市政系统开展建筑施工安全专项治理行动实施方案》 《靖西市 2018 年在建工业项目施工安全专项治理行动方案》 《靖西市 2018 年农机“安全生产月”和“安全生产靖西行”活动方案》 《靖西市安全生产应急管理专项执法检查工作方案》 《靖西市安全生产大检查宣传教育工作方案》 《靖西市创建广西食品安全示范县工作方案》 《全市安全生产百日攻坚战工作方案》 《靖西市工业和信息化局安全生产大检查工作方案》	6
那坡县	《关于那坡县德隆边防检查站建设项目立项的批复》 《全县开展道路交通安全执勤执法安全防护工作培训方案》 《安全生产大检查工作方案》 《那坡县自然资源局矿山安全生产大检查工作方案的通知》 《关于改进安全质量认证和生产许可证管理的若干措施》 《2018 年“安全生产月”和“安全生产那坡行”活动方案》 《那坡县 2019 年特种设备安全隐患排查治理方案》 《落实企业安全生产主体责任专项巡查行动实施方案》 《道路交通安全隐患大检查大排查大整治工作方案》 《那坡县 2019 年住房安全保障百日攻坚行动工作方案》	7
凭祥市	《凭祥市深入开展食品安全十大专项整治行动方案》 《提升质量安全推动地方特色食品产业发展的实施方案》 《2018 年国家网络安全宣传周工信局活动实施方案》 《全市非煤矿山集中开展安全生产大检查实施方案》 《凭祥市水利工程建设安全生产专项整治工作方案》 《凭祥市深入开展食品安全十大专项整治行动方案》 《凭祥市打击走私野生动物专项整治方案》 《凭祥市开展防控走私冻肉流入市场专项整治行动工作方案》	7
宁明县	《宁明县民政局关于成立国家安全人民防线建设小组的通知》 《宁明县安全生产委员会办公室关于印发宁明县开展安全生产大检查大排查大整治实施方案》 《宁明县民政局行业领域安全生产专项整治方案》	8

续表

县（市、区）	安全政策	评分
宁明县	《宁明县开展落实企业安全生产主体责任专项巡查行动实施方案》 《宁明县民政局扫黑除恶专项斗争实施方案》 《宁明县水利局进一步做好安全生产大检查工作实施方案》 《2018 年宁明县水产畜牧业安全生产大检查实施方案》 《2018 年全县金属非金属矿山安全专项整治实施方案》 《宁明县市场监管系统开展防控走私冻肉流入市场专项整治工作方案》 《宁明县水利局开展水利工程建设安全生产专项整治工作实施方案》	
龙州县	《龙州县卫生系统 2015—2017 年安全生产工作实施方案》 《龙州县粮食行业危险化学品安全治理实施方案》 《龙州县教育系统 2019 年学校安全稳定工作方案》 《龙州县危险化学品安全综合治理实施方案》 《2018 年龙州县化妆品市场安全质量专项整治工作方案》 《龙州县建筑行业安全生产大检查专项行动工作方案》 《龙州县推进农产品（种植业）质量安全信用档案建设实施方案》 《2019 年龙州县农产品（种植业）质量安全监测实施方案》	6
大新县	《大新县安全生产“十三五”规划》 《大新县危险化学品安全综合治理实施方案》 《大新县 2017 年防震减灾宣传教育活动方案》 《大新县互联网＋安全生产信息化建设行动方案》 《大新县水上安全专项检查工作方案》 《大新县开展落实企业安全生产主体责任专项巡查行动实施方案》 《大新县教育系统 2019 年消防安全培训教育实施方案》 《进一步做好全县安全生产大检查工作方案》 《大新县开展道路交通安全领域专项巡查行动实施方案》 《大新县道路运输安全隐患大排查大整治百日攻坚行动方案》 《大新县 2019 年“安全生产月”和“安全生产大新行”活动方案》 《关于加强边境地区应急管理智能体系建设的决定》	8
东兴市	《东兴市集中开展安全生产“强监管、严执法”专项行动方案》 《东兴市集中开展消防安全专项整治工作方案》 《全市交通运输系统安全生产宣传教育“七进”活动方案》 《2018 年东兴市食品安全风险监测实施方案》 《东兴市国土海洋局切实加强当前安全生产工作实施方案》 《东兴市 2019 年“安全生产月”活动方案》 《东兴镇扫黑除恶专项斗争工作方案》 《东兴市依法整治中越海域自由航行区占海设施执行方案》	7
防城区	《防城区 2016 年农产品（种植业）质量安全监测实施方案》 《2016 年全区安全生产执法监察工作计划》 《2016 年防城区工业和信息化局安全生产月活动方案》 《防城区工业和信息化局安全生产百日攻坚战工作方案》 《2016 年防城区水利行业安全生产月活动方案》 《防城区食品药品监督管理局 2016 年旅游景区、农家乐食品安全大检查工作方案》	8

续表

县（市、区）	安全政策	评分
防城区	《防城区食品安全质量品牌提升专项行动实施方案》 《2017 年防城区工贸行业涉粉尘爆炸企业安全专项整治方案》 《防城区道路交通安全联合执法检查实施方案》 《防城区财政局关于开展扫黑除恶专项斗争工作实施方案》 《企业安全生产主体责任落实年活动实施方案》 《防城区农村水电站安全生产督查工作方案》 《进一步强化和落实企业全员安全生产责任制》 《关于防城区茅岭边境检查站项目建议书的批复》 《关于防城区那丽边境检查站项目建议书的批复》 《防城区食品药品监督管理局关于开展打击粮食食糖等产品走私专项实施方案》 《防城区危险化学品安全综合治理实施方案》	

从上面几个表可以看出，除东兴市和防城区两个边境市、区外，其他县（市、区）出台的开发开放配套政策都比较全面系统。在产业发展政策方面，靖西市、凭祥市、龙州县、大新县出台的政策较全面，而那坡县、东兴市、防城区出台的则相对较少。在贸易投资政策方面，靖西市、那坡县、凭祥市都针对各地的产业和投资环境情况出台了相应的促进贸易投资的政策，龙州县、大新县、东兴市出台的较少，宁明县和防城区的最少。在财税金融政策方面，沿边各县（市、区）都出台了有关产业优惠、产业奖励、补贴的产业扶持政策，除大新县和防城区外，其他县（市、区）还出台了金融支持的政策，在此类政策中，龙州县和防城区出台的支持政策最少。在土地城乡政策方面，几个边境县（市、区）都针对各地的城乡建设出台了较全面的配套政策。在人力资源政策方面，除东兴市外，其他 7 个县（市、区）都出台了对某些专业领域人才的技术培训方案，那坡县还专门制定了人才引进方案，靖西市、龙州县、东兴市还出台了越南籍自然人在本地就业的管理办法。在安全政策方面，8 个边境县（市、区）出台的相关政策大都是安全生产、质量安全类的政策，那坡县、宁明县、东兴市、防城区 4 个县专门针对边防安全制定了相应的措施，凭祥市专门出台了打击走私冻肉和野生动物的政策。

由于开发开放政策中配套的产业发展政策、贸易投资政策、财税金融政策、土地城乡政策、人力资源政策、安全政策等六大类支持政策相互支持，相互协调，互为补充，本研究在对 8 个边境县（市、区）开发开放政策全面系统性这一指标的核算上，认为六类支持政策同等重要，各县（市、区）的综合得分取六类开发开放政策得分的平均值，经过计算，沿边八县（市、区）

开发开放政策的最终得分如表 1－26 所示。

表 1－26　广西沿边八县（市、区）开发开放政策“内容的全面系统性”评分

政策类别	靖西市	那坡县	凭祥市	宁明县	龙州县	大新县	东兴市	防城区
产业发展政策得分	9	6	9	8	9	9	6	6
贸易投资政策得分	8	8	8	2	6	5	6	3
财税金融政策得分	8	8	8	8	5	7	6	3
土地城乡政策得分	8	8	7	9	7	7	7	6
人力资源政策得分	6	9	8	8	8	8	6	6
安全政策得分	6	7	7	8	6	8	7	8
内容全面系统性综合得分	7.5	7.67	7.83	7.17	6.83	7.33	6.33	5.33

（二）政策的可操作性

1. 政策的明确性

政策明确性指政策的基本内容和执行政策的手段必须明晰化，政策的总目标和阶段目标都必须具体明确，政策的执行部门和实施方案、任务分解方案也必须清晰明了，具体包括：目标任务明确、具体措施明确、责任领导明确、责任部门明确、完成时限明确。课题组对广西沿边 8 个县（市、区）发布的开发开放政策进行梳理、分析，发现各县开发开放政策的内容都是明确的，满足非歧义性和确定性的条件，但在执行政策的手段方面，有些政策没有针对性地部署和细化相关要求，政策的总目标和阶段性目标都不够清晰明确；有些政策盲目“画饼”，设定的目标过高，不具备可行性，在执行中可能沦为一纸空文；有些政策未对政策的具体任务作出界限和关联，分工不明确，职责不到位，具体的实施方法也不明了，不利于政策的执行落实。由于每个边境县（市、区）都发布了诸多开发开放政策，同一个县制定的每项政策中内容和执行政策手段的明确程度都不相同，所以本研究在对“政策的明确性”这一指标的评分中，选取了各县发布的六大类开发开放政策中重要的、具有代表性的政策作为评估对象，按照总目标和阶段目标越具体明确得分越高，执行部门、实施方案、任务分解方案越清晰明了得分越高的规则进行评分，各县开发开放政策明确性的评分见表 1－27。

表 1－27 广西沿边八县（市、区）开发开放政策“政策的明确性”评分

政策目标明确性	靖西市	那坡县	凭祥市	宁明县	龙州县	大新县	东兴市	防城区
评分	8	8	8	7	8	8	7	7

2. 保障措施的完备性

为了确保制定的方针政策落地生根，取得实效，须在明确指导思想、工作目标、主要任务等内容后提出保障措施，从各个方面为政策能够全面实施保驾护航，提供有力保障。《广西沿边开发开放“十三五”规划》中明确指出了要从加强组织协调、强化执行保障、落实监测评估三方面来保障政策的落实。加强组织协调主要是加强对政策实施的组织领导与协调沟通，完善机制，明确分工，强化责任落实；强化执行保障则是要求各县相关职能部门按照职责分工，出台配套的细化政策措施；落实监测评估是要求建立健全定期督查机制与评估机制，对政策的执行与落实情况进行严格的跟踪问效，并定期评估，以督查考核促落实，以督查考核促整改。

本研究依据《广西沿边开发开放“十三五”规划》提出的保障措施的具体要求，对广西沿边 8 个县（市、区）开发开放政策中组织协调、执行保障、监测评估这三方面来综合评估各县开发开放政策中保障措施的完备性，对各县进行评分，最后再取各县在组织协调、执行保障、监测评估三方面评分的平均值，具体评分结果见表 1－28。

表 1－28 广西沿边八县（市、区）开发开放政策“保障措施的完备性”评分

保障措施的完备性	靖西市	那坡县	凭祥市	宁明县	龙州县	大新县	东兴市	防城区
组织协调	8	7	9	6	6	6	8	7
执行保障	8	7	8	7	7	8	7	6
监测评估	8	7	7	7	7	8	8	7
保障措施综合评分	8	7	8	6.67	6.67	7.33	7.67	6.67

（三）政策的可持续性

1. 与广西沿边发展需求的一致性

广西 8 个沿边县（市、区）在制定开发开放政策时，应该因地制宜，结合广西沿边发展需求，把党中央有关重大决策部署落到实处，推动本地发展。依据《广西沿边开发开放“十三五”规划》，沿边 8 个县（市、区）应结合各自的区位、资源、产业、人力等条件和特点分别布局优势产业，靖西市主要发展生态铝及矿产贸易、农副产品加工贸易（粮食、水果）、物流、健康产业、跨境旅游、加工制造、中药材；那坡县主要发展桑蚕、中药材、物流、矿产贸易、农副产品加工；凭祥市主要发展铁合金、红木加工贸易、商贸物流、金融服务、电子商务、消费类电子产业、跨境旅游；宁明县主要发展制糖、中药材、农副产品加工贸易、海产品加工贸易、可再生能源；龙州县主要发展制糖、农副产品加工贸易、矿产贸易、坚果加工、商贸物流、金融服务、会展文化、电子产业；大新县主要发展跨境旅游、制糖、农副产品加工贸易、商贸物流；东兴市主要发展进出口加工、海洋产业、红木加工、商贸物流、金融服务、跨境旅游、会展、电子商务；防城区主要发展海产品、农副产品加工、商贸物流。本研究将沿边8个县（市、区）的开放政策（见表1－14至表1－19）对照《广西沿边开发开放"十三五"规划》中各地的产业布局，按照制定的政策与《广西沿边开发开放"十三五"规划》设定的发展布局契合性越高得分越高的原则进行评分，各沿边县（市、区）开发开放政策"与广西沿边发展需求的一致性"的评分见表1－29。

表1－29　广西沿边八县（市、区）开发开放政策"与广西沿边发展需求的一致性"评分

与广西沿边发展需求的一致性	靖西市	那坡县	凭祥市	宁明县	龙州县	大新县	东兴市	防城区
评分	8	7	9	6	7	9	8	6

2. 与"开放"理念的一致性

2015年10月，习近平总书记在党的十八届五中全会第二次全体会议上提出了创新、协调、绿色、开放、共享的发展理念。五大发展理念中的开放发展理念，向世界表明了"中国开放的大门永远不会关上"的立场。古今中外的发展实践告诉我们，开放带来进步，封闭导致落后，必须主动顺应世界发展潮流，大胆开放、走向世界。开放理念所倡导的开放，不是对过去做法的简单重复，而是要以新思路、新举措发展更高水平、更高层次的开放型经济，提高对外开放的质量和发展的内外联动性，用好国际国内两个市场、两种资源，坚持引进来和走出去并重，以开放促改革、促发展、促创新。课题组将广西沿边各县（市、区）制定的开发开放政策与"开放"理念的内涵相对比，依据与"开放"理念契合度越高得分越高的原则进行评分，各沿边县（市、区）开发开放政策"与'开放'理念一致性"的评分如表1－30所示。

表1-30 广西沿边八县（市、区）开发开放政策“与‘开放’理念的一致性”评分

与“开放”理念的一致性	靖西市	那坡县	凭祥市	宁明县	龙州县	大新县	东兴市	防城区
评分	9	7	9	8	9	9	7	7

（四）基于事实维度广西沿边开发开放政策综合评估指数及分析

1. 基于事实维度广西沿边开发开放政策综合评估指数

将广西沿边8个县（市、区）在“发布的及时性”“定位的准确性”等事实维度各项二级分指标的评分结果，按照各指标在事实维度评估体系中所占的权重，计算得出各县（市、区）事实维度的综合指数，并按从高分到低分的顺序进行排名，各县（市、区）事实维度的评价指数及排名见表1-31。

2. 基于事实维度广西沿边开发开放政策的分析

从总体来看，广西8个边境县（市、区）出台的开发开放政策具有较强的科学性、可操作性和可持续性，其中凭祥市、靖西市、大新县的排名位列前三，宁明县和防城区的排名较落后，与沿边各县（市、区）的平均值8.40还存在一定的差距。8个边境县（市、区）在开发开放政策事实维度还存在一些不足，如：各县（市、区）对传达和解读上级政策方面都做得不够到位，宁明县、东兴市、防城区发布本地开发开放政策不够及时；东兴市、防城区出台的开发开放配套政策不够全面、系统；各县（市、区）开发开放政策中组织协调、执行保障、监测评估等三方面的保障措施还有待完善；宁明县和防城区制定的县级产业发展政策与《广西沿边开发开放“十三五”规划》中对当地设置的产业布局契合度不高；沿边8个县（市、区）对本地开发开放的产业发展、土地、财税、金融、人才等方面配套政策的支持力度都不够强。

表1-31 广西沿边县（市、区）开发开放政策事实维度评估指数

指标		权重	靖西市	那坡县	凭祥市	宁明县	龙州县	大新县	东兴市	防城区	均值
政策的科学性	C1：发布的及时性	0.0619	8	7	8	5	9	7	5	6	6.88
	C2：定位的准确性	0.3824	10	10	10	10	10	10	10	10	10
	C3：与相关政策的协同性	0.1080	8	7	8	7	7	8	7	6	7.25
	C4：政策内容的全面系统性	0.1080	7.5	7.67	7.83	7.17	6.83	7.33	6.33	5.33	7

续表

指标		权重	靖西市	那坡县	凭祥市	宁明县	龙州县	大新县	东兴市	防城区	均值
政策的可操作性	C5：政策的明确性	0.1376	8	8	8	7	8	8	7	7	7.63
	C6：保障措施的完备性	0.0377	8	7	8	6.67	6.67	7.33	7.67	6.67	7.25
政策的可持续性	C7：与广西沿边发展需求的一致性	0.0822	8	7	9	6	7	9	8	6	7.5
	C8：与“开放”理念的一致性	0.0822	9	7	9	8	9	9	7	7	8.13
综合政策评价指数		1.00	8.79	8.36	8.91	8.03	8.54	8.77	8.06	7.70	8.40
排名		—	2	5	1	7	4	3	6	8	—

三、政策执行过程的评估

政策在制定后，就要由相应的执行部门去执行，将政策落到实地，但是普通公众所看到的政策往往是实际发挥作用的政策，并非停留在制定者案头文件上的政策，这就需要我们去分析，政策是如何被执行的？到底是哪些因素导致被执行的政策与当初制定的政策之间出现了差别？政策执行主体，即执行政策的部门及人员的意愿度如何？执行主体的人员组织是否合理？影响政策执行的宣传机制和奖惩机制是否健全？

为了贯彻落实党中央、自治区的开发开放政策，广西沿边各县（市、区）纷纷制定了促进本地开发开放的配套政策，但经过课题组对各边境县（市、区）执行情况的调研发现，有些地方把制定政策做成了“表态”，中央或自治区出台了文件，县一级就下发“关于转发某某政策要求的通知”，并且依据上级政府提出的要求出台相应的配套政策，但出台之后却不能很好地执行。为了分析到底是什么因素导致政策没有被执行，本研究对广西沿边 8 个县（市、区）开发开放政策的执行过程从执行者的执行意愿、组织和力度、政策执行的宣传机制和督查考核机制四方面进行了调研。

（一）执行主体优化度

1. 执行意愿度

执行政策的意愿度是政策的执行者对政策提出的任务及要求所投入热情高

低的体现，主要反映在其执行政策的态度和作为及取得的成果上。广西沿边各县（市、区）对开发开放政策的执行力是影响政策执行效果的核心要素，依据《广西沿边开发开放“十三五”规划》中提出的四项主要任务：提升口岸发展水平、完善开放合作平台、构建沿边开放特色产业体系、加快边境基础设施互联互通，课题组对广西沿边 8 个县（市、区）近几年在提升口岸发展水平、完善开放合作平台、构建沿边开放特色产业体系、加快边境基础设施互联互通等四方面的重大业绩和成就进行梳理如下。

（1）提升口岸发展水平执行力。

2014 年，靖西市全力推动沿边开发开放，那西、岳圩、新兴、孟麻 4 个边民互市贸易点进入实质性建设。2015 年建成龙邦口岸车辆出入境查验楼和办证大楼、岳圩口岸联检楼、新兴边民互市市场。2016 年岳圩边民互市点开通运营，孟麻边民互市点项目动工，边民互市无纸化系统投入使用，国家质检总局正式批复龙邦口岸为水果进境指定口岸，龙邦口岸扩大开放上升到国家层面推进。2017 年龙邦边民互市区成功运营。2018 年完成岳圩口岸控制性详细规划，万生隆检疫处理中心、水果和粮食指定口岸特检区、国际转运作业区等龙邦口岸核心区实现竣工。

那坡县的平孟口岸于 2015 年升格为国家一类口岸，沿边开放开创新局面，近几年，那坡县一直加强平孟口岸和百南、那布、弄平、岭隘等边民互市点和集市贸易点建设，实施口岸基础设施大会战，平孟口岸互市贸易通道从原先的“两进一出”增加到“四进三出”，通关能力成倍提升，平孟口岸物流园初步建成，口岸经济转型升级步伐不断加快。

凭祥市友谊关口岸、凭祥（铁路）口岸先后获评世界卫生组织口岸核心能力达标单位，凭祥边境贸易货物物流中心、弄怀边境贸易货物监管中心、平而口岸管理和货物监管中心建成使用，平而关口岸升格国家级一类口岸申报工作加快推进，油隘、叫隘互市点升级改造及综合开发项目全面启动，弄怀监管货场升级改造加快推进，弄尧进境水果指定口岸（通道）方案通过初审，浦寨进境粮食指定查验场所通过验收。凭祥边境贸易货物监管中心、友谊关口岸公共服务平台接入广西国际贸易“单一窗口”，报关代理、收费“一站式”服务，中越浦寨—新清国际货物运输专用通道中方段实现贯通，货物通关环境进一步优化。

宁明县近几年也一直加快开放合作平台建设，爱店一类口岸实现正式开通运行，口岸及边民互市点基础设施不断完善，北山互市点一期项目全面建成、二期项目前期工作加快推进，板烂互市点项目完成监管场所平整，爱店和北山边民互市通关作业无纸化信息系统建成，2018 年中国爱店—越南峙马双边性口岸正式开通，2019 年爱店海关正式挂牌成立。

龙州县加强口岸、互市点基础设施，2015 年水口互市区、水口口岸联检大楼改扩建投入使用，新开通布局互市点，水口口岸获批为进口冰鲜水产品、粮食指定口岸，水口互市区跨境人民币结算中心正式营业，互市贸易无纸化申报全面推行。2016 年加快科甲口岸一期项目工程建设，进入最后装修阶段。2017 年水口口岸升格为国际性口岸、水果进境指定口岸，水口国检试验区、科甲互市点提升改造复关通过自治区预验收。2018 年创建自治区级边境经济合作区上报自治区政府待审批，科甲互市点恢复运营。

大新县不断完善口岸基础设施建设，2015 年联检部门正式进驻岩应互市点开展贸易监管，结束了长达 30 多年的互市委托管理模式，外贸进出口总额从无到有。2017 年硕龙口岸升格为双边性常年开放公路客货运输口岸，硕龙边检站监护中队新营区投入使用。亿春食品生姜深加工、呗侬食品坚果加工项目竣工投产，口岸落地加工业实现零的突破。2018 年硕龙口岸旅检通道完成主体工程，岩应通道开工建设，水口出入境检验检疫局硕龙技术业务用房实现竣工，边检、海关驻县城业务技术用房项目前期工作加快推进。

东兴市近年来不断加快口岸建设，2016 年东兴边民互市贸易区获批扩建，全国边境贸易服务产业知名品牌创建示范区、东兴进境水果指定口岸、互市便民临时浮桥获批建设，进口冰鲜水产品口岸申报工作通过国家质检总局考核验收，在全国率先启用边民互市“一指通”系统，通关效率不断提高。2017 年东兴进境水果指定口岸、进口冰鲜水产品口岸通过国家质检总局验收，“一口岸多通道”建设加快推进，边民互市“三合一”综合服务平台正式上线运行，贸易便利化水平不断提升。2018 年启迪之星（中国东兴）沿边跨境孵化基地——中国首个沿边跨境孵化器在东兴落户并正式启动。2019 年东兴互市区扩建工程、东兴十八方农产品进出口交易中心（一期）、海关 H986 系统等项目建成使用。

防城区全力以赴抓口岸促开放，经反复努力争取，峒中口岸（含里火通道）获批国家级双边性客货运输口岸，滩散互市点恢复开通，建成使用里火和峒中口岸边贸结算中心，新增一批卡口、地磅等通关设施，口岸通关效率大幅提高。建成峒中—横模大桥，广西范特斯蒂水产品加工项目建成运营，口岸落地加工实现零的突破。目前在加力推进以峒中、里火“一口岸双通道”为核心的防城边合区建设，重点抓好峒中公路口岸（含里火通道）综合区建设。

（2）完善开放合作平台执行力。

靖西市近几年来，一直坚持建平台、扩开放，万生隆商贸物流中心一期暨龙邦边民互市贸易区开通运营，成为中越边境线上规模最大、设施配套最齐全、通关服务系统最先进的边民互市贸易区；建成新兴边民互市点等开放合作新平台；百色（靖西）边境经济合作区、中国龙邦—越南茶岭跨境经济合作区、龙邦口岸升格为国际性口岸申报工作取得积极进展；建成胡志明与壮族人民纪念馆，推动中国孟麻—越南北坡红色旅游合作区建设。

2014 年，那坡县的百色—文山跨省经济合作园区和沿边开发开放试验区正式挂牌成立，被自治区人民政府列入《珠江—西江经济带发展规划广西实施方案》。

近几年，凭祥市稳步推进开放平台建设，沿边开放取得新成效。凭祥重点开发开放试验区获得国务院同意研究设立，中越凭祥—同登跨境经济合作区上升到国家层面推进，与越南同登—谅山口岸经济区管委会建立定期会晤机制，两大国家战略平台纳入国家“一带一路”总体规划。中国（广西凭祥试验区）东盟货币服务平台启动，实现人民币兑越南盾汇率银行统一报价。全国首个国检试验区——中国—东盟边境贸易凭祥国检试验区揭牌运行，凭祥综合保税区体制机制改革有效推进，“区市一体化”融合发展步伐加快，全域旅游示范区、边境旅游试验区、跨境旅游合作区“三区联创”深入推进，凭祥边境经济合作区扩容扩区加快推进，美洋海产品加工项目、凭祥综保区二期智能公路港及冷链产业园项目、中国—东盟水果城加快建设。

宁明县加强凭祥—宁明贸易加工区建设，园区“三纵两横”路网基本打通，爱店加工贸易区建设顺利推进，园区招商引资取得实效；与越南高禄、禄平、亭立、平辽四县形成了定期沟通交流机制，与禄平县缔结为国际友好县，共同推进建设爱店—峙马跨境经济合作区。

龙州县逐步完善开放平台，2015 年水口互市区跨境人民币结算中心正式营业，与越南高平省复和县、老挝巴色市缔结为国际友好城市。2018 年创建自治区级边境经济合作区上报自治区政府待审批，成功举办第五届中国水口口岸—越南驮隆口岸商品展销会。

大新县抢抓国家实施“一带一路”战略重大机遇，加强与越南下琅县、重庆县等在农业、经贸、旅游、文化等领域的交流合作。全国首个跨境旅游合作区——中越德天—板约国际旅游合作区建设加快推进，世界首台跨境实景演出剧落户老木棉景区，成功举办第六届中国崇左（德天）边关国际文化旅游节、中国·东盟“德天杯”自行车越野公开赛、中越青年大联欢等活动。

东兴市不断完善开放平台，2012 年东兴试验区建设实施方案获批实施，2013 年成为沿边金融综合改革试验区先行区。与韩国全罗南道高兴郡、越南芒街市、柬埔寨吴哥通县等城市缔结为国际友好城市，与越南芒街市、广宁省旅游厅分别在桂林市和贵州省成功举行旅游整体形象联合推介，开创了跨境旅游合作先河。2016 年跨境经济合作区加快建设，中越北仑河二桥竣工，国门楼封顶，启动区“环形路网”基本贯通。2017 年东兴—芒街跨境旅游合作区列入“十三五”国家重点项目，中越人民币/越南盾现钞跨境双向调运业务正式启动，成为中国首个实现两国银行点对点双向调运的城市；外国籍自然人经营户登记管理办法出台实施，中越跨境劳务管理服务中心建成使用，中越人民友谊公园（一、二期）和外滩广场改造基本完成。2018 年全国首个国家相关部委和沿边县市沟通交流平台——沿边开放发展论坛挂牌成立，永久性落户东兴。

防城区抢抓机遇，密切对外合作交流，与越南海河县缔结友好城市关系，峒中村、里火村等 4 个村与越南芒街市、平辽县、海河县的村社缔结友好村。加力推进峒中公路口岸（含里火通道）综合区建设，通过第十五届东博会向国内外推介峒中公路口岸综合区开发建设前景，对外开放影响力进一步扩大。建成使用里火和峒中口岸边贸结算中心，新增一批卡口、地磅等通关设施，口岸通关效率大幅提高。

（3）构建沿边开放特色产业体系执行力。

靖西市近几年每年安排 4000 万元扶持特色农业产业发展，积极打造海升柑橘种植、化峒特色水果和武平多纳金三角等 6 个现代农业示范区，葡萄、百香果等生态休闲农业迅速兴起，茧丝绸、建材等传统优势产业稳中有升；成功注册“靖西大香糯”“靖西大麻鸭”原产地地理标志；“端午药市”品牌影响力不断扩大，成功申报“中国壮药都”，农业产业逐步向品牌化、高端化发展。着力开发建设返乡农民工创业园和中越工业园，扩建和完善铝锰工业园，铝工业园区成为广西 A 类产业园区；加快推动锰工业向高端化、多元化转型，电解二氧化锰、锰酸锂和磷酸铁锂等新能源项目成功投产。成功创建广西特色旅游名县，获得“中国绣球之乡”特色区域荣誉称号，鹅泉景区、旧州景区成功创建国家 4A 级景区，五岭森林公园获自治区批复；福峒山、龙潭国家级湿地公园成功创建 3A 级景区，成功创建广西四星级乡村旅游区，建成胡志明与壮族人民纪念馆，推动中国孟麻—越南北坡红色旅游合作区建设；积极推动星级酒店和星级农家乐旅游设施建设，民宿经济、乡村旅游持续健康发展。

那坡县重点推动农业、边贸、旅游等产业发展，实施“双千”以奖代补模式助力桑蚕、中草药、红顶蕉、油茶、八角、生猪、肉牛等“5+2”产业发展，形成“南桑北药、林果并举”的产业格局；打造市级大石山区中药材示范基地，发展养蜂产业，创建德隆达兵养蜂示范区；引进种草养牛龙头企业，大力推进特色养殖业发展；跟进“那坡生丝”“那坡八角”国家地理标志产品保护申报工作，推进“八角二次创业”，推动农业经济规模化、标准化、品牌化建设。积极推动那坡沿边开发（平孟）产业园区建设工作，持续完善永乐工业园区基础设施建设。研究出台服务业发展相关奖补措施，大力发展以铝项目为主的生态铝工业，推动“铝二次创业”，积极支持电子商务和现代物流业等发展；完成了《那坡县旅游业发展总体规划》和《那坡县旅游名乡（镇）发展规划》编制，出台了《那坡县扶持农家乐奖励办法》，文化旅游产业加快发展，被列入了广西边关风情旅游带，加快推进全域旅游PPP投资运营和黑衣壮古寨旅游度假区项目；荣获“广西特色文艺之乡”荣誉称号。

凭祥市近年来致力于打好产业转型升级攻坚战，依托凭祥边合区、凭祥综保区和东盟红木产业园三大园区，农副产品进口加工、红木进口加工和电子、轻纺等出口加工三大口岸加工产业加快集聚发展，宝岛美人椒现代农业（核心）示范区列为国家级农业标准化示范项目、获授四星级“广西级现代特色农业（核心）示范区”称号，边关牧歌生态农业示范区列为自治区级农业标准化示范区项目、获授“崇左市现代特色农业（核心）示范区”称号，友谊镇生猪养殖产业园和夏石镇晚春桔产业示范园荣获广西现代特色农业示范园称号，桂川养殖专业合作社获广西畜禽现代生态养殖场四星级养殖场称号，龙力畜牧养殖专业合作社、老兵山羊养殖场获三星级养殖场称号；特色养殖稳步发展，发布《凭祥石龟》和《凭祥石龟养殖技术规范》广西标准，凭祥市获自治区农业厅公示为首批“农业对外开放合作试验区”；友谊镇平而村获评“广西特色工贸名村”。进出口加工方面，农产品加工物流项目列入自治区层面统筹推进重大项目，红木文博城列为“全国旅游服务质量标杆培育试点单位”，“凭祥红木工匠”荣获“广西优秀劳务品牌”称号，《红木干燥》《红木雕刻》《红木涂饰》《红木家具质量等级》等4个广西地方标准完成编写并通过评审，“红木凭祥”品牌影响力不断提升。积极打造军事探秘游、红木文化游、边关风情游、东盟跨境游四大“名片”，全域旅游示范区、边境旅游试验区、跨境旅游合作区“三区”联创全面推动，成功评定为第二批广西特色旅游名县，列入首批“国家全域旅游示范区”创建名单，成为广西旅游“双创”工作典型；红木文博城创5A级景区、大连城创4A级景区、凭祥博物馆等旅游项目加快推进。

宁明县近年来深入推进供给侧结构性改革，推动产业转型升级，加快推进“蔗糖业、现代农业、林业”三大传统优势产业转型升级，着力提速肉牛生态养殖等新产业，现代农业示范区遍地开花，骆晔循环农业示范区获评自治区四星级现代农业核心示范区，成为全区首个循环农业示范区；肉牛养殖产业发展迅猛，成功打造“蔗—牛—菇—肥”循环产业项目；宁明东亚生物质能发电项目、撒阳肥料厂竣工投产，初步形成“甘蔗制糖—蔗渣发电—滤泥制肥”的甘蔗循环经济产业链；林产品从粗加工迈向深加工，矿产加工、生物质能源、农产品加工等产业取得新发展。旅游业加快发展，花山景区创5A级景区进入国家旅游局景评名单；派阳山森林公园获评4A级景区；狮子头森林公园创建国家4A级景区；蓉峰塔、一江两岸创建国家3A级景区工作稳步推进；派阳山鸿鸪分场获评自治区生态旅游示范区；花山田园获评自治区级休闲农业与乡村旅游示范点，花山田园和濑江村获评四星级乡村旅游区，花山明珠和爱店乡村旅游区获评三星级乡村旅游区；耀达、珠连等4个村列入全国乡村旅游扶贫重点村；花山温泉酒店评定为四星级旅游饭店，大明公馆酒店、景顺国际大酒店评定为三星级饭店，宁明被评为“中国最美乡村旅游目的地”“文化魅力·特色魅力旅游胜地”和“民俗民族旅游胜地”。

龙州县加快产业优化转型，“贸工强县”和“产业桥头堡”作用逐步凸显，蔗糖循环产业巩固发展，稳步推进甘蔗“双高”基地建设，切实抓好坚果种植工作，特色产业不断发展，百香果槐花、金桔南瓜等种植初见成效，食用菌、中草药、间套种等特色种养殖形成规模，北部湾食用菌（核心）示范区为自治区四星级现代农业（核心）示范区，并启动规划建设下冻现代特色农业（核心）示范区。边境食品加工、氧化铝、碳酸钙等新兴产业加快培育发展，氧化铝项目基本具备开工条件，龙州工业园区获评自治区级工业园区，并被列为全区30个产城互动试点园区之一。落实外贸奖补政策，出台加工奖励办法，有力促进外贸恢复增长，水口边贸扶贫产业园列入自治区边贸转型升级培育园区名录。服务业快速发展，金桂农贸市场、电子商务公共服务中心建成使用，龙州获评为2017年全国电子商务进农村综合示范县。同时还推进创建广西特色旅游名县，累计建成4A级景区4家、3A级5家，四星级酒店1

家，三星级酒店5家，乡村旅游区、农家乐31家，获评“广西特色旅游名县”。

大新县加快结构调整，大力发展现代农业，德天水果产业（核心）示范区成功创建自治区四星级示范区，明仕田园休闲农业核心示范区荣获“广西现代特色农业核心示范区（三星级）”称号，龙门龙峡、全茗新兴等4个县、乡级现代农业示范区（园）通过认定，榄圩乡海瑛园林生态养殖场荣获“农业部肉牛养殖标准化示范场”称号，福隆乡楚烽养殖场荣获“自治区级水产畜牧行业龙头企业”称号，雷平永俊种猪场荣获“国家级养殖示范场”称号。旅游服务业蓬勃发展，德天跨国瀑布景区成功晋级国家5A级景区，并获评“魅力中国城年度魅力生态景区”和“2018中国品牌旅游景区全国奖”，明仕田园景区、大阳幽谷景区、龙宫仙境、安平仙河、老木棉成功创国家4A级景区，龙宫仙境景区成功创国家3A级景区，黑水河国家湿地公园获评“广西生态旅游示范区”，成功创建“广西特色旅游名县”。硕龙镇荣获“广西特色旅游名镇”称号，堪圩乡明仕村荣获“广西特色景观旅游名村”称号，《中越德天—板约国际旅游合作区（中方）规划》顺利通过自治区评审，合作区建设有序推进。

东兴市产业不断升级，特色农业产业迅速发展，“红姑娘”红薯成为国家地理标志产品，天隆泰产业园被评为“全国休闲渔业示范基地”，七彩贝丘休闲产业核心示范区获得广西县级示范区称号，京岛海洋渔业（核心）示范区、鑫宇金花茶产业（核心）示范区分别获评广西四星级和三星级现代特色农业（核心）示范区，不老峰铁皮石斛产业示范区、东兴市“红姑娘”红薯生态产业示范区获得广西乡级示范区称号，江平镇巫头村、交东村、万尾村、横隘村荣获“全国首批绿色村庄”称号，巫头村被命名为第二批“中国少数民族特色村寨”，万尾村成为首批全国农村幸福社区建设示范单位，东兴镇、江平镇入选全国千强镇。电子商务产业迅速壮大，连续几年获“全国电子商务百佳县”称号，跨境贸易创造新经验，“东兴经验”在全区复制推广，成为全区唯一获得国务院办公厅表彰的城市。红木产业不断发展壮大，荣获“中国红木文化城”“中国红木家具半成品集散地”等荣誉。旅游业蓬勃发展，屏峰雨林公园成功创建国家4A级旅游景区，意景园和百业东兴成功创建国家3A级旅游景区，东兴国际旅游集散中心、竹山山海相连地标广场等一批旅游项目建成使用，“百果香山庄乡村旅游标准化试点”通过自治区级首个试点验收，成为“广西首批特色旅游名县”。

防城区打生态牌、走特色路，突出抓好龙头企业培育和特色农业示范区创建工作，获批创建全国有机产品认证示范区，“防城金花茶”成功注册地理标志证明商标，十万山牛大力获得国家地理标志保护产品，建成华石—那梭现代特色农业（核心）示范区，农潮火龙果基地成功创建自治区级特色农业示范区，“一朵金花”等9个基地成功创建县、乡级特色农业示范区，带动特色种植养殖产业加快发展，建成全国最大金花茶育苗基地，一大批特色村屯被自治区、市授予“菜篮子村”“火龙果村”“溪水鱼村”等荣誉称号。防城区实施“工业强区”战略，被确定为国家知识产权强县工程试点区，集中力量推进冲仑、云朗两大园区建设，冲仑商贸物流园、茅岭工业区分别列入自治区级现代服务业集聚区、产城互动试点园区。防城精制糖等一批企业被认定为国家高新技术企业、自治区级企业技术中心和广西优秀创新型企业。加快边境旅游试验区规划建设，获批创建自治区级全域旅游示范区，建成三块石海洋乐园、十万山七星顶旅游度假区，建成一批国家3A、4A级旅游景区和漂流景点，荣获“中国最佳生态宜居旅游名区”“全国生态文化旅游名区”称号，江山半岛旅游度假区获评国际休闲度假旅游胜地，金花茶节入选中国特色生态旅游节庆奖，米中村、北基村等12个村被授予“自治区级生态村”称号，平木村纳入自治区美丽乡村标准化试点建设，金花茶小镇入选广西首批特色小镇，尚绿岛山庄、广桦山庄、瑶池山庄、冲敏生态园获评自治区四星级农家乐。

（4）加快边境基础设施互联互通执行力。

靖西市是滇黔桂通边达海的重要交通枢纽，近几年，建成了百靖、靖那、崇靖、龙靖高速公路，开通百色至高平国际客货运输线路，湖润至新兴二级路、靖西至同德二级路通车运营。高铁无轨站开通运营，南宁至靖西铁路客运专线、德靖铁路建成并开通。

那坡县主动融入“一带一路”建设，2014年靖西至那坡高速公路顺利开通，2015年那坡至富宁高速公路正式通车，2017年百色至平孟口岸二级公路竣工，并开通那坡汽车站（高铁无轨站）至富宁高铁站高速公路直达专线。

凭祥市全面推进西部陆海新通道设施规划建设，友谊关口岸货运专用通道改扩建项目（中方段）、平而河大桥及其南端引道、中越浦寨—新清货运专用通道建成通车，中越友谊关—友谊口岸国际货物运输专用通道实现贯通，卡凤至弄怀公路、市区至平而关公路、平而河大桥及南端引道等项目建成通车，天峨经凭祥到东兴、巴马至凭祥、全州至凭祥等5条高速公路纳入《广西高速公路网规划（2018—2030）》，南宁—崇左—凭祥的城际铁路纳入新一轮的《广西铁路建设“十三五”规划（修编）》，湘桂铁路南宁至凭祥货运通道纳入2019年实施规划建设。到2018年底，全国各地经凭祥的跨境铁路班列已达9条，已开行中欧班列126列、3510标箱，全国各地经凭祥物流线路累计开通近20条，可达东盟20多个主要城市。

宁明县近几年把握国家批准实施《左右江革命老区振兴规划》契机，统筹各方资源，努力补齐基础设施建设短板。骆越大道竣工，高岭至山寨二级公路（一期）建成通车，海渊大桥、双龙大桥等4座桥梁建成通车，宁爱二级公路、322国道宁明段改建二级公路（旧线）、峙浪至桐棉三级公路、沿边三级公路等边境主干公路相继建成，花山互通项目竣工通车，龙峡山隧道、珠连至耀达公路提级改造工程基本完工。

龙州县近年来也加快基础设施互联互通建设，通用机场项目列入全区首批30个骨干通用机场之一，龙州至科甲二级路建成通车，崇水高速公路（龙州段）路基贯通，城东大道、东盟大道两条连接线同步加快建设，德天—逐卜—响水—花山一级旅游大道和龙州—凭祥（一期）、大新桃城—龙州科甲（金龙段）、岭南—上金、龙州—彬桥4条二级路全面征地。

大新县加快推进互联互通建设，2015年横贯全县的崇靖高速公路通车，改写了境内不通高等级公路的历史。之后，驮卢至大新二级公路、环城东路、环城南路建成通车，大新桃城至龙州科甲二级公路、隆安至硕龙高速公路（大新段）、大新德天至宁明花山一级公路（大新段）、硕龙经德天至仁爱公路提级改造等项目开工建设，龙茗至硕龙高速公路纳入《广西高速公路网规划（2018—2030年）》。

东兴市近年来稳步推进互联互通基础设施建设，2016年建成友好大道、沿河大道一期，贯通中央大道、沿河大道二期和跨越大道等主路网，“五纵五横”的城市主干路网体系初步形成。2017年防东铁路开工建设，中越北仑河二桥建成，防东高速公路建成使用，东兴通用机场列入自治区“十三五”规划，东兴至凭祥公路纳入广西高速公路规划。2018年“国门东兴号”冠名列车正式开行，建成使用东兴—芒街便民浮桥，实现越南冷链集装箱货车整车进境，在全国首创开通“陆上桂林”经东兴—越南芒街至“海上桂林”跨境自驾游线路。2019年中国东兴—越南芒街口岸北仑河二桥正式开通启用。

防城区主动融入国家“一带一路”和中新“南向通道”建设，南防高铁、防东高速公路、防城至贵台二级路、防城至茅岭二级路、防城至马路公路提级改造等主要交通枢纽建成通车，江山半岛环岛东路、西湾环海大道、防江一级路建成通车，高铁防城港北站建成运营，峒中口岸（含里火通道）获批国家级双边性客货运输口岸，建成峒中—横模口岸便桥，马路至峒中二级路、茅岭至企沙一级路、防城至江山一级路等互联互通项目加快建设。

根据广西沿边 8 个县（市、区）在提升口岸发展水平、完善开放合作平台、构建沿边开放特色产业体系、加快边境基础设施互联互通等四方面做出的重要成果，按照成果越重大丰硕，执行意愿度越高得分越高的规则分别评分，最终得分取各县（市、区）4 项得分的平均值，广西沿边各县（市、区）开发开放政策“执行意愿度”的评分见表 1 – 32。

表 1 – 32　广西沿边八县（市、区）开发开放政策“执行意愿度”评分

执行意愿度	靖西市	那坡县	凭祥市	宁明县	龙州县	大新县	东兴市	防城区
提升口岸发展水平执行力	9	8	9	7	8	7	9	8
完善开放合作平台执行力	8	6	9	5	5	5	9	7
构建沿边开放特色产业体系执行力	9	7	9	7	7	8	9	7
加快边境基础设施互联互通执行力	9	7	9	5	5	7	8	6
执行意愿度综合评分	8. 75	7	9	6	6. 25	6. 75	8. 75	7

2. 组织合理度

一项政策要想执行落实，离不开一个协调合理的执行主体组织结构，包括所有负责执行政策任务的执行组织及人员，他们是政策执行力的重要来源，发挥着核心作用，决定着政策执行力的高低。首先要有明确的责任部门，如成立专门的领导小组或确定牵头部门来负责统筹具体工作，有时还需要有明确的推进机构，以便加强政策在执行中各项具体工作的指导，还需要建立部门间的协调机制，以便组织协调和指导督查政策的执行。

从调研组对广西沿边各县（市、区）开发开放政策执行主体的组织结构的调研情况来看，8 个沿边县（市、区）政府在制定开发开放政策后，对一些重大项目的开展都成立了领导小组，有的县（市、区）政府是在政策里直接明确了领导小组及成员，如《那坡县人民政府办公室关于印发那坡县企业聘用跨境务工人员试点工作方案的通知》；有的县（市、区）政府是另外印发文件，如《凭祥市人民政府办公室关于成立中欧班列（凭祥—河内）国际联运和凭祥（铁路）进境水果指定口岸建设工作领导小组的通知》《宁明县人民政府办公室关于成立建设面向东盟的金融开放门户领导小组的通知》；有的县

（市、区）政府还专门发文明确各项目的责任部门，比如《靖西市人民政府关于印发2019年〈政府工作报告〉重点工作部门分工方案的通知》对各主要任务的负责单位提出了具体要求，《那坡县人民政府办公室关于印发2017—2020年“健康那坡”建设主要指标和重点工作任务分工方案的通知》对《凭祥市人民政府办公室关于印发落实〈加快推进广西凭祥重点开发开放试验区建设的若干政策〉分工方案的通知》相关的九大类政策都明确了牵头单位和配合单位及各自的职责；有的县（市、区）政府还针对某项政策成立了协调小组，如《凭祥市人民政府关于办公室关于成立凭祥市人民政府推进政府职能转变和“放管服”改革协调小组的通知》，文件里明确了协调小组的组成人员及各自的主要职责。

本研究对广西沿边各县（市、区）在政府网站上发布的政策文件，及去各地对执行主体组织结构的实地调研情况，对各县（市、区）在开发开放政策执行主体组织合理度的综合评分见表1－33。

表1－33 广西沿边八县（市、区）开发开放政策“组织合理度”评分

组织合理度	靖西市	那坡县	凭祥市	宁明县	龙州县	大新县	东兴市	防城区
评分	8	7	9	6	6	6	8	7

（二）执行机制的健全度

1. 宣传机制

沿边开发开放政策和具体的方案措施出台后，就需要建立政策宣传机制，对相关政策积极宣传、强化解读、广泛传播，使大众充分了解并理解政策的精神和具体内容，营造有利于政策和方案落实的良好氛围，避免出现政策和方案写在纸上、喊在嘴上、落不到行动上的现象。经过对广西沿边8个县（市、区）对开发开放政策的宣传情况进行调研，发现各县（市、区）对政策的宣传主要采用在政府网站发布、电视上报道的形式。在对政策的解读方面，有的县（市、区）专门发文对政策进行解读，如《关于〈靖西县加快发展旅游产业扶持奖励办法〉的政策解读》《〈那坡县“四上企业”培育扶持奖励办法（试行）〉政策解读》对政策出台的背景和依据、政策的主要内容作出了说明；有的是通过会议的形式对政策进行学习宣讲，如龙州县在2017年11月召开沿边开发开放若干政策专题学习会。课题组对沿边各县（市、区）政府网站发布的文件和新闻对相关开发开放政策的信息发布、会议学习等进行收集整理，再对各县（市、区）宣传情况进行评分，各县（市、区）开发开放政策宣传机制的评分见表1-34。

表1-34　广西沿边八县（市、区）开发开放政策“宣传机制”评分

宣传机制	靖西市	那坡县	凭祥市	宁明县	龙州县	大新县	东兴市	防城区
评分	8	7	8	6	8	7	6	7

2. 督查奖惩机制

沿边开发开放政策的落实离不开严格的跟踪问效，因此对一些重要的政策、工作安排必须进行督查、考核、评估、奖惩，建立定期督查考评和激励机制，以督查考核促落实，以督查考核促整改，并且对真抓实干、成效明显的执行主体要表扬推广，对落实不力、不作为的执行主体要限期整改并追究责任，以强力推进具体工作的开展。

靖西市出台了外贸企业扶持办法、促进边民互市收购企业发展扶持奖励办法、商贸企业发展奖励办法、创业园优惠政策、桑蚕业扶持措施、专利资助和奖励办法激励产业的发展壮大，对做得好的企业给予奖励与表彰。出台了法治政府建设考核工作方案、工作人员“全员化”绩效考评实施方案，还开展了“双随机一公开”监管工作、懒政怠政为官不为问责活动，对有直接和间接责任的领导和干部进行追究问责。

那坡县在激励产业发展方面，制定了养殖业扶持奖励办法、特色种植业奖励方案、农家乐奖励办法、促进工业发展的评优和奖励办法。在督查考核方面，制定了运输企业信誉质量考核办法，有的机关部门还召开学习“中国共产党问责条例”及自治区纪委“十个严禁”专题会议、推行“双随机一公开”改革工作联系会议。

凭祥市在开发开放的督查考核方面，出台了发展总部经济优惠政策、扶持发展百香果产业实施方案、进一步扶持旅游业发展的若干意见、招商引资激励办法、加快全域旅游发展奖励办法，部分机关部门制定了“双随机一公开”实施细则，并且召开了“中国共产党问责条例”学习会。

宁明县出台了促进全域旅游发展的扶持奖励办法、支持实体经济发展的措施、推进创建广西特色旅游名县奖励办法、旅游产业奖励办法、工业发展奖励办法、“双随机一公开”监管工作实施方案；为了保障人民群众的知情权和监督权，开通了“一库通”智慧监管平台，主动接受群众和社会各界的咨询和监管。

龙州县在激励企业开放发展方面，出台了反走私举报奖励实施办法、促进金融业发展年度奖励办法、促进坚果等食品加工业发展的措施、工业发展优惠政策、电子商务发展扶持政策、农民合作社和家庭农场扶持奖励办法、优质高产高糖糖料蔗基地建设激励或问责办法。在督查考核方面，出台了行政执法评议考核工作方案、全面推进“双随机一公开”监管工作实施方案、“阳光效能”整治庸懒散奢专项行动实施方案。

大新县出台了农民工创业园优惠政策、外贸企业奖励暂行办法、特色农业发展奖补办法、扶持规模以上工业企业办法、扶持规模以上锰工业企业办法激励产业的发展。出台了公务员年度考核记功奖励办法、“先照后证”改革后加强事中事后监管工作方案、加快推进“互联网＋监管”工作方案、全面推进“双随机一公开”工作实施方案等加强督查考核。

东兴市在督查考核方面，出台了小型农田水利工程运行管理考核办法、承接自治区和防城港市绩效考评任务目标奖惩办法、安全生产工作职责和目标管理考核细则、园区建设管理考核评价办法、“双随机一公开”抽查实施方案，开展了学习“中国共产党问责条例”和“中国共产党党内监督条例”的宣讲工作。

防城区出台了新增规模以上工业企业奖励办法、专利申请资助及奖励办法等激励机制，同时也出台了电子政务和政府信息公开工作督查考核办法、安全生产目标管理考核评价实施细则、“双随机一公开”抽查实施方案来加强督查考核。

课题组对广西沿边 8 个县（市、区）在政府网站发布的有关开发开放政策的督查、考核、激励、奖惩、问责等督查考核方面的信息进行搜索整理，并按照督查奖惩机制越健全得分越高的规则进行评分，各县（市、区）开发开放政策督查奖惩机制评分见表 1－35。

表 1－35　广西沿边八县（市、区）开发开放政策“督查奖惩机制”评分

督查奖惩机制	靖西市	那坡县	凭祥市	宁明县	龙州县	大新县	东兴市	防城区
评分	8	6	6	7	8	7	7	6

（三）广西沿边各县开发开放政策执行过程维度综合评价指数及分析

1. 广西沿边各县开发开放政策执行过程维度综合评价指数

将广西沿边 8 个县（市、区）在“执行意愿度”“组织合理度”“宣传机制”“督查奖惩机制”等执行过程维度 4 项指标的评分结果，按照各指标在执行过程维度评估体系中所占的权重，加权求和计算得出各县执行过程维度的综合指数，并按从高分到低分的顺序进行排名，各县执行过程维度的评价指数及排名见表 1－36。

表 1－36　广西各沿边县（市、区）开发开放政策执行过程维度评价指数

指标		指标权重	靖西市	那坡县	凭祥市	宁明县	龙州县	大新县	东兴市	防城区	均值
B1：执行主体优化度	C1：执行意愿度	0.2718	8.75	7	9	6	6.25	6.75	8.75	7	7.44
	C2：组织合理度	0.2718	8	7	9	6	6	6	8	7	7.13
B2：执行机制健全度	C3：宣传机制	0.2282	8	7	8	6	8	7	6	7	7.13
	C4：督查奖惩机制	0.2282	8	6	6	7	8	7	7	6	6.88
综合评价指数		1.00	8.20	6.77	8.09	6.23	6.98	6.66	7.52	6.77	7.15
排名		—	1	5	2	8	4	7	3	5	—

2. 广西沿边各县开发开放政策执行过程维度指数分析

从表 1－36 可以看出，广西沿边 8 个县（市、区）在开发开放政策的执行过程维度的综合评估指数的均值为 7.15，与理想值（10）还存在一定的差距，表明 8 个边境县（市、区）的主体优化度与执行机制健全度仍有很大的提升空间。从排名来看，靖西市、凭祥市和东兴市位列前三，大新县和宁明县排名较落后，分值略低于平均值 7.15。第一名靖西市的指数为 8.20，最后一名宁明县的指数为 6.23，说明各县（市、区）间的个体差异不是很显著。从具体指标来看，8 个边境县（市、区）在开发开放政策的执行过程中还存在一些不足：宁明县、大新县在提升口岸发展水平的执行力度不强，宁明县、龙州县、大新县在完善开放合作平台的执行力度不够，宁明县、龙州县、防城区在加快边境基础设施互联互通方面的执行力度不大；宁明县、龙州县、大新县政策执行主体的组织结构不够优化，对具体任务的责任部门、责任人的主要职责没有做出具体明确的规定；沿边 8 个县（市、区）对开发开放政策的宣传渠道比较单一，主要通过政府网站和电视宣传，且对政策的解读不够深入；8 个边境县（市、区）在政策制定后，相应的督查、考核、评估及奖惩机制都不够健全，对开发开放政策没有形成事前、事中、事后的督查、考核及相应的奖惩机制。

四、政策实施效果维度的评估

政策实施效果维度，也称价值维度，是政策实施后所产生的成效及影响，反映政策目标的完成情况和实现程度。广西沿边开发开放政策的实施效果主要体现在沿边各县（市、区）在实施政策以来，各地开放度的提升，主要包括贸易开放度、信息开放度、劳务开放度、旅游开放度和基础设施开放度五方面。实施效果维度各项指标的评估结果需要由相关数据测算得出，数据主要来源于2016—2020年《中国统计年鉴》《广西统计年鉴》及8个边境县（市、区）和所属地级市的政府工作报告、国民经济和社会发展统计公报及相关文件，当同一指标所对应的统计年鉴数据与地方政府网站的数据出现偏差时，本研究以发布时间更晚的年鉴数据为准。

（一）贸易开放度

1. 指标说明

贸易开放度是衡量一个地区经济发展外向程度的基本指标，反映商品和服务进出该地区内经济的广度与深度，本研究选择了商品市场活跃度和外贸依存度来衡量。

商品市场活跃度也称商品市场依存度，是区域间经济联系的一种重要表现形式，反映区际商品和服务的贸易状况。严格意义上的区际商品市场活跃度应采用区域之间商品和服务的流入量和流出量来核算，但由于区域经济投入产出数据5年才更新一次，数据比较滞后，且属于非公开发表数据，较难获得，在实际测算时一般用反映消费品市场交易活跃性的指标，即地区社会消费品零售总额占地区GDP的比重来代替。测算公式为：商品市场活跃度（商品依存度）=地区社会消费品零售总额/地区GDP，数值越大，表示区际间市场越活跃。

外贸依存度是反映一个地区的经济依赖于对外贸易程度的指标，是一个地区进口和出口总额与其地区内生产总值之比，用公式表示为：外贸依存度=进出口总额/地区GDP，数值越大，则表示外贸依存度越高，反之则依存度越低。

2. 指标评估

（1）商品市场活跃度。

由图1-1可以看出，广西沿边8个边境县（市、区）的商品市场活跃度在2015年至2018年均低于广西商品市场活跃度，和全国商品市场活跃度相差更远。在2015年至2017年三年间，8个县（市、区）的商品市场活跃度总体呈逐年减弱态势，其中靖西市和那坡县的削弱幅度最大，凭祥市和龙州县的活跃度逐年略微减弱，防城区的活跃度逐年略微增强，大新县、宁明县、东兴市的活跃度变化不大。2018 年，沿边八县（市、区）的商品市场活跃度比 2017 年有所回升，到 2019 年，沿边八县（市、区）的商品市场活跃度的平均水平比上一年提高了 33.33%，尤其是凭祥市和防城区的商品市场活跃度已经高于广西和全国。2019 年，在 8 个边境县（市、区）中，凭祥市（0.55）、防城区（0.46）、东兴市（0.34）的活跃度排名位列前三，大新县、宁明县、靖西市的活跃度排名靠后，均低于沿边 8 个县（市、区）的平均水平，特别是大新县与宁明县的活跃度仅有 0.12，且在五年间基本稳定。

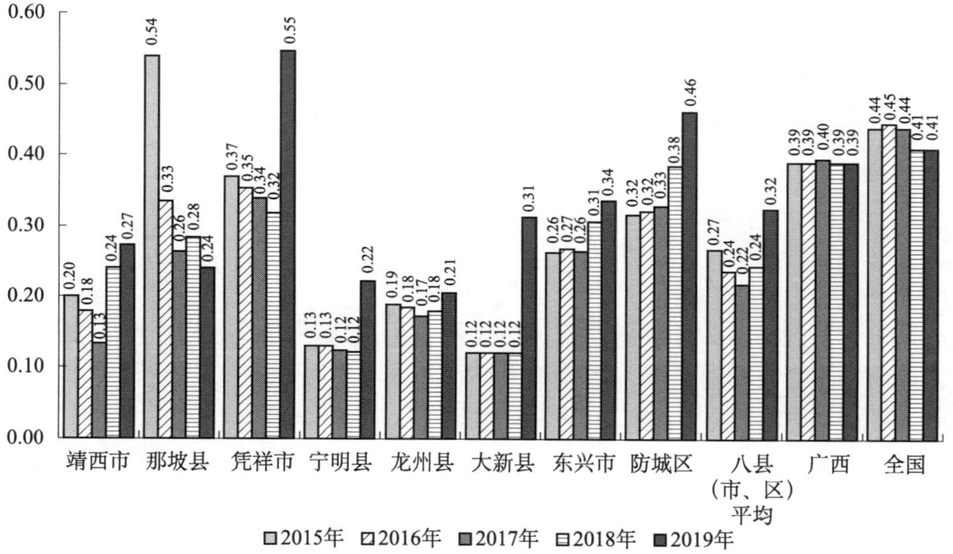

图 1－1　商品市场活跃度

（2）外贸依存度。

由图 1－2 可见，广西沿边 8 个县（市、区）的外贸依存度总体较高，对外贸易对 8 个边境县（市、区）的地区经济影响较大，边境县的地区经济对进出口贸易的依赖程度较强。在 2017 年至 2019 年三年间，8 个县（市、区）的平均水平远高于广西和全国，且呈逐年上升趋势。2019 年，8 个县（市、区）外贸依存度的平均水平高达 4.18，是广西外贸依存度的 19 倍，是全国外贸依存度的 13.06 倍。在 8 个县（市、区）中，凭祥市的外贸依存度排名第一，高达 19.13，是 8 个县（市、区）平均水平的 4.6 倍，说明 8 个县（市、区）中，凭祥市的进出口贸易对本地经济的影响力最强，该地区经济对进出口贸易的依赖程度最强。从近三年广西 8 个边境县（市、区）的外贸依存度

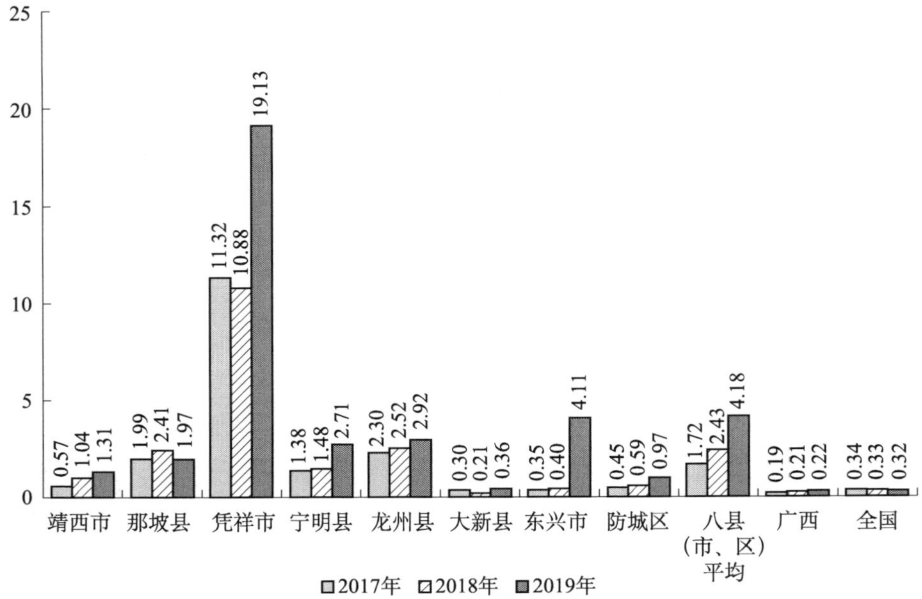

图 1－2　外贸依存度

数据来看，大新县的外贸依存度相对较低，说明该县的进出口贸易规模较小，对地区经济影响相对较弱，本地经济对进出口贸易的依赖程度较低。

（二）信息开放度

1. 指标说明

国际信息交流主要采取的方式有互联网、电话和邮件等，在对广西边境县（市、区）信息开放度的评估中，本研究选取了移动电话普及率和互联网宽带家庭普及率两个分指标来衡量。

移动电话普及率是一个地区的移动电话总数与该地区人口总数之比，即平均每人拥有的移动电话数量，是衡量一个地区现代化程度和信息化程度的重要指标。在该指标的测算中，本研究用地区常住人口来代替地区总人口，用公式表示为：移动电话普及率＝年末移动电话用户数/地区常住人口。

互联网宽带家庭普及率是衡量一个地区社会经济发展状况和信息化水平的重要指标，主要包括固定宽带家庭普及率和移动宽带用户普及率两个指标，但由于本研究未获取到广西 8 个边境县（市、区）具体的固定宽带家庭用户数和移动宽带用户数，故在互联网普及率的核算中，用年末互联网宽带接入用户占地区总户数的比重来代替，计算公式为：互联网宽带家庭普及率＝年末互联网宽带接入用户/地区常住人口户数。

2. 指标评估

（1）移动电话普及率。

由于《广西统计年鉴2020》中没有“年末移动电话用户”指标，所以只能通过2015年至2018年的数据分析沿边八县（市、区）的移动电话普及率。如图1－3，从总体来看，广西8个边境县（市、区）的移动电话普及率较高，2015年至2018年8个县的平均值均高于广西移动电话普及率，近两年的普及率与全国基本持平。四年来，靖西市、那坡县、防城区的移动电话普及率逐年稳步提高，凭祥市、东兴市和防城区近两年的普及率均高于全国普及率，其余县（市、区）移动电话普及率相对较低，宁明县、靖西市、那坡县和大新县4个县两年来的普及率均低于广西。

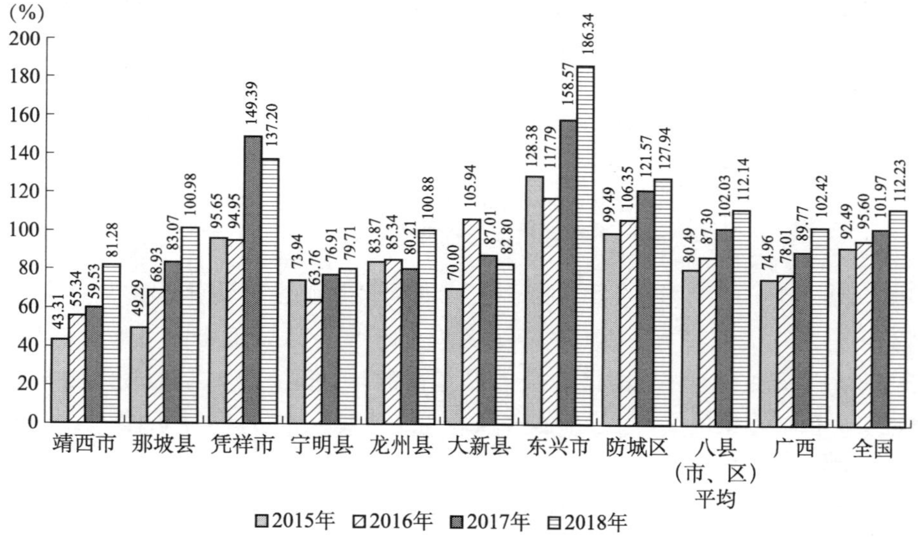

图1－3　移动电话普及率

（2）互联网宽带家庭普及率。

由于《广西统计年鉴2020》中没有“互联网宽带接入用户”指标，所以只能从2015年至2018年的数据进行分析八个县（市、区）的互联网宽带普及率。如图1－4所示，从总体看，广西8个边境县（市、区）互联网宽带普及率从2015年至2018年普遍呈稳步增长趋势，但总体普及率较低，四年来8个县（市、区）的平均水平均低于广西平均水平。在2017年，有6个边境县（市、区）互联网宽带普及率没有达到50%，信息基础设施极为落后，尤其是靖西市和那坡县，2015年至2017年三年间的互联网宽带普及率平均水平不及

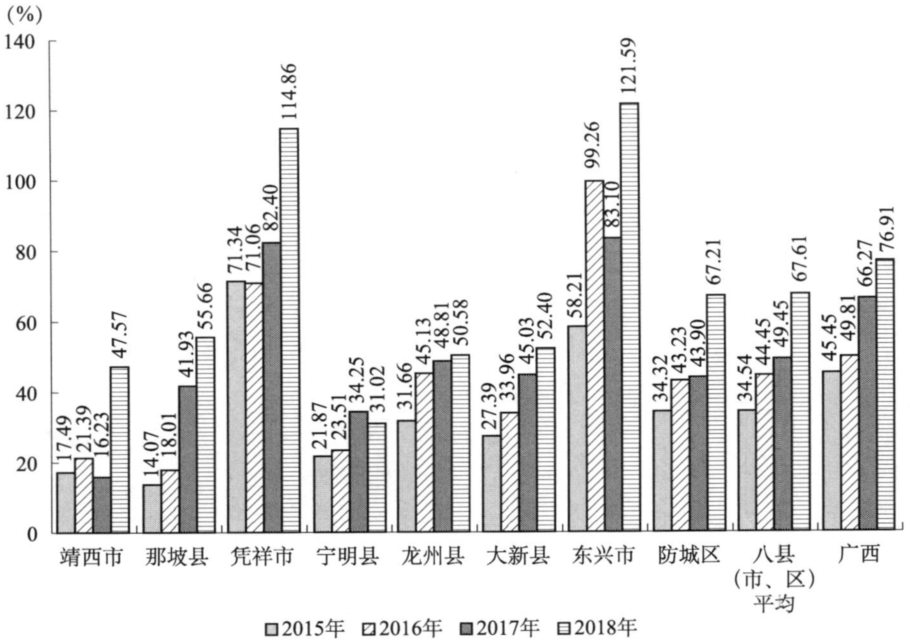

图 1-4 宽带普及率

20%。到 2018 年，边境八县（市、区）的网络基础设施明显改善，宽带互联网宽带普及率大幅提升，其中东兴市和凭祥市的互联网宽带家庭普及率最高，2018 年分别达 121.59% 和 114.86%，靖西市的互联网宽带普及率较之前有了显著提升，但普及率仍未过半，近两年来在沿边八县（市、区）中的普及率最低。

（三）劳务开放度

劳务开放度是反映一个地区劳动力市场上劳务输出和劳务输入人员数量情况的指标，准确来说，应该用该地区一年内人口净迁入率、劳务输出和劳务输入的数量、地区对外劳务合作企业的数量来衡量。但由于课题组在调研中未获得广西 8 个边境县（市、区）有关人口自然增长率、劳务输入、劳务输出和对外劳务合作企业的数量，因此选择用人口增长率这一指标来衡量劳务开放度。

1. 指标说明

人口增长率是一个地区在一年内由人口变动而引起人口增长的比率，是一个地区本年末实际人口数和上年末实际人口数的差与本地区年平均人口数之比，用公式表示为：人口增长率 =（年末人口数 - 上年末人口数）/年平均人口。

2. 指标评估

如图 1 –5 可见，全国和广西在 2015 年至 2019 年的人口增长率都相对比较稳定，但广西沿边 8 个县（市、区）的人口增长率波动较大，在 2015 年和 2016 年的人口为负增长，增长率分别为 – 0. 29% 和 – 6. 07%，到 2017 年和 2018 年，广西沿边八县（市、区）人口增长较多，增长率分别达 0. 97% 和 0. 85%，到 2019 年又有所下降，较 2018 年下降了 18. 06%。从总体上来看，2015—2016 年广西沿边 8 个县（市、区）的平均人口增长率低于全区水平，到 2017 年与全区水平持平，到 2018 年略高于全区水平，2019 年又略低于全区水平。2019 年，在 8 个边境县（市、区）中，东兴市、凭祥市的人口增长率最高，分别达 1. 77% 和 0. 74%，靖西市和大新县的增长率最低，仅为 0. 34% 和 0. 39%。由于未获取到 8 个县（市、区）人口出生率、死亡率的数据，本研究未能分析 8 个县（市、区）的人口增长变化的主要因素是人口迁移变动，还是人口自然变动。

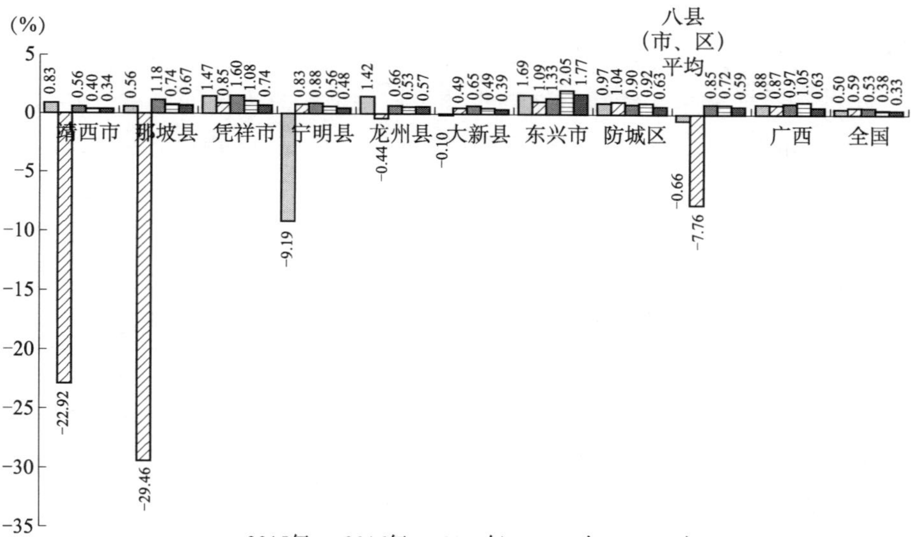

图 1 –5　人口增长率

（四）旅游开放度

1. 指标说明

世界旅游协会（WTTC）采用“旅游依存度”（旅游收入占 GDP 的比重）作为一项衡量一国开放度的指标，《中国旅游年鉴》采用“出游率”（旅游人次与地区人口数之比）来衡量地区人口出游的频繁程度。在基于实施效果维度的广西沿边开发开放政策评价体系中二级指标“旅游活跃度”和“旅游依存度”两个指标的测算中，由于广西8个沿边县（市、区）统计的旅游数据中未区分本地区和地区外游客和旅游收入，课题组只获取到部分县（市、区）接待旅游总人数和旅游总消费的数据，故本研究用“接待旅游总人数”代替“外地游客人次”，用“旅游总消费”代替“本地从外地游客处获得的旅游收入”。

2. 指标评估

由图1－6、图1－7可见，广西沿边8个县（市、区）在2017年至2019年三年来的旅游活跃度和旅游依存度都普遍高于广西，更远高于全国。2019年，除那坡县外，其他县（市、区）接待旅游总人数占地区总人数的比重均高于广西；沿边八县（市、区）旅游总消费占地区GDP的比重均高于广西和全国，且呈持续上升趋势，表明八个边境县（市、区）的旅游发展势头良好，对游客的吸引力较强，旅游业对地区经济的贡献大，地区经济对旅游业的依存度较高，从另一侧面也印证了沿边八县（市、区）的城市魅力及其繁荣发展的态势。三年来，东兴市和凭祥市的旅游活跃度与旅游依存度的排名都位列前二，2019年，东兴市和凭祥市接待旅游人数占地区总人数的比重分别是广西的4.14倍和5.07倍，是全国的20.30倍和16.59倍；旅游总消费占地区GDP的比重分别是广西的3.69倍和2.67倍，是全国的29.5倍和21.33倍。说明8个边境县（市、区）中，东兴市和凭祥市的旅游活跃度最高，旅游发展规模最大，对游客的吸引力最强，旅游业对地区经济的贡献大，地区经济对旅游业的依存度强。三年来，那坡县的旅游活跃度最低，接待旅游人数占地区总人数的比重低于广西平均水平，表示在八个边境县（市、区）中，那坡县对游客的吸引力最弱。大新县2019年旅游总消费占地区GDP的比重在八个县（市、区）中也最低，表示大新县的经济对旅游业的依存度最弱，旅游业对该地区经济的影响力最小。

（五）基础设施开放度

1. 指标说明

基础设施是指为社会生产和居民生活提供公共服务的共同的物质基础，是地区之间沟通与交流的重要渠道。在对广西8个边境县（市、区）基础设施开放度的衡量中，本研究依据各县（市、区）的总体情况与《广西沿边开发开放“十三五”规划》的任务，结合考虑数据的易得性，选取了每万人口公路里程、一类口岸数量、二类口岸数量3个指标。其中，每万人口公

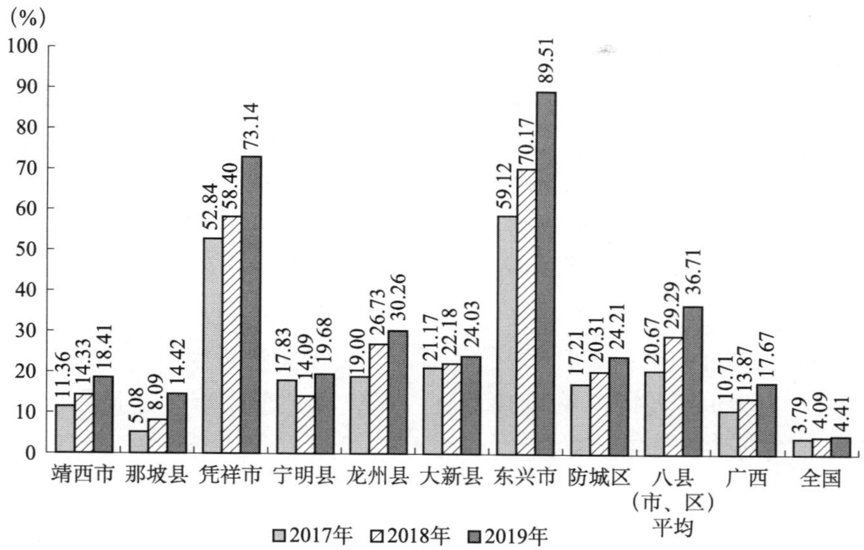

图 1－6　接待旅游人数占总人口比重

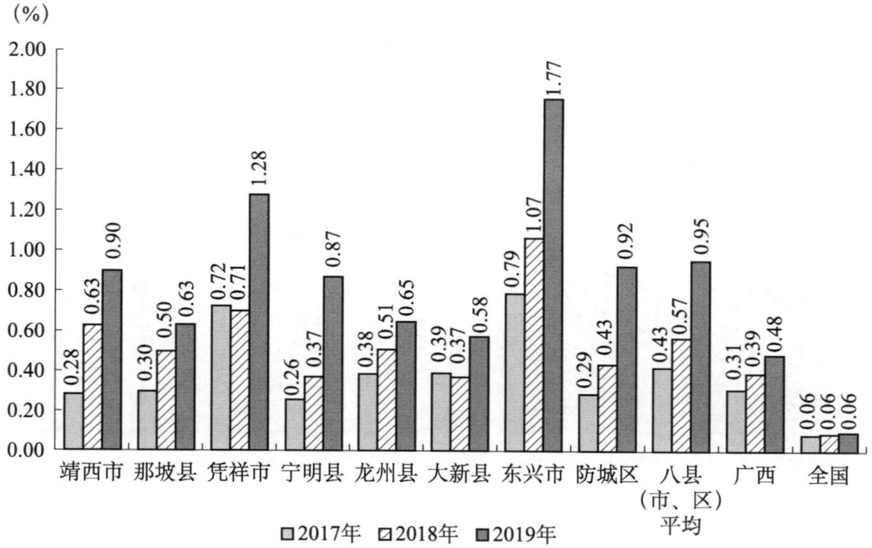

图 1－7　旅游总消费占地区 GDP 比重

路里程指标是用公式“每万人口公路里程 = 公路总里程/地区总人口 × 10000”测算得出，一类口岸数量和二类口岸数量从沿边各县的政府网站及相关文件中获取。

2. 指标评估

（1）每万人口公路里程。

如图1－8所示，从8个边境县（市、区）2015年至2019年每万人口公路里程的变化情况来看，除那坡县外，其他各县变化幅度都不大。那坡县五年中公路里程出现了巨大波动，由2015年的51.68公里/万人，猛增至2016年的75.7公里/万人，又急剧下降到2017年的20.6公里/万人，到2018年和2019年又回升至75公里。2019年，在八个边境县（市、区）中，那坡县的每万人口公路里程数最高，达75.44公里/万人，远远超出广西和全国的每万人口公路里程，其他县（市、区）的每万人口公路里程长度也均超越广西平均水平。与全国每万人口公里里程相比，那坡县、东兴市、龙州县、宁明县2019年的每万人口公路里程数均高于全国平均水平。总体来看，广西8个边境县（市、区）在2019年每万人口公路里程为41.30公里/万人，高于广西与全国水平，表明广西边境地区的公路建设发展规模较大，公路交通基础设施建设情况较好。

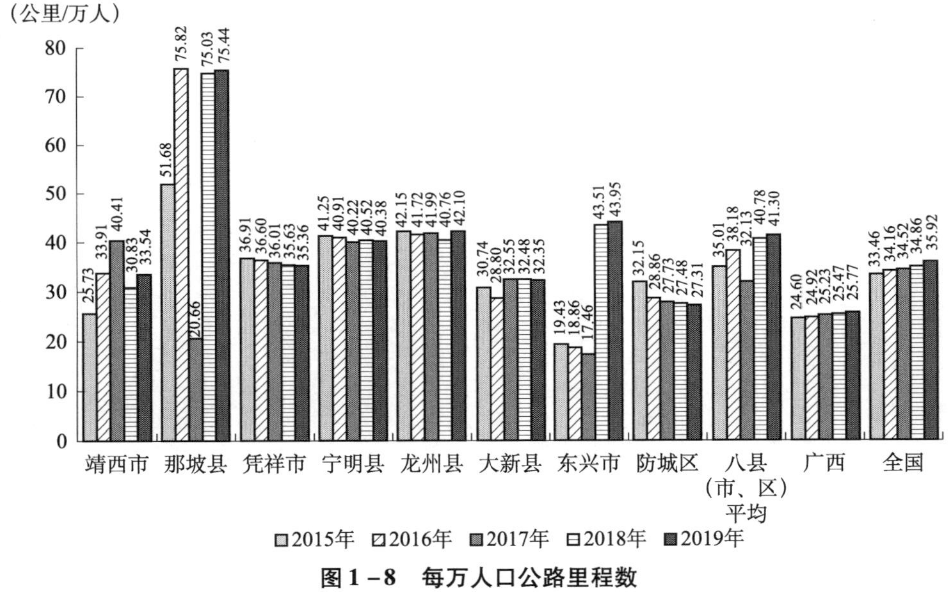

图1－8　每万人口公路里程数

（2）一类、二类口岸数量。

一类口岸是国务院批准开放的口岸，包括中央管理的口岸和由省、自治区、直辖市管理的部分口岸；二类口岸是由省级政府批准开放并管理的口岸。在广西1020公里的边境线上，目前共设有9个国家一类口岸，3个国家二类口岸。其中，靖西市有龙邦（公路口岸）1 个一类口岸、岳圩 1 个二类口岸；那坡县有平孟（公路口岸）1 个一类口岸；凭祥市有凭祥（铁路口岸）、友谊关（公路口岸）2 个一类口岸，平而关（公路口岸）1 个二类口岸宁明县有爱店（公路口岸）1 个一类口岸；龙州县有水口（公路口岸）1 个一类口岸、科甲 1 个二类口岸；大新县有硕龙 1 个一类口岸；东兴市有东兴（公路口岸）1 个一类口岸；防城区有峒中口岸（含里火通道，公路口岸）1 个一类口岸。在 8 个边境县（市、区）中，凭祥市的国家口岸数量最多、种类最全，靖西市和龙州县的一类口岸和二类口岸各一个，那坡县、宁明县、大新县、东兴市、防城区 5 个县（市、区）只有 1 个一类口岸。由此可见，8 个边境县（市、区）中，从口岸开放数量来说，凭祥市发展口岸经济的条件最好，口岸开放度最高，靖西市和龙州县次之（见图 1－9）。

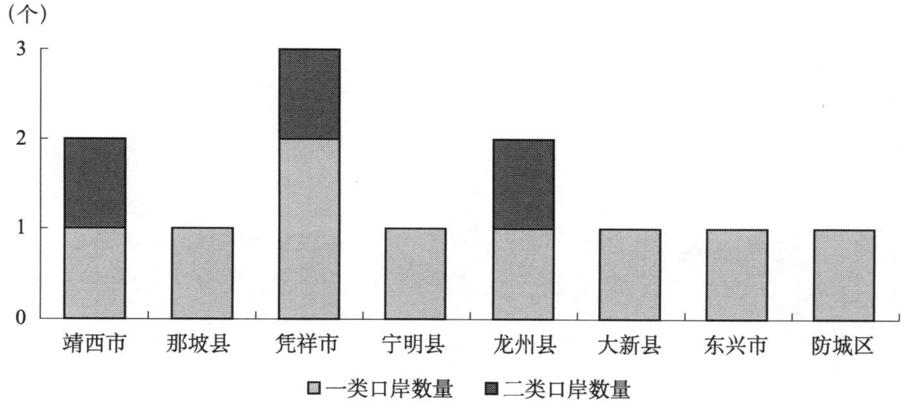

图 1－9　国家口岸数量

（六）基于实施效果维度广西沿边开发开放政策评估指数及分析

1. 基于事实效果维度广西沿边开发开放政策评估指数

广西沿边各县（市、区）在事实效果维度，即价值维度中各指标的具体数据值详见表 1－37。表中各指标的数据值除“信息开放度”为 2018 年的数据外，其余指标均通过 2019 年边境八县（市、区）的具体数据测算得出。8 个县（市、区）2019 年事实效果维度原始数据的主要来源为《中国统计年鉴—2020》《广西统计年鉴 2020》及各县的政府工作报告和统计公报，当同一指标所对应的统计年鉴数据与地方政府网站的数据出现偏差时，本研究以发布时间更晚的年鉴数据为准。

由于实施效果维度评估体系中各指标的性质与单位不尽相同，具有不同的

表 1－37　基于实施效果维度的广西沿边开发开放政策评估数据

指标		权重		靖西市	那坡县	凭祥市	宁明县	龙州县	大新县	东兴市	防城区	均值
贸易开放度	商品市场活跃度	0. 1312	数据	0. 2710	0. 2382	0. 5462	0. 2219	0. 2054	0. 3143	0. 3363	0. 4638	0. 3246
			排名	5	6	1	7	8	4	3	2	—
	外贸依存度	0. 1312	数据	1. 3140	1. 9677	19. 1284	2. 7110	2. 9214	0. 3585	4. 1090	0. 9682	4. 1848
			排名	6	5	1	4	3	8	2	7	—
信息开放度	移动电话普及率（%）	0. 0663	数据	81. 2774	100. 984	137. 1997	79. 7134	100. 8757	82. 8044	186. 3385	127. 9352	112. 1410
			排名	7	4	2	8	5	6	1	3	—
	互联网宽带家庭普及率（%）	0. 0663	数据	47. 5708	55. 6551	114. 8586	31. 0223	50. 5802	52. 4024	121. 5935	67. 2130	67. 6120
			排名	7	4	2	8	6	5	1	3	—
劳务开放度	人口增长率（%）	0. 0823	数据	0. 3426	0. 6742	0. 7429	0. 4765	0. 5676	0. 3878	1. 7688	0. 6306	0. 5915
			排名	8	3	2	6	5	7	1	4	—
旅游开放度	旅游活跃度	0. 1112	数据	18. 4060	14. 4166	73. 1365	19. 6759	30. 2634	24. 0284	89. 5103	24. 2074	36. 7056
			排名	7	8	2	6	3	5	1	4	—
	旅游依存度	0. 1112	数据	0. 8995	0. 6291	1. 2840	0. 8731	0. 6470	0. 5807	1. 7711	0. 9244	0. 9511
			排名	4	7	2	5	6	8	1	3	—
基础设施开放度	人均公路里程（公里/万人）	0. 1001	数据	33. 5360	75. 4429	35. 3618	40. 3803	42. 0984	32. 3548	43. 9541	27. 3070	41. 3044
			排名	6	1	5	4	3	7	2	8	—
	国家一类口岸个数（个）	0. 1001	数据	1	1	2	1	1	1	1	1	1. 125
			排名	2	2	1	2	2	2	2	2	—
	国家二类口岸个数（个）	0. 1001	数据	1	0	1	0	1	0	0	0	0. 375
			排名	1	4	1	4	1	4	4	4	—

量纲和量级，没有可比性。为了增强测评结果的科学性和可比性，保证结果的可靠性，本研究采用多指标综合评价方法，先对原始数据进行标准化处理，转换为无量纲化指标评测值，使各指标值都处于同一个数量级别上，再用标准化后的数据进行综合测评分析。将标准化处理后的评测值按其所对应的指标权重，加权求和得出各县（市、区）在执行效果维度的最终评估指数及排名，详见表1－38。

2. 基于实施效果维度广西沿边开发开放政策评估指数分析

由表1－38可见，2019年广西沿边8个县（市、区）在贸易、劳务、信息、旅游、基础设施建设等方面的综合开放度仍不是很高，而且个体差异显著。在8个边境县（市、区）中，凭祥市的贸易开放度最高，与防城区、东兴市的排名位列前三，宁明和龙州县的贸易开放度最低。东兴市和凭祥市的信息开放度最高，靖西市和宁明县的信息开放度最低。东兴市和凭祥市的劳务开放度最高，靖西市和大新县的劳务开放度最低。东兴市和凭祥市的旅游开放度最高，那坡县和大新县的旅游开放度最低。凭祥市和龙州县的基础设施开放度最高，大新县和防城区的基础设施开放度最低。

基于实施效果维度广西沿边各县（市、区）的综合指数中，凭祥市、东兴市和防城区的综合开放度名列前三，说明这3个县（市、区）在贸易、信息、劳务、旅游、基础设施建设等方面的综合开放程度最高，沿边开发开放政策的实施效果最好。而大新县、宁明县的得分较低，说明此2个县的综合开放程度较低，沿边开发开放政策的实施效果相对较差。凭祥市位于广西泛北部湾经济合作、大湄公河次区域合作两个板块的交汇处，与越南谅山接壤，有2个国家一类口岸，1个二类口岸，设有广西凭祥重点开发开放试验区，1992年被国务院批准为沿边对外开放城市，2019年列入中国自由贸易试验区崇左片区范围。东兴市位于中国陆地边境线起点与海岸线终点的交汇处，与越南北部最大的芒街口岸经济特区仅一河之隔，是中国与东盟唯一海陆相通的口岸城市，有1个一类口岸。防城区虽然在基础设施开放程度方面在八个县（市、区）中最落后，但其在商品市场、信息和旅游等方面的开放度较高，其综合开放度也跻身于沿边八县（市、区）的前三名。由此看来，综合开放度高的县（市、区）的地缘优势都比较显著，处于交通要道和重要节点，与之相邻的越南辖区的经济发展水平都相对较高，凭祥市和东兴市都拥有一类和二类口岸，拥有丰富的旅游资源，交通便利，经济集聚和辐射能力较强，且借力“一带一路”建设的推进，积极加强对外开放的互联互通建设，所以能够站到对外开放的前沿地带。

表 1-38　　基于实施效果维度的广西沿边开发开放政策评估指数及排名

指标		权重	靖西市	那坡县	凭祥市	宁明县	龙州县	大新县	东兴市	防城区
贸易开放度	商品市场活跃度	0. 1312	0. 1926	0. 0963	1. 0000	0. 0484	0. 0000	0. 3195	0. 3841	0. 7581
	外贸依存度	0. 1312	0. 0509	0. 0857	1. 0000	0. 1253	0. 1365	0. 0000	0. 1998	0. 0325
	贸易开放度指数		0. 0319	0. 0239	0. 2624	0. 0228	0. 0179	0. 0419	0. 0766	0. 1037
	排名		5	6	1	7	8	4	3	2
信息开放度	移动电话普及率（%）	0. 0663	0. 0147	0. 1995	0. 5391	0. 0000	0. 1985	0. 0290	1. 0000	0. 4523
	互联网宽带家庭普及率(%)	0. 0663	0. 1827	0. 2720	0. 9256	0. 0000	0. 2159	0. 2361	1. 0000	0. 3996
	信息开放度指数		0. 0131	0. 0313	0. 0971	0. 0000	0. 0275	0. 0176	0. 1326	0. 0565
	排名		7	4	2	8	5	6	1	3
劳务开放度	人口增长率（%）	0. 0823	0. 0000	0. 2325	0. 2807	0. 0939	0. 1578	0. 0317	1. 0000	0. 2019
	劳务开放度指数		0. 0000	0. 0191	0. 0231	0. 0077	0. 0130	0. 0026	0. 0823	0. 0166
	排名		8	3	2	6	5	7	1	4
旅游开放度	旅游活跃度	0. 1112	0. 0531	0. 0000	0. 7820	0. 0700	0. 2110	0. 1280	1. 0000	0. 1304
	旅游依存度	0. 1112	0. 2678	0. 0407	0. 5908	0. 2456	0. 0557	0. 0000	1. 0000	0. 2887
	旅游开放度指数		0. 0357	0. 0045	0. 1527	0. 0351	0. 0297	0. 0142	0. 2224	0. 0466
	排名		4	8	2	5	6	7	1	3
基础设施开放度	人均公路里程（公里/万人）	0. 1001	0. 1294	1. 0000	0. 1673	0. 2716	0. 3073	0. 1049	0. 3458	0. 0000
	国家一类口岸个数（个）	0. 1001	0. 0000	0. 0000	1. 0000	0. 0000	0. 0000	0. 0000	0. 0000	0. 0000
	国家二类口岸个数（个）	0. 1001	1. 0000	0. 0000	1. 0000	0. 0000	1. 0000	0. 0000	0. 0000	0. 0000
	基础设施开放度指数		0. 1131	0. 1001	0. 2170	0. 0272	0. 1309	0. 0105	0. 0346	0. 0000
	排名		3	4	1	6	2	7	5	8
综合指数		1	0. 1938	0. 1789	0. 7522	0. 0928	0. 2189	0. 0868	0. 5485	0. 2234
综合排名		—	5	6	1	7	4	8	2	3

五、广西沿边开发开放政策的复合模型实证结果及分析

由于广西每个沿边县（市、区）在事实维度、执行过程维度以及实施效果维度的排名不同，因此从事实、执行过程、实施效果“三维视角”综合考虑各个沿边县（市、区）的开发开放政策的执行情况以及执行效果具有全面性与科学性。依据专家评分法，广西沿边开发开放政策的事实维度、执行过程维度、实施效果维度项 3 个维度各综合指数的权重比为 3∶3∶4。结合前文中各沿边县（市、区）的执行过程指数和执行效果指数，并将原始数据标准化后按照各维度的权重，计算出广西沿边 8 个县（市、区）开发开放政策效应综合评价结果，如表 1 – 39 所示。

表 1 – 39　　广西沿边开发开放政策效应复合模型实证结果

维度（权重）		靖西市	那坡县	凭祥市	宁明县	龙州县	大新县	东兴市	防城区
事实维度（0.3）	指数	0.9008	0.5455	1.0000	0.2727	0.6942	0.8843	0.2975	0.0000
	排名	2	5	1	7	4	3	6	8
执行过程维度（0.3）	指数	1.0000	0.2741	0.9442	0.0000	0.3807	0.2183	0.6548	0.2741
	排名	1	5	2	8	4	7	3	5
实施效果维度（0.4）	指数	0.1938	0.1789	0.7522	0.0928	0.2189	0.0868	0.5485	0.2234
	排名	5	6	1	7	4	8	2	3
综合	指数	0.6478	0.3174	0.8841	0.1189	0.4100	0.3655	0.5051	0.1716
	排名	2	6	1	8	4	5	3	7

从综合评估指数来看，广西沿边各县（市、区）对外开发开放政策的总体实施效应的综合评估值的均值为 0.4276，综合评估值最高的是凭祥市（0.8841），最低的是宁明县（0.1189），标准差为 0.3070，说明广西 8 个边境县（市、区）之间的个体差异较大。具体来说，开发开放政策综合评估值排名靠前的凭祥市、东兴市和靖西市的大多数指标都高于 8 个县（市、区）的平均值，甚至远远优于平均值，表明其执行的开发开放政策的效果比较明显。而综合评估值排名靠后的防城区和宁明县均有多项指标低于平均值，尤其是在政策事实维度和政策执行过程维度的多项指标比较靠后。而东兴市虽然在事实维度比较落后，但由于其在执行维度和实施效果维度的指数比较领先，使其在政策综合评估值的得分位列第三。总体来说，广西沿边开发开放政策的总体效应较好，但各县（市、区）仍有较大的完善空间。

第三章

广西沿边开发开放政策存在的不足

从1991年实施沿边开发开放政策以来，国家政策和地方性相关支持政策不断出台，广西边境贸易持续增长，总经经济发展水平不断提高，产业结构不断优化，沿边经济日益活跃，中越跨境经济合作区建设取得突破进展，互联互通多层次推进，边境口岸通关便利化程度提高，沿边开放合作平台不断完善，与越南的合作交流日趋丰富，人民生活不断改善，但从前文的分析评估结果来看，广西沿边开放政策的支持力度不足，各县（市、区）的开发开放水平仍相对较低，主要存在以下不足：

一、政策本身的逻辑性与科学性有待加强

（一）政策发布的及时性不够

要将国家和广西区级政策落实具体沿边地级和县级政府，就需要地方政府对上级政策加以解释并出台实施具体方案以达到政策目标，但广西沿边地级和县级政府出台相关开发开放政策的时间都相对滞后。从广西沿边开发开放政策的梳理可以看出，国家于2013年12月出台了《关于加快沿边地区开发开放的若干意见》，于2015年12月出台了《国务院关于支持沿边重点地区开发开放若干政策措施的意见》；广西壮族自治区人民政府于2016年10月制定《关于支持沿边重点地区开发开放的实施意见》，于2017年1月制定《广西沿边地区开发开放“十三五”规划》；而百色市于2017年12月发布《百色市沿边开发

开放总体规划》，崇左市于 2018 年 2 月发布《崇左沿边开发开放“十三五”规划》，防城港市有关开发开放的综合性政策最晚，于 2018 年 9 月才制定《防城港市关于加快沿边开发开放政策落地工作方案》。到边境县一级的政府，出台和发布相关配套政策的时间更晚。

（二）政策之间的协调性较弱

首先，从前文的分析可以看出，广西自治区政府层面的开发开放政策已经从单一性的政策支持转向综合性的政策支持，从不同领域、不同层次上多措并举，但沿边地级市政府层面综合性的开发开放政策很少，而 8 个沿边县级政府至今还未出台综合性的开发开放政策。其次，目前的开发开放政策在促进边境贸易、口岸建设、边贸扶贫、城镇化建设等方面都有相应的实施对策，但存在政策间重合或政策疏漏的问题，政策间的协调性不强，尚未形成一个综合性、系统性的沿边开发开放政策体系。

（三）政策的地方特色不鲜明

国内现有扶持政策“一刀切”，对广西壮族自治区的倾斜度不够，在资金和项目安排上没有将广西和内地其他沿边省份区别对待；广西自治区政府在资金安排和项目安排上也没有结合各沿边县（市、区）的资源和产业优势区别对待，未能结合各沿边县（市、区）的具体实际进行细化和本地化。这使得各沿边县（市、区）出现产业结构同质化的问题，同质化的产业结构制约了广西沿边地区承接国内其他地区和国际产业转移的能力，也制约了其他资源优势的发挥，使得边境地区不能形成有效的产业联动机制，甚至导致 8 个沿边县（市、区）之间产业发展和产品出口重复与恶性竞争。

（四）政策制定的民主度不高

地方性沿边政府在制定开发开放政策时，往往从政府角度出发，缺乏来自多方意见的融合，其他社会组织或团体的参与度不高，广西沿边开发开放政策的执行主体与制定主体相对重合，即各沿边县（市、区）政府既是方案的制定者，同时又是具体政策和措施的执行者。政策制定者的相对单一使得各沿边县（市、区）政府往往无法考虑所有利益相关方的状况，大多时候只能从自身利益以及政策相关方中利益或影响较大一方出发来落实政策，影响政策的执行效度。

二、政策的配套机制和措施有待优化

（一）宣传传导机制不完善

首先，在各级沿边开发开放政策制定后，对相关部门和相关群体的政策宣传、政策解读不够及时，不够充分，有些沿边企业对具体的优惠政策和专项扶持政策不了解或了解得不够深入透彻。其次，在沿边开发开放政策宣传和解读后，相应的反馈调整和互动机制不完善，广西沿边各级政府都开设了政府官方网站，但网站信息更新慢、缺乏时效性，且信息公开不够全面，公开力度不够大。要求各具体执行部门都有专人对开放政策的公布、解读及政策的执行情况、重大项目的推进情况进行实时公开实属不易，要实现政府与各执行主体和企业、民众之间的互动和沟通则更加困难。

（二）政策的监管考核机制不完善

对沿边开发开放政策事前、事中、事后的监督不到位，对监管主体、监管对象、监管方式、监管措施、监管程序、工作要求及责任追究等不够明确，没有形成协同监管机制，在具体事项管理上可能会出现重复监管和监管真空，这不利于发现在执行过程中存在的问题，也不利于对问题进行整改落实。沿边开发开放涉及的海关监管、检验检疫、外交外事、边防边检等部门各司其职，部门间职责交叉、职能重叠，多头管理等问题突出，部门间彼此沟通协调的机制欠缺，部分部门的体制不顺、事权不匹配，使各项政策的具体落实比较困难。

（三）奖惩激励机制不完善

其一，沿边各县（市、区）出台的开发开放政策本身对招商引资、产业发展的激励不够，政府促进产业发展的优惠政策、扶持政策出台缓慢，且财税、金融、土地等方面的扶持力度均不大，对能够为地方经济做出贡献的企业和个人缺乏配套的激励制度，不利于发挥企业和个人的积极性。其二，在政策执行中，针对各执行阶段各执行主体及主要责任人的执行情况缺乏制度性的激励机制与问责机制，奖惩机制的缺乏往往会导致政策有部署无监管、有监管无考核、有考核无结果、有结果无奖惩，不利于政策落到实处。

三、政策的执行效度有待提升

（一）沿边产业支撑不足，贸易开放度不高

其一，对外开放发展方式单一。广西沿边开放的主要内容仍是传统的边境贸易，以边民互市、边境小额贸易的发展为主，且出口商品结构以资源开发型和劳动密集型产品为主，产品总体附加值偏低，边境贸易的规模较小，层次较低，外商投资、对外直接投资、服务贸易等发展路径较落后。其二，现有产业结构难以支撑广西的大开放。广西沿边地区的智能制造业、新能源技术等产业都没有优势，龙头企业少，沿边产业要从低端走向中高端仍需要较长时间，新

的经济增长点少，竞争力不强，转方式、调结构的任务仍十分艰巨。其三，商品市场活跃度相对较弱。广西沿边地区的边境贸易额和边民互市贸易额均排全国首位，8 个边境县（市、区）的生产总值、固定资产投资、社会消费品零售总额、农村居民人均可支配收入等发展指标增速普遍高于全区平均水平，但商品市场活跃度普遍较低。2019 年广西沿边 8 个县（市、区）的平均商品市场活跃度为 0.3246，虽然三年来稳中有升，但仍低于广西全区的活跃度 0.3862，与全国的活跃度 0.4118 相差更远。

（二）利用政策集聚各种资源要素的力度有限，社会开放度不高

国家于 2010 年批准建设东兴重点开发开放试验区，2016 年批复同意设立凭祥重点开发开放试验区，2018 年批准设立凭祥综合保税区，多年来也一直推进中越跨境经济合作区与中越跨境旅游合作区的建设。但与我国沿海地区相比，广西 8 个边境县（市、区）的社会开放度仍不高，经济发展水平仍比较滞后，广西沿边地区没有像我国沿海地区一样，在获得“开发区”或“保税区”等称号后便能迅速吸引人才、资金、设备设施等资源要素，也没能发挥自身区位优势，有力承接沿边地区的产业转移，并形成服务周边市场需求的产业集群，对外开放的优势性没有充分显现，对周边城市和地区的辐射带动能力有限。

（三）交通与通信设施薄弱，基础设施开放度不高

近年来，广西边境地区的交通、口岸建设状况得到了较大改善，但基础设施建设起步晚、发展慢，总体水平仍相对滞后，现有的基础设施与构建面向东盟的国际大通道的要求相差甚远。沿边各县（市、区）的人均公路里程和全国比仍相对较低，口岸的配套设施与日益增加的货物吞吐量及人员流动量严重不匹配，各沿边县（市、区）的通信设施也相对滞后，边境贸易的信息化水平相对较低，报关、报检、核销效率及金融服务水平也相对较低。相对落后的基础设施对沿边市场培育无法起到必要的支撑作用，在一定程度上也影响了招商引资的推进，严重制约了沿边地区的开放发展。

第四章

国内其他边境省区开放经验研究

一、国内沿边典型开放战略比较

在我国长达2.2万公里的边境线上，共有9个省、自治区，136个陆地边境县、旗、市辖区。国家实施沿边开发开放战略以来，各边境省区结合自己的区位条件和资源优势，实施了不同的开发开放战略，边境地区的经济社会面貌有了很大的改观，已经形成了一批独具特色的开放战略，其中，黑龙江、云南、辽宁的开放战略对广西的开发开放具有典型的示范和借鉴意义。

（一）黑龙江“大沿边”开放战略

黑龙江地处东北亚的中心位置，拥有与俄罗斯边境线总长度约3045公里，19个沿边市县中有15个沿边开放市县，是中国对俄罗斯及东北亚开放的重要枢纽，也是国家沿边开放的新高地，具有优越的区位优势和地缘优势。黑龙江的“大沿边”战略偏重于区域之间的协调与联合，打破了就沿边开放论沿边开放的旧思维，将全省范围全方位向俄罗斯开放。黑龙江通过提升沿边地区的产业发展水平、积极打造与俄罗斯及东北亚开放合作平台，来达到与俄罗斯经贸良性互动的目的。

（二）云南“桥梁枢纽型”开放战略

云南省地处我国与东南亚、南亚三大合作区域的结合部，西部同缅甸接壤，南部同老挝、越南毗连，是我国通往东南亚和南亚的重要窗口和门户，与缅甸、老挝和越南的边界线总长达 4060 公里，其中中缅段 1997 公里，中老段 710 公里，中越段 1353 公里，共有 8 个沿边州（市），25 个沿边县（市）。云南省独特的区位优势使其在国家沿边开放、沿江开放和“一带一路”倡议中都具有显要的战略地位。云南省的“桥梁枢纽型”战略偏重于自身“桥头堡”功能和作用的提升，多年来大力推动连接东南亚、南亚的国际大通道建设，并且积极推动长江经济带建设、经济走廊建设及沿边 8 个地州关键节点城市的建设，加速提升产业合作层次和水平，将云南建设成为中国向东南亚和南亚开放的国际大通道、合作平台和交流窗口。

（三）辽宁“沿海沿江沿边内陆良性互动发展”开放战略

辽宁省位于中国东北地区的南部，与朝鲜隔江相望，南临黄海和渤海，是中国东北经济区和环渤海经济区的重要结合部，是东北地区和内蒙古通向世界、连接欧亚大陆桥的重要门户与前沿地带，战略地位重要。在全国 9 个沿边省区中，辽宁与广西是同时兼有沿海、沿边和沿江区位优势的仅有的两个省（区），两者的省（区）情最为相似，对广西的借鉴意义最大。辽宁沿海经济带于 2009 年 7 月上升为国家战略，之后在沿海经济开放带的带动下，实现沿海地区与辽中南、东北地区、环黄渤海东北亚的大区域协调发展，把沿边开放与沿海、沿江、内陆共同开放有机结合起来，并形成良性互动发展，打造面向朝鲜半岛开放的桥头堡，建设面向朝鲜的国际经济合作带。

二、国内沿边典型开放战略的经验总结

（一）加速优势产业集聚，积极融入区域经济一体化

区域经济一体化可以让不同地区间的经济互补性发挥到最佳状态，是世界经济发展的趋势，也是我国边境地区开发开放的趋势。黑龙江“大沿边”开放战略的核心是通过培育重点产业，培育外向型产业基地，不断优化沿边地区的产业结构，提升产业发展水平来实现对俄罗斯经贸合作的良性互动，加快建设沿边开发开放先导带、支撑带和带动区，以产业的集聚实现经济的可持续增长。广西应借鉴黑龙江的成功经验，实施面向以东盟为重点的“大沿边”开放战略，高度重视沿边地区优势产业的发展，以现有的工业基础、产业布局和自然资源为基础，以各类跨境合作区、经济技术开发园区、边境贸易互市区、口岸为平台，大力打造产业集群和集聚区，积极融入区域经济一体化，继续做好与东盟深化开放合作的大文章，把对外开放与对内开放结合起来，将广西建成中国—东盟战略合作的新高地。

（二）统筹协调，实现沿海沿江沿边内陆互动发展

辽宁的“沿海沿江沿边内陆良性互动发展”战略把沿海地区、沿江地区、沿边地区、内陆地区放到同等重要的战略位置，坚持陆海统筹，加快沿海沿江经济带开发开放，构建沿海沿江沿边内陆开放良性互动发展新格局。广西和辽宁的省（区）情最为相似，在沿边开放时，也应该统筹协调，高度重视沿海沿江和内陆地区的互动开放发展，实施“双核驱动、三区统筹”战略，充分发挥北部湾经济区和西江经济带在广西全区开放发展中的龙头引领作用，积极推动将柳州经济区上升为国家战略，以柳州经济区的产业优势支撑，促进广西沿海沿江沿边及内陆的良性互动发展。

（三）构建国际重要通道，打造开放发展的战略支点

广西与越南接壤，背靠大西南，面向东盟，是中国与东盟战略合作的最前沿，特殊的地理位置使广西在“一带一路”和新一轮的沿边开放中肩负着重大的使命。广西的交通运输关系到中国—中南半岛陆路大通道、中国—新加坡经济走廊、泛北部湾经济合作、大湄公河次区域合作等重大国际合作战略的实施，广西在沿边开放的战略选择上，可以借鉴云南的“桥梁枢纽型”战略和辽宁打造大连东北亚国际航运中心的做法，不断完善外接越南的公路、铁路、水运等交通基础设施，推动口岸开放和通关便利化建设，积极参与和推动我国与周边国家的国际大通道、基础设施互联互通、国际经济走廊等的建设，打造我国面向东盟乃至更广区域的国际陆海通道，把中国—东盟国际大通道和西南中南地区出海大通道结合起来，把国际区域经济合作与国内区域经济合作结合起来，充分利用两种资源、两个市场，积极搭建多元合作平台，深化与越南等东盟国家的多领域交流与合作。

第五章

完善广西沿边地区开发开放政策的对策建议

一、明确广西沿边开发开放思路，确保决策的正确科学性

（一）重塑定位，因地制宜，突出广西特色

为了更好地贯彻落实党中央、国务院有关加快沿边地区开发开放的决策部署和开放发展理念，广西沿边地区作为对外开放的前沿地带，应改变过去跟随沿海地区开发开放思路的做法，重塑自身定位，从对外开放的新窗口来调整自身开发开放的新思路，努力成为实施“一带一路”倡议的先手棋和排头兵。广西沿边地区各级政府应充分了解本地的优势与不足，因地制宜，突出自身要素禀赋和优势特征，在借鉴国内其他沿边地区开发开放成功经验的基础上，结合自身实际情况进行多方位、多层次、多维度的综合考虑，打造具有当地特色的新型对外开发开放政策体系，促进广西边境（沿边）地区经济社会更好更快地发展。

（二）政府引导，统筹协调，实现有序开放

政府在推动沿边开发开放政策的制定、执行、评估和完善时，要统筹协调好多种关系，既要保证国家的安全和广西的稳定，又要促进经济的稳定增长，兼顾好生态环境的保护，协调好地方政策与中央政策、周边省及周边国家政策，还要做好民意调查，充分考虑沿边地区民众的意愿与切实需求，满足民众的利益诉求，提高民众的参与度。同时，政府要解放思想，深化改革，坚持市

场运作，充分发挥市场在资源配置中的决定性作用，加快简政放权步伐，根据各沿边县（市、区）的具体实际，实现有序、梯度开放，稳步提升整体经济实力与开放水平。

（三）开放创新，互利共赢，实现共同发展

开放是民族振兴和国家发展的必由之路，面对新时代对外开放的新特征与新挑战，广西各级沿边政府应以创新的政策理念推动全面开放新格局的进一步发展。在完善开发开放政策时，要加强同周边省及周边国家在政治、经济、技术等方面的交流合作，兼顾各方面的利益诉求，探寻各方利益的共同点，实现各方利益最大化，推动互惠互利，实现共同发展。

二、构建沿边开放政策协调与推进机制，提高政策执行力

（一）建立动态化政策协调机制，提高政策灵活性与协同性

积极推进广西沿边开发开放政策协调机制建设，包括新老政策之间、与中央政策之间、与云南省政策之间、与越南和东盟政策之间的协调机制，在对现有政策实施效果综合评价的基础上，不断根据政策环境的变化进行调整。首先要加强与云南省在沿边开放政策方面的沟通合作，积极融入西南经济圈，提高我国面向南亚地区开放政策的整体协同度。其次要加强与越南和东盟之间的交流合作，积极对接和呼应越南与东盟的战略与发展思路，共同推动区域和次区域合作，推进“一带一路”建设。最后要积极借鉴新疆、黑龙江、西藏等国内其他沿边省份开发开放的成功经验，结合新时期新特点和自身发展实际，对相关政策和法规不断细化，使中央各项支持政策能更好地落实。

（二）完善政策执行的配套机制，提升政策执行效率

第一，建立健全沿边开发开放政策的宣传传导机制。将政策制定部门作为提高政策知晓度的第一责任单位，相关单位要积极配合，通过媒体宣传、集中宣讲等多种形式开展政策宣传、政策解读，及时更新政府网站对相关信息的发布，并完善政府部门和相关群体之间的互动平台，完善反馈机制。第二，建立健全沿边开发开放政策的监管机制。沿边地区各级政府要承担起组织协调责任，加强对政策实施和进展情况的统计监测工作，认真做好相关信息的采集、整理、协调、督促检查和实施工作，明确监督主体、对象和方式，避免重复监管和监管真空，并定期将情况向自治区政府报告，以便对监督检查发现的问题进行整改落实。第三，建立健全沿边开发开放政策的奖惩激励机制。按照有利于调动政策各执行部门和执行群体的积极性，有利于政策落实的原则，根据执

行过程各阶段的执行计划，对执行效率高的部门给予奖励，对执行效率低的部门给予相应的惩罚，并查找原因督促整改，提高执行效率。

三、构建综合性政策支持体系，提高政策执行效度

（一）财税支持政策

积极向国家争取专项扶持资金，争取中央财政对广西进行增值税和消费税的划缴，予以企业所得税更多的返还数额，以加大对沿边重点地区基础设施、城镇建设、产业发展等方面的资金支持力度，减轻省级政府的财政压力。自治区在财力允许的情况下，逐年提高对沿边地区的转移支付补助系数，建立沿边地区转移支付的稳定增长机制，依据边境各县（市、区）的边境线长度、口岸数等客观因素，适当调整分配权重和补助数额。设立沿边开发开放专项资金，提高对重大项目的投资补助标准，对重点发展的优势产业和战略性新兴产业给予税费减免优惠，对重点扶持产业项目优先给予贴息贷款和技术改造资金。加大边贸税收优惠力度，调整小额贸易优惠办法，提高边民互市贸易免税限额，支持边境小额贸易企业的建设，促进边境贸易的发展。

（二）金融支持政策

继续加快金融开放步伐，进一步推动金融改革从“浅水区”向“深水区”迈进，利用广西沿边金融综合改革试验区的政策优势，大力发展金融市场。积极试点私募股权基金、地方政府债券等直接融资方式，拓宽融资方式和融资渠道。推进金融创新，扶持中小型金融机构，支持金融主体建设加强信贷支持，在风险可控范围内拓宽贷款抵押范围规模。加强与世界银行、亚洲开发银行等国际金融组织的合作，争取对沿边重大项目的支持，遵循国际惯例谋划包装项目，更多使用国际金融机构资金。不断完善中国东盟货币交易服务平台和中越跨国结算服务体系，积极推进跨境贸易本币结算机制。

（三）土地支持政策

其一，为了大力支持边境地区发展沿边经济和边境贸易，促进边境人口稳定增长，应尽快出台有利于促进沿边地区人口稳定增长和促进沿边开发的特殊用地政策。其二，适当增加年度建设用地指标，加快盘活处置各类低效闲置产业用地，确保沿边经济带重大项目的落地与开展，在符合土地利用总体规划的前提下，优先安排重点园区和重大项目的建设用地。其三，进一步简化、优化产业园区用地审批服务流程，合理降低工业用地出让最低价标准，减轻企业土地成本。

（四）产业支持政策

研究建立沿边地区产业转移引导基金，支持沿边地区承接沿海和内陆地区的产业转移，有序引导外向型产业向沿边地区布局。支持沿边地区结合区位优势和特色产业，做大做强旅游、运输、建筑等传统服务业，逐步扩大中医药、电子商务、教育、文化、医疗等领域有序开放。对沿边特色优势产业和重点发展产业给予税收优惠，建立中央企业援助沿边地区对口产业的帮扶和培育机制，鼓励沿边地区有条件的企业走出去，带动优势产品和技术出口及劳务输出，支持沿边地区与越南及东盟开展产业合作。完善境外投资风险评估与保障体系，设立国家境外风险投资基金，鼓励保险机构开发多种保险产品，加大对“走出去”企业提供风险保障的力度。

（五）边境贸易支持政策

积极争取国家出台边境小额贸易进口促进政策，将转移支付调整为即征即返，充分调动企业扩大边境小额贸易进口的积极性。积极推动中越政府出台一系列改善双边贸易、促进相互投资的政策法规，使对越经贸法规调节体系更加完善。尽量简化双边贸易、投资的行政审批程序，将必要的跨境运输、金融服务、安全检验、卫生检疫等部门相关管理职能进行必要整合，组成协调统一的跨部门联合工作机构，为中越贸易投资便利化创造良好环境，为双方企业提供一站式快捷高效服务。

（六）人才支持政策

首先，沿边各县（市、区）要积极开发当地人力资源，资助并鼓励当地高中毕业生报读本地区紧缺专业，鼓励本地籍毕业生回家乡建功立业，对回本籍创业和工作的人才给予相应的优惠和奖励，同时加强当地的教育培训，造就一批生产经营的领军人才和实用人才。其次，通过招商引资、国内外大企业的落地生根，集聚一批职业化的企业管理人才和专业技术人才；通过与越南和其他东盟国家的交流合作，培养一批语言、商贸人才。最后，建立健全人才考核与激励机制，落实人才待遇，确保人才引得进、留得住、用得好。

四、构建沿边开放型特色产业体系，提高产业开放度

（一）优化产业布局，推动产业集聚发展

综合考虑广西沿边各县（市、区）现有的自然资源和产业基础，有序引导外向型产业向沿边地区布局并引导产业优化产业布局。发挥各地的比较优势，合理确定各县（市、区）的主导产业，避免产业趋同和无序竞争，构建

优势突出、特色鲜明、差异化发展的产业格局。依托沿边各地自然禀赋和产业优势，建设一批具有广西沿边特色的生态农业型、工贸型、物流型、金融型、科技型、新能源、旅游型小镇，以培育特色小镇为抓手，促进沿边经济合作带和边境口岸经济合作圈的建设，推动中越两国物流、人流、信息流向沿边地区高度集聚，努力打造沿边大基地、大产业、大集群。

（二）壮大龙头企业，以“互联网+”促进新兴产业发展

围绕沿边各县（市、区）的产业基础，引导优势企业兼并重组，加大对有影响力的本土企业的培植力度，促使其在规模、质量和效益方面迅速发展，推动龙头骨干企业做强做大，并充分发挥龙头骨干企业在产品辐射、技术示范、营销模式等方面的核心带动作用，形成撬动和引领沿边经济高质量发展的新引擎。借助建设中国—东盟信息港的有利契机，用“互联网+”模式推进沿边工业化和信息化的有机融合，实施跨境电子商务战略，带动大健康、大数据、大物流、新制造、新材料、新能源六个重点产业的发展，加大面向东盟的沿边现代物流服务业、特色产品深加工业、跨境旅游业和战略性新兴产业的培育。

（三）完善产业发展平台，充分发挥跨境合作优势

不断加强对东兴和凭祥国家重点开发开放试验区、沿边金融综合改革试验区、跨境经济合作区、边境经济合作区、跨境旅游合作区、国检试验区等重点开发开放平台的完善，加强与东南亚国家之间的经济联系和产业联动，探索国际产业合作新路径和新模式，加深跨境旅游、跨境金融、跨境农业和跨境科教文卫等方面的交流合作。坚持对内对外开放并举，大力发展外向型产业，实现沿边经济由贸易为主向贸易加工并重转变，推动产业链向高端延伸，不断增强产业竞争力，力争形成新的沿边产业优势。

五、构建边境贸易服务新体系，提升贸易开放度

（一）构建边境贸易市场体系，提升沿边商贸竞争力

边境贸易是广西兴边富民的重要途径，是广西外贸的主力军。广西边境交易的主要品种有机电、纺织品、矿产品和农产品，沿边各县（市、区）要根据当地进出口商品的特点和优势，大力发展边境加工贸易，依托重点口岸，重点建设一批内外贸一体化、面向东盟的边贸专业市场和商贸平台，形成以凭祥、东兴为中心，其他县（市、区）为节点，布局合理、功能明确、结构优化、分工明晰的边贸市场体系，构建沿边地区“大市场、大流通、大商贸”

的新格局，进一步促进边境贸易商品的流通。

（二）探索边民互市贸易改革创新，推动边民互市贸易转型升级

第一，通过组建边民互市贸易合作组提高边民的参与热情和边民收益，以“抱团”形式拓宽货源渠道、降低市场风险，并加强对边民职业技能的培训，引导边民向产业工人转型。第二，通过建设沿边金融综合改革试验区和搭建跨境电商交易平台，探索“互市＋电商＋金融”的新模式，创新互市结算方式，拓宽边民互市的融资渠道，规范有序地扩大互市贸易的线上与线下规模。第三，鼓励“互市＋落地加工”模式，引导边民互市贸易进口商品就地精深加工，延伸产业链，提高附加值，推动贸工互动发展，加快打造沿边地区产业带的建设。

六、构建现代化基础设施体系，提升基础设施开放度

（一）完善综合交通网络，提升多种运输方式间的衔接力度

广西与越南接壤，背靠大西南，面向东盟，是中国与东盟战略合作的最前沿，交通设施开放善度关系到中国—中南半岛陆路大通道、中国—新加坡经济走廊、泛北部湾经济合作、大湄公河次区域合作等重大国际合作战略的实施。因此，广西要不断完善交通基础设施，提升多种运输方式间的衔接力度，加快中越边关风情旅游带—国家旅游风景道路建设。第一，公路方面，重点建设口岸通道、沿边地区至腹地的高速公路、沿边地区农村公路和国边防公路，完善横贯东西、纵贯南北的高速公路网，建设连接中南、西南高速公路走廊，积极与越南对接，加快中越跨境公路的建设。第二，铁路方面，要扩大路网覆盖面，加快建设口岸跨境铁路运输通道，推进广西西部陆海新通道重点铁路项目，包括：黄桶至百色铁路项目、南昆线百色至威舍段增建二线、湘桂线南宁至凭祥段扩能改造工程、沿海铁路钦州至防城港段扩能改造工程、黔桂铁路扩能改造工程、云桂沿边铁路以及柳州经梧州至广州铁路7条线路。第三，水运及桥梁方面，加强北仑河、水口河、归春河等界河的航道治理与防洪建设，加快中越水口—驮隆公路二桥、峒中—横模公路大桥的建设，规划建设东兴、水口界河港口、中越跨境公路大桥。

（二）加强口岸配套建设，提升贸易与通关便利化水平

对国家一级口岸应全部修通高速公路，二类口岸修通二级公路，边境互市点修通三级公路，保证人流物流畅通。争取国家对重点口岸的开放升格和政策倾斜，完善各口岸和互市点联检、装卸等的配套设施，推进口岸与腹地和越南

基础设施之间的对接互补。加快口岸数字化改造，构建通关信息平台，推进口岸联检部门查验系统整合、共享，提升口岸的贸易与通关的便利化水平。

（三）完善电力和信息基础设施，提升沿边县市信息化水平

围绕沿边重点工业园区和城镇等负荷中心，实施沿边地区城乡电网改造工程，提高电力输送的稳定性和可靠性。加快建设沿边地区宽带网络、无线通信、卫星通信等综合信息基础设施，保证电网、物联网和光纤网络覆盖各开放口岸和边境交通沿线，沿边行政村至少有 1 个 4G 基站，沿边 3 个设区市重点核心区域 5G 网络连续覆盖。积极搭建“互联网 +”信息化平台，优化产业与互联网融合，助力产业转型升级，促进电子政务和服务型政府建设，提升沿边县市信息化水平。

第二部分

广西贯彻落实『十三五』促进民族地区和人口较少民族发展规划篇

第一章

绪 论

一、研究背景、意义

（一）研究背景

我国是统一的多民族国家，共有55个少数民族、155个民族自治地方，少数民族人口占全国总人口的8.5%，民族自治地方面积占全国国土总面积的64%。党中央历来高度重视民族工作和民族地区发展。党的十八大以来，在以习近平同志为核心的党中央坚强领导下，少数民族和民族地区综合实力大幅提升，少数民族和民族地区初步具备全面建成小康社会的基础条件。“十三五”时期，我国经济发展进入新常态，国际国内发展环境更加复杂，少数民族和民族地区发展呈现新的特点，面临新的机遇和挑战。一方面，“十三五”时期是我国全面建成小康社会的决胜阶段。夺取决胜阶段的伟大胜利，实现第一个百年奋斗目标，为第二个百年奋斗目标奠定坚实基础，就看这关键的五年。民族地区面临脱贫攻坚和实现全面小康双重任务、发展经济和保护环境双重责任、加快发展和维护团结稳定双重压力。另一方面，2020年是全面建成小康社会、实现第一个百年奋斗目标的关键之年，“一带一路”建设加快推进，区域协调有序发展，脱贫攻坚全面展开，民族地区奔小康行动深入实施。国家对民族地区、边疆地区、贫困地区全方位扶持力度不断加大，少数民族和民族地区面临难得的发展机遇。

由于历史、自然和地理等原因，少数民族和民族地区发展仍面临一些突出问题和特殊困难，民族工作关乎大局。为了破除多重问题和困难，加快人口较少民族地区经济社会发展，加强民族团结，维护国家统一，国务院制定了《“十三五”促进民族地区和人口较少民族发展规划》（国发〔2016〕79号）。为贯彻落实上述政策精神，进一步促进民族地区和人口较少民族发展，确保与全国同步全面建成小康社会，广西壮族自治区人民政府印发了《广西壮族自治区人民政府关于贯彻落实国家“十三五”促进民族地区和人口较少民族发展规划的实施意见》，明确新世纪新阶段大力扶持人口较少民族加快发展的必要性和紧迫性，因地制宜指导制定和组织实施扶持人口较少民族发展政策措施，具体安排部署扶持人口较少民族加快发展工作。本课题的研究重点落在当前广西人口较少民族聚居区经济社会发展的政策扶持上，以广西在4个人口较少民族聚居县（市）执行扶持人口较少民族发展政策的情况为主线，对2016—2019年罗城、柳城、环江、东兴4县（市）经济社会发展指标进行对比，总结分析政策执行的成效、问题和完善措施，试图建立一套符合我国人口较少民族的实际、具有一定指导作用和操作性强的扶持政策框架，以为我区和全国实现同步建成小康社会筑牢基础和保障。

扶持人口较少民族加快发展可以促进各民族的共同繁荣发展，有利于构建平等、团结、互助、和谐的民族关系。因其工作具有特殊性，进一步丰富和完善人口较少民族地区贫困问题和扶持政策研究的理论成果和理论体系，形成一套比较系统、完整的人口较少民族地区脱贫发展理论，意义重大。

（二）研究意义

1. 理论意义

研究扶持人口较少民族发展政策的成效，不断加强对党的民族理论、政策的研究，加强对完善政策措施的深入思考和探索，是民族工作的重点。一方面通过对完善广西区扶持人口较少民族发展政策实践的研究，进一步探讨发展和完善人口较少民族地区公共事务管理的相关问题和难点，促进新世纪新阶段民族工作的完善和发展。另一方面，通过研究，总结经验和探析扶持人口较少民族发展的有益经验，客观分析存在的问题或原因，提出相应对策建议，完善扶持人口较少民族发展政策及其实践，积极促进人口较少民族的全面发展，充分实现各民族共同繁荣发展，为广西跨境民族、特困民族、山区贫困民族人口等特殊群体发展提供政策和实践启示。同时对《广西壮族自治区人民政府关于贯彻落实国家“十三五”促进民族地区和人口较少民族发展规划的实施意见》

目前存在的问题，以及在今后的实践过程当中遇到的困难进行实事求是的分析，进一步加强领导和加大投入，提出更具有可行性的理论依据和科学措施，推进民族政策措施的改革创新，积极促进人口较少民族聚居地区经济社会科学发展、和谐发展实践，为全国人口较少民族全面建成小康社会和构建社会主义和谐社会发挥良好的示范性作用。

2. 现实意义

我国人口较少民族有 28 个，解决了 28 个人口较少民族的发展问题，意味着解决了我国一半的民族的发展问题。处于我国偏远地区的少数民族生存、发展问题是社会关注的一个盲点，通过对扶持人口较少民族政策的研究提高社会各界对人口较少民族地区发展的关注程度，为人口较少民族地区脱贫发展提供契机，有助于缩小发展差距，加快边境发展，巩固边防，改善人口较少民族的生活条件，保护传统文化。人口较少民族地区脱贫发展存在着很多不同于其他地区的特点，应用田野调查的研究方法，揭示人口较少民族地区贫困问题及扶持政策的共性，开展对人口较少民族的经济社会发展的现阶段政策的内容和实施效果的深入研究，调查找准他们在发展过程中面临的主要困境，有针对性地研究和制定贯彻实施扶持人口较少民族发展的政策，对执行中产生的问题提出对策建议，各级政府能及时对传统的扶持模式和扶持机制进行创新，就会少走好多弯路。

要全面建成小康社会，56 个民族一个都不能少，一个都不能掉队，因此，集中力量帮助人口较少民族发展对于构建社会主义和谐社会，推进全面建设小康社会具有重要的意义。

二、文献综述

国内学术界针对扶持人口较少民族发展政策执行情况开展调研活动，对政策执行的效果进行评估，分析研判存在的问题，提出一些措施建议，涌现出大量的研究文献。

耿新（2019）将政策实践分为地方探索期、国家规划形成期、规划全面实施期、规划全面深化期、规划提质升档期五个阶段，在前人已有研究的基础上归纳演变规律以及对现实的启示意义[①]。田雨（2016）以鄂伦春民族为例，

① 耿新：《扶持人口较少民族发展政策的演变、特点与启示》，《中南民族大学学报（人文社会科学版）》2019 年第 1 期：28—33.

探索其在现代化的历史过程中的适应情况、所面临的问题和发展过程中的主要症结，以及一系列的社会政策究竟给这个现代化进程中的民族带来哪些影响、社会政策应该在哪些方面进行改进和提升①。王珊（2016）对广西3个人口较少民族、4个人口较少民族聚居县（市）经济社会发展情况进行整体评估，基于马克思主义民族理论和公共政策的分析方法，提出针对广西人口较少民族发展政策扶持的措施建议②。莫丽敏（2013）对扶持人口较少民族发展政策及其在广西东兴市京族地区的具体实践进行深入的调查和研究，分析归纳政策实践的成效、经验和存在问题，从理论与实践两方面审视扶持人口较少民族发展政策及其实践③。朱玉福（2011）介绍了扶持人口较少民族发展政策的沿革，总结了“十一五”期间的政策执行效果和面临的问题，提出进一步完善政策扶持的措施和建议④。郭建民（2011）以广西环江毛南族自治县扶持毛南族经济社会发展的情况为例，对我国的扶持人口较少民族发展政策进行分析研究，从中长期的角度深入思考其有可能潜在的问题，探索和提出进一步完善扶持人口较少民族发展政策的建议⑤。张银花、阿娜尔（2010）在调查分析内蒙古自治区扶持人口较少民族发展政策的实践措施、实践成效、政策实施中需解决的问题等基础上，对今后如何持续实施好扶持人口较少民族发展政策提出具体建议⑥。李娜（2010）通过对毛南族个案的研究，提出“人口较少民族扶贫开发政策和实践的取向应该是完善政策体系和监管体系，创新扶贫开发机制”⑦。韩彦东（2008）分析人口较少民族地区贫困原因、扶贫路径规划、扶贫开发模式、扶贫制度安排、扶贫政策建议，旨在为人口较少民族扶贫开发提供有益探索⑧。普永生的《当代中国人口较少民族经济发展研究》根据经济社会发展程度和特点，把22个民族分成三种类型，提出通过政府强有力介入，改变他们发展中的“路径依赖”，最终走上自我发展的良性循环之路，如李岚（2004）认为要做到“效率优先、兼顾公平”，政府主导体现“兼顾公平”，而

---

① 田雨：《社会政策对人口较少民族现代化的影响研究》，吉林大学，2016年.

② 王珊：《广西人口较少民族聚居区经济社会发展政策扶持研究》，广西大学，2016年.

③ 莫丽敏：《 扶持人口较少民族发展政策研究》，广西民族大学，2013年.

④ 朱玉福：《中国扶持人口较少民族政策实践程度评价及思考》，《广西民族研究》2011年第4期：18—27.

⑤ 郭建民：《政治学视野下的扶持人口较少民族发展政策研究》，中央民族大学，2011年.

⑥ 张银花，阿娜尔：《扶持人口较少民族发展政策的持续及完善——内蒙古自治区扶持人口较少民族发展政策的实践成效调研》，《内蒙古农业大学学报（社会科学版）》2010年第12期：19—21+24.

⑦ 李娜：《人口较少民族扶贫开发政策实施研究》，中央民族大学，2010年.

⑧ 韩彦东：《 基于可持续发展的人口较少民族地区扶贫开发政策研究》，中国人民大学，2008年.

对于偏远落后的人口较少民族聚居区，政府应该起到主导作用。

三、国家和自治区的扶持人口较少民族政策梳理

（一）政策背景

2005年中共中央、国务院《关于进一步加强民族工作加快少数民族和民族地区经济社会发展的决定》，提出要正确认识和处理民族问题，切实做好民族工作。2014年12月22日，中共中央、国务院印发了《关于加强和改进新形势下民族工作的意见》，从坚定不移走中国特色解决民族问题的正确道路、围绕改善民生推进民族地区经济社会发展、促进各民族交往交流交融、构筑各民族共有精神家园、提高依法管理民族事务能力、加强党对民族工作的领导六个方面提出25条意见，旨在切实加强和改进新形势下民族工作，团结带领全国各族人民共同推进全面建成小康社会、努力实现中华民族伟大复兴的中国梦。2016年12月国务院印发《“十三五”促进民族地区和人口较少民族发展规划》，针对少数民族和民族地区、国家边境地区全面建成小康社会的重点难点问题，在财政、投资、金融、产业、土地、社会、环境、人才、帮扶等方面强化政策支持。2017年11月，广西壮族自治区出台了《广西壮族自治区人民政府关于贯彻落实国家“十三五”促进民族地区和人口较少民族发展规划的实施意见》（桂政发〔2017〕58号），该专项规划为课题的量化研究和评估体系的构建提供了指南和依据。

（二）政策梳理

1. 国家层面的政策

1999年，费孝通先生根据在鄂伦春族、赫哲族等人口较少民族地区调查发现的问题，向国家民委建议“把帮助22个人口不到10万人的少数民族纳入到国家‘十五’计划当中”，由此引起了党和国家对人口较少民族发展问题的高度重视。国家民委采纳了费孝通先生的建议，并在2000年7月组建中国人口较少民族经济和社会发展研究课题组，对22个人口较少民族的发展现状进行全面的调查。2001年，国家民委向国务院提出了扶持人口较少民族发展的建议，国务院在给国家民委的复函中指出，可以在执行国家对支持民族地区经济和社会发展统一政策的前提下，由国家民委与有关部委组织实施，在实际工作中给予人口较少民族更多的支持和照顾①。

① 广西壮族自治区民族事务委员会：《扶持人口较少民族发展文件汇编》，2008年10月，第53页。

2005 年 5 月国务院批准实施《扶持人口较少民族发展规划（2005—2010 年）》，这是我国第一个扶持人口较少民族的五年发展规划，规划提出“十一五”期间，人口较少民族的发展目标是：通过 5 年左右的努力，使人口较少民族聚居的行政村基础设施得到明显改善，群众生产生活存在的突出问题得到有效解决，基本解决现有贫困人口的温饱问题，经济社会发展基本达到当地中等或以上水平。再经过一段时间的努力，使人口较少民族达到全面建设小康社会的要求。该规划将人口在 10 万人以下的民族称为人口较少民族，将之列为扶持对象，共扶持 22 个人口较少民族，扶持的范围包括内蒙古、黑龙江、福建、广西、贵州、云南、西藏、甘肃、青海、新疆等 10 省（区）中的 86 个县、238 个乡镇、640 个行政村的人口较少民族聚居区。

2006 年 3 月，财政部、国家民族事务委员会制定了《少数民族发展资金管理办法》（财农〔2006〕18 号）为规范和加强少数民族发展资金管理，财政部与国家民委一起制定了该办法。文件明确规定了少数民族发展资金的使用范围与不能开支的范围。同时规定了少数民族发展资金的确定方法、程序、管理制度等。

2007 年 2 月，国务院办公厅制定《少数民族事业“十一五”规划》（国办发〔2007〕14 号），该规划是为解决少数民族和民族自治地方经济社会发展中的突出问题和特殊困难，全面提升少数民族事业发展水平，不断改善少数民族群众的物质文化生活条件，促进少数民族和民族自治地方经济社会协调发展而制定，其中有涉及人口较少民族发展的内容。

2011 年 6 月，国家民委、国家发展改革委制定《扶持人口较少民族发展规划（2011—2015 年）》（民委发〔2011〕70 号），该规划将人口在 30 万人以下的少数民族称为人口较少民族，将之列为扶持对象，共扶持 28 个少数民族，较“十一五”规划增加了 6 个人口较少民族，广西的仫佬族就是在本次规划中被列为扶持对象。规划扶持范围包括内蒙古、辽宁、吉林、黑龙江、福建、江西、广西、贵州、云南、西藏、甘肃、青海、新疆等 13 个省（区）和新疆生产建设兵团的人口较少民族聚居区，包括 2119 个人口较少民族聚居的行政村（以下简称“聚居村”）、71 个人口较少民族的民族乡、16 个人口较少民族的自治县、2 个人口较少民族的自治州。规划提出到 2015 年，人口较少民族聚居行政村基本实现“五通十有”，人口较少民族聚居区基本实现“一减少、二达到、三提升”。具体为：人口较少民族聚居村通油路，通电，通广播电视，通信息（电话、宽带），通沼气（清洁能源）；有安全饮用水，有安居房，有卫生厕所，有高产稳产基本农田（草场、经济林地、养殖水面）或增收产业，有学前教育，有卫生室，有文化室和农家书屋，有体育健身和民族文化活动场地，有办公场所，有农家超市（便利店）和农资放心店。人口较少民族聚居区贫困人口数量减少一半或以上；农牧民人均纯收入达到当地平均或以上水平，1/2 左右的民族的农牧民人均纯收入达到全国平均或以上水平；基础设施保障水平、民生保障水平、自我发展能力大幅提升。到 2020 年，人口较少民族聚居区发展更加协调、生活更加富裕、环境更加美好、社会更加和谐，全面建成小康社会。

2012 年 7 月，国务院办公厅制定《少数民族事业“十二五”规划》（国办发〔2012〕38 号）。该规划在主要目标和主要任务中提出要使人口较少民族聚居地区群众生产生活条件明显改善。

2016 年 12 月，国务院印发《“十三五”促进民族地区和人口较少民族发展规划》（国发〔2016〕79 号），把扶持人口较少民族发展的政策内容涵盖其中，并单列成章。这是民族工作领域历史上第一个国家级重点专项规划，该规划设 13 章、56 节，14 个专栏、37 个工程和项目，明确提出未来 5 年国家支持少数民族和民族地区发展、加强民族工作的总体目标、主要任务和重大举措，描绘了未来 5 年少数民族和民族地区发展的美好蓝图。该规划设置了经济发展、协调发展、共享发展、绿色发展、开放发展、创新发展、团结发展 7 大类 23 个定量指标，其中预期性指标 16 个，约束性指标 7 个。这些指标比较全面地反映了我国少数民族和民族地区经济社会发展方向、重点和目标。该规划明确了实现地区生产总值年均增速 8% 以上、农村贫困人口脱贫 1805 万人、耕地保有量 3.19 亿亩等 7 个方面 23 项定量指标。提出到 2020 年，人口较少民族聚居行政村在实现“一达到、二退出、三保障”基础上，基本实现“四通八达”的目标。

2. 地方层面的政策

2006 年广西根据国家层面的《扶持人口较少民族发展规划（2005—2010）》制定了《广西壮族自治区扶持人口较少民族发展专项建设规划（2006—2010 年）》，扶持范围包括环江毛南族自治县 10 个乡镇 72 个毛南族聚居的行政村和东兴市江平镇 5 个京族聚居的行政村。规划指出“十一五”期间，广西人口较少民族的发展目标是：从 2006 年开始，通过 5 年左右的努力，按照高质量、高标准的要求，以毛南族和京族聚居的行政村为重点，使其基础设施得到明显改善，群众生产、生活存在的突出问题得到有效解决，提高民族的整体文化素质和群众的自我发展能力，农民增收，解决或基本解决现有贫困人口的温饱问题，经济社会发展基本达到当地农村的中等水平或中等以上水平。规划重点解决通路、人畜饮水困难、通电、水利、上学、就医、农村群众文化活动场所等问题。

2012 年 9 月，自治区民委会同自治区财政厅制定了《广西壮族自治区少数民族发展资金管理办法》（桂政办发〔2012〕102 号）自治区财政设立并列入自治区民委部门预算，用于扶持和帮助自治区少数民族和民族地区解决经济社会发展中的特殊困难，加快少数民族和民族地区经济社会发展的专项资金。

2012 年 11 月 5 日，自治区民委牵头协同自治区发改委、财政厅、扶贫办和中国人民银行南宁中心支行，共同制定了《广西落实〈扶持人口较少民族发展规划〈2011—2015 年〉实施意见》，指出广西人口较少民族“十二五”期间的发展目标是：具备条件的乡镇通沥青（水泥）路、行政村通公路，行政村通沥青（水泥）路的比例显著提高。农村饮水安全、无电人口用电问题得到解决。清洁能源普及率明显提高。信息基础设施进一步改善。农村危房数量显著下降。教育、卫生事业发展水平全面提高，人口较少民族群众上学难、看病难的问题基本得到解决。文化需求基本得到满足，民族传统文化传承得到加强。贫困人口明显减少，城乡居民收入大幅提高，社会就业更加充分。经济结构调整步伐加快，产业布局趋于合理，特色优势产业初步形成，县域经济得到较快发展，自我发展能力进一步提高。

2017 年 11 月，自治区出台了《广西壮族自治区人民政府关于贯彻落实国家“十三五”促进民族地区和人口较少民族发展规划的实施意见》（桂政发〔2017〕58 号），根据自治区实际，提出到 2020 年，自治区实现地区生产总值和城乡居民人均收入比 2010 年翻一番。脱贫攻坚取得实效，基础设施更加完善，产业结构持续优化，城镇化水平大幅提升，对内对外开放水平显著提高，综合经济实力明显增强。生态保护进一步加强，人居环境更加优美，走出一条生产发展、生活富裕、生态优美的绿色发展之路。社会事业稳步提升。基本公共服务均等化水平显著提升，资源配置更加合理。城乡居民就业更加充分，劳动年龄人口受教育年限明显提高，社会保障实现全覆盖，基本医疗卫生服务人人享有，各族人民整体素质和社会文明程度全面提升。民族文化事业繁荣发展，少数民族优秀传统文化得到传承和弘扬，少数民族特色文化活动广泛开展，各民族共有精神家园建设成效显著。民族团结更加巩固。民族团结进步模范区建设持续深入推进，中华民族共同体意识深入人心，全社会“三个离不开”思想全面加强，各民族群众“五个认同”不断增强，民族理论政策创新发展，民族工作法规日臻完善，民族事务治理现代化水平显著提高，各民族和睦相处、和衷共济、和谐发展。

《环江毛南族自治县扶持人口较少民族（毛南族）发展项目建设规划（2006—2010）》于2006年获国家发改委、国家民委批准实施，规划总投资1.35亿元，其中，中央预算内资金1.14亿元，地方预算内配套资金2126万元，项目涉及科、教、文、卫、水利设施及乡村道路建设等。全县累计到位资金7884万元，各级各类筹集资金3.11亿元，全县毛南族聚居的72个村有65个村实现了“四通五有三达到”目标。

2011年2月16日《环江毛南族自治县扶持人口较少民族发展“十二五”规划》提出经过五年的艰苦奋斗，力争环江县经济综合实力达到全市中上水平，实现“富民强县”新跨越的条件更为充分，全面小康社会建设的基础更加牢固。经济保持平稳较快增长，结构调整取得重大进展，城乡居民收入增长较快，生态文明示范县建设成效显著，改革开放不断深化，社会建设明显加强。

2016年8月16日，环江毛南族自治县人民政府办公室印发《环江毛南族自治县2016年扶持人口较少民族发展项目实施方案》（环政办发〔2016〕144号），提出从2016年9月至2017年9月，用一年的时间，组织各方面力量，按照高质量、高标准的要求，使项目区基础设施得到进一步改善，群众生产生活存在的突出问题不断得到有效解决，为构建富裕文明和谐新环江和实现全面建设社会主义新农村目标打下良好基础。

东兴市在国家、自治区层面的相关规划要求下，结合京族人口分布情况以及聚居区经济社会发展情况，通过大量调研研究与论证总结，制定出如《广西东兴市扶持人口较少民族（京族）发展项目建设规划（2006—2010年）》《广西东兴市扶持人口较少民族（京族）发展项目建设规划（2011—2015年）》的京族专项建设规划、实施意见和管理办法等一系列配套政策。

2005—2010年，东兴市共实施扶持人口较少民族项目共85个，项目总投资为4230.39万元。并通过向上级发展改革委、扶贫办、民委等部门汇报的渠道，积极争取扶持资金，其间国家、自治区以及防城港市先后共投入近1.5亿元。2010年京族地区已经实现了村村通等级公路，用电普及率达到100%，无线通信、手机、程控电话信号覆盖率100%，人畜安全饮水基本解决，人均住房面积超过40平方米，大大改善了京族地区的社会事业基础设施建设，5个京族行政村一次性通过了自治区首批“四通”“五有”“三达到”考核验收，群众生产生活条件明显改善，人民群众的生活水平显著提高。人均收入层面，2009 年京族地区人均纯收入已达 6679 元，2012 年东兴市（京族）农村居民人均可支配收入达到 9264 元，2017 年则增加到 16471 元。产业发展方面，形成了以“京族三岛”风景名胜区为核心的民族特色滨海风光旅游区，2017 年东兴市外贸进出口总值 36 亿美元，同比增长 16.6%；口岸出入境的中越边民及旅游人数约 996.5 万人次，全市接待游客 941.22 万人次、增长 25%；2020 年出口总额 242.05 亿元，增长 0.3%；外贸进出口规模居全区第 3 位，其中进口占全区进口总量的 21.7%，居全区第 3 位；全年边境小额贸易（边民互市贸易除外）163.90 亿元，增长 53.9%。文化建设方面，先后建成京族博物馆、京族文化广场等文化基础设施，“京族哈节”“京族独弦琴”入选国家级非物质文化遗产名录。

四、研究方法

（一）文献研究法

运用多种途径查阅、收集、整理与本研究有关的各种文献资料，包括相关统计年鉴、政策文献、论文期刊、调研资料及互联网信息等，收集人口较少民族与少数民族发展相关文献，从中吸取本项研究的理论和方法，同时了解民族工作历史状况、民族政策的变化情况、民族政策实施情况等。

（二）田野调查法

对 4 个人口较少民族聚居县开展实地调研，通过录像、照片、访谈、录音了解当地民族工作专项规划落实情况。

（三）问卷调查法

在调查前期设计调查问卷，围绕人口较少民族就民族工作专项规划实施意见进行调查。

（四）个案分析法

通过对 4 个人口少数民族民族工作专项规划落实情况进行深入研究，综合宏观和微观两种方法，既对广西 3 个人口较少民族进行宏观研究，又对单一人口较少民族进行微观研究，分析其发展存在的问题及症结，对比其他地区成功的经验和做法，提出提高 4 个人口少数民族民族工作专项规划落实力度的建议。

（五）比较研究法

收集调研地点民族工作专项规划落实情况资料，拟通过人口较少民族和少数民族民族政策实践纵横向比较，运用少量的经济模型、经济学理论等来分析充实文章，并运用统计资料分析法、比较分析法等分析问题，对不同地区的落实情况进行全面评估，找出问题及症结，结合不同地区人口较少民族和少数民族的特征，以及该地区的民族经济发展状况，修正和完善政策。

第二章

广西人口较少民族聚居区经济社会发展现状

一、广西人口较少民族概况

我国现有28个人口较少民族，其中，广西有京族、毛南族、仫佬族3个人口较少民族，分别聚居在东兴市、环江毛南族自治县、罗城仫佬族自治县和柳城县古砦仫佬族乡。

（一）京族

京族主要居住在广西防城港市东兴市。京族过去曾称为越族，1958年春正式改称京族。京族主要分布在濒海的小岛上，其中以万尾、巫头、山心三岛人口居住较为集中，俗称“京族三岛”。还有一部分散居在三岛周边的一些汉、壮杂居的村屯里。京族是一个跨境民族，其先祖曾居住在越南北部地区，大约在我国明代正德年间（公元1506—1521年）至19世纪末，陆续由越南涂山（今越南社会主义共和国建安省）等地迁到今天的东兴各族自治县巫头、万尾、山心等岛，最先居住在巫头和江平镇附近的寨头村，后来逐渐向万尾、山头、潭吉等地发展，京族绝大多数聚居在三岛上。

京族的祖先迁到江平地区时，邻近的恒望、红坎、贵明、佳邦等地早已有汉族居住。当时的巫头和万尾还是丛林密盖的荒岛，后经京、汉两族人民的共同努力，驱蛇蟒、伐荆棘、筑海堤、垦荒坡，开拓了自己的家园。山心和潭吉原来也是荒凉的小岛，与陆地隔着一片汪洋，京汉两族人民携手合作，修筑了海堤，把两个小岛和陆地连接起来，使它们变成了两个半岛，既便利了两族人民的友好往来，又开辟了大片土地和盐田，发展了生产。京族劳动人民初迁来时，主要从事渔业生产，以简陋的渔业工具捕鱼，后来向邻近汉族学会了种植水稻，才逐步繁盛起来。适应着沿海地区的自然条件，盐业生产和手工业生产也发展起来了，特别是制鱼汁业相当发达，成为京族地区一项重要的经济收入。

东兴市位于我国西南边陲，既沿边、沿江又沿海，是中国陆地边境线起点、海岸线终点的交汇城市，也是中国—东盟自由贸易区和“两廊一圈”、泛北合作“一轴两翼”的核心地带，区域面积590平方公里。边境线长39.06千米，海岸线长53.3千米，与越南北部最大、最开放的芒街口岸经济特区仅一河之隔。1958年5月1日，建立东兴各族自治县，同年，中国把东兴列为一类口岸，1959年3月20日，东兴各族自治县改隶湛江专区。1965年6月26日，东兴各族自治县随钦州专区改属广西壮族自治区。1971年，钦州专区改为钦州地区，东兴各族自治县随之改属。1978年12月15日，东兴各族自治县县治迁往防城镇，改名防城各族自治县。1992年，中国国务院批准东兴开发开放，设立东兴边境经济合作区、东兴经济开发区。1993年7月17日，东兴经济开发区成立，按处级建制管理，属防城港市辖。1996年4月29日，经中国国务院批准，民政部同意设立东兴市（县级），防城港市代管。2010年，东兴被确立为中国国家重点开发开放试验区。

（二）毛南族

毛南族的先民，秦汉时为古“百越”族的一支“骆越”人，隋唐时被称为“僚”人的一部分，宋元从“僚”分流，与侗水语组诸民族被统称为“伶人”，明清时，由“伶人”的一支同一些外族结合衍成毛南族。他们自称为“哀南”（单称）和“窘南”（众称），即“毛南人”的意思。1956年经中央人民政府组织专家调查识别，确认为“毛难族”。1986年国务院应毛南族人民的请求，定为“毛南族”。

毛南族有自己的语言，属汉藏语系壮侗语族，通用汉语，毛南族主要聚居在“大毛南”地区，即现在环江的上南、中南、下南等地区，主要有谭、覃、卢、韦、蒙等姓氏，其中以谭姓最多，约占毛南族总人口的80%。下南乡位于环江毛南族自治县的西南部，群山连绵，层峦叠嶂，是典型的喀斯特地形地貌。毛南族多以同姓聚居于一个村屯，杂姓极少。村庄依山而立，住房多为泥墙土瓦，分上下两层，上层住人，下层饲养牲畜，和壮族的“干栏”相似。

毛南族以大米、玉米为主食。“毛南三酸”风味独特，是深受当地人喜爱的酸制品。

环江位于广西西北部，是全国唯一的毛南族聚居县，下辖12个乡镇、148个行政村（社区），土地面积4572平方公里，居广西县级第三位，居住着壮、毛南、苗、瑶等多个少数民族，总人口37.82万人，毛南族人口5.8万多人，占全县总人口14.38%。环江的菜牛和五香（香猪、香牛、香米、香鸭、香菇）等特产名扬区内外，环江是全国菜牛之乡。同时境内有丰富的煤、铅锌等矿产资源。环江是广西第三林业大县，国家级生态示范区和全国绿化模范县，境内有九万山久仁和木论喀斯特两个国家级自然保护区，环江喀斯特目前正在申报世界自然遗产。环江还是全国兰花之乡。环江是全国最大的贫困人口接收安置县之一，从20世纪90年代以来，共接收安置了都安、大化、东兰三县近6万贫困人口，以及原大型国有采煤企业——红茂矿务局政策性关闭破产后2万多职工及家属。环江是国家重点扶持贫困县，全县经济发展滞后，基础设施较为薄弱，目前还有85个村是贫困村。

（三）仫佬族

仫佬族是我国人口较少的一个山地民族，是中华民族大家庭中历史悠久的民族之一。远在两三千年前，他们的祖先为百越族群的一部分，生活在我国岭南的广阔土地上。他们自称“伶”“谨”。壮族称之为“布谨”，汉族称之为“姆佬”。建国后统称仫佬族。绝大多数居住在广西罗城仫佬族自治县，其余散居在忻城、宜山、柳城、都安、环江、河池等县境内，与壮、汉、瑶、苗、侗、毛南、水等族杂居。仫佬族使用的仫佬语与毛南语、侗语、水语相近，大多数人兼通汉语，部分人还会说壮语。

罗城仫佬族自治县位于广西北部，河池市东部，云贵高原苗岭山脉九万大山南麓。全县总面积2658平方公里，耕地面积33.45万亩。2020年末人口27.27万，其中城镇人口122161人，比2010年增加51923人，城镇化率44.80%，比2010年提高21.25个百分点。少数民族常住人口206808人，占全县常住人口比重75.84%，比2010年减少16120人，下降7.23%。其中仫佬族人口95852人，比2010年减少5229人，下降5.17%；壮族人口102145人，比2010年减少11680人，下降10.26%。罗城仫佬族自治县是全国唯一的仫佬族自治县。主要旅游景点有怀群剑江风光、才龙瀑布、怀群穿岩和崖宜风光。重要矿产有煤、铁、锡、铜、锑、铅、锌、水晶和重晶石。土特产有木耳、沙田柚、甜竹、依饭奶酒、烤烟、茶叶、香菇等。罗城被称为广西“有色金属之乡”“广西煤炭之乡”“中国野生毛葡萄之乡”。

古砦仫佬族乡位于柳城县西北部，东接龙头镇，西临寨隆镇，南连洛崖乡，北靠罗城仫佬族自治县。全乡面积246.5平方公里，耕地面积3039公顷，其中水田221公顷，畬地883公顷。辖13个村民委员会和1个居民委员会，居住着10多个民族，以仫佬族、壮族、汉族为主。仫佬族占全乡人口的1/3左右。

二、广西人口较少民族地区经济发展水平

2018年以来，广西认真贯彻落实全国《“十三五”促进民族地区和人口较少民族发展规划》，全面加强人口较少民族地区基础设施建设，大力发展特色产业，推进科教文卫等各项社会文化事业向前发展，取得了较好成效。截至2020年底，柳城、东兴、罗城、环江等4个县（市）地区生产总值达370.95亿元，财政总收入达32.34亿元，四个县（市）农村居民人均可支配收入分别同比增长5.5%、1.7%、4.7%、3.9%。

（一）东兴市

2020年东兴市全市地区生产总值实现78.24亿元，同比下降2.9%。其中，第一产业增加值21.39亿元，增长2.1%；第二产业增加值12.69亿元，下降5.9%；第三产业增加值44.16亿元，下降4.3%。三次产业增加值占地区生产总值比重分别为27.3%、16.2%和56.4%。农村居民人均可支配收入增长7.7%，农村生活垃圾收运实现全覆盖，村屯沥青（水泥）路通达率、乡公路列养率均为100%。海关H986系统等项目建成使用。全年外贸进出口总额248.80亿元，同比下降25.0%。其中，出口总额162.24亿元，同比增长2.9%；进口总额86.56亿元，同比下降50.3%。边境小额贸易136.84亿元，增长33.0%，其中，出口133.56亿元，增长35.8%；进口3.28亿元，下降27.0%。全年新增投资项目27个，新增到位资金86.92亿元，增长7.8%。

（二）环江县

2020年环江县生产总值为590568万元，按可比价格计算，同比增长5.8%。其中第一产业增加值211854万元，增长5.5%；第二产业增加值103498万元，增长12.0%；第三产业增加值275216万元，增长3.7%。第一、二、三产业占地区生产总值的比重分别为35.9%、17.5%和46.6%，对经济

增长的贡献率分别为 37.7%、34.1%、28.23%[①]。

全县完成粮食播种面积 32 万亩，总产量 11.78 万吨；全县桑园总面积 19.86 万亩，蚕种发放量 73.5 万张，累计收茧 3 万吨，蚕农收入 11 亿元；生猪出栏 11.2 万头，肉牛出栏 2.8 万头，肉羊出栏 3 万只；种植水果 14 万亩、油茶 12 万亩、蔬菜 14 万亩。全县创建现代特色农业示范区（点）192 个，已通过考评认定 168 个；环江油茶产业核心示范区被评为广西四星级现代特色农业核心示范区；全年完成林下经济发展面积 116 万亩，林下经济产值 10.68 亿元。产业扶贫“三园”建设持续提升，“十大百万”产业直接带动贫困群众人均增收 5000 元以上，贫困群众实现稳定脱贫。

（三）罗城县

2020 年罗城县实现地区生产总值 58.35 亿元，比上年同期增长 2.1%（按 2015 年不变价格计算）。其中第一产业增加值 23.4 亿元，增长 2.0%；第二产业增加值 4.73 亿元，增长 7.3%；第三产业增加值 30.22 亿元，增长 1.4%。第一、二、三产业增加值占地区生产总值的比重分别为 40.1%、8.1% 和 51.8%，对经济增长的贡献率分别为 37.8%、27.8% 和 34.4%[②]。

全县农林牧渔业总产值 58.35 亿元（按现行价，下同），同比增长 2.3%（按上年价，下同）。其中，农业产值 20.1 亿元，增长 8.4%；林业产值 4.2 亿元，下降 28.0%；牧业产值 11.44 亿元，增长 6.7%；渔业产值 0.71 亿元，增长 6.0%；农林牧渔专业及辅助性活动产值 0.71 亿元，增长 12.9%。全年粮食作物播面 2.34 万公顷，产量同比增长 1.9%；水果产量同比增长 32.8%，实现较快增长。畜牧业方面逐步向好。生猪走出非洲猪瘟影响，产能逐渐恢复，全年生猪出栏 13.38 万头，同比下降 8.2%。

全体居民人均可支配收入 14977 元，名义增长 8.2%，高于全区平均水平 2.9 个百分点。其中城镇居民人均可支配收入 26072 元，名义增长 4.7%，高于全区平均水平 1.5 个百分点；农村居民人均可支配收入 9789 元，名义增长 9.8%，高于全区平均水平 1.5 个百分点。

（四）柳城县

柳城县以水稻、甘蔗、桑蚕、食用菌等为主要产业，耕地面积 7.75 万公顷，农田有效灌溉面积 2.11 万公顷，粮食播种面积 3.23 万公顷，经济作物种

---

① 环江毛南族自治县 2020 年国民经济和社会发展统计公报。

② 罗城仫佬族自治县 2020 年政府工作报告。

植面积 3.88 万公顷，林地面积 9.43 万公顷。2020 年全县生产总值 175.3 亿元，按可比价格计算，比上年增长 8.3%。分产业看，第一产业增加值 52.3 亿元，增长 3.9%；第二产业增加值 56 亿元，增长 14.9%；第三产业增加值 67 亿元，增长 6.5%。三次产业结构为 29.8∶32∶38.2。

其他主要经济指标完成情况：农林牧渔业总产值 82 亿元，比上年增长 4%。规模以上工业总产值 110.1 亿元，比上年增长 1.9%，规模以上工业增加值 42.2 亿元，增长 1.5%。全年固定资产投资（不含农户）比上年增长 21.1%。全县财政总收入 11.34 亿元，比上年增长 2.1%。其中，一般公共预算收入 8.46 亿元，增长 2.2%。社会消费品零售总额比上年增长 0.6%。全县城乡居民人均可支配收入 25257 元，比上年增长 5.5%。其中：农村居民人均可支配收入 16625 元，增长 7.7%；城镇居民人均可支配收入 36243 元，增长 2.7%。

三、广西人口较少民族地区社会发展现状

广西区全力推进人口较少民族聚居区科技、教育、文化、生活等各项社会事业发展并取得较好成效。

（一）东兴市

东兴市在“十三五”期间，累计投入 2.7 亿元实施学前教育、义务教育、普及高中教育等项目，建成使用市三小、市七小等公办学校 4 所，新增学位 7461 个。开工建设市三中、马路镇幼儿园，新增校舍面积 22.5 万平方米，累计达 42 万平方米，是“十二五”期间的 2.2 倍。乡镇公办中心幼儿园实现全覆盖，义务教育均衡发展以全区最高分通过国家评估验收。高考一本上线人数达 244 人，是“十二五”期间的 3.4 倍。科技工作稳步发展，启迪之星（中国·东兴）沿边跨境孵化基地成为全国首个沿边跨境科技企业孵化器，成功创建自治区级农业科技园区，获批全国知识产权强县工程试点县。卫生健康事业加快发展。累计投入资金近 4 亿元，建成市人民医院综合楼等项目，新增医疗用房 3.7 万平方米，每千人口拥有医疗卫生机构床位数增加到 6.2 张，与广西医科大学第一附属医院建立了医联体，县域医共体建设乡镇卫生院参与率达 100%，成功创建“自治区卫生镇”2 个、“自治区卫生村”13 个。文化体育事业全面提升。公共文化服务体系示范区建设通过国家验收，京族民歌、独弦琴等非物资文化遗产走上国内外舞台，荣获广西特色文艺之乡称号。体育馆、游泳馆建成使用，成功举办中国汽车越野巡回赛等系列大型体育赛事。社会保

障体系不断完善。养老、失业、商业、医疗、生育五大保险参保人数实现历史新高。城乡居民基本医疗保险实现“六统一”，深入推进社会保险制度改革、社会福利事业等民生事业发展，财政三保支出从每月4500万元提高到9700万元，年均增长23%。脱贫攻坚成效显著。累计投入财政专项扶贫资金1.1亿元，实施扶贫项目394个，进一步补齐农村基础设施短板。4个贫困村全部摘帽，现行标准下的建档立卡贫困户755户2815人全部实现脱贫。42个行政村（社区）集体经济收入均达5万元以上，“边贸+”扶贫模式被商务部选为全国商务扶贫典型案例，“党旗领航电商扶贫”东兴模式得到自治区肯定，涌现出一批国家、自治区脱贫攻坚先进集体和个人。东兴市京族聚居区文化设施建设不断完善，先后建成京族博物馆、京族文化广场等文化基础设施；“京族哈节”“京族独弦琴艺术”被评定为国家级非物质文化遗产，《京珍歌》《京族史歌》等诗歌集和《京族字喃京语（培训教材）》等编印成册；京族花棍舞被文化部列入国家舞蹈数据库①。

（二）环江县

环江县基础设施能力持续提升。加快推进新城区城市综合体、民族路扩建、毛南族体育馆等一批重大市政基础设施项目建设，不断完善县城区基础设施和公共配套设施，县城区面貌日新月异；城西新区“三横六纵”路网等15个工程项目总投资2.2亿元，年度完成投资2.1亿元。持续加大城区市容综合整治，重点加强一氧化碳治理；大力开展“两违”整治工作，违法违建现象得到有效遏制。坚持“多规合一”原则，积极谋划新时代国土空间开发保护格局，完成生态保护红线和永久基本农田保护研究等6个空间规划前期专题研究成果。

环江县还大力开展生态宜居乡村建设。集中开展“环境秀美”“生活甜美”“乡村和美”专项活动，竣工验收18个“美丽广西·宜居乡村”活动村屯试点照明工程，建成62个基本整治型村庄；投入1000多万元在下南乡实施“整乡推进”风貌改造项目，在思恩镇陈双村打造花山果海休闲农业示范区，拓宽“毛苗瑶农家乐园”特色生态休闲娱乐旅游产业链；陈双村被农业农村部评为“2020年中国美丽休闲乡村”。

（三）罗城县

“十三五”期间，罗城县大力实施交通水利基础设施、现代特色农业、城

---

① 广西推进人口较少民族聚居区经济社会发展取得新成效，2018-03-13 09：41。来源：国家民委网站。

区基础设施建设“三大战役”，掀起基础设施建设新高潮。2020 年 11 月，融河高速公路（罗城段）提前13 个月建成通车，结束了罗城不通高速公路的历史。全县高等级公路里程达340 公里，比“十二五”期末增加6 倍，基本实现乡乡通二级路，在河池市率先实现20 户以上自然屯通硬化路目标。建成石龙水厂、白坝水库等1190 个城乡饮水工程，解决了多年来县城区居民和20 多万农村群众饮水难题。完成凤凰大道、北环路等一批民生工程，县城区管道天然气、污水管网、仫佬大道等项目加快推进。

罗城县充分发挥资源优势，大力发展米香型白酒、优质天然山泉水、农林产品加工、清洁能源等特色生态产业，不断推动产业结构优化升级。大力发展现代特色农业，全县特色产业总面积发展到280 多万亩，累计创建各级现代特色农业示范区（园、点）192 个，有效推动扶贫产业向规模化、集约化、生态化发展。“十三五”时期，全县地区生产总值增加到58. 35 亿元，年均增长5. 4%；累计完成固定资产投资142. 75 亿元，年均增长14. 7%；财政收入增加到5. 59 亿元，年均增长 11. 3%；城镇居民人均可支配收入增加到 26072 元，年均增长6. 6%；农村居民人均可支配收入增加到9789 元，年均增长9. 8%。2020 年11 月20 日，罗城如期实现整县脱贫摘帽，历史性地解决了绝对贫困问题，同步全面建成了小康社会。

罗城县切实践行“绿水青山就是金山银山”理念，打好“蓝天、碧水、净土”三大保卫战，持续巩固良好的生态环境，环境空气质量稳定达到二级标准，辖区内主要河流水质达标率为100%，全县森林覆盖率提高到70. 92%。罗城获国务院纳入国家重点生态功能区，四把镇大同村获评为全国生态示范村，东门镇东勇村获评为全国乡村治理示范村，成功创建自治区级生态村16 个，市级生态村52 个。生态旅游蓬勃发展，建成中国罗城仫佬族旅游集散中心，成功创建棉花天坑、长生洞、成龙湖公园3 家 AAAA 级旅游景区和一批星级乡村旅游区，获命名为“罗城国家地质公园”，四把镇、小长安镇获评“广西养生养老小镇”。

第三章

广西贯彻落实“十三五”促进民族地区和人口较少民族发展规划情况评价指标体系的构建

一、指标体系构建的理论和政策依据

（一）评价指标体系构建的理论依据

本部分结合扶持人口较少民族项的工作重点，构建评价指标体系对扶持人口较少民族行动专项规划贯彻落实情况进行定量评价，实证分析其贯彻落实现状及存在问题，进而提出相应的绩效提升对策。运用的相关理论主要有：

1. 公共政策评估理论

公共政策评估是指特定的评估主体根据一定的标准和程序，通过考察政策过程的各个阶段、各个环节，对政策的效果、效能及价值所进行的检测、评价和判断。

西方政策学家和政策机构对政策评估的性质进行过研究。他们从不同的角度对政策评估进行了分析，其中有代表性的观点是由奎德、古巴、林肯等人提出的。比如，E. S. 奎德认为，从广义上解释，政策评估是确定一种价值的过程分析，但在狭义上，却是在调查一项进行中的计划，就其实际成就与预期成就的差异加以衡量。

另外，美国“都会研究所”对政策评估的性质也作了规定，他们认为政策评估的目标是：衡量一项进行中的计划所达成预期目标的效果，根据研究的原则区别计划效力与其他环境力量的差异，通过执行上的修正使计划得以改善。

将西方政策学者和政策研究机构关于政策评估性质的观点与我国的政策评估实践结合起来思考，可以将政策评估看成是依据一定的标准和程序，对政策过程的效果、效益、效率和公众回应加以判断、评定并由此决定政策变迁的活动。公共政策评估活动中包括规范、测度、分析、评判四个环节。规范环节的任务是建立政策评估的标准与程序，这是整个评估活动的前提；测度环节的任务是收集评估对象的各方面信息，这是评估活动的基础；分析是运用已收集的信息，对政策实施结果进行评定，这是评估活动中关键的一步；评判环节的任务是对政策的变迁提出建议，这是评估的完成。

公共政策评估主要有诊断、预测、反馈、矫正、总结等功能。从评估的实际出发，可以对公共政策评估作出三种划分：正式评估与非正式评估；对象评估、专业评估、自我评估；方案评估、执行评估、终结评估等。

执行评估是在政策实施过程中进行的评估。虽然这时的政策执行还未结束，但政策推行的效果、效率、效益已经表现出来，特别是政策方案中存在的缺陷、政策资源配置中的问题、政策环境中某些条件的改变等，已经暴露出来。这种评估的优点在于评估中所获取的资料都是即时的、具体的，评估的结论是真实的、可靠的。另外，评估的结果也能立即和直接产生作用，用来对正在执行中的政策进行调整。但执行中的评估只是对进行中的一定过程所作的评定，由于过程并未结束，所以评估带有过渡的、暂时的性质。

我们对扶持人口较少民族行动“十三五”规划贯彻落实情况进行的评估属于执行评估类型，发挥政策评估的诊断、预测、反馈、矫正、总结等作用，实证分析广西自治区扶持人口较少民族行动专项规划贯彻落实效果存在的问题，并分析问题形成的根源，针对性地提出提升广西自治区兴边扶少专项规划实施绩效的具体措施，从而提出关于“十四五”两项民族工作专项规划的意见和建议。

2. AHP 理论

层次分析法（Analytic Hierarchy Process，AHP）是美国运筹学家、匹兹堡大学 T. L. Saaty 教授在 20 世纪 70 年代初期提出的。AHP 是对定性问题进行定量分析的一种简便、灵活而又实用的多准则决策方法，它的特点是把复杂问题中的各种因素通过划分为相互联系的有序层次，使之条理化，根据对一定客观现实的主观判断结构（主要是两两比较）把专家意见和分析者的客观判断结果直接而有效地结合起来，将一层次元素两两比较的重要性进行定量描述。

而后，利用数学方法计算反映每一层次元素的相对重要性次序的权值，通过所有层次之间的总排序计算所有元素的相对权重并进行排序。该方法自 1982 年被介绍到我国以来，以其定性分析与定量分析相结合地处理各种决策因素的特点，以及其系统灵活简洁的优点，迅速地在我国社会经济各个领域内，如能源系统分析、城市规划、经济管理、科研评价等，得到了广泛重视和应用。

（二）评价指标体系构建的政策依据

实施扶持人口较少民族行动，对于推动人口较少民族地区经济社会快速发展，提高民族群众生活水平，加强民族团结，维护国家统一具有特殊重要意义。“十三五”时期是我国全面深化改革的关键时期，也是人口较少民族地区同步全面建成小康社会的决胜阶段。为贯彻落实党中央、国务院关于进一步推进扶持人口较少民族行动的决策部署，根据《中共中央国务院关于加强和改进新形势下民族工作的意见》《中华人民共和国国民经济和社会发展第十三个五年规划纲要》，国务院制定了《“十三五”促进民族地区和人口较少民族发展规划》（国发〔2016〕79 号），规划明确指出“十三五”时期人口较少民族地区的发展目标：到 2020 年实现与全国同步全面建成小康社会，经济持续较快发展，城镇化水平大幅提升；社会事业稳步提升，主要领域指标达到或接近全国平均水平；民族文化繁荣发展，文化事业加快发展，文化产业持续壮大；生态环境明显改善，资源节约型、环境友好型社会建设稳步推进；民族团结更加巩固，民族事务治理现代化水平显著提高。

根据发展目标确立评价指标，从本质上说指标是目标的某一个方面，但是，具体指标也只是目标的某一个方面，任何一项指标都只是反映目标的一个小的侧面，不能反映目标的整体，只有系统化的、具有紧密联系的指标体系，才能够比较全面地反映客体有关目标的整体。因此，从发展目标到指标体系的构建，必须经层层分解，逐步深化对评价对象的认识。具体到扶持人口较少民族行动“十三五”规划贯彻落实评价指标体系的构建，就是通过查阅大量文献资料并结合《“十三五”促进民族地区和人口较少民族发展规划》（国发〔2016〕79 号）七大发展目标，确定促进民族地区和人口较少民族发展规划贯彻落实情况评估的一级指标包含经济发展、协调发展、共享发展、绿色发展、开放发展、创新发展、团结发展七个方面，通过对目标进行分解确立二级指标。

二、评价指标体系构建的原则

（一）系统性原则

以国务院办公厅颁布的《“十三五”促进民族地区和人口较少民族发展规

划》（国发〔2016〕79 号）发展目标为指导建立的广西人口较少民族行动贯彻落实情况评价体系是一个复杂系统，包含了经济发展、协调发展、共享发展、绿色发展、开放发展、创新发展、团结发展等多项内容，因此要遵守系统性原则，协调系统中各分系统的相互关系，将各个小系统的特性放到大系统的整体中去权衡，以整体系统的总目标来协调各个小系统的目标。

（二）层次性原则

由于影响广西民族团结进步发展水平的要素较多，相对应的评估指标体系应该具有多层次的特征，通过对各级指标间的逻辑关系的分析，可以进一步明晰指标和所测的对象的关联性。

（三）有效性原则

指标的数据应容易取得并且可以保证数据的质量真实可靠。指标体系可行性要求满足两个基本条件：一是评估数据资料尽可能可以通过查阅广西统计年鉴和各市县统计年鉴、各市县国民经济和社会发展统计公报和政府工作报告等权威资料获得，或是在现有资料上简单加工整理而得。二是数据资料可量化，定量指标数据要保证数据真实性、可靠性和有效性，定性指标也要特征明显易于量化。

（四）评价指标的可对比原则

为确保评估结果能够在评估对象间进行横向比较和纵向比较，更好地了解和把握广西 4 个人口较少民族地区扶持人口较少民族发展专项规划的贯彻落实情况，在设计评价指标时应选取人均指标、结构指标或增长率指标等而避免采用绝对指标。

（五）定量和定性相结合原则

作为测评扶持人口较少民族绩效的指标要尽量可量化，以便于计算和指标间对比分析，但由于扶持人口较少民族绩效涉及领域广泛，有的变化可以用数量变化来反映，也有部分变化难以通过数量指标来反映，需要设计定性指标来描述。

三、广西贯彻落实“十三五”促进民族地区和人口较少民族发展规划情况评价指标体系

广西贯彻落实“十三五”促进民族地区和人口较少民族发展规划情况评价指标体系，主要根据《“十三五”促进民族地区和人口较少民族发展规划》（国发〔2016〕79 号）文件规定的七大发展目标，确定促进民族地区和人口较

少民族发展规划贯彻落实情况评估的一级指标包含经济发展、协调发展、共享发展、绿色发展、开放发展、创新发展、团结发展7个方面。再将7大发展目标划分为23个二级指标，各指标之间相互关联，具有一定的连续性，能够对广西4个人口较少民族地区促进民族地区和人口较少民族发展规划贯彻落实情况进行有效评估（见表2-1）。

表2-1 广西贯彻落实“十三五”促进民族地区和人口较少民族发展规划情况评价指标体系

一级指标	二级指标
经济发展	地区生产总值增速（%）
	人均固定资产投资额（元/人）
	规模以上工业总产值（万元）
协调发展	工业增加值（亿元）
	第三产业增加值（万元）
共享发展	农村贫困人口脱贫（万人）
	城镇居民人均可支配收入增速（%）
	农村居民人均可支配收入增速（%）
	城镇新增就业人数（人）
绿色发展	耕地保有量（公顷）
	森林覆盖率（%）
基础设施	移动电话普及率（%）
	固定宽带家庭普及率（%）
	每万人口公路里程数（公里/万人）
	年人均用电量（千瓦时）
民生保障	每万人小学生在校生数（人）
	每百名小学生专任教师数（人）
	每万人医疗卫生机构床位数（人）
	每万人医疗卫生机构技术人员数（人）
团结发展	全国民族团结进步创建示范区（个）

广西促进民族地区和人口较少民族发展规划贯彻落实综合指标体系由经济发展、协调发展、共享发展、绿色发展、基础设施、民生保障、团结发展7个一级指标组合而成。

（一）经济发展指标

该指标主要反映了民族地区和人口较少民族各产业的发展水平。《“十三五”促进民族地区和人口较少民族发展规划》（国发〔2016〕79号）明确规定民族地区和人口较少民族经济发展目标“经济发展增速高于全国平均水平，到2020年地区生产总值和城乡居民人均收入比2010年翻一番，与全国差距明显缩小”，规划中明确规定要加快农牧区的发展，脱贫攻坚取得成效，指出“基础设施更加完善，产业结构持续优化，城镇化水平大幅提升，对内对外开放水平显著提高，综合经济实力明显增强”，根据规划要求，报告中选取了地区生产总值、人均固定资产投资额、规模以上工业总产值3个二级指标。

（二）协调发展指标

坚持协调发展，就是实现辩证发展、系统发展、整体发展，解决发展不平衡问题。《“十三五”促进民族地区和人口较少民族发展规划》（国发〔2016〕79号）明确规定民族地区和人口较少民族协调发展目标为“设立生态公益岗位帮助有劳动能力的贫困人员脱贫，创造更多公益性就业岗位，提高贫困人口受益水平。对人口较少民族聚居的建档立卡贫困村，推进整村整族精准脱贫，分期分批推进贫困村退出、贫困人口脱贫。对特困民族地区的建档立卡贫困户、贫困村，实施提升贫困群众素质和激发内生动力扶贫。对守土戍边不宜搬迁的陆地边境抵边一线乡镇贫困村边民，采取特殊扶持政策”。根据规划要求，调研报告中将协调发展指标细化为工业增加值、服务业增加值比重2个二级指标。

（三）共享发展指标

坚持共享发展，就是着力增进人民福祉，增强获得感，解决社会公平正义问题。《“十三五”促进民族地区和人口较少民族发展规划》（国发〔2016〕79号）明确规定民族地区和人口较少民族共享发展目标“到2020年，人口较少民族聚居行政村在实现‘一达到、二退出、三保障’的基础上，基本实现‘四通八达’，实现人口较少民族地区发展更加协调、生活更加富裕、环境更加美好、社会更加和谐，与全国各族人民一道迈入全面小康社会”。按照规划要求，报告中将共享发展这一级指标细化为农村贫困人口脱贫人数、城镇居民人均可支配收入增速、城镇农村人均可支配收入增速、城镇新增就业人数等4个二级指标。

（四）绿色发展指标

坚持绿色发展，就是在中国发起一次生态革命，解决人与自然和谐问题。

习近平总书记指出“绿水青山就是金山银山”，“我们要建设的现代化是人与自然和谐共生的现代化，既要创造更多物质财富和精神财富以满足人民日益增长的美好生活需要，也要提供更多优质生态产品以满足人民日益增长的优美生态环境需要”。《“十三五”促进民族地区和人口较少民族发展规划》（国发〔2016〕79号）明确规定人口较少民族地区生态环境建设的目标为“国家生态安全屏障基本形成，主体功能区建设成效凸显，生态环境保护能力显著提升，生态保护补偿机制逐步建立健全，资源循环利用体系初步建立，环境治理能力不断增强，城乡人居环境更加优美，资源节约型、环境友好型社会建设稳步推进”。按照规划要求，报告中选取了耕地保有量、森林覆盖率2个二级指标。

（五）基础设施建设指标

《“十三五”促进民族地区和人口较少民族发展规划》（国发〔2016〕79号）明确规定人口较少民族地区要达到四通目标“通硬化路、通客运班车、通宽带、通电商”。按照规划要求，报告中选取了移动电话普及率、固定宽带家庭普及率、每万人口公路里程数、年人均用电量4个二级指标。

（六）民生保障指标

《“十三五”促进民族地区和人口较少民族发展规划》（国发〔2016〕79号）明确规定要提高人口较少民族地区公共服务水平，要将基本公共服务体系建设延伸至人口较少民族的民族乡、自治县、自治州，让更多的少数民族群众共同分享现代化成果。按照规划要求，报告中选取了每万人小学生在校生数、每百名小学生专任教师数、每万人医疗卫生机构床位数、每万人医疗卫生机构技术人员数4个二级指标。

（七）团结发展指标

该指标主要反映人口较少民族地区的民族团结和社会稳定情况。《“十三五”促进民族地区和人口较少民族发展规划》（国发〔2016〕79号）明确规定民族地区和人口较少民族建设目标为“中华民族共同体意识深入人心，全社会‘三个离不开’思想全面加强，各民族群众‘五个认同’不断增强”。按照规划要求，报告中选取了全国民族团结进步创建示范区1个二级指标。

第四章

广西贯彻落实《“十三五”促进民族地区和人口较少民族发展规划》政策成效实证评估

一、关键指标评估

（一）广西人口较少民族地区经济发展关键指标评估

1. 地区生产总值年均增长率

如图 2 –1 所示，受经济下行压力和全球疫情影响，2015 年至 2019 年广西 4 个人口较少民族聚居区的地区生产总值年均增长率均低于全国年均水平或与

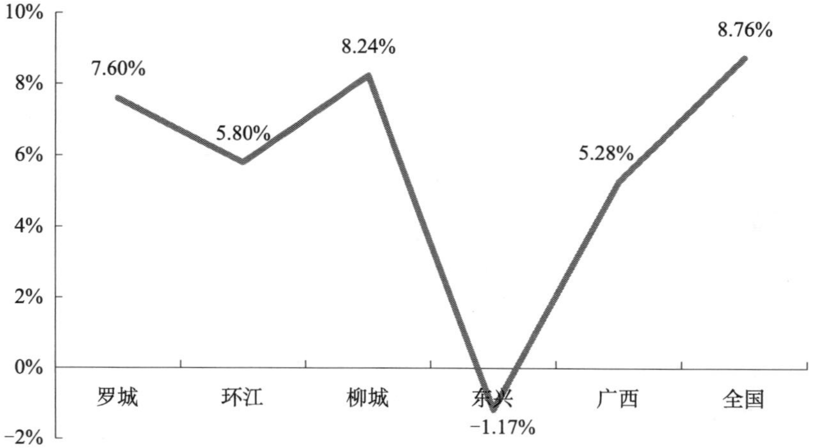

图 2 –1　2015—2019 年地区生产总值年均增长率

其大致持平，其中东兴市出现了较严重的负增长（-1.17%）。尽管在2017年，广西4个人口较少民族聚居区的经济增速都超过了全国平均水平，实现了《“十三五”促进民族地区和人口较少民族发展规划》的发展目标，但站在新的发展节点，罗城、环江、柳城和东兴四地必须做到立足自身，放眼全球，努力探索“疫情背景下”的经济发展新模式。

2. 人均固定资产投资总额

如图2-2所示，2015—2019年广西4个人口较少民族聚居区的人均固定资产投资总额均呈现逐年上升的趋势。五年来东兴市人均固投额远高于广西和全国人均水平。柳城县略低于广西人均水平，环江县和罗城县与广西和全国人均水平差距较大。

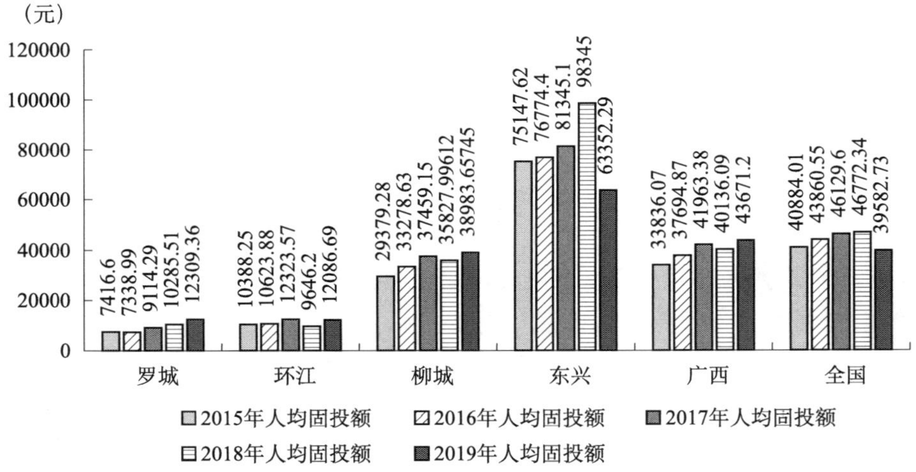

图2-2 2015—2019年人均固定资产投资总额

3. 规模以上工业总产值

如图2-3所示，2015—2019年广西4个人口较少民族聚居县规模以上工业总产值整体上不断增长，其中柳城县和东兴市基数大，增长速度也快，工业发展明显优于罗城仫佬族自治县和环江毛南族自治县。

（二）广西人口较少民族地区协调发展关键指标评估

如图2-4、图2-5所示，2015—2019年，广西4个人口较少民族聚居县的工业及第三产业增加值均呈现出上升趋势，且第三产业增加值明显高于工业增加值，其中柳城县和东兴市的工业增加值以及第三产业增加值整体水平远高于罗城县和环江县。5年来，东兴市的工业增加值与第三产业增加值之间的差

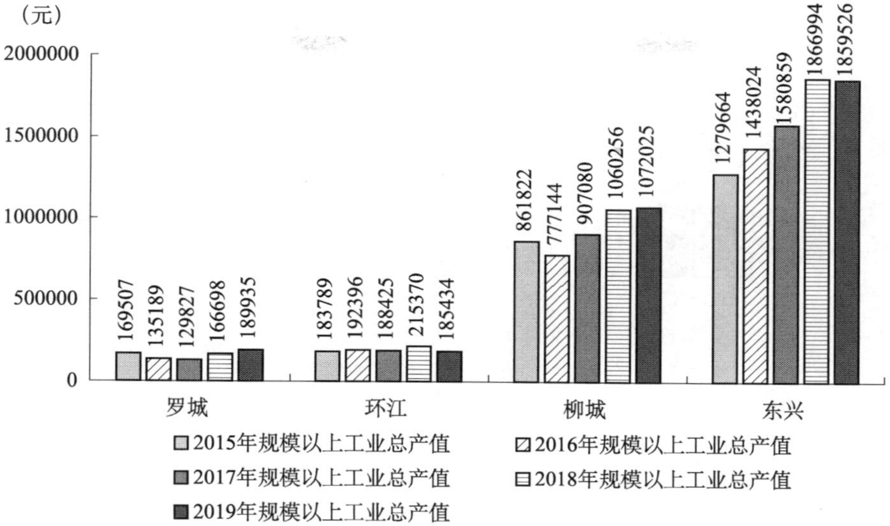

图 2－3 2015—2019 年规模以上工业总产值

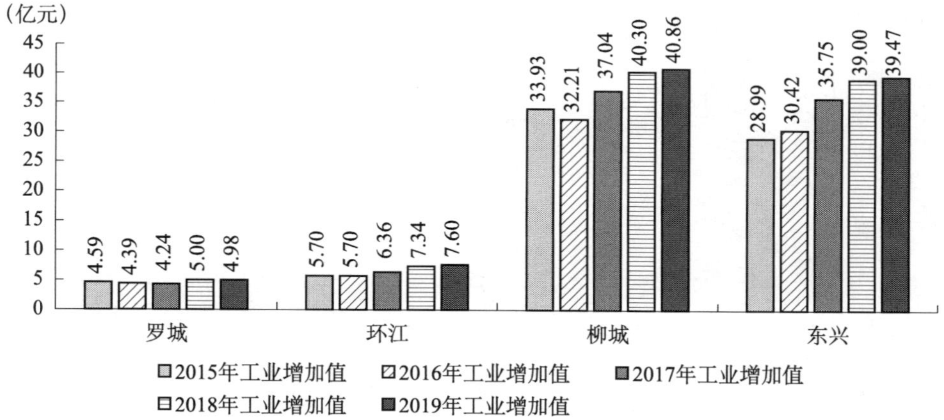

图 2－4 2015—2019 年工业增加值

距一直维持在较小范围，说明东兴市的工业与第三产业发展比较均衡。由此可见，截至 2019 年，罗城仫佬族自治县和环江毛南族自治县的工业与第三产业发展处在持续发力中，但总体相对落后且发展速度缓慢，是制约当地经济发展的短板；柳城县和东兴市工业和第三产业稳定输出，不断提升。总而言之，广西 4 个人口较少民族聚居县在不断朝着规划中的“产业结构持续优化”的目标前进。

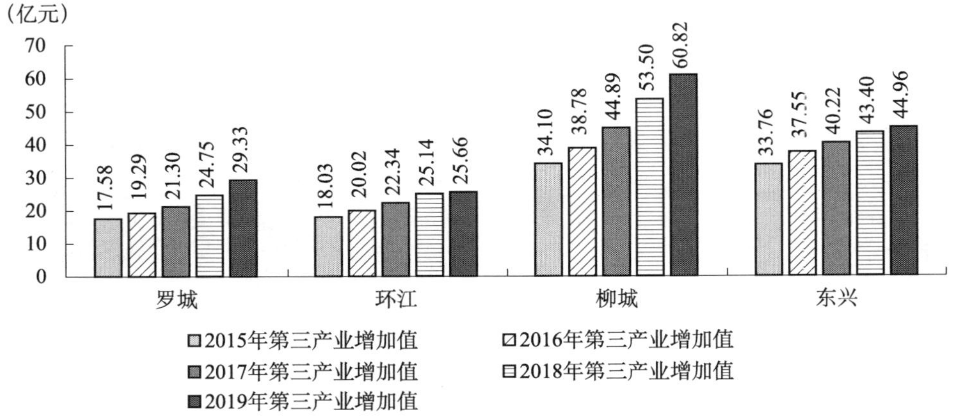

图 2－5　2015—2019 年第三产业增加值

（三）广西人口较少民族地区共享发展关键指标评估

1. 农村居民人均可支配收入年均增速

如图 2－6 所示，2015—2019 年罗城、环江、柳城、东兴市的农村居民人均可支配收入年均增速均高于广西和全国平均水平。

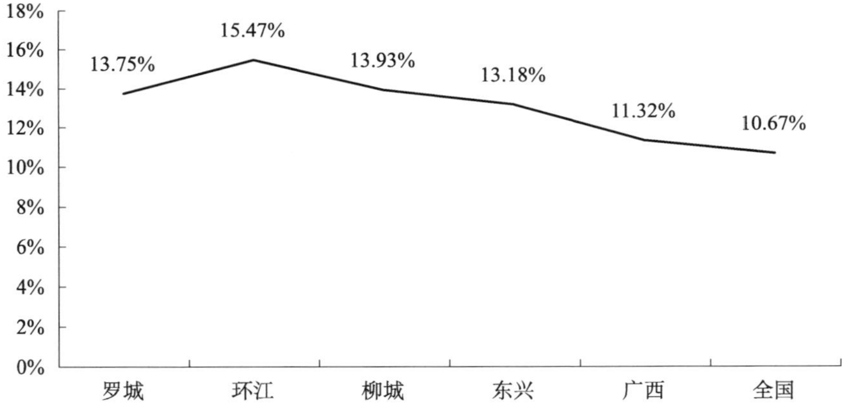

图 2－6　2015—2019 年农村居民人均可支配收入年均增速

2. 城镇居民人均可支配收入年均增速

如图 2－7 所示，罗城县、环江县、柳城县城镇居民人均可支配收入年均增速高于广西和全国平均水平（罗城县与全国平均水平持平）。东兴市城镇居民人均可支配收入年均增速低于广西和全国平均水平。

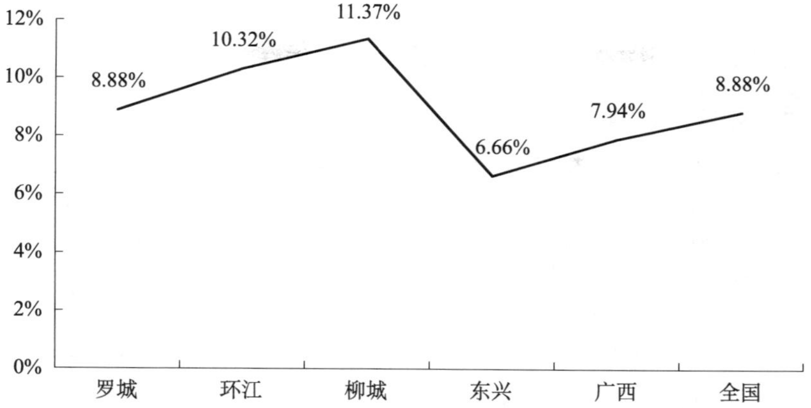

图 2－7　2015—2019 年城镇居民人均可支配收入年均增速

（四）广西人口较少民族地区绿色发展关键指标评估

1. 耕地保有量

如图 2－8 所示，在发展经济的同时，罗城仫佬族自治县、柳城县、东兴市坚守耕地保有量生命线，平稳保持了耕地保有量。环江毛南族自治县 2018 年耕地保有量却出现了一定程度的下降，2018 年降至 53870 公顷，相比 2015 年，下降了 11%。

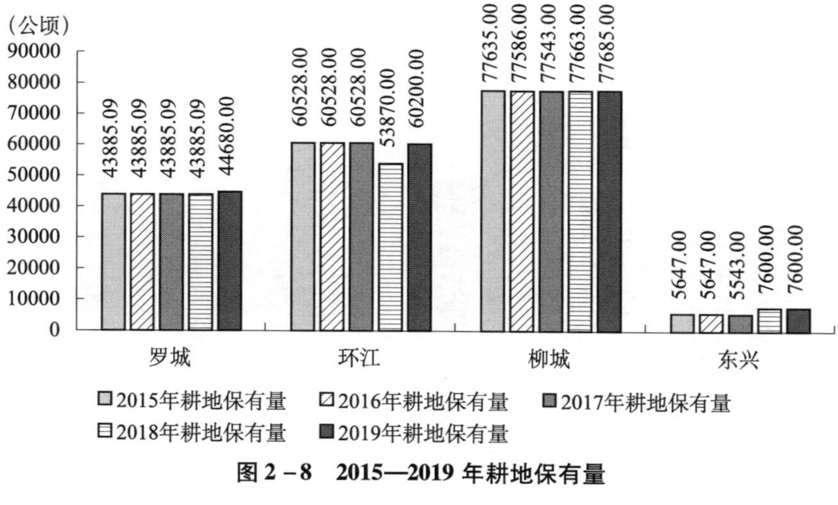

图 2－8　2015—2019 年耕地保有量

2. 森林覆盖率

如图 2－9 所示，广西 4 个人口较少民族聚居县的森林覆盖率一直保持在较高水平，4 个县（市）都高于全国平均水平，罗城仫佬族自治县、环江毛南

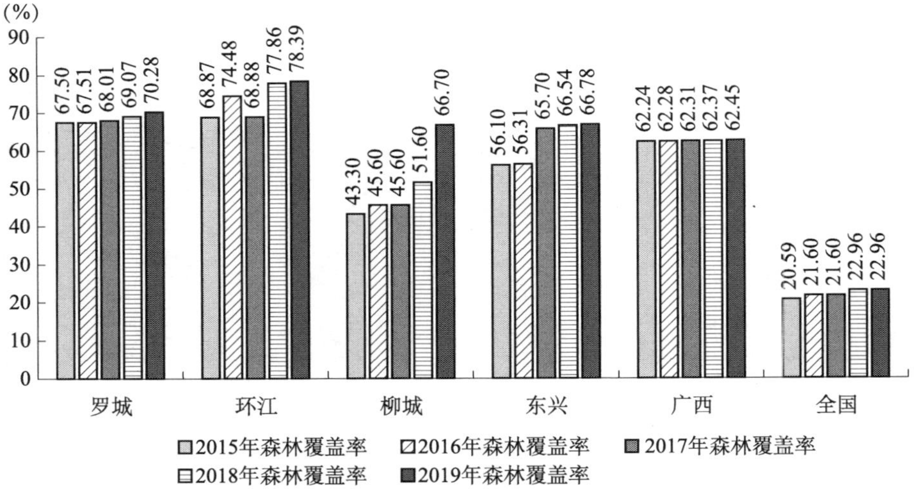

图 2－9　2015—2019 年森林覆盖率

族自治县和东兴市的森林率还高于广西平均水平。

（五）广西人口较少民族地区基础设施建设关键指标评估

1. 移动电话普及率

如图 2－10 所示，至 2017 年，环江毛南族自治县、东兴市移动电话普及率高于广西平均水平。柳城县略低于广西平均水平，罗城仫佬族自治县与广西平均水平存在一定差距。东兴市远高于广西平均水平。

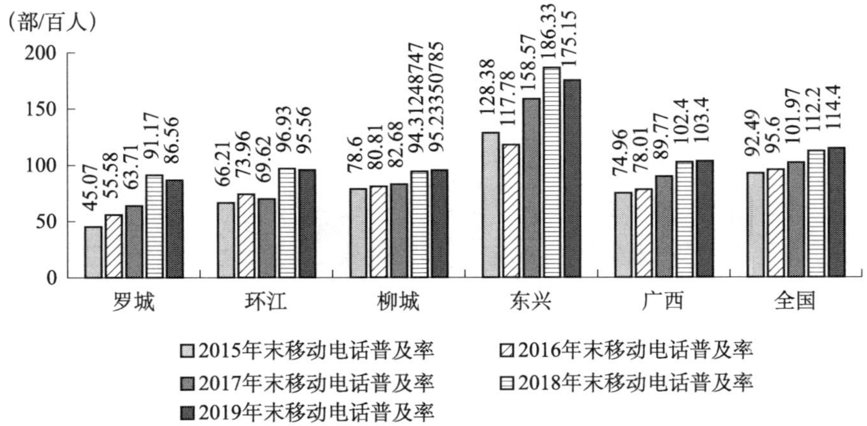

图 2－10　2015—2019 年移动电话普及率

2018 年和 2019 年，罗城仫佬族自治县和环江毛南族自治县移动电话普及率均低于广西和全国平均水平或与其大致持平，而东兴市移动电话普及率则大幅领先广西和全国平均水平，说明在广西4个人口较少民族聚居县中，东兴市的通信基础设施贯彻落实较好。

2. 固定宽带家庭普及率

如图2－11所示，东兴市固定宽带家庭普及率高于广西平均水平，2017东兴市固定宽带家庭普及率为93.72%，接近100%。2018年和2019年，罗城仫佬族自治县、环江毛南族自治县、柳城县和东兴市固定家庭宽带普及率均低于广西平均水平，说明相较于广西境内其他地区，广西4个人口较少民族聚居县的整体基础设施建设进程缓慢，无法满足各族群众的广泛需求。

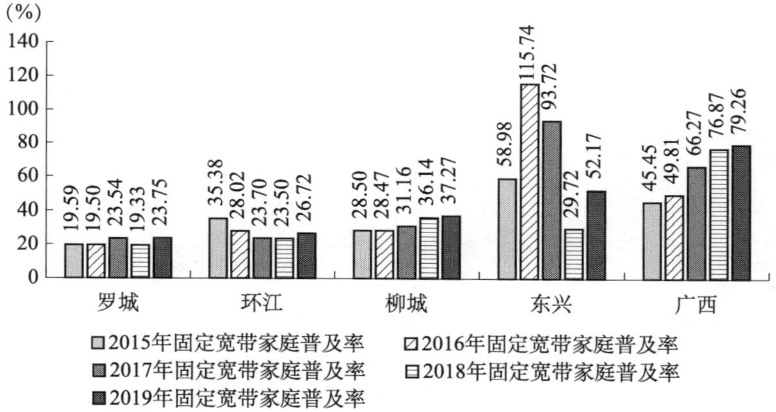

图2－11　2015—2019年固定宽带家庭普及率

3. 每万人口公路里程数

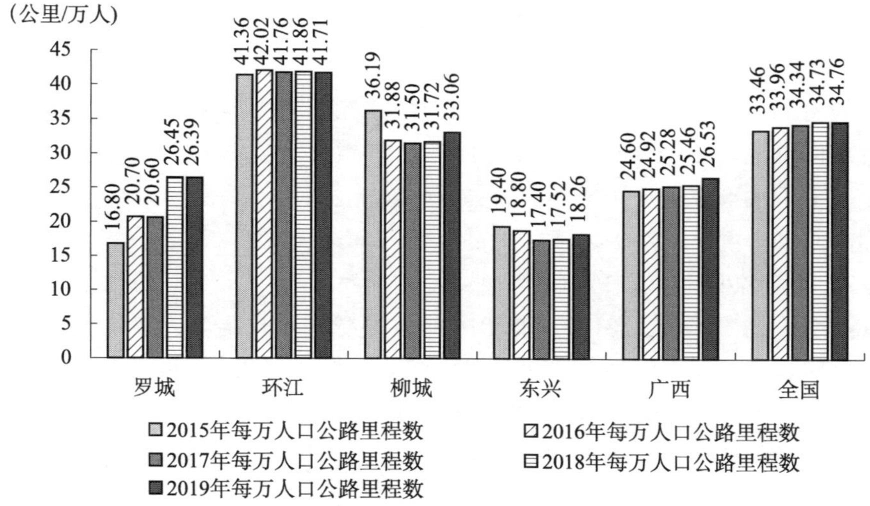

图2－12　2015—2019年每万人口公路里程数

如图 2－12 所示，环江毛南族自治县每万人口公路里程数高于广西和全国平均水平，柳城县每万人口公路里程数高于广西平均水平，略低于全国平均水平。情势最为严峻的是东兴市，每万人口公路里程数远远低于广西和全国平均水平。

4. 年人均用电量

如图 2－13 所示，2015—2019 年，东兴市年人均用电量远远高于广西平均水平，说明这三年东兴市电力基础设施建设取得显著成效。2017 年罗城仫佬族自治县、环江毛南族自治县和柳城县的人均用电量水平相差不大，略低于广西平均水平，说明这三个县的电力基础设施建设仍有待进一步强化。

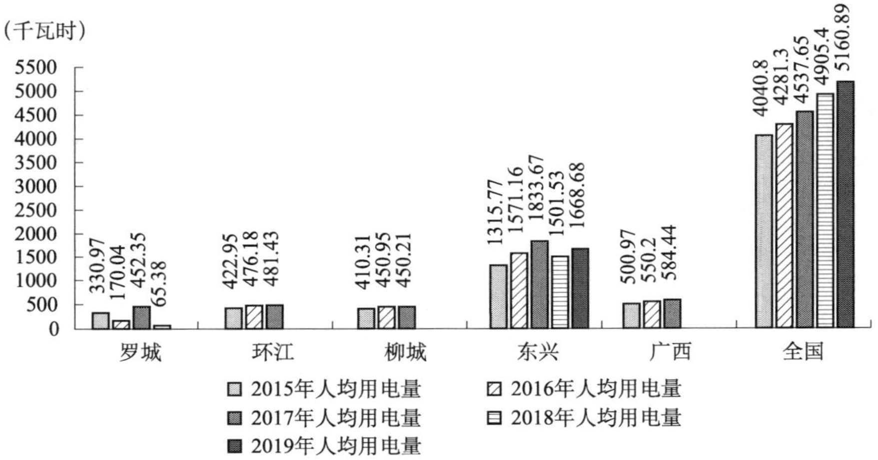

图 2－13　2015—2019 年年人均用电量

（六）广西人口较少民族地区民生保障关键指标评估

1. 每万人小学生在校生数

如图 2－14 所示，东兴市每万人小学生在校生数在广西和全国平均水平之上，2017 年，罗城仫佬族自治县和环江毛南族自治县每万人小学生在校生数在全国平均水平之上。柳城县的形势较严峻，五年来，每万人小学生在校生数都在广西和全国平均水平之下。

2. 每百名小学生专任教师数

如图 2－15 所示，2015 年和 2016 年罗城仫佬族自治县、环江毛南族自治县、柳城县每百名小学生专任教师数均高于广西平均水平，柳城县还高于全国平均水平。2017 年、2018 年和 2019 年，罗城、环江、柳城和东兴的每百名小学生专任教师数均高于广西和全国平均水平。整体来看，罗城仫佬族自治县、环江毛南族自治县、柳城县小学生专任教师配备较充足。

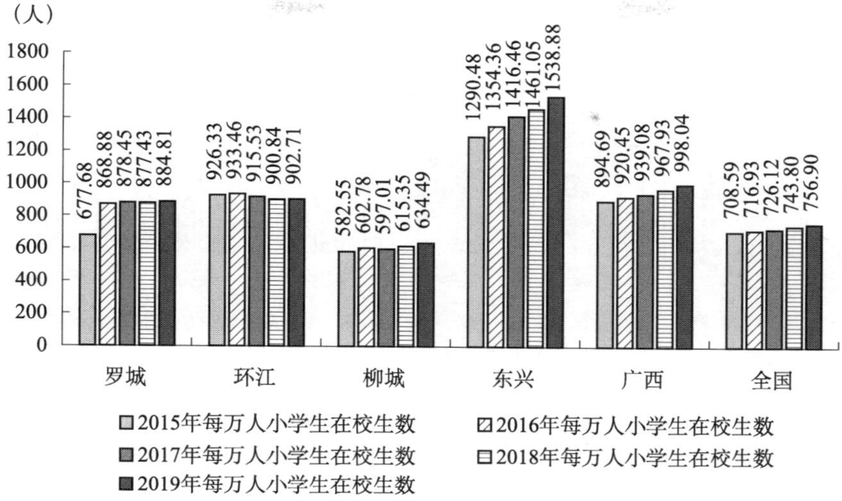

图 2－14　2015—2019 年每万人小学生在校生数

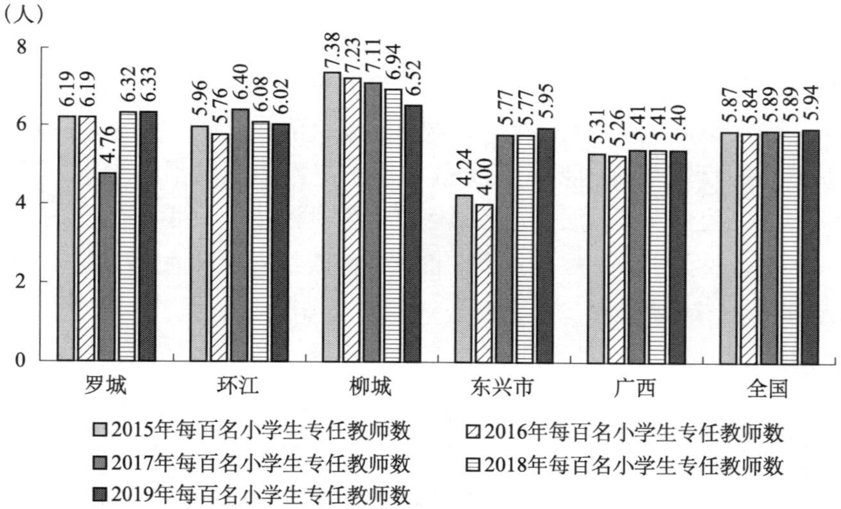

图 2－15　2015—2019 年每百名小学生专任教师数

3. 每万人医疗卫生机构床位数

如图 2－16 所示，柳城县每万人医疗卫生机构床位数几乎与广西平均水平持平，但低于全国平均水平，罗城仫佬族自治县、环江毛南族自治县、东兴市每万人医疗卫生机构床位数都低于广西和全国平均水平，说明广西 4 个人口较少民族聚居县的医疗设施条件有待加强。

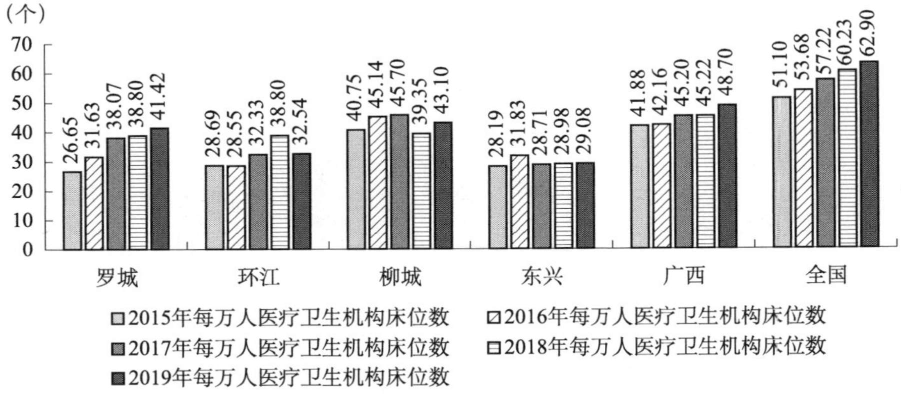

图 2－16　2015—2019 年每万人医疗机构床位数

4. 每万人医疗卫生机构技术人员数

如图 2－17 所示，2015 年和 2016 年东兴市每万人医疗卫生机构技术人员数高于广西和全国平均水平，其余三个县均低于广西和全国平均水平，2017 年罗城仫佬族自治县和东兴市每万人医疗卫生机构技术人员数高于广西平均水平，罗城仫佬族自治县增幅非常大，从 2016 年的 42.48 人增长到 2017 年的 61.68 人。2018 年，除东兴市外，罗城仫佬族自治县、环江毛南族自治县和柳城县每万人医疗卫生机构技术人员数均低于广西和全国平均水平，2019 年，广西 4 个人口较少民族聚居县每万人医疗卫生机构技术人员数均低于广西和全国平均水平。整体来看，广西 4 个人口较少民族聚居县卫生机构的专业技术人员还比较短缺，需要进一步补充力量。

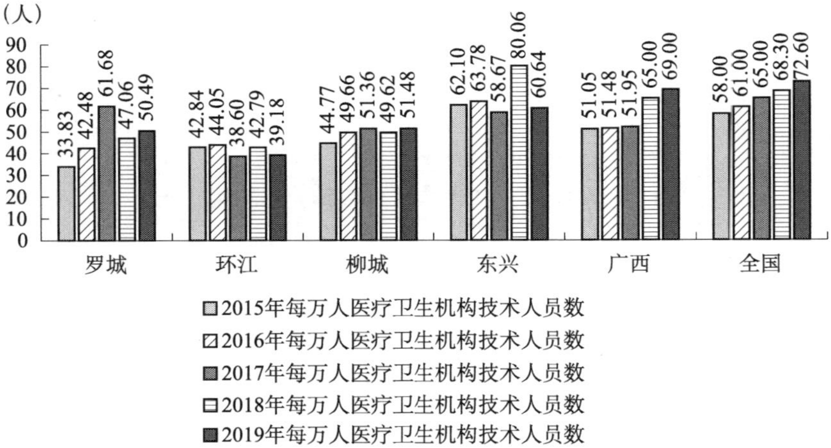

图 2－17　2015—2019 年每万人医疗卫生机构技术人员数

二、综合评估

（一）广西贯彻落实“十三五”促进民族地区和人口较少民族发展规划情况评价指标体系权重

表 2－2　“十三五”促进民族地区和人口较少民族发展规划情况评价指标体系权重表

序号	一级指标	二级指标	权重
1	经济发展	地区生产总值增速（%）	0.0558
2		人均固定资产投资额（元/人）	0.0521
3		规模以上工业总产值（万元）	0.0448
4	协调发展	工业增加值（亿元）	0.0467
5		第三产业增加值（万元）	0.0498
6	共享发展	农村贫困人口脱贫（万人）	0.0591
7		城镇居民人均可支配收入（元）	0.0542
8		农村居民人均可支配收入（元）	0.0598
9		城镇新增就业人数（人）	0.0438
10	绿色发展	耕地保有量（公顷）	0.0492
11		森林覆盖率（%）	0.0471
12	基础设施	移动电话普及率（%）	0.0435
13		固定宽带家庭普及率（%）	0.0437
14		每万人口公路里程数（公里/万人）	0.0465
15		年人均用电量（千瓦时）	0.0476
16	民生保障	每万人小学生在校生数	0.0557
17		每百名小学生专任教师数	0.0554
18		每万人医疗卫生机构床位数	0.0483
19		每万人医疗卫生机构技术人员数	0.0495
20	团结发展	全国民族团结进步创建示范区（个）	0.0474

（二）广西贯彻落实“十三五”促进民族地区和人口较少民族发展规划情况评价指标体系得分

本研究报告对“十三五”促进民族地区和人口较少民族发展规划情况采用综合评价法。综合评价法通过构建一个具有系统性的综合指标体系，运用特定方法计算出被评价对象的综合得分，从而对被评价对象的优劣进行判断。本研究报告所选用的是线性加权和法。线性加权和法是一种评价函数方法，是按各指标的重要性对它进行权重赋值，通过对指标数据的一致化处理后，与相应权重相乘并层层相加得出最后的评价得分。

如表2－3所示，五年来，广西4个人口较少民族聚居区的排名变化不大，2015年、2016年都是东兴市第一名，柳城县第二名，环江毛南族自治县第三名，罗城仫佬族自治县第四名。在2017年，环江毛南族自治县上升至第二名，柳城县第三名。在2018年、2019年，柳城县由于工业及第三产业增加值的快速增加，总体得分略微超越东兴市，位居四县之首，东兴市次之，环江毛南族自治县第三名，罗城仫佬族自治县第四名。总体来看，罗城仫佬族自治县、环江毛南族自治县与柳城县和东兴市的差距主要在四个方面，一是人均固定资产投资额，二是规模以上工业总产值，三是移动电话普及率，四是年人均用电量水平。

表2－3 “十三五”促进民族地区和人口较少民族发展规划情况评价指标体系得分表

	罗城	环江	柳城	东兴
2015年得分	69.95	86.06	100.63	121.75
2015年排名	4	3	2	1
2016年得分	69.67	83.66	99.45	125.47
2016年排名	4	3	2	1
2017年得分	66.30	102.11	94.87	125.45
2017年排名	4	2	3	1
2018年得分	69.15	74.14	85.80	83.57
2018年排名	4	3	1	2
2019年得分	69.41	74.40	86.27	85.78
2019年排名	4	3	1	2

（三）广西贯彻落实“十三五”促进民族地区和人口较少民族发展规划取得的成绩

“十三五”规划以来，东兴市在广西4个人口较少民族聚居区中成绩突出，经济发展稳中有进，2015年东兴市地区生产总值为85.44亿元，2018年地区生产总值为110.82亿元（2019年地区生产总值80.73亿元，2020年地区生产总值78.24亿元，较上年降低了2.9%），其地区生产总值增加了25.38亿元，地区生产总值年均增长率为9.9%；进出口额也逐年增长，至2019年，东兴市进出口总额已经达到了331.72亿元，较上年增长30.1%；此外，东兴市城镇人均可支配收入和农村人均可支配收入均高于其他三县（市），至2019年，东兴市城镇居民可支配收入达到了42704元，高出2019年全国城镇居民可支配收入（42359元）345元；2019年东兴市农村居民可支配收入为19659元，而全国同期农村居民可支配收入仅为16021元，东兴市则高出全国水平3638元；2019年东兴市县级“5+2”特色产业覆盖贫困户达92.8%，实现脱贫276户918人，“十三五”以来，东兴市累计754户2813人脱贫，全市贫困发生率从2015年的3.34%下降到0.0024%；2019年东兴市京族学校获“全区民族团结进步示范学校”称号，2020年东兴市获“全区民族团结进步示范县（市、区）”称号，江平镇山心村获“全区民族团结进步示范村”称号。

柳城县是广西壮族自治区工业重镇柳州的下辖县，经济发展良好，基础设施完备，2015年至2019年，其地区生产总值分别达114.21亿元、120.42亿元、136.36亿元、152.66亿元、161.26亿元，地区生产总值为广西4个人口较少民族聚居区最高；“十三五”以来，柳城的工业增长较快，2019年1—11月，柳城县规模以上工业增加值达40.9亿元，高列广西4个人口较少民族聚居区首位；2016至2019年累计脱贫6322户21103人，2020年剩余贫困人口400户875人全部达到脱贫摘帽标准，高质量完成全县全部贫困人口脱贫摘帽任务。

环江县和罗城县经济基础都相对较弱，但环江县近年来增速较快，2017年，环江县地区生产总值增长率为13.75%，成为四县市中经济增长最快的地区，2019年环江县地区生产总值达到55.6亿元，同比增长5.4%；2016—2019年环江县建档立卡贫困人口累计脱贫6.59万人，2020年，环江毛南族自治县实现了余下11个贫困村全部出列、1613户4974人脱贫摘帽，全面完成存量建档立卡贫困人口脱贫；2020年5月，环江退出贫困县序列，实现了整县脱贫摘帽和毛南族整族脱贫双重目标。罗城县虽然经济发展较为缓慢，但稳中有进，四年中，在民生方面做出了很好的成绩，2015—2019年，罗城县农村脱贫人口分别为2.02万人、2.36万人、1.16万人、2.29万人和2.37万人，五年累积脱贫10.2万人。

总的来说，广西4个人口较少民族聚居区都在各自不同的侧重面，在各个方面都取得了比较好的成绩，2015—2019年4个人口较少民族聚居区的地区生产总值年均增速高于全国平均增速，在基础设施建设、医疗卫生，基本公共教育、民生保障、脱贫攻坚方面都取得了不错的成绩，朝着“十三五”促进民族地区和人口较少民族发展规划中规定的人口较少民族聚居行政村的目标不断前进，有望如期完成“一达到，二退出，三保障，四通、八达”的发展目标。

（四）广西贯彻落实“十三五”促进民族地区和人口较少民族发展规划存在的问题

1. 4个人口较少民族聚居区之间发展不均衡

2017年东兴市的人均用电量为1833.67千瓦时，柳城县为450.21千瓦时。2017年环江毛南族自治县的人均公路里程数为41.76公里/万人，罗城仫佬族自治县的人均公路里程数为2.06公里/万人，东兴市的人均固投额为81345.10元，罗城仫佬族自治县的人均固投额为9114.29元。这些数据可以看出4个人口较少民族聚居区之间发展不均衡。

2. 基础设施不够完善

除东兴市外，其他3个县的电力基础设施需要进一步加强，近三年除东兴市外，其他3个县（市）的人均用电量均低于广西和全国平均水平。电信基础设施有待加强，近三年广西4个人口较少民族聚居区的互联网宽带接入用户占总户数比重都在广西平均水平之下；罗城仫佬族自治县的交通基础设施极为薄弱，罗城仫佬族自治县的人均公路里程数远低于广西和全国平均水平。

3. 创新驱动发展动力不足

广西壮族自治区4个人口较少民族聚居县普遍存在科技创新能力不足的问题，缺乏创新活力，研究与试验发展经费投入较低，当地普遍将资金投入基础设施建设，基本公共事业，特色产业发展上，对科技的创新的重视不够，投入不足，普遍缺乏科研创新的活力和氛围，创新人才短缺，缺乏稳定的资金来源支撑创新发展。

第五章

提升《“十三五”促进民族地区和人口较少民族发展规划》实施效应的政策建议

一、加大宣传力度，提高人口较少民族群众的参与度

充分调动人口较少民族主体的积极性，发挥他们的主观能动性，加大政策的宣传解释力度，广泛动员各族群众认识政策、支持政策、参与政策实践不断拓宽人口较少民族群众、人口较少民族聚居地区的各级颁布参与决策的途径，沟通信息的渠道，及时收集各方面意见和建议，确保决策的科学化、民主化①。政府可以根据人口较少民族地区的实际情况和民众的现实需要，注重推进参与式扶持方式，使政策执行和群众的参与密切结合起来，激发人口较少民族群众的内在潜力，积极发挥人口较少民族群众的主体性作用，提高扶持人口较少民族发展政策的实施效果。

二、加强监督，完善考核机制

任何一项政策要达到真正有效的目标，只有好的政策不行，还需要很好地去贯彻和执行。加强对人口较少民族聚居县（市）项目的督促检查，将定性指标与定量指标有机结合，可引入分析方法系统研究和分析各地扶持人口较少民族发展政策实践的成效，及时总结经验。将扶持人口较少民族发展工作纳入

① 李若青：《云南扶持人口较少民族发展政策的实践对策研究》，云南大学，2011 年 .

各人口较少民族聚居县（市）和自治区扶持人口较少民族发展绩效考评范围。当前对村干部特别是驻村干部的考核，多是以上对下的形式，不够民主化。因此健全村干部的考核测评机制，应引入村民民意调查实绩分析，最终的考核标准要以乡镇领导考核意见与村民民意调查实绩分析结果按一定比例进行加权。鉴于当前“扶少”政策的大力实施，项目资金的使用情况是实施过程的棘手问题。因此要建立村级干部经济责任审计制度，对村两委定期进行公开的经济责任审计，审计过程通过村民大会、公开栏等方式在村内公示，接受群众监督①。

三、各部门联动，加强协作，齐心协力抓好落实

落实好扶持人口较少民族发展政策，相关执行部门之间的协作与联系是一个关键。信息是纽带，相关执行部门要加强沟通和协调，在明确各自监管责任的同时，要防止各自为政，应多交流协作，多支持配合，发挥集群优势，进行资源整合，提高扶持人口较少民族发展政策执行中的工作效率②。

四、加大对民族文化传承与开发的扶持力度

促进人口较少民族经济、社会快速发展的人口较少民族扶持政策，关注的不应该仅仅是人口较少的社会经济各项指标的增长，更重要的应该是人口较少民族的整体进步与发展。广西 4 个人口较少民族聚居县具有独特的民族文化，仫佬族依饭节、毛南族肥套、毛南族花竹帽编织技艺、京族独弦琴、京族哈节都是国家级非物质文化遗产。

要深入挖掘民族文化资源，做好民族传统文化的传承开发，发展特色文化产业，开发特色文化产业项目，打造民族文化品牌，推动本地特色文化产业的发展，培养高素质的民族文化人才，积极探索“文化 +”产业发展新模式，促进文化与科技、旅游、农业、制造业等跨界融合发展。

五、将促进人口较少民族地区发展与乡村振兴战略结合起来

我国人民日益增长的美好生活需要和不平衡不充分的发展之间的矛盾在乡村最为突出，全面建成小康社会和全面建设社会主义现代化强国，最艰巨最繁

① 汪月：《贵州省扶持人口较少民族发展政策实证研究》，贵州民族大学，2017 年.

② 阿娜尔：《扶持人口较少民族发展政策实证研究》，内蒙古农业大学，2010 年.

重的任务在农村，最广泛最深厚的基础在农村，最大的潜力和后劲也在农村。党的十九大报告提出乡村振兴战略，为人口教授少数民族地区发展迎来了机遇，广西4个人口较少民族聚居县涉及38个乡镇，440个乡村，乡村振兴离不开人口较少民族聚居区乡村的振兴，人口较少民族聚居区要抓住这一机遇，紧跟时代潮流，推进乡村经济、社会、文化各项事业快速发展。国家层面应该统筹规划，分类指导，因地制宜，同步推进人口较少民族地区发展和乡村振兴战略。国家乡村振兴战略规划分别明确了到2020年全面建成小康社会和2022年党的二十大召开时的目标任务，结合人口较少民族聚居区的实际、特点、承受能力出台相适应的配套政策，不搞“一刀切”。根据人口较少民族聚居区发展现状和需要分类有序推进乡村振兴，要针对经济和社会发展情况不同的地区采取差别化政策，下达各项责任目标前要进行评估分类，视各地不同情况下达相应任务①。

---

① 敖金富：《人口较少民族聚居区如何实施乡村振兴战略》，《中国民族报》2018年7月27日第007版.

第六章

《“十四五”促进民族地区和人口较少民族发展规划》的有关建议

一、坚持五大发展理念，推动人口较少民族地区经济社会发展

牢固树立并切实贯彻创新、协调、绿色、开放、共享的发展理念，创新、协调、绿色、开放、共享发展理念内涵丰富，创新是发展的动力，协调是发展的方法，绿色是发展的模式，开放是发展的途径，共享是发展的目的，五大发展理念是一个紧密联系的整体。五大发展理念切中了当前我国发展中的突出矛盾和问题，集中体现了今后五年乃至更长时期我国的发展思路、发展方向、发展着力点，深刻揭示了实现更高质量、更有效率、更加公平、更可持续发展的必由之路，必将对中国未来发展产生深远影响。在“十四五”促进民族地区和人口较少民族发展规划中应该继续以五大发展理念为指导，不断推动人口较少民族地区经济发展。

二、适当调整政策的扶持范围

根据“十三五”期间人口较少民族发展的现有基础和当前存在的主要问题，重新确定发展目标、重点和具体任务。在政策制定时应将人口较少民族作为一个利益群体考虑，而不是强调个体利益的实现，在目前扶持人口较少民族已取得显著成效的前提下，将单一扶持人口较少民族聚居地的有限范围扩大到同区域内各民族的共同发展，共同进步，实现民族因素与区域因素的结合，也

体现了同区域内各族群众平等权利的保护，带动人口较少民族所在区域的整体发展，在人口较少民族地区营造一种良好的发展态势。

三、继续加强基础设施建设

经过十几年的持续推进发展，人口较少民族地区的基础设施建设有了很大提高，但是与其他地方相比还比较落后，而且各少数民族地区基础设施建设不均衡，人口较少民族地区人民群众的生产生活条件还需要不断改善，基础设施薄弱仍然是人口较少民族地区发展的一块短板。在“十四五”促进民族地区和人口较少民族发展规划中应继续加强对人口较少民族地区基础设施建设的投资力度，在基础设施建设扶持政策上要结合上一轮的成效，对人口较少民族地区进行差别化扶持。加强人口较少民族地区的信息通信网络、铁路通道、公路通道建设，尤其加强边境地区的水利设施建设，大力推进农村饮水安全巩固提升工程，继续加大对边境地区交通道路、农田水利、人畜饮水、危旧房改造等基础设施建设资金投入力度，切实解决边境地区水、电、路基础设施。

同时，要加强民生保障基础设施建设，提高公共服务均等化水平。加强基本公共教育、基本医疗卫生、基本社会服务，基本住房保障、基本公共文化体育的扶持力度，让人口较少民族地区的人民群众享受均等的公共服务，在学有所教、劳有所得、病有所医、老有所养、住有所居等方面持续取得新进展，基本公共服务主要领域指标接近全国平均水平，广大群众享有基本公共服务的可及性显著提高。

四、加强科学技术和人才培养的扶持力度

2016 年，中共中央、国务院印发的《国家创新驱动发展战略纲要》指出，在我国加快推进社会主义现代化、实现“两个一百年”奋斗目标和中华民族伟大复兴中国梦的关键阶段，必须始终坚持抓创新就是抓发展、谋创新就是谋未来，让创新成为国家意志和全社会的共同行动，走出一条从人才强、科技强到产业强、经济强、国家强的发展新路径，为我国未来十几年乃至更长时间创造一个新的增长周期。习近平总书记也强调：“谁牵住了科技创新这个牛鼻子，谁走好了科技创新这步先手棋，谁就能占领先机、赢得优势。”在兴边富民行动中将区域特点与科技创新结合起来，牢固树立“科学技术就是第一生产”观念，加强研究与试验发展经费投入强度，以科技创新推动体制机制创新，实现科技创新关键在人才，人口较少民族地区面临着缺乏各类人才的问

题，国家的投入，在“十四五”促进民族地区和人口较少民族发展规划中，可以加强对人口较少民族地区的科技扶持，人才扶持，同时人口较少民族地区也不能忽视自身的作用，要营造尊重知识、尊重人才的社会氛围，实施人口较少民族专业技术骨干人才培训计划，进一步完善对人口较少民族特色班的开办、专门人才的培训、高层次人才培养计划设置与资助，从“输血”和“造血”两个方面提高人口较少民族地区的自主创新能力，走创新驱动发展之路。

五、坚持扶少与扶智相结合

人口较少民族地区普遍面临教育基础设施落后、师资力量缺乏、教育观念落后的问题，这对人口较少民族地区的发展非常不利。教育决定国家和民族的未来，是一个国家和民族最重要的事业。教育是基础性事业，它的发展关系到国家每一个行业，是牵一发而动全身的关键领域，其水平直接决定了社会的发展水平。建设社会主义现代化强国，人才是最重要的，而人才的出现是与教育事业密不可分的，国家建设正在以高速的形式发展着，这需要教育提供强劲的人才动力。人口较少民族地区的发展，离不开人才支持，离不开科技创新，人才培养和科技创新都要以教育的发展为前提。因此，扶持人口较少民族发展要把教育放在事关根本、基础、长远的位置上考虑，加大对民族地区教育资金的倾斜，设立人口较少民族招生专项计划，探索对未进入高中阶段学习学生实施 3 年中职义务教育模式。建议国家比照免费师范生培养制度，率先在民族类高校、农林医科等院校启动免收费的人口较少民族招生专项计划，要求专项计划毕业生从哪里来回哪里去工作 5—10 年，服务期满后鼓励留下也可以自谋职业①。人口较少民族地区发展需要完善的教育保驾护航，在“十四五”人口较少民族地区发展规划的制定过程中要着重增加教育的扶持力度，全方位、立体化促进人口较少民族地区的教育发展，为当地经济社会创新发展提供智力保障。

六、加大人口较少民族地区的特色产业的扶持力度

我国人口较少民族地区特色资源禀赋各异，利用各自的资源禀赋条件走好特色产业发展之路，能帮助人口较少民族地区步入全面建成小康社会的快车

① 欧元明：《第二轮扶持人口较少民族发展规划中期成效与思考》，《中南民族大学学报（人文社会科学版）》2015 年第 4 期.

道。“十四五”人口较少民族地区发展规划中要继续扶持地方特色优势主导产业，支持发展产业化示范基地、龙头企业，增强县域经济发展实力。扶持人口较少民族地区建设一批特色产业示范基地，继续创建国家现代农业产业园，推动现代特色农业示范区增点、扩面、提质、升级发展。打造特色农业品牌，发挥电商进农村试点示范效应，实施“互联网＋”农产品出村进城工程，利用电子商务进农村综合示范项目的契机，积极组织开展树品牌创名牌活动，打造一批优质农产品商标知名品牌。提质发展特色园区，改造升级传统产业，围绕供给侧结构性改革，持续推动有色金属、林产加工、茧丝绸、制糖等传统产业结构调整和改造提升，重点产业持续加快发展。结合当地文化特色，扶持旅游文化产业发展，深化旅游基础设施攻坚战，开发具有民族特色的旅游项目，促进民族特色旅游繁荣发展。

七、继续加强民族团结教育

党的十九大报告指出：全面贯彻党的民族政策，深化民族团结进步教育，铸牢中华民族共同体意识，加强各民族交往交流交融，促进各民族像石榴籽一样紧紧抱在一起，共同团结奋斗、共同繁荣发展。民族团结进步事业是中国特色社会主义事业的重要组成部分，反映了全国各族人民的共同意志，符合各族人民的根本利益，是新形势下民族工作的重要内容。做好民族团结工作，既要重视思想教育，又要重视解决实际问题；既要搞好团结，又要推动进步；既要抓好物质层面的项目建设，也要抓好精神领域的思想建设，把改善民生和凝聚民心统一起来；既要开展集中性的活动，更要统筹安排、扎实推进。“五个认同”作为新时代我国民族关系理论的重要组成部分，作为习近平新时代民族工作思想的重要组成部分，作为习近平新时代中国特色社会主义思想的重要内容，是深化民族团结进步教育工作的思想基础。在“十四五”人口较少民族地区发展规划中要继续将完善民族团结进步创建体系作为重要内容，推进民族团结进步创建工作精准化、规范化、社会化、法制化、常态化，推进民族团结进步教育基地建设。

第三部分

广西贯彻落实兴边富民行动『十三五』规划篇

第一章

绪　论

一、研究背景、意义

（一）研究背景

我国陆地边界线东起辽宁省丹东市的鸭绿江口，西临广西壮族自治区防城港市的北部湾畔，总长度约 2.2 万公里，按逆时针顺序分别与朝鲜、俄罗斯、蒙古、哈萨克斯坦、吉尔吉斯斯坦、塔吉克斯坦、阿富汗、巴基斯坦、印度、尼泊尔、不丹、缅甸、老挝、越南共 14 个国家接壤。边境地区地处我国对外开放的前沿，蕴藏着许多能源资源，是我国重要的生态保护屏障和国防战略资源储备区，在全国改革发展稳定大局中具有重要的战略地位。我国既有悠久的历史和众多的民族，又有广袤的疆域和漫长的边境，并且少数民族主要聚居在边疆地区、边境一线。而边境地区发展基础薄弱、发展能力较低、资源禀赋各异、民族构成复杂。我国边境地区地域辽阔，与 14 个国家接壤，且与接壤国家关系多变，影响和威胁边境安全的各种因素交接，治理好边疆地区，始终关系国家统一、民族团结的大局。

“天下未乱边先乱，天下已定边未定，观边疆治乱兴衰，可知国家统一还是分裂，国力强盛还是贫弱，民族和睦还是纷争，都与边疆稳定与否有着密切的联系。”[①] 由费孝通先生关于边疆治乱和国家统一的阐述，可看出边疆对于一个国家的重要性。中央历来高度重视边境地区工作。“边境富才能固边防，边境兴才能兴边疆。”边疆地区的稳定繁荣关系到民族的团结与祖国的统一。1950 年时，邓小平同志即指出：只有解决好了少数民族问题，才能解决好我国的国防问题。为响应党中央、国务院关于实施西部大开发的战略决策，国家民委于 1999 年倡议发起“兴边富民行动”，旨在“富民、兴边、强国、睦邻”。这一行动的推进实施，大大改善了边境地区各族人民的生产生活条件，巩固了各民族平等团结的大好局面，维护了祖国边疆的安全稳定，增进了中外睦邻友好的关系。“十三五”时期是我国全面深化改革的关键时期，也是边境地区全面建成小康社会的决胜阶段。推动落实《兴边富民行动“十三五”规划》，坚持富民为先、改善民生，切实让边境地区的困难群众精准脱贫、迈进小康，确保边境地区同全国一道全面建成小康社会，符合当前全面建成小康社会战略目标的基本要求。

党的十八大以来，在以习近平同志为核心的党中央坚强领导下，兴边富民行动取得了显著成效。时下正值“十三五”建设关键时期，我国经济发展进入新常态，国际国内发展环境更加复杂多样，边疆地区发展呈现新的特点，面临着的是新一轮的机遇也是新一轮的挑战。一方面，边疆地区面临脱贫攻坚和实现全面小康双重任务、发展经济和保护环境双重责任、加快发展和维护团结稳定双重压力。2020 年是新中国历史上具有里程碑意义的一年，也是极不平凡的一年。在这一年，全面建成小康社会取得伟大历史性成就，决战脱贫攻坚取得决定性胜利。历经 8 年，现行标准下近 1 亿农村贫困人口全部脱贫，832 个贫困县全部摘帽，“一带一路”建设加快推进，区域协调有序发展，脱贫攻坚全面展开，边疆地区奔小康行动深入实施。国家对民族地区、边疆地区、贫困地区全方位扶持力度不断加大，少数民族和民族地区面临难得的发展机遇。

为了破除多重问题和困难，加快边境地区经济社会发展，加强民族团结，巩固祖国边防，维护国家统一，增进中外睦邻友好，国务院印发《兴边富民行动“十三五”规划》（国办发〔2017〕50 号），该规划明确国家扶持的边境县涵盖 140 个边境县（市、区、旗），也涵盖了 58 个新疆生产建设兵团边境团场。为全面贯彻落实党的十九大精神和《国务院办公厅关于印发兴边富民行动“十三五”规划的通知》要求，广西出台了《广西壮族自治区人民政府办

---

① 费孝通：《致“兴边富民行动”领导小组的一封信》，《民族团结》2000 年第 3 期．

公厅关于贯彻落实兴边富民行动“十三五”规划的实施意见》。国家和自治区都出台了相关政策大力开展兴边富民行动，政策实施以来，广西的贯彻落实情况如何，实际效果如何，存在哪些问题，如何提升成效，都是非常值得关注的问题。

（二）研究意义

近年来边境地区实现较快发展，不可忽视“兴边富民行动”的推动作用。我国边境地区国境线漫长，毗邻国家众多，少数民族众多，我国边境地区除了要应对外在的敌对势力的影响，还要应对内在的民族问题分歧。边境地区生存环境比较恶劣、条件比较艰苦，地形多以崇山峻岭、戈壁荒漠为主，导致建设基础设施成本提高进而导致各项基础设施薄弱。边境地区人口贫困占总人数比例较高，社会发展程度低，脱贫困难，导致社会生活水平比较落后。边境地区经济发展迟缓，资金问题较突出，当地政府财政收支严重不平衡，稳定发展以及维护国家主权和领土完整的任务艰巨，在这种特殊的区情前提下，边境地区的民族政策、宣传工作就起到不同寻常的作用，高质量持续推进兴边富民行动，是边境地区同全国人民一道进入全面小康社会的先决条件。

经过多年的改革和开放与社会主义经济的建设，我国大部分地区已经步入了向小康社会发展的道路，而边境地区的经济与城市化发展还没有获得较大改观。为了推动全面发展，我党提出了西部大开发的战略，期望通过实施“兴边富民行动”振兴边境，推动落后地区发展，增强民族团结和巩固万里长疆。“兴边富民行动”实施的目的是使边境民族地区成为真正的受益者，兴边富民行动现已成为我国少数民族现阶段发展的新途径。

在各有关地方和部门共同努力下，兴边富民行动持续推进，取得显著成效，特别是通过实施兴边富民行动“十一五”“十二五”规划，边境地区综合经济实力明显增强，基础设施和基本公共服务体系不断健全，边民生产生活条件大幅改善，对外开放水平持续提高，民族团结和边防巩固效果突出，各族群众凝聚力和向心力显著增强，为边境地区全面建成小康社会奠定了坚实基础。

因此，本课题结合兴边富民行动“十三五”规划的量化指标和工作重点，构建评价指标体系对广西区兴边富民行动“十三五”规划的贯彻落实情况进行定量评价，实证分析其贯彻落实现状及存在问题，进而提出相应的绩效提升对策。这对于提升兴边富民行动“十三五”规划的落实质量，确保自治区与全国同步实现小康具有至关重要的实践价值。

二、文献综述

陈建樾（2020）认为，在充分肯定兴边富民行动20年来取得巨大成就的同时，我们也应该注意到兴边富民行动还没有完全实现其行动的目标，进而提出新时代新一轮“兴边富民行动”应着力提升的路径与方向。胡超等（2020）认为，兴边富民行动20年，既积累了一定经验，也面临着现实困境，亟须转向，兴边富民行动理念需要从“输血”转向“造血”；行动主体需要从政府“独唱”转向政府、社会力量和边民的三方“合唱”；而行动方式需要从缩小均值差距的“大水漫灌”转向满足个性化、多样化需求的“精准滴灌”。刘玲（2020）以兴边富民行动的实施为例，展现边疆地区团结与发展目标的实现过程。陈默等（2019）对吉林省“兴边富民”政策进行了经济绩效评估。张英（2019）提出新时代下要加强对兴边富民政策的理论研究和绩效评估，完善顶层设计；重视政策叠加问题，加强政策间的有效协同研究；加大案例研究，建立案例库和数据库，总结经验与教训。冯志勇（2018）以正确理解兴边富民行动之差别化政策内涵为切入点，追溯了差别化政策制定的理论渊源，分析了差别化政策实施的现实依据，并讨论了差别化政策在当前兴边富民行动中的时代价值，存在的问题并针对这些问题，提出了促进当代中国兴边富民战略顺利实施的对策。胡超等（2016）以广西和云南实施兴边富民行动的经济绩效为研究对象，采用双重差分模型对其经济绩效进行评估，认为一方面我国边境地区经济结构仍处于低级阶段，经济发展相对落后，另一方面兴边富民行动确实促进了边民收入的提高和边境地区产业结构的升级，因此应继续实施并加大实施力度。楠顶（2016）梳理了该政策的主要任务及措施，对“十一五”“十二五”期间内蒙古“兴边富民行动”的执行成效进行了比对研究，阐述了“兴边富民行动”这一政策在内蒙古执行中存在的一些问题并对政策执行偏差提出了矫正建议。管谦（2013）在明确界定兴边富民行动政策绩效内涵和结构基础上，运用分析法建构兴边富民行动绩效多指标评估体系，对内蒙古边境旗市兴边富民行动实施效果进行评价。战成秀（2013）采用文献研究方法、比较研究方法、案例研究方法、综合研究方法对关于兴边富民成果进行归纳分析，从实施过程中客观地总结出影响当代中国兴边富民战略实施的若干因素。吴海琼（2013）以广西边境地区8个县（市、区）为例，对涉及经济社会发展的相关指标数据进行特征值分析，得出广西边境地区经济发展能力存在区域总体水平提高、区域差距扩大的特点。王茜芬（2012）以新疆塔城地区额敏县为研究对象，对兴边富民行动的政策进行探讨，认为开展兴边富民行动是民族发展、民族团结的需要，更是国家安定的需要。王飞、严涛（2011）利用内蒙古边境旗市统计数据定量分析了兴边富民行动的实施效果。

三、政策梳理

（一）国家层面的政策

兴边富民行动，是1999年由国家民委联合国家发展改革委、财政部等部门倡议发起的一项边境建设工程。宗旨就是振兴边境、富裕边民。通过强化政府组织领导，广泛动员全社会参与，加大对边境地区的投入和对广大边民的帮扶，使边境地区尽快发展起来，边民尽早富裕起来，在发展中进一步增强爱国主义感情并加强各民族大团结，最终达到富民、兴边、强国、睦邻的目的。

1999年，江泽民同志在西北五省国有企业改革和发展座谈会上的讲话打开了西部大开发中加快边境地区的少数民族发展的局面。西部大开发战略为“兴边富民行动”向深度和广度发展提供了一个千载难逢的机会。根据中央的总体部署，国家民委联合国务院的有关部门提议实施兴边富民行动。1999年底，国家民委发布《国家民委关于进一步推进“兴边富民行动”的意见》，在充分认识“兴边富民行动”的重要意义的基础上，将“兴边富民行动”推向新的阶段。

2000年2月24日，国家民委在人民大会堂举行新闻发布会，宣布兴边富民正式启动。在此期间，国家民委按照试点先行、重点突破、总结经验、逐步推进的原则，首先在10个边境省区确定了10个试点县（旗），分别为内蒙古自治区达茂旗、黑龙江省同江市、吉林省珲春市、辽宁省宽甸满族自治县、甘肃省肃北蒙古族自治县、新疆维吾尔自治区霍城县、新疆生产建设兵团农五师89团、西藏自治区岗巴县、云南省麻栗坡县和广西壮族自治区靖西县。明确中央财政设置专项基金，额度为每年5100万元。

2001年国务院发布《全国兴边富民行动规划纲要（2001—2010）》，该纲要的奋斗目标是明显改善边境地区经济社会基础设施条件，各族群众脱贫致富，综合经济实力和社会事业得到提高。

2007年国务院印发了《“兴边富民行动”十一五规划》。该规划明确规定了在“十一五”期间兴边富民行动的总目标：重点解决边境地区发展和边民生产生活面临的特殊困难和问题，不断增强自我发展能力，促进经济加快发展、社会事业明显进步、人民生活水平较大提高，使大多数边境县和兵团边境团场经济社会发展总体上达到所在省、自治区和新疆生产建设兵团中等以上水平。具体目标：一是边境地区交通、电力、水利等基础设施落后状况明显改善，边境一线的茅草房、危旧房基本消除。二是贫困边民的基本生活得到保障，边境农村最低生活保障制度加快建立。三是社会事业得到较快发展，边民教育、卫生、文化等基本公共服务条件明显改善。四是县域经济发展能力明显增强，地方财政收入和居民收入水平较大幅度提高。五是边境贸易得到较快发展，重点边民互市点和口岸设施建设得到加强，对外经济技术合作领域继续扩大。六是生态环境保护和建设取得重要进展。七是社会治安状况良好，睦邻友好关系进一步巩固，民族团结进步事业全面发展。

2011 年国务院印发了《“兴边富农行动”规划（2011—2015 年）》。该规划明确规定“十二五”期间发展目标为：一是基础设施进一步完善。边境地区具备条件的乡镇通沥青（水泥）路、建制村通公路，建制村通沥青（水泥）路的比例显著提高。沿边境地区以及通主要口岸、边民互市贸易点、边防派出所、边防哨所、旅游点的交通状况显著改善。农村饮水安全、无电人口用电问题得到解决。清洁能源普及率明显提高。信息基础设施进一步改善。生态环境保护和建设取得重要进展。二是边民生活质量明显提高。贫困人口明显减少，城乡居民收入大幅提高，社会就业更加充分。农村危房数量显著下降。社会保障制度进一步健全，实现城乡社会救助全覆盖。三是社会事业长足进步。教育、卫生事业发展水平全面提高，边民上学难、看病难的问题基本得到解决。边民文化需求基本得到满足，边境文化安全得到加强。四是民族团结、边防巩固、睦邻友好。民族团结进步事业深入发展，边民的国家意识、国民意识、国防意识进一步增强。爱民固边系列创建活动深入推进，维稳控边能力进一步增强。与邻国友好往来更加密切。五是沿边开发开放水平显著提升。口岸功能更加完备，边境贸易稳步发展，边境经济合作区辐射和示范作用增强，吸引境内外投资大幅增长，合作层次和水平提高。六是特色优势产业较快发展。经济结构调整步伐加快，产业布局趋于合理，特色优势产业初步形成，县域经济得到较快发展，自我发展能力进一步提高。

2017 年国务院印发《兴边富民行动“十三五”规划》明确了发展目标为：到 2020 年，边境地区同步全面建成小康社会，基础设施进一步完善，服务发展和保障边防能力全面提升；民生保障水平进一步提高，边民安居守边条件全面改善；特色优势产业较快发展，支撑群众居边致富作用全面增强；深度融入“一带一路”建设，沿边开发开放水平显著提高；生态环境保护取得明显成效，经济社会与生态环境实现协调发展；民族团结基础进一步夯实，边境地区安定和谐局面更加巩固。

2019 年，中央出台深入推进兴边富民行动文件，把兴边富民行动提到更高的高度，以铸牢中华民族共同体意识为主线，基于边境地区同时也是少数民族聚居区这一基本情况，扎实推进兴边富民行动，推动各民族共同团结奋斗、共同繁荣发展，不断增强广大边民对伟大祖国、中华民族、中华文化、中国共产党、中国特色社会主义的认同。

（二）自治区层面的政策

2000 年，广西出台了《关于加强广西边境建设的若干意见》，计划集中财力、物力和人力，历经两年左右在边境 8 个县（市、区）开展边境建设大会战。2000 年以来实施了 4 次兴边富民行动边境基础设施大会战。大会战的重点是通过加强交通、信息、教育、卫生等基础设施建设，使边民的生产生活水平明显提高。

2000 年广西启动第一轮大会战，广西出台了《广西边境建设大会战实施方案》，确定广西边境建设的 14 个项目，计划总投资 19.2 亿元，其中自治区财政补助 2.98 亿元，部门配套 14.28 亿元，地县自筹（主要是投工投劳）1.94 亿元。14 个项目包含交通、教育、卫生、人畜饮水、乡镇文化站建设、乡镇邮电所改造、乡镇农贸市场、乡镇机关干部宿舍、村村通电工程、村村通电话、村村通广播电视 、村委会办公用房 、村计生服务站 、贫困户茅草房改造。

2008 年 6 月，自治区政府办公厅印发经自治区十一届人民政府第 8 次常务会议通过的《广西兴边富民行动基础设施建设大会战实施方案》，启动广西第二次边境地区建设大会战。用一年时间对距边境线 0—3 公里范围内的村屯进行综合治理，使距边境线 3 公里范围内村屯的基础设施、公共设施明显改善，达到全区中等以上水平，为边民脱贫致富、建设小康社会打下坚实基础。

2009 年 7 月，自治区政府印发《边境 3—20 公里兴边富民行动基础设施建设大会战实施方案》，启动第三轮大会战。自治区党委、政府决定延伸边境建设区域，继续集中人力、物力、财力，用两年时间，开展边境 3—20 公里范围兴边富民行动基础设施建设大会战，并列为 2009 年自治区人民政府为民办 10 件实事之一。大会战范围包括边境 8 县（市、区）以及享受边境县待遇的天等县、德保县离边境线 3—20 公里范围内的村屯。重点解决村屯道路、饮水、茅草房改造、用电、沼气池、耕地开垦整理、卫生、教育、广播电视等群众最关心、最直接、最迫切的问题。通过大会战，使3—20公里范围内的建制村全部通标准四级公路，20户以上村屯基本通屯级路，全部解决居民饮水难和饮水安全问题，全部改造居民茅草（危）房，村村有合格卫生室。

2010年，广西出台了《关于进一步改善广西边境群众生产生活条件加快边境地区发展的意见》（桂发〔2010〕24号），要求集中人力、物力、财力，加快兴边富民行动步伐，解决边境地区，特别是距陆地边境线0—20公里的乡(镇)、村发展难、群众行路难、住房难、吃饭难、饮水难、求学难、求医难等方面的问题。2011年，广西出台了《关于落实〈兴边富民行动规划(2011—2015)〉的实施意见》，力争至2015年，边境地区能够实现在建设、发展、提高、团结、稳定等方面的大进步。

2012年广西出台了《广西壮族自治区兴边富民行动大会战实施方案》（桂政办发〔2012〕313号），开始实施第四轮大会战。大会战的总体目标是：进一步提高边境群众基本生活条件，持续巩固我区边境地区产业发展基础，维护边境地区稳定，加强守土固边建设。通过重点加强边境一线乡村发展后劲，以及着重解决边境群众生产生活困难，使边境群众行路难、饮水难、用电难、求医难、住房难、上学难、增收难等落后面貌得到根本性扭转，实现边境地区扶贫对象不愁吃、不愁穿，保障其义务教育、基本医疗和住房。继而全面推进我区兴边富民行动，促进边境地区迈进全区“富民强桂”的发展行列。大会战的建设任务是：边境乡村实现“八通”。促进具备条件的边境村屯和边境哨所实现通水、通电、通路、通电话、通广播电视、通网络、通客运班车、通边贸点。边境群众得到“八有”。保障边民有基本农田、有安居住房、有村级公共服务中心、有乡（村）卫生院（室）、有清洁能源设施、有农贸市场和边贸设施体系、有稳定增收产业、有基本社会保障。

2018年广西出台《广西壮族自治区人民政府办公厅关于贯彻落实兴边富民行动“十三五”规划的实施意见》。明确“十三五”时期，广西要完成六个方面的主要任务。一是强力推进边境地区基础设施建设；二是围绕民生安边全力保障和改善边境地区民生；三是围绕产业兴边大力发展边境地区特色优势产业；四是围绕开放睦边着力提升沿边开发开放水平；五是围绕生态护边加强边境地区生态文明建设；六是围绕团结稳边通力维护民族团结和边防稳固。

2020年，广西出台《广西兴边富民行动示范创建验收办法（暂行）》，对2019年出台的《关于开展兴边富民行动示范创建工作的指导意见》进一步细化，重点明确了验收对象及时间、验收评分体系、验收标准、验收程序和验收结果运用，确定将于2020年、2021年每年对申请创建兴边富民示范单位的县、乡镇、村（社区）、园区进行1次评估验收，确保到2021年底培育创建3个兴边富民示范县、10个示范乡镇、50个示范村、3个示范园区，争取有一批县、乡镇、村（社区）成为兴边富民行动示范。

2021年，自治区十三届人大四次会议审议通过了《广西壮族自治区国民经济和社会发展第十四个五年规划和2035年远景目标纲要》（以下简称《纲要》）。《纲要》提出，“十四五”时期，自治区将提升边境地区基础设施和公共服务水平、打造边海联动经济带、构建沿边特色城镇体系。

四、研究方法

（一）文献研究法

对广西8个边境县（市、区），以及云南、黑龙江、内蒙古等省份开展调研，通过录像、照片、访谈、录音了解当地兴边富民行动“十三五”规划贯彻落实情况。

（二）田野调查法

在调查前期设计调查问卷，围绕兴边富民行动“十三五”规划贯彻落实情况进行调查。

（三）问卷调查法

通过对广西8个边境县（市、区）对专项规划落实情况进行深入研究，分析其发展存在的问题及症结，对比其他地区成功的经验和做法，提出提高8个边境县（市、区）对专项规划落实力度的建议。

（四）个案分析法

通过对广西8个边境县（市、区）对专项规划落实情况进行深入研究，分析其发展存在的问题及症结，对比其他地区成功的经验和做法，提出提高8个边境县（市、区）对专项规划落实力度的建议。

（五）比较研究法

收集调研地点兴边富民专项规划落实情况资料，拟通过兴边富民专项规划贯彻落实进行纵横向比较，对不同地区的落实情况进行全面评估，找出问题及症结，结合不同地区的特征，以及该地区的民族经济发展状况，修正和完善政策。

第二章

广西边境地区经济社会发展现状

广西地处祖国南大门，背靠大西南，面向东南亚，拥有长达1020公里的陆地边境线，共有东兴、防城、宁明、凭祥、龙州、大新、靖西、那坡8个边境县（市、区）与越南3个省17个县毗邻。8个边境地处我国南部边疆国防要冲地带，具有重要的地缘战略性，边境地区居住着壮、汉、瑶、苗、京、彝等民族，属于典型的“老、少、边、山、穷”西部地区，8个边境县（市、区）中，有84个乡镇、1014个行政村，国家扶贫开发重点县3个，自治区扶贫开发重点县2个，全国滇桂黔石漠化片区县5个。兴边富民行动实施以来，特别是党的十八大以来，广西深入贯彻习近平总书记“治国必治边”的重要战略思想和党中央、国务院关于兴边富民的重要决策部署，坚持把兴边富民行动作为践行“两个维护”的重要政治检验，作为打赢脱贫攻坚战、全面建成小康社会和建设壮美广西、共圆复兴梦想的重要措施，全力做足“边”的文章，以铸牢中华民族共同体意识为主线，聚焦边境地区脱贫攻坚和兴边富民全面小康示范创建，系统出台贯彻落实中央关于促进边境地区发展所有政策的“1+7”系列文件，整合资源，采取多种组合措施，统筹推进强基固边、民生安边、产业兴边、开放睦边、生态护边、团结稳边等六大工程，祖国边防进一步稳固。

一、广西边境地区经济发展现状

“十三五”期间，广西出台10条支持边境地区脱贫攻坚倾斜性政策，投入各类扶贫资金119.79亿元，聚力打赢打好义务教育、基本医疗、住房安全、饮水安全“四大战役”和产业扶贫、易地扶贫搬迁、村集体经济发展、基础设施建设、粤桂扶贫协作“五场硬仗”。着力改善沿边村庄基础设施，累计修建20户以上自然村（屯）道路1946条3319.79公里。实施危房改造3.36万户，解决了13.44万贫困人口住房安全问题，完成易地移民搬迁超5万人。广西边境各族人民手挽着手、肩并着肩，脱离贫穷困境，奔向小康生活。2020年底，那坡、靖西、大新、龙州、凭祥、宁明、防城、东兴8个边境县（市、区）生产总值达712.02亿元，综合经济实力显著增强。相比2015年，边境县城镇居民人均可支配收入普遍增长20%以上，农村居民人均可支配收入普遍增长40%以上。城镇化率明显提高，凭祥市、东兴市城镇化率均超过70%。贫困发生率从2015年底的17.84%下降到2019年底的0.69%，贫困人口从39.3万人下降至1.53万人，2020年11月已经全部脱贫。兴边富民行动实施以来，广西大力发展边境特色优势产业，自我发展能力进一步增强。粮食、糖料蔗、特色水果、蔬菜、茶叶等传统优势农林产业持续发展，建成自治区级现代农业核心示范区23个，有绿色食品7个、有机农产品2个、无公害农产品55个、农产品地理标志3个。锰、铝、木材加工、加工贸易、边境贸易、物流仓储、旅游等特色优势产业加快壮大，基本形成以边贸加工为主的沿边特色产业经济带①。

“十三五”期间，东兴、凭祥两个重点开发开放试验区和边境经济合作区取得多项改革试点“全国第一”和“广西第一”，广西自贸试验区、百色重点开发开放试验区获批，防城港国际医学开放试验区是全国首个规划建设的国际医学开发试验区。2个口岸对外开放、3个口岸扩大开放获批，实现国家对外开放口岸在广西8个边境县（市、区）全覆盖。推动边境地区对外贸易发展方式转变，让边民积极参与边境贸易，形成了“东兴经验”“凭祥经验”，实现边境贸易稳边安边兴边富民。2019年，广西边境贸易进出口1486.1亿元，其中边境小额贸易进出口1090.8亿元，边民互市贸易进出口395.3亿元，均居全国沿边省区之首。

2020年底，广西百色重点开发开放试验区重大项目举行集中开工活动，那坡至平孟高速公路、靖西边境贸易落地深加工产业园区等68个重大项目开工建设，总投资达1005.7亿元。开工项目涉及兴边富民、基础设施互联互通、

---

① 廖志荣：《边境不再边 小康在身边》，《广西日报》2020年12月24日第001版。

产业开放合作、重点民生工程等领域。根据《广西百色重点开发开放试验区重点工程建设三年行动计划实施方案》，将重点推进项目共250个，总投资10103亿元。

百色市2020年工业转型升级步伐加快，润泰铝业、彩虹铝业等铝精深加工项目投产。吉利百矿年产1000万只铝轮毂项目、平果大生电力年产20万吨电力产品项目、平果和泰科技二期氟化铝项目、靖西湘潭电化3万吨磷酸铁项目等高附加值项目开工。深圳智昊5G配套产品加工项目，环峰能源生物质发电项目，田阳、乐业、隆林风电项目等新材料、新能源项目落地。现代特色农业加快发展，百色芒果成功入选中欧地理标志保护与合作协定，百色番茄入选国家级特色农产品优势区。油茶面积201万亩，稳居全区第一。平果富凤农牧、天盛茶酒、田阳果天下、田林山茶油等农产品加工业势头强劲。林业总产值增长12.5%，木材产量增长22%，百色现代林业产业园、重金循环经济（百色林业）产业园顺利推进。平果等县（市、区）旱改水项目顺利推进，百色水库灌区工程加快建设，澄碧河水库等4座大中型水库除险加固工程竣工。服务业保持良好发展势头，开展“百企千店”“电商扶贫”等系列活动促进消费复苏，百色芒果快递7000万件，销售额35亿元，双双实现翻番。百色起义纪念园成功创建国家5A级景区，新增4A级景区4家、广西生态旅游示范区2个。引进各类金融机构29家。广西捷算资产交易公司成为我市数字金融龙头企业。中国（西林）商用大数据中心竣工运营。改革创新取得新成效，百色工投公司、建华机械公司分别完成战略重组，新建北部新区发展公司。获批国家级科技企业孵化器1家，新增高新技术企业9家。新产品销售占比、吸纳技术交易额同比增长6倍，增速排全区第二。获专利授权985件，同比增长98.19%，增速排全区第一。2020年，国务院批复，设立广西百色重点开发开放试验区，百色迎来发展新机遇①。

2020年崇左市地区生产总值同比增长6.1%，排全区第6位；财政收入增长5.5%，排全区第5位；规模以上工业总产值增长17.8%、增加值增长17.9%，均排全区第1位。统筹推进重大项目406项，其中纳入自治区层面统筹推进的重大项目176项，排全区第3位。签约“央企”“民企”“湾企”项目108个、总投资2857.57亿元，当年履约率85.2%，开工率41.7%。全市

① 《百色市政府工作报告》，广西百色市人民政府门户网站 http：//www.baise.gov.cn/xwdt/zwyw/t7783079.shtml.

区外招商引资到位资金 415. 01 亿元，增长 11. 6%。固定资产投资增长 10%，排全区第 6 位。凭祥、龙州、宁明获批实施边民互市进口商品落地加工试点。在全国率先打造首个中越“两国双园”项目。全市外贸进出口总额 1843. 2 亿元，占全区比重保持四成左右，继续领先全区。地区生产总值从 2015 年的 492. 26 亿元增加到 809 亿元，年均增长 8. 2%。居民人均可支配收入从 2015 年的 14474 元增加到 22253 元，年均增长 9%。地区生产总值、居民人均可支配收入实现比 2010 年翻一番的目标，全面建成小康社会胜利在望。财政收入调整优化为 64. 6 亿元。固定资产投资年均增长 15. 4%，2016—2019 年连续 4 年排全区前 3 位。发展基础逐年夯实，产业结构逐年优化，质量效益逐年提升。凭祥重点开发开放试验区等 4 个国家级开发开放平台先后获批设立，龙州边境经济合作区获自治区批复设立。凭祥综合保税区是广西唯一连续 6 年贸易额超千亿元的园区。外贸进出口总额从 2015 年的 1255 亿元增加到 2019 年最高时的 1893. 4 亿元，进出口总额连续 12 年、出口总额连续 14 年排全区第一，连续 6 年入围“中国外贸百强城市”。规模以上贸易加工企业从 18 家发展到 110 家，产值从 31. 7 亿元增加到 97. 99 亿元①。

2020 年崇左市地区生产总值达 732. 8 亿元，是 2015 年的 1. 5 倍，年均增长 6. 7%，高于全区平均水平，人均 GDP 率先在广西突破 1 万美元。城镇居民人均可支配收入 37185 元，农村居民人均可支配收入 17223 元，分别是 2015 年的 1. 3 倍、1. 65 倍。固定资产投资累计完成突破 2000 亿元，年均增长 8. 3%。外贸进出口额累计完成 2874 亿元，年均增长 11. 7%。财政收入比 2015 年增长超 20 亿元，收入质量排全区前列。钢铁、有色、能源化工、粮油等支柱产业成为百亿产业。形成钢铁产能 1500 万吨，产值超 600 亿元，高端冷轧钢板、石墨烯防腐钢材等项目建成投产，实现从“建筑钢”向“工业材”为主的转变。金川完成技改升级，金川电线电缆、川金诺等一批企业集聚发展。红沙核电一期、中电二期、中海油 LNG、长科新材料等项目竣工投产，全市装机容量超 500 万千瓦，全国每十桶食用植物油就有一桶产自防城港。园区实力显著增强。经开区规上工业总产值突破 1100 亿元，工业投资连续四年排名全区首位；获批自治区级高新区，东湾物流园获评全国优秀物流园区②。

---

① 《崇左市政府工作报告》，广西崇左市人民政府门户网站 http：//www. chongzuo. gov. cn/xxgk/jcxxgk/gzbg/t9284190. shtml.

② 《防城港市政府工作报告》，广西防城港市人民政府门户网站 http：//www. fcgs. gov. cn/xxgk/jcxxgk/zfgzbg/szfgz/202102/t20210219_ 190322. html.

二、广西边境地区社会发展现状

兴边富民行动实施20年以来，广西先后4次组织实施兴边富民行动大会战，投入资金125.94亿元资金，组织实施138344个项目，边境地区的交通、水利、能源、信息等基础设施全面强化，产业布局更趋合理，特色优势产业体系更加健全，自我发展能力进一步增强，在全国打出了广西兴边富民行动响亮品牌。20年来，广西边境8县（市、区）地区生产总值增长约7倍，财政收入增加约9倍。东兴市再度跻身全国县级市全面小康指数百强，凭祥市多项主要经济指标排在全区、崇左市前列；靖西市财政收入总量位居全区县域前列。3个边境市有防城港、百色两市通了高铁，8个边境县（市、区）公路总里程达8383公里，实现县县通高速公路、乡乡通等级沥青（水泥）路、村村通硬化路，基本形成了以高速公路为主骨架、国省干线公路协调衔接的城乡联网、通达顺畅的公路网络。农村自来水普及率总体达83.75%，用电问题全面解决，光纤网络通达我区边境地区全部行政村，4G网络在边境地区乡镇、行政村全覆盖。广播电视覆盖率达98.3%以上。经过20年的努力奋战，广西边境地区实现了“八通”“八有”：通水、通电、通路、通电话、通广播电视、通网络、通客运班车、通边贸点，有基本农田、有安居住房、有村级公共服务中心、有乡（村）卫生院（室）、有清洁能源设施、有农贸市场和边贸设施体系、有稳定增收产业、有基本社会保障，为广西边境地区与全国同步全面建成小康社会奠定了坚实基础①。

20年来，基本公共服务主要领域指标达到或接近全区平均水平，总体实现基本公共服务均等化。城乡居民住房问题整体解决。学前教育毛入园率均达到87%以上，义务教育巩固率均达到93%以上，高中阶段教育毛入学率均达到80%以上。大力实施基层医疗卫生机构能力建设行动计划，实现村级标准化卫生室全覆盖。医联体建设、远程医疗“县县通”惠民工程建设稳步推进，一定范围内实现了“大病不出县”的目标。城乡居民参保率达97.36%。村级公共服务中心覆盖率达100%。县级图书馆（文化馆）、乡镇综合文化站覆盖率达100%。边民生活补助历经5次提高，达到每人每年2520元。

行动开展20年来，广西边境8县（市、区）地区生产总值增长约7倍，财政收入增加约9倍。东兴市再度跻身全国县级市全面小康指数百强，凭祥市多项

① 《兴边富民行动·边境建设大会战》，《中国民族》杂志·广西增刊，2019-05-07 04：50.

主要经济指标排在全区、崇左市前列；靖西市财政收入总量位居全区县域前列。

（一）广西边境地区文化事业

广西边境地区有丰富多彩的民族文化，广西3个边境市有瑶族金锣舞、壮族霜降节、壮族七十二巫调音乐、田阳壮族狮舞、京族独弦琴艺术、壮族嘹歌、壮族织锦技艺、田林瑶族铜鼓舞、那坡壮族民歌、京族哈节、布洛陀、壮族天琴艺术、靖西曲艺末伦、壮族侬峒节共14项国家级非物质文化遗产、200余项自治区级非物质文化遗产。依托日益完善的文化基础设施，每逢春节、“三月三”、京族哈节、壮族侬垌节等重要节庆，广西边境地区都会举办丰富多彩的跨国文化联欢活动，如中越大联欢、三月三中越民间文化旅游节、防城港国际龙舟赛等，吸引了数万越南边民参加，成为中越文化交流的重要平台。

“十三五”期间，广西深入实施文化惠民工程，将公共文化资源向边境地区、民族地区和农村地区倾斜，加快公共文化服务体系和文化基础设施建设，不断丰富边境地区群众的文化生活，增强幸福感和获得感。

在“兴边富民”行动中，国家和自治区投资新建或扩建了乡镇文化站，实现了乡乡有文化站的目标。“十三五”期间广西边境地区共建成县级图书馆8个、县级文化馆7个，建成乡镇综合文化站83个，县级图书馆（文化馆）、乡镇综合文化站覆盖率达100%。建成村级公共服务中心908个，覆盖率100%，村级公共服务中心覆盖率达100%。推动边境少数民族文艺精品创作。如今，在边境乡村舞台上，每到傍晚，各族人民跳着欢快的舞蹈，唱着动听的歌。东兴市依托独特的地理和资源优势，建成了国门文化大院、国门文化驿站、国门书店、边境之窗、海上“渔家书屋”等近30个具有边境特色的公共文化站点，为群众带来丰盛的精神食粮。

多年来，自治区扶持创作了壮族歌剧《壮锦》、音乐舞蹈史诗《花山》、京族大型音乐剧《过桥风吹》、新编大型历史壮剧《冯子材》等一批边境地区少数民族题材的舞台艺术精品。其中，《壮锦》荣获第十三届文华奖，群舞《骆越先歌》获得第九届中国舞蹈“荷花奖”当代舞、现代舞银奖①。

广西边境地区居民以少数民族为主，他们在生产生活中创造了丰富多彩的民族文化。随着人们对各民族传统文化认识的不断深入，当地民族文化的传承保护受到党和政府的重视。《广西民族民间传统文化保护条例》的出台，也加强了对各民族非物质文化遗产的保护和传承工作。目前，广西边境地区民族文

---

① 《迤逦边关面貌新》，《广西日报》2018年11月15日.

化传承保护的工作可大致分为以下几类：第一，建立民族生态博物馆。靖西、那坡两县和东兴市的京族三岛为保存当地少数民族文化特色，在当地建立了民族生态博物馆，以传承特殊的民族文化。第二，以地方特色文化节日为平台，由政府组织或支持开展特色节日活动，在带来商机的同时也传承了民族文化。如大新县下雷镇的霜降节源于对历史上本地抗倭英雄岑玉英的纪念。第三，地方精英和政府联合保护并传承传统文化。如东兴市的京族三岛是广西京族的主要聚居地，防城港市政府在万尾建立了“广西防城港市京族文化培训基地”，主要教授当地人京族语言、文字、歌唱技艺，教授者主要是当地的退休干部。此外，这些地方精英还到万尾村的东兴市京族学校的民族特长班教授小学生京族传统的乐器——独弦琴①。

（二）广西边境地区教育事业

广西全力推进教育事业发展，在边境地区实施了义教工程、边境建设大会战教育项目建设工程、国家西部地区农村寄宿制学校建设工程等，新建、改扩建一批学校，有效改善了办学条件。

“十三五”以来，自治区通过统筹“全面改薄”工程，共投入资金 3.87 亿元，支持边境地区 733 个义务教育项目建设，新建、维修改造校舍面积 38.57 万平方米。学前教育毛入园率均达到 87% 以上，义务教育巩固率均达到 93% 以上，高中阶段教育毛入学率均达到 80% 以上。龙州、凭祥、宁明、大新等 4 个边境县（市）通过了国家督导评估认定。

广西全面实施从学前教育到高等教育的“全程覆盖、无缝衔接”学生资助政策，并对边境地区学生进行重点倾斜，应保尽保。从 2016 年秋季学期起，免除边境地区全日制建档立卡贫困户家庭在园幼儿的保育费和教育费，受助学生达到 1.1 万余人；边境地区普通高中所有建档立卡贫困家庭学生每生每学年发放 3500 元的国家助学金。在义务教育阶段，实施“两免一补”、农村义务教育学生营养改善计划、寄宿生校车补助等项目，尤其在寄宿生补助方面对边境地区实行全覆盖的优惠政策，大大减轻了学生家庭负担。

（三）广西边境地区卫生事业

“十三五”期间广西筹措资金支持边境地区 0—3 公里村卫生室实施标准化建设，支持 0—20 公里乡镇卫生院实施标准化建设并配备医疗设备，使 0—20 公里边境地区提前实现基层医疗卫生机构标准化建设。实施基层医疗卫生

---

① 秦超：《广西边境民族地区公共事务治理研究》，中央民族大学，2015 年.

机构能力建设行动计划，实现村级标准化卫生室全覆盖。医联体建设、远程医疗“县县通”惠民工程建设稳步推进，一定范围内实现了“大病不出县”的目标。城乡居民参保率达 97.36%。村级公共服务中心覆盖率达 100%。边境地区乡镇卫生院医疗设备逐步配备齐全，例如救护车、X 光机、心电图机、胎儿监护仪等。推进完善边境地区城乡居民大病保险制度，沿边城乡居民大病保险全覆盖。新型农村合作医疗制度在广西边境地区的推行，大大提高了边境 8 县市的参合率。陆地边境 0—20 公里城乡居民参加医疗保险的，其个人缴费部分按照有关规定给予补助。公共卫生服务能力不断加强，农村卫生和卫生监督工作得到全面推进，看病难问题在农村逐渐得到解决。

（四）广西边境地区社会保障事业

近年来，广西社会保障体系日益完善，其在扩大社会保险基金规模、增加保险覆盖人数、提高保险待遇水平方面取得了很大的成绩，社会救助、社会优抚力度也日益加大，社会福利和慈善事业稳步发展。为进一步做好广西边民生活补助工作，促进边境地区和谐稳定，巩固国家边防安全，维护国家领土完整，根据《中共广西壮族自治区委员会 广西壮族自治区人民政府关于进一步改善广西边境群众生产生活条件加快边境地区发展的意见》（桂发〔2010〕24 号）精神，经自治区人民政府同意，自治区财政厅会同有关部门印发了《广西壮族自治区边民生活补助管理办法》。陆地边境 0—3 公里范围内的行政村农村居民享受边民补助政策。同时，将原政策规定享受粮食补贴政策的农村居民改为享受农村最低生活保障待遇对象。自治区本级财政按每人每月 80 元的标准发放；符合农村低保条件的农村居民享受农村低保待遇的，其低保补助金自治区本级财政按每人每月 62 元的标准发放①。2011—2016 年，自治区调整和优化支出结构，累计筹措资金 26.17 亿元，为陆地边境线 0—3 公里范围的行政村 34 万农村居民发放生活补助，并将生活补助标准由 2011 年每人每月 65 元提高到现行每人每月 130 元，距边境线 0—20 公里范围内农村居民合作医疗个人缴费全额由财政补贴，特困人员全部得到救助供养，有力改善了边民的基本生活。2018 年，我区将边境 0—3 公里范围内的农村边民补助标准由原来的每人每月 130 元提高到 167 元，2020 年又提高到 210 元，并把所有符合条件的陆地边境 0—3 公里范围内的农村边民、易地搬迁建档立卡贫困对象和城镇无工作单位居民纳入边民生活补助范围。

---

① 广西财政厅：《自治区出台 0—3 公里边民生活补助管理办法》，广西财政网，2011 年 6 月 21 日。

第三章

广西贯彻落实兴边富民行动“十三五”规划情况评价指标体系构建

一、评价指标体系构建的理论和政策依据

（一）评价指标体系构建的理论依据

本部分结合兴边富民行动专项工作重点，构建评价指标体系对兴边富民行动专项规划贯彻落实情况进行定量评价，实证分析其贯彻落实现状及存在问题，进而提出相应的绩效提升对策。运用的相关理论主要有：

1. 公共政策评估理论

公共政策评估是指特定的评估主体根据一定的标准和程序，通过考察政策过程的各个阶段、各个环节，对政策的效果、效能及价值所进行的检测、评价和判断。

西方政策学家和政策机构对政策评估的性质进行过研究。他们从不同的角度对政策评估进行了分析，其中有代表性的观点是由奎德、古巴、林肯等人提出的。比如，E. S. 奎德认为，从广义上解释，政策评估是确定一种价值的过程分析，但在狭义上，却是在调查一项进行中的计划，就其实际成就与预期成就的差异加以衡量。

另外，美国“都会研究所”对政策评估的性质也作了规定，他们认为政策评估的目标是：衡量一项进行中的计划所达成预期目标的效果，根据研究的原则区别计划效力与其他环境力量的差异，通过执行上的修正使计划得以改善。

将西方政策学者和政策研究机构关于政策评估性质的观点与我国的政策评估实践结合起来思考，可以将政策评估看成是依据一定的标准和程序，对政策过程的效果、效益、效率和公众回应加以判断、评定并由此决定政策变迁的活动。公共政策评估活动中包括规范、测度、分析、评判四个环节。规范环节的任务是建立政策评估的标准与程序，这是整个评估活动的前提；测度环节的任务是收集评估对象的各方面信息，这是评估活动的基础；分析是运用已收集的信息，对政策实施结果进行评定，这是评估活动中关键的一步；评判环节的任务是对政策的变迁提出建议，这是评估的完成。

公共政策评估主要有诊断、预测、反馈、矫正、总结等功能。从评估的实际出发，可以对公共政策评估做出三种划分：正式评估与非正式评估；对象评估、专业评估、自我评估；方案评估、执行评估、终结评估等。

执行评估是在政策实施过程中进行的评估。虽然这时的政策执行还未结束，但政策推行的效果、效率、效益已经表现出来，特别是政策方案中存在的缺陷、政策资源配置中的问题、政策环境中某些条件的改变等，已经暴露出来。这种评估的优点在于评估中所获取的资料都是即时的、具体的，评估的结论是真实的、可靠的。另外，评估的结果也能立即和直接产生作用，用来对正在执行中的政策进行调整。但执行中的评估只是对进行中的一定过程所作的评定，由于过程并未结束，所以评估带有过渡的、暂时的性质。

我们对兴边富民行动“十三五”规划贯彻落实情况进行的评估属于执行评估类型，发挥政策评估的诊断、预测、反馈、矫正、总结等作用，实证分析广西自治区兴边富民行动专项规划贯彻落实效果存在的问题，并分析问题形成的根源，针对性地提出提升广西自治区兴边富民专项规划实施绩效的具体措施，从而提出关于“十四五”两项民族工作专项规划的意见和建议。

2. AHP 理论

层次分析法（Analytic Hierarchy Process，AHP）是美国运筹学家、匹兹堡大学 T. L. Saaty 教授在 20 世纪 70 年代初期提出的。AHP 是对定性问题进行定量分析的一种简便、灵活而又实用的多准则决策方法，它的特点是把复杂问题中的各种因素通过划分为相互联系的有序层次，使之条理化，根据对一定客观现实的主观判断结构（主要是两两比较）把专家意见和分析者的客观判断结果直接而有效地结合起来，将一层次元素两两比较的重要性进行定量描述。而后，利用数学方法计算反映每一层次元素的相对重要性次序的权值，通过所有层次之间的总排序计算所有元素的相对权重并进行排序。该方法自 1982 年被介绍到我国以来，以其定性分析与定量分析相结合地处理各种决策因素的特点，以及其系统灵活简洁的优点，迅速地在我国社会经济各个领域内，如能源系统分析、城市规划、经济管理、科研评价等，得到了广泛重视和应用。

（二）指标体系构建的政策依据

实施兴边富民行动，对于推动边境地区经济社会快速发展，提高各族群众生活水平，加强民族团结，巩固祖国边防，维护国家统一，增进中外睦邻友好具有特殊重要意义。“十三五”时期是我国全面深化改革的关键时期，也是边境地区同步全面建成小康社会的决胜阶段。为贯彻落实党中央、国务院关于进一步推进兴边富民行动的决策部署，根据《中共中央 国务院关于加强和改进新形势下民族工作的意见》《中华人民共和国国民经济和社会发展第十三个五年规划纲要》，国务院制定了《兴边富民行动“十三五”规划》（国办发〔2017〕50号）。规划明确指出“十三五”时期边境地区的发展目标：到2020年，边境地区同步全面建成小康社会，基础设施进一步完善，服务发展和保障边防能力全面提升；民生保障水平进一步提高，边民安居守边条件全面改善；特色优势产业较快发展，支撑群众居边致富作用全面增强；深度融入“一带一路”建设，沿边开发开放水平显著提高；生态环境保护取得明显成效，经济社会与生态环境实现协调发展；民族团结基础进一步夯实，边境地区安定和谐局面更加巩固。

根据发展目标确立评价指标，从本质上说指标是目标的某一个方面，但是，具体指标也只是目标的某一个方面，任何一项指标都只是反映目标的一个小的侧面，不能反映目标的整体，只有系统化的、具有紧密联系的指标体系，才能够比较全面地反映客体有关目标的整体。因此，从发展目标到指标体系的构建，必须经层层分解，逐步深化对评价对象的认识。具体到兴边富民行动“十三五”规划贯彻落实评价指标体系的构建，就是通过查阅大量文献资料并结合《兴边富民行动“十三五”规划》六大发展目标，确定兴边富民行动贯彻落实情况评估的一级指标包含基础设施建设、民生保障水平、特色优势产业发展、沿边开发开放水平、生态环境保护、民族团结进步六个方面，通过对目标进行层层分解确立二级指标、三级指标。

二、评价指标体系构建的原则

（一）系统性原则

以国务院办公厅颁布的《兴边富民行动“十三五”规划》发展目标为指

导建立的广西兴边富民行动贯彻落实情况评价体系是一个复杂系统，包含了基础设施建设、民生保障水平、经济产业发展、沿边开发开放水平、生态环境保护、民族团结进步等多项内容，因此要遵守系统性原则，协调系统中各分系统的相互关系，将各个小系统的特性放到大系统的整体中去权衡，以整体系统的总目标来协调各个小系统的目标。

（二）层次性原则

由于影响广西民族团结进步发展水平的要素较多，相对应的评估指标体系应该具有多层次的特征，通过对各级指标间的逻辑关系的分析，可以进一步明晰指标和所测对象的关联性。

（三）有效性原则

指标的数据应容易取得并且可以保证数据的质量真实可靠。指标体系可行性要求满足两个基本条件：一是评估数据资料尽可能可以通过查阅广西统计年鉴和各市县统计年鉴、各市县国民经济和社会发展统计公报和政府工作报告等权威资料获得，或是在现有资料上简单加工整理而得。二是数据资料可量化，定量指标数据要保证数据真实性、可靠性和有效性，定性指标也要特征明显易于量化。

（四）评价指标的可对比原则

为确保评估结果能够在评估对象间进行横向比较和纵向比较，更好地了解和把握广西 8 个边境县兴边富民行动专项规划的贯彻落实情况，在设计评价指标时应选取人均指标、结构指标或增长率指标等而避免采用绝对指标。

（五）定量和定性相结合原则

评价指标尽量可量化，便于计算和指标间对比分析，例如，经济发展等方面是可以通过定量指标衡量的，但由于兴边富民行动贯彻落实情况评价涉及领域广泛，有的变化可以用数量变化来反映，也有部分变化难以通过数量指标来反映，需要设计定性指标来描述。

三、广西贯彻落实兴边富民行动“十三五”规划情况评价指标体系

广西贯彻落实兴边富民行动“十三五”规划情况评价指标体系，主要根据《兴边富民行动“十三五”规划》（国办发〔2017〕50 号）文件规定的六大发展目标，确定兴边富民行动贯彻落实情况评估的一级指标包含基础设施建设、民生保障水平、特色优势产业发展、沿边开发开放水平、生态环境保护、民族团结进步六个方面。再将六大发展目标划分为 15 个二级指标，35 个可量

化的三级指标，各指标之间相互关联，具有一定的连续性，能够对广西8个边境县（市、区）兴边富民行动贯彻落实情况进行有效评估（见表3－1）。

广西兴边富民行动“十三五”规划贯彻落实综合指标体系由基础设施建设、民生保障、经济发展、沿边开放水平、绿色发展、民族团结和边防稳固6个一级指标组合而成。

表3－1　广西贯彻落实兴边富民行动“十三五”规划情况评价指标体系

一级指标	二级指标	三级指标
基础设施建设	电信设施	移动电话普及率
		互联网宽带普及率
	交通设施	每万人口公路里程数
		建制村道路硬化率
	供水设施	有效灌溉面积比重
		自来水普及率
	供电设施	通电村数占比
		年人均用电量
民生保障	基本公共教育	每十万人口小学生在校生数
		每十万人口中学生在校生数
		每百名小学生专任教师数
		每百名中学生专任教师数
	基本医疗卫生	每万人医疗卫生机构床位数
		每万人医疗卫生机构技术人员
		每万人执业（助理）医师人数
	基本社会保障	每万人提供住宅的社会工作机构床位数
经济发展	总体水平	地区生产总值增速
		城镇居民人均可支配收入增速
		农村居民人均可支配收入增速
		人均固定资产投资额
	产业发展	规模以上工业总产值
		第一产业增加值比重
		第二产业增加值比重
		第三产业增加值比重
沿边开放水平	对外贸易	人均进出口总额
		人均实际利用外资额
	口岸建设	国家一类口岸
		边民互市贸易点

续表

一级指标	二级指标	三级指标
绿色发展	生态资源	耕地保有量
		森林覆盖率
	环境保护	清洁能源普及率
		垃圾处理站数
民族团结和边防稳固	边疆稳固	每万人治安案件立案数
		每万人刑事案件立案数
	边疆团结	全国民族团结进步创建示范单位数量

（一）基础设施建设指标

基础设施是指为社会生产和居民生活提供公共服务的物质工程设施，是用于保证国家或地区社会经济活动正常进行的公共服务系统。它是社会赖以生存发展的一般物质条件。《兴边富民行动“十三五”规划》明确规定边境地区基础设施建设目标为“沿边铁路、公路、机场建设全面推进，边境地区区际交通网络初步形成。具备条件的沿边境乡镇、建制村通硬化路和客车，自然村道路交通条件明显改善。农田水利设施基本完善。农村饮水安全保障水平明显提高。用电问题全面解决。清洁能源普及率明显提高。信息基础设施全面加强”。根据规划要求，调研报告中将基础设施指标细化为电信设施、交通设施、供水设施、供电设施 4 个二级指标，并进一步细分成移动电话普及率、互联网宽带普及率、人均公路里程数、建制村道路硬化率、有效灌溉面积比重、自来水普及率、通电村数占比、年人均用电量等 8 个三级指标。

（二）民生保障指标

该指标主要反映广西 8 个边境县（市、区）的基本公共服务状况。基本公共服务包括基本就业保障、基本养老保障、基本生活保障、基本的教育和文化服务、基本的健康保障。随着经济的发展和人民生活的水平的提高，一个社会基本公共服务的范围会逐步扩展，水平也会逐步提高。《兴边富民行动“十三五”规划》明确规定边境地区民生保障的发展目标为“边境地区基本公共服务主要领域指标达到或接近全国平均水平，农村贫困人口全部脱贫，贫困县全部摘帽。城乡居民住房、交通条件得到改善，边民上学难、看病难问题基本解决，劳动年龄人口平均受教育年限明显增加，就业规模不断扩大，边民文化需求基本得到满足，总体实现基本公共服务均等化”。按照规划要求，报告中将民生保障这一级指标细化为基本公共教育、基本医疗卫生、基本社会保障等 3 个二级指标，并进一步细分为每十万人口小学生在校生数、每十万人口中学生在校生数、每百名小学生专任教师数、每百名中学生专任教师数、每万人医疗卫生机构床位数、每万人医疗卫生机构技术人员数、每万人执业（助理）医师人数、每万人提供住宿的社会工作机构床位数等8个三级指标。

（三）经济发展指标

该指标主要反映了边境地区各产业的发展水平。《兴边富民行动“十三五”规划》明确规定边境地区经济发展目标为“边境地区生产总值、城乡居民人均收入年均增速高于全国平均水平”。规划中明确规定要加快特色优势产业发展，指出“边境地区产业结构进一步调整，产业布局更趋合理，特色优势产业体系更加健全，初步建成一批能源资源、生物资源、民族文化资源、农产品加工基地和区域性国际商贸物流中心及旅游集散中心，自我发展能力进一步增强”。根据规划要求，报告中将经济发展指标细化为总体水平和产业发展2个二级指标，并进一步细分为地区生产总值增速、城镇居民人均可支配收入增速、农村居民人均可支配收入增速、固定资产投资、规模以上工业总产值、第一产业增加值比重、第二产业增加值比重、第三产业增加值比重等8个三级指标。

（四）沿边开放水平指标

广西与越南接壤的区位优势，为广西发展边境贸易提供了天然的条件。从改革开放之初的试水，到如今的风生水起，广西的边贸已成为广西对外合作中的一抹亮色。沿边开放水平对促进边境地区人民的生活水平、促进产业发展、推动基础设施建设、加速城市化等具有重要影响。《兴边富民行动“十三五”规划》明确规定边境地区的沿边开放的发展目标为“对外开放平台更加完善，国际经济合作成效显著，口岸功能与设施更加完备，边境货物贸易稳步发展，服务贸易增长明显加快，边境经济合作区、跨境经济合作区等开发开放平台的辐射和示范作用增强，合作层次和水平进一步提升”。按照规划要求，报告中选取了对外贸易、口岸建设2个二级指标，并进一步划分为人均进出口总额、人均实际利用外资额、国家一类口岸、边民互市贸易点数量等4个三级指标。

（五）绿色发展指标

习近平总书记指出“绿水青山就是金山银山”，“我们要建设的现代化是人与自然和谐共生的现代化，既要创造更多物质财富和精神财富以满足人民日益增长的美好生活需要，也要提供更多优质生态产品以满足人民日益增长的优美生态环境需要”。《兴边富民行动“十三五”规划》明确规定边境地区生态环境建设的目标为“绿色低碳循环的生产生活方式在边境地区深入人心，跨区域生态建设和环境保护联动机制建立健全，森林、草原、河湖、湿地等自然生态系统稳定性和生态服务功能全面提升，边境地区经济与资源环境协调发展态势明显”。按照规划要求，报告中选取了生态资源、环境保护 2 个二级指标，并进一步细化为耕地保有量、森林覆盖率、清洁能源普及率、垃圾处理站数等 4 个三级指标。

（六）民族团结和边防稳固指标

该指标主要反映边境地区的民族团结和社会稳定情况。《兴边富民行动“十三五”规划》明确规定边境地区团结稳边的建设目标为“军民融合发展全面加强，民族团结进步和爱民固边系列创建活动深入推进，边民国家意识、国民意识、国防意识进一步增强。社会治安立体防控体系基本建成，维稳控边能力进一步增强。与周边国家友好往来更加密切”。按照规划要求，报告中选取了边疆稳固、边疆团结 2 个二级指标，并进一步划分为每万人治安案件立案数、每万人刑事案件立案数、全国民族团结进步创建示范单位数量等 3 个三级指标。

第四章

广西贯彻落实《兴边富民行动“十三五”规划》政策成效实证评估

一、关键指标评估

（一）广西边境地区基础设施建设关键指标评估

1. 电信基础设施建设指标评估

（1）移动电话普及率。

从图3－1可以看出，2015年龙州县、凭祥市、防城区、东兴市移动电话普及率高于广西和全国平均水平，大新县、宁明县、那坡县、靖西市低于广西和全国平均水平。2016年大新县、龙州县、凭祥市、防城区、东兴市移动电话普及率高于广西平均水平，宁明县、那坡县、靖西市低于广西平均水平。2017年凭祥市、防城区、东兴市移动电话普及率高于广西平均水平，大新县、宁明县、龙州县，那坡县、靖西市低于广西平均水平。2018年防城区、东兴市、凭祥市移动电话普及率高于广西和全国平均水平，其余县（市）低于全区水平。四年来凭祥市、防城区、东兴市移动电话普及率逐年稳步提高，且远高于广西和全国平均水平，说明这三个市（区）移动电话普及率较高。其余县（市、区）移动电话普及率相对较低，特别是那坡县、靖西县，宁明县连续四年来移动电话普及率都低于广西平均水平，说明这三个县的移动电话普及率相对较低。但是从纵向来看，8个边境县（市、区）的移动电话普及率在逐年提高。

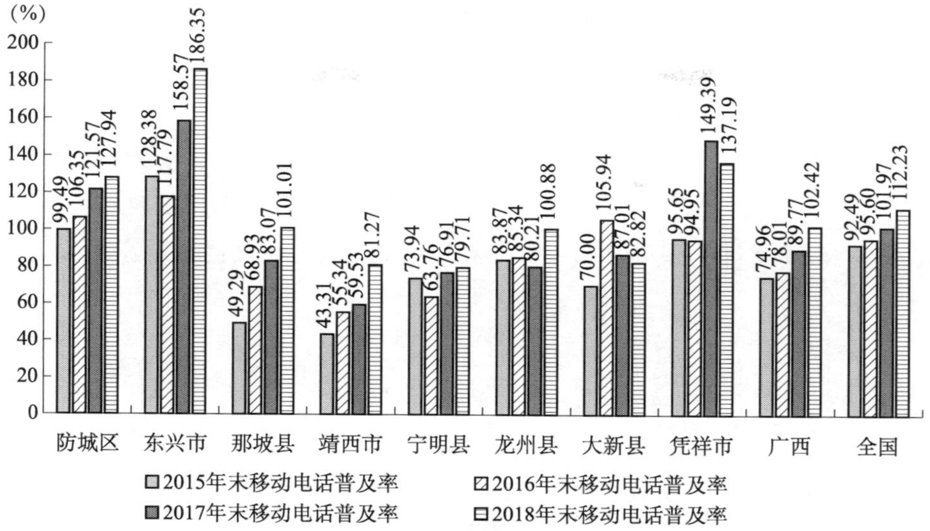

图 3－1　2015—2018 年移动电话普及率

（2）互联网宽带普及率。

从图 3－2 可以看出，广西 8 个边境县（市、区）在电信基础设施建设上取得了一定成效，凭祥市、东兴市互联网普及率逐年稳步提高，且远高于广西和全国平均水平，说明这两个市信息网络覆盖较好，基本实现了兴边富民“十三五”规划中“信息基础设施全面加强”的目标。但是也应该看到其他 6 个边境县（市、区）互联普及率较低，除了东兴市和凭祥市，其余都在广西和全国平均水平以下。

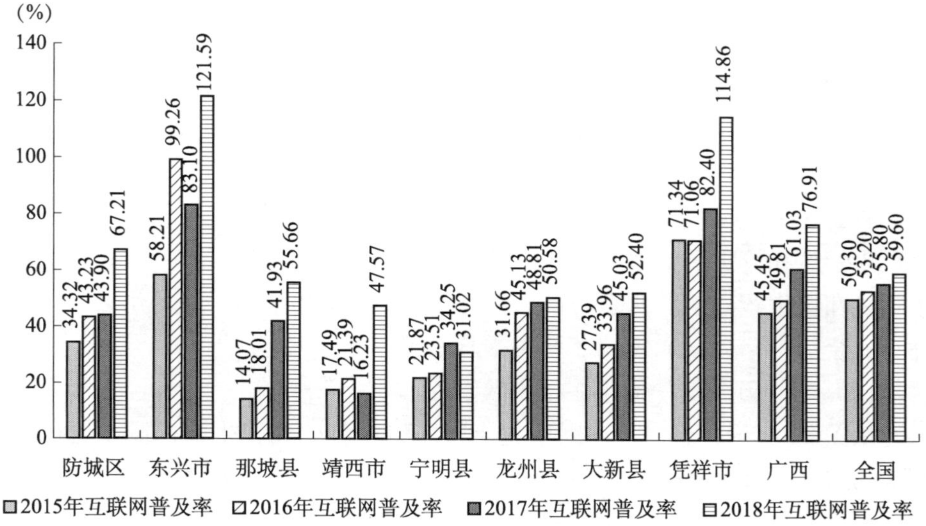

图 3－2　2015—2018 年互联网普及率

2. 交通基础设施建设指标评估

重点选取人均公路里程数这一关键指标对广西 8 个边境县（市、区）的交通基础设施建设贯彻落实情况进行评估。

如图 3 –3 所示，至 2019 年广西 8 个边境县人均公路里程数都高于广西平均水平，东兴市、那坡县、宁明县、龙州县人均公路里程数同时又高于全国平均水平。广西 8 个边境县（市、区）在交通基础设施建设贯彻显著。

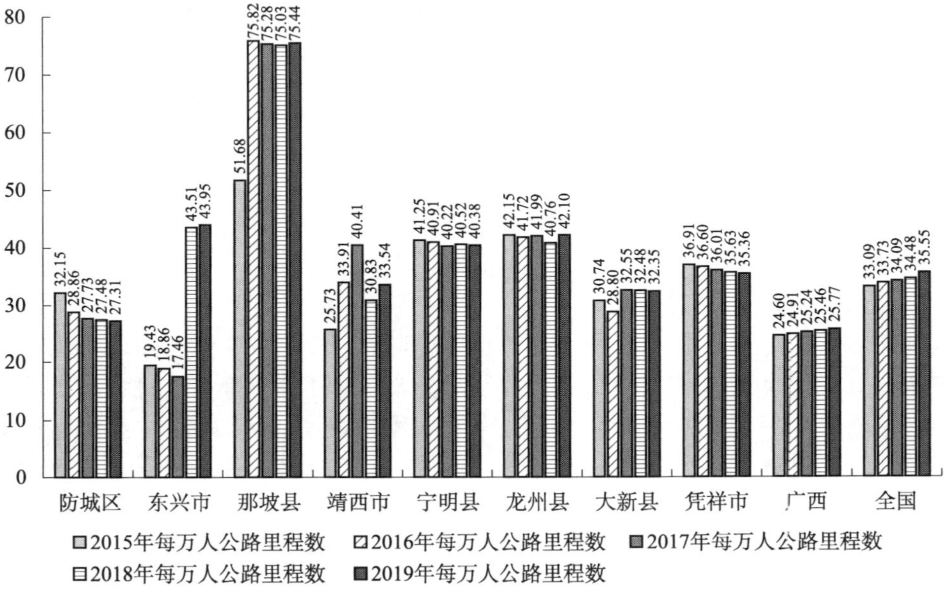

图 3 –3 2015—2019 年人均公路里程数

（二）广西边境地区民生保障关键指标评估

1. 基本公共教育指标评估

（1）每十万人口小学生在校生数。

从图 3 –4 可以看出，2015 至 2019 年广西 8 个边境县（市、区）每十万人口小学生在校生数整体上呈上升趋势，只有宁明县略有下降。东兴市每万人小学生在校生数高于广西平均水平，也高于全国平均水平。除龙州县、大新县外，其余县（市、区）都高于全国平均水平。

（2）每十万人口中学生在校生数。

从图 3 –5 可以看出，东兴市每十万人口中学生在校生数都高于全国和广西平均水平，其余 7 个边境县（市、区）每十万人口中学生在校生数都低于广西平均水平，防城区、龙州县、凭祥市也低于全国平均水平。综合图 3 –4

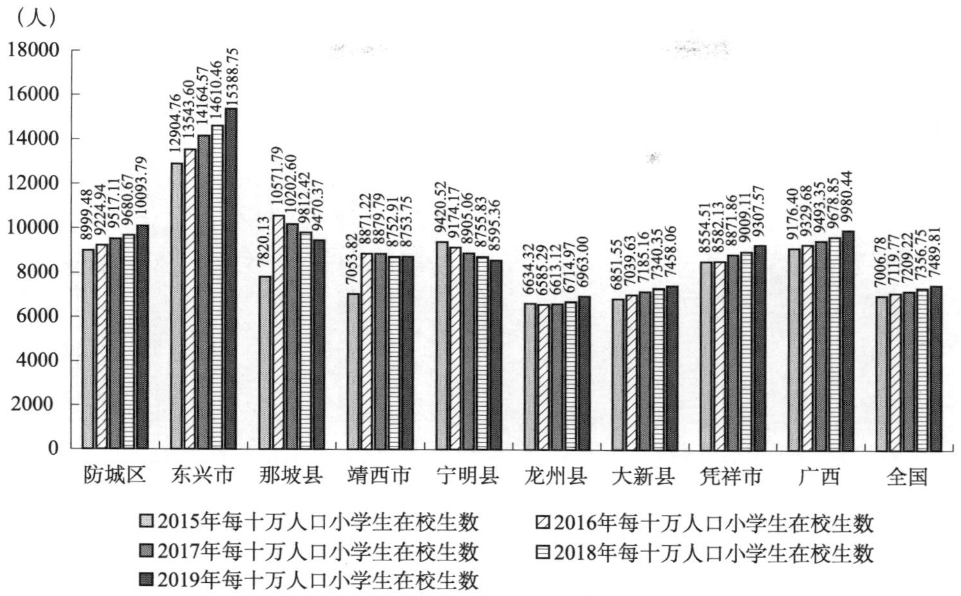

图 3-4　2015—2019 年每十万人口小学生在校生数

和图 3-5 来看，广西边境地区小学教育普及率较好，中学教育普及率有待提升。

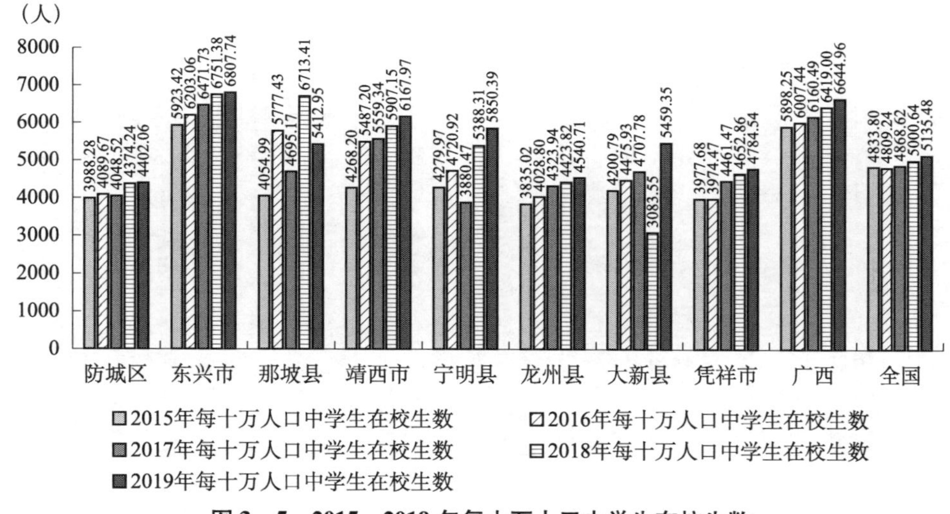

图 3-5　2015—2019 年每十万人口中学生在校生数

（3）每百名小学生专任教师数。

由图 3-6 可以看出，至 2019 年东兴市、那坡县、龙州县每百名小学生专任教师数高于全国和全区平均水平，其余县（市、区）低于全国平均水平。说明，东兴市、那坡县的小学师资力量较充沛，其余县（市、区）的小学师资力量相对短缺。

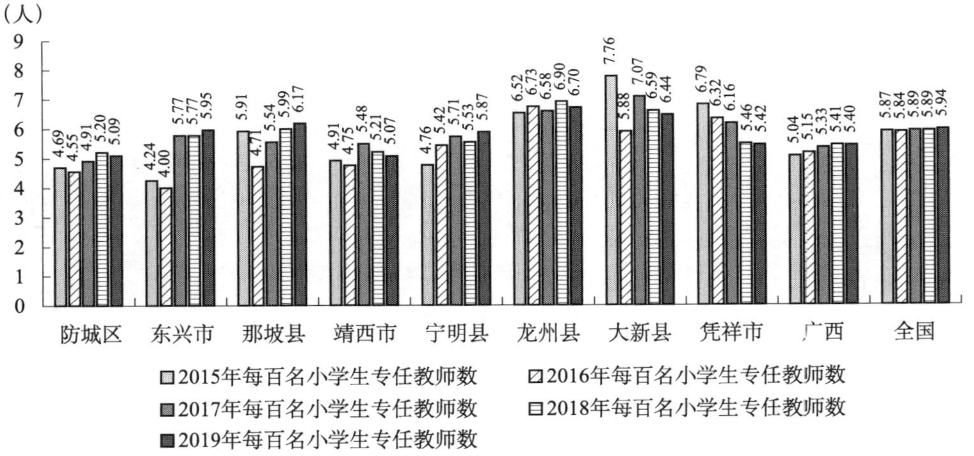

图 3－6　2015—2019 年每百名小学生专任教师数

（4）每百名中学生专任教师数。

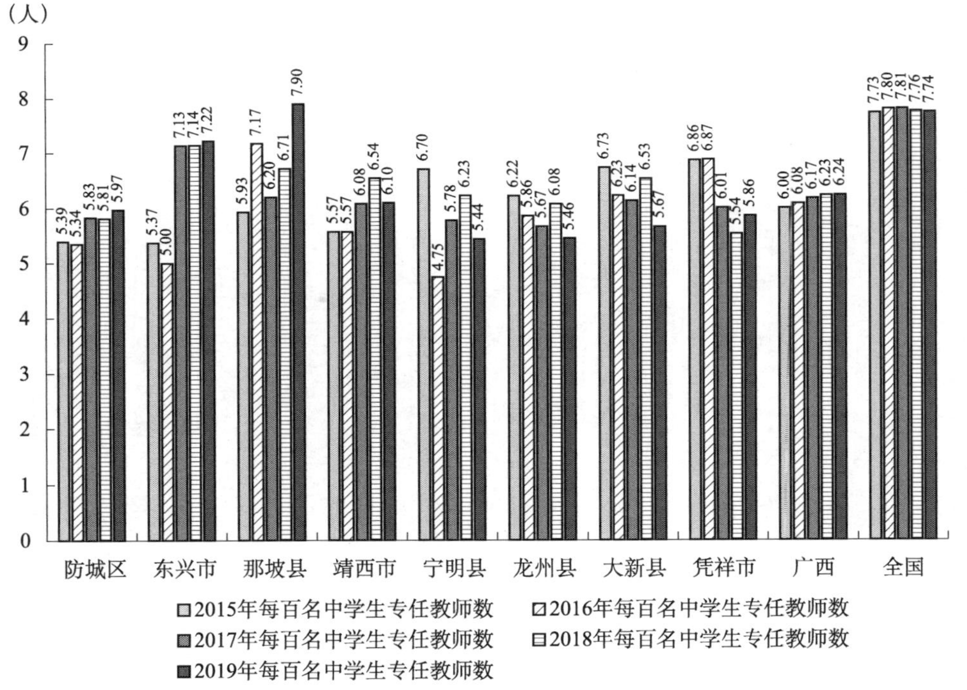

图 3－7　2015—2019 年每百名中学生专任教师数

由图3－7可以看出，到2019年东兴市、那坡县的每百名中学生专任教师数高于广西平均水平，其余边境县（市、区）都低于广西平均水平。广西8个边境县（市、区）每百名中学生专任教师数普遍低于全国平均水平，说明广西边境地区中学师资力量单薄。

2. 医疗卫生指标评估

（1）每万人医疗卫生机构床位数。

从图3－8可以看出，至2019年广西8个边境县（市、区）每万人医疗卫生机构床位数普遍低于全区和全国平均水平，那坡县和龙州县与全国和全区的平均水平只有微小的差距。医疗设施有待进一步加强。

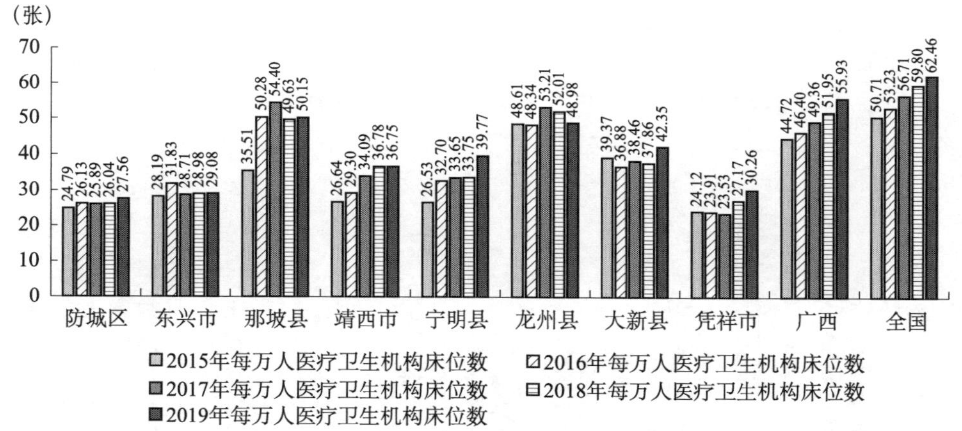

图3－8　2015—2019年每万人医疗卫生机构床位数

（2）每万人医疗卫生机构技术人员数。

从图3－9可以看出，2015—2019年广西8个边境县（市、区）每万人医疗卫生机构床位数普遍低于全区和全国平均水平，广西边境地区医疗卫生专业技术人员缺乏。

（3）每万人执业（助理）医师人数。

从图3－10可以看出，东兴市、凭祥市每万人执业（助理）医师人数高于全国和全区平均水平，防城区、靖西市、宁明县与全国和全区平均水平差距较大。整体来看，广西边境县（市、区）缺乏执业医师。综合图3－8、图3－9、图3－10来看，广西边境地区的医疗卫生事业日益向好发展，但仍存在短板，需要持续提升。

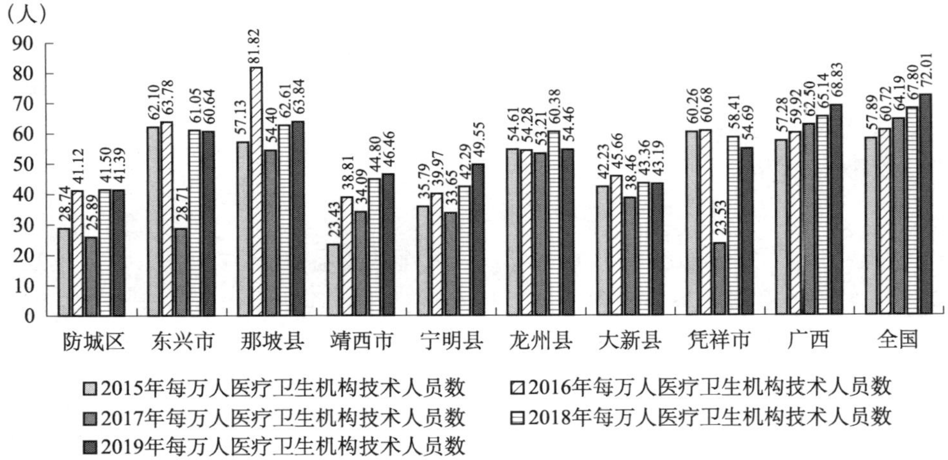

图 3－9　2015—2019 年每万人医疗卫生机构技术人员数

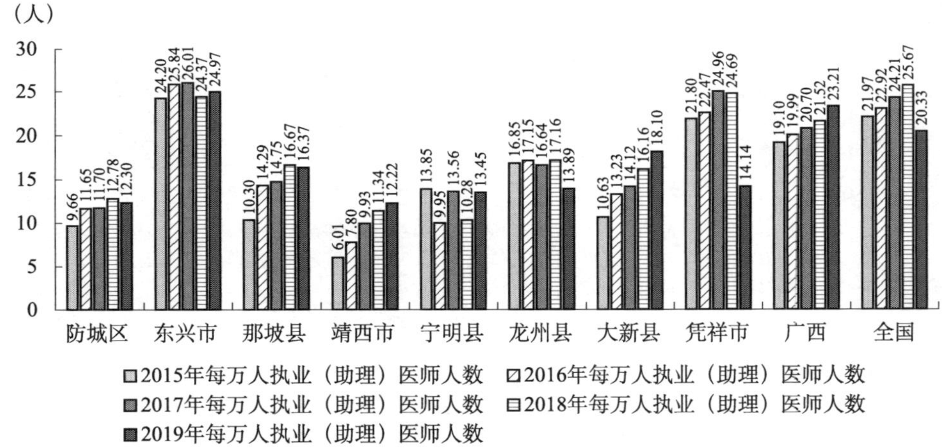

图 3－10　2015—2019 年每万人执业（助理）医师人数

3. 基本社会服务指标评估

选取了每万人拥有提供住宿的社会工作机构床位数进行评估。

从图 3－11 可以看出，至 2019 年防城区、那坡县、靖西市、大新县每万人提供住宿的社会工作机构床位数高于全国和全区平均水平。东兴市、宁明县、龙州县凭祥市低于广西和全国平均水平。社会服务保障能力需要进一步提升。

（三）广西边境地区经济发展关键指标评估

1. 地区生产总值年均增速

如图 3－12 所示，2015—2019 年，宁明县、龙州县、大新县、凭祥市地

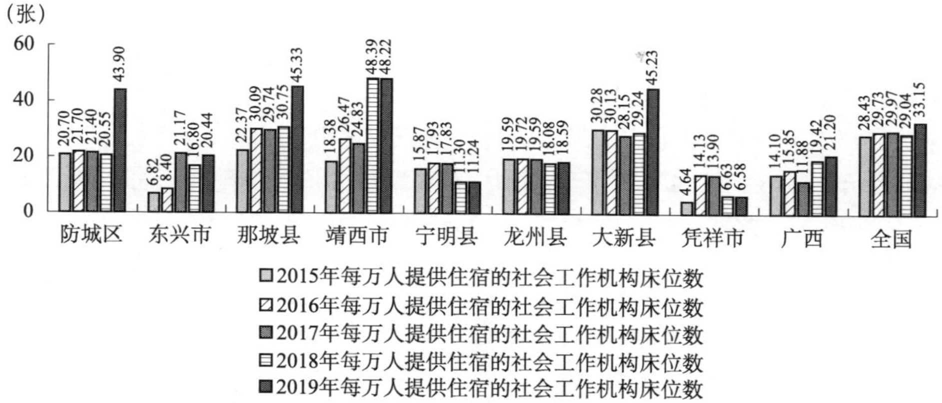

图 3－11　2015—2019 年每万人提供住宿的社会工作机构床位数

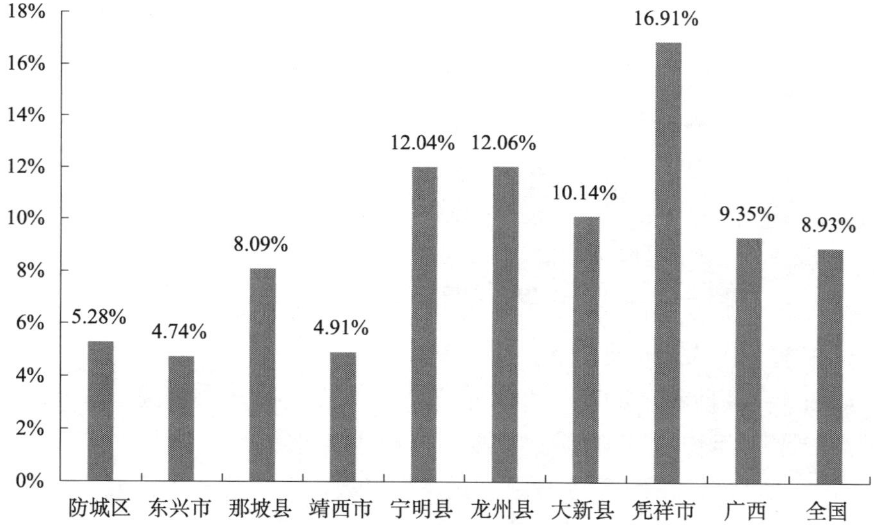

图 3－12　2015—2019 年地区生产总值年均增速

区生产总值年均增速高于全区和全国平均水平，实现了兴边富民行动“十三五”规划第一条“边境地区生产总值年均增速高于全国平均水平”的发展目标。防城区、东兴市、那坡县、靖西市地区生产总值年均增速低于全区和全国平均水平，需要加快发展。

2. 城镇居民人均可支配收入年均增速

如图 3－13 所示，2015—2019 年靖西市、龙州县城镇人均可支配收入年均增速高于全国平均水平，防城区、东兴市城镇人均可支配收入年均增速与全国平均水平有一定差距。那坡县、宁明县、大新县、凭祥市十分接近全国平均水平。另据调查资料显示，虽然东兴市城镇人均可支配收入年均增速低于全国平均水平，但实际上，五年来，东兴市城镇人均可支配收入高于全国平均水平，2015 年至 2019 年东兴市城镇人均可支配收入分别为 33585 元、34993 元、37652 元、40363 元、42704 元，而同期全国城镇人均可支配收入分别为 31195 元、33616 元、36396 元、39251 元、42359 元。

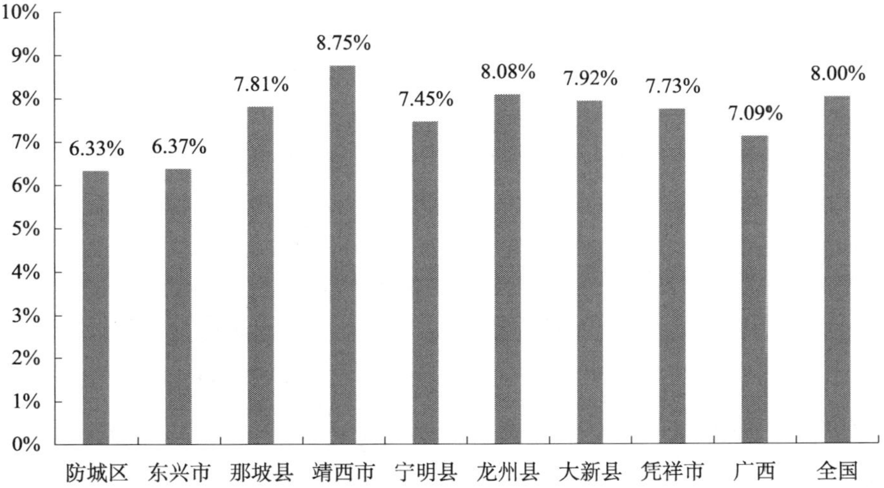

图 3－13　2015—2019 年城镇居民人均可支配收入年均增速

3. 农村居民人均可支配收入年均增速

如图 3－14 所示，2015—2019 年广西 8 个边境县（市、区）农村居民人均可支配收入年均增速都高于广西和全国平均水平。五年来，广西边境县（市、区）农村居民的生活水平显著提高。兴边富民行动“十三五”规划中提出“城乡居民人均收入年均增速高于全国平均水平”，据图 3－13 和图 3－14 分析，广西城镇居民人均收入年均增速未达到发展目标，农村居民人均收入年均增速实现了规划中规定的发展目标。

4. 人均固定资产投资额

如图 3－15 所示，2015—2019 年东兴市、凭祥市人均固投额远远高于广西和全国平均水平，宁明县、龙州县和大新县 2019 年的人均固投额都超过了广西平均和全国平均水平，那坡县靖西市、防城区与广西和全国平均水平尚存在一定差距。

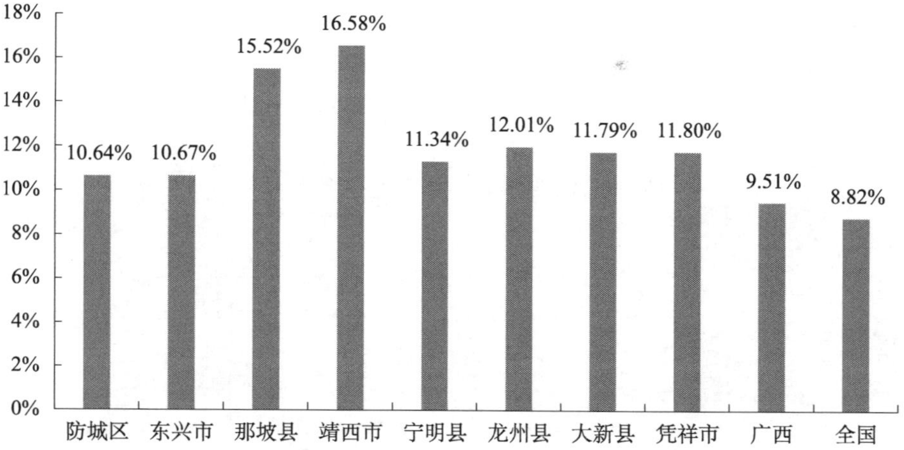

图 3－14　2015—2019 年农村居民人均可支配收入年均增速

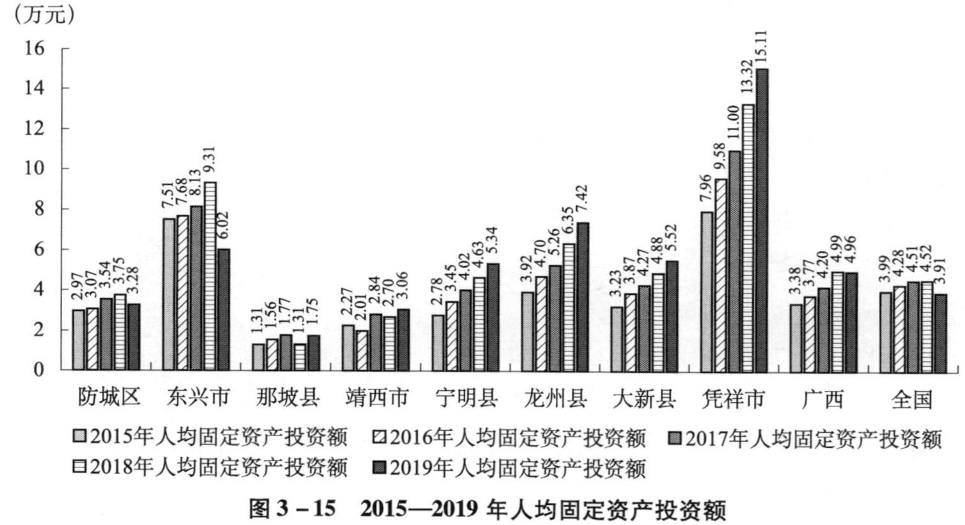

图 3－15　2015—2019 年人均固定资产投资额

（四）广西边境地区沿边开放水平关键指标评估

重点选取人均进出口总额这一关键指标对广西 8 个边境县（市、区）的沿边开放水平的贯彻落实情况进行评估。

如图 3－16 所示，2016—2019 年，东兴市、那坡县、靖西市、宁明县、龙州县、凭祥市人均进出口总额高于广西和全国平均水平。尤其以凭祥市最为突出，人均进出口总额最高，几乎等于其余 7 个县（市、区）的总和。可见，广西边境地区贯彻落实沿边开放水平成效显著，沿边优势得到较充分发

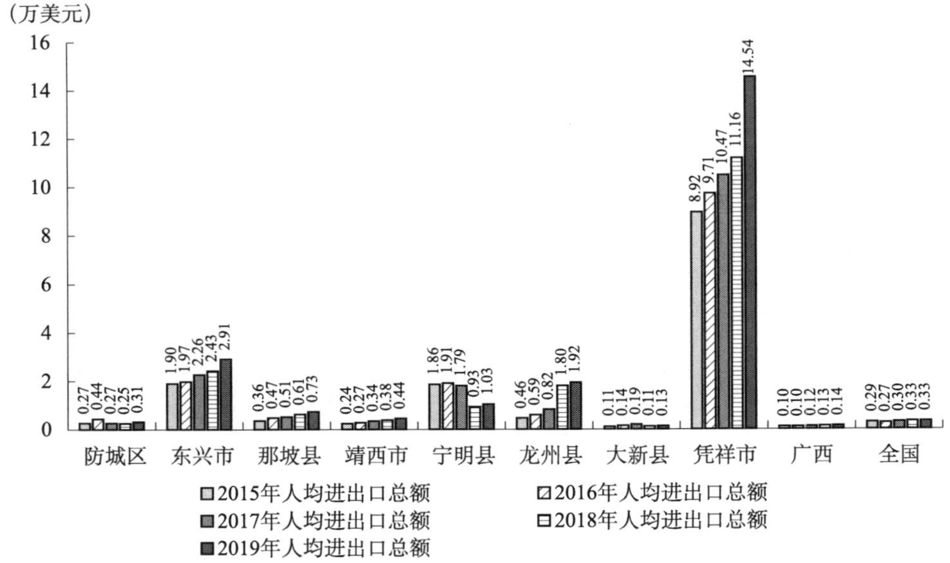

图 3-16 2015—2019 年人均进出口总额

挥。但也应认识到有些县（市、区）还存在一定差距，还有很多潜在优势尚待发掘。

（五）广西边境地区绿色发展关键指标评估

重点选取耕地保有量这一关键指标对广西 8 个边境县（市、区）的沿边开放水平的贯彻落实情况进行评估。

如图 3-17 所示，2015—2019 年广西 8 个边境县（市、区）在发展经济的同时，平稳保持了耕地保有量，守住了耕地红线。同时根据调查，广西 8 个边境县（市、区）的森林覆盖率依旧均高于广西及全国平均水平，生态环境保持持续良好。

（六）广西边境地区民族团结和边防稳固贯彻落实情况

广西边境地区先后有 7 个单位被国家民委、自治区命名为“民族团结进步创建活动示范单位”，靖西市先后被自治区、国家民委分别命名为“自治区民族团结进步创建活动示范市”“全国民族团结进步创建活动示范市”。截至 2020 年底，广西边境地区共命名全国、自治区、市级民族团结示范区示范单位 60 个，其中国家级 4 个，自治区级 38 个，市级 18 个。

在巩固边防方面，广西边境地区广泛开展“国旗工程”“和谐壮乡·团结进步”“和美校园·同心筑梦”等活动，边民和睦，社会稳定，进一步铸牢了

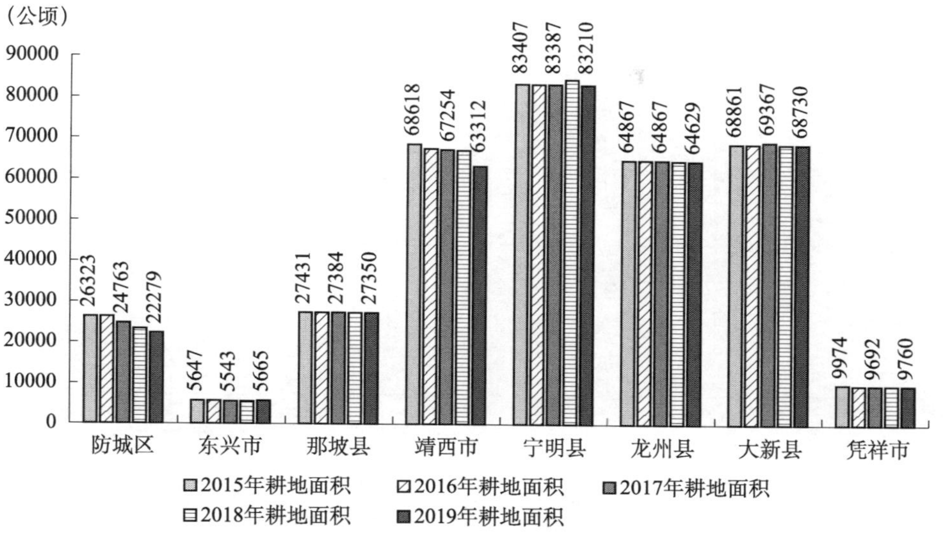

图 3－17 2015—2019 年耕地保有量

中华民族共同体意识。党政军警民“五位一体”合力强边固防机制不断完善，各类破坏活动及违法犯罪行为受到有效防范和打击。

此外，为深入贯彻国家关于开展兴边富民行动“十百千”示范工程，广西 2019 年率先启动兴边富民行动示范创建三年行动，计划到 2021 年底建成 3 个兴边富民示范县、10 个示范乡镇、50 个示范村（社区）、3 个示范园区。广西创新出台示范创建指导意见和验收办法，将创建工作纳入自治区重要工作和绩效考核，持续加强协同推进，取得明显成效。2021 年初，广西命名东兴市、凭祥市为广西兴边富民示范县，东兴镇等 6 个镇为广西兴边富民示范乡镇，28 个村（社区）为广西兴边富民示范村（社区），东兴江平工业园区为广西兴边富民示范园区，并予以授牌，创建活动有力促进了兴边富民行动的贯彻落实。

二、综合评估

（一）广西贯彻落实“十三五”促进民族地区和人口较少民族发展规划情况评价指标体系权重

广西贯彻落实“十三五”促进民族地区和人口较少民族发展规划情况评价指标体系权重如表 3－2 所示。

表 3－2　“十三五”促进民族地区和人口较少民族发展规划情况评价指标体系权重表

序号	一级指标	二级指标	三级指标	权重
1	基础设施建设	电信设施	移动电话普及率	0.012
2			互联网宽带普及率	0.013
3		交通设施	每万人口公路里程数	0.025
4			建制村道路硬化率	0.027
5		供水设施	有效灌溉面积比重	0.014
6			自来水普及率	0.027
7		供电设施	通电村数占比	0.013
8			年人均用电量（千瓦时）	0.023
9	民生保障	基本公共教育	每十万人口小学生在校生数	0.028
10			每十万人口中学生在校生数	0.021
11			每百名小学生专任教师数	0.024
12			每百名中学生专任教师数	0.026
13		基本医疗卫生	每万人医疗卫生机构床位数	0.016
14			每万人医疗卫生机构技术人员	0.028
15			每万人执业（助理）医师人数	0.026
16		基本社会保障	每万人提供住宿的社会工作机构床位数	0.022
17	经济发展	总体水平	地区生产总值增速	0.025
18			城镇居民人均可支配收入增速	0.082
19			农村居民人均可支配收入增速	0.043
20			人均固定资产投资	0.065
21		产业发展	规模以上工业总产值	0.052
22			第一产业增加值比重	0.028
23			第二产业增加值比重	0.010
24			第三产业增加值比重	0.024
25	沿边开放水平	对外贸易	人均进出口额	0.020
26			人均实际利用外资额	0.060
27		口岸建设	国家一类口岸	0.038
28			边民互市贸易点	0.021
29	绿色发展	生态资源	耕地保有量	0.022
30			森林覆盖率	0.040
31		环境保护	清洁能源普及率	0.026
32			垃圾处理站数	0.021
33	民族团结和边防稳固	边疆稳固	每万人治安案件立案数	0.030
34			每万人刑事案件立案数	0.027
35		边疆团结	全国民族团结进步创建示范单位数量	0.021

（二）兴边富民行动“十三五”规划贯彻落实评价指标体系各县（市、区）得分

本部分对广西贯彻落实兴边富民行动“十三五”规划情况采用综合评价法。综合评价法通过构建一个具有系统性的综合指标体系，运用特定方法计算出被评价对象的综合得分，从而对被评价对象的优劣进行判断。本研究报告所选用的是线性加权和法。线性加权和法是一种评价函数方法，是按各指标的重要性对它进行权重赋值，通过对指标数据的一致化处理后，与相应权重相乘并层层相加得出最后的评价得分，结果如表 3－3 所示。

从表 3－3 可以看出，2015—2019 年，广西 8 个边境县（市、区）的综合得分呈上升趋势，说明兴边富民成效越来越出成效。从排名上来看，五年来，凭祥市稳居第一名，东兴市 2015 年排名第三，2016 至 2019 年排名第二，这两个市发展较好，大新县和防城区处于发展较慢的位置，其余县（市、区）排名不稳定。

表 3－3　“十三五”规划贯彻落实评价指标体系各县（市、区）得分表

	防城区	东兴市	那坡县	靖西市	宁明县	龙州县	大新县	凭祥市
2015 年得分	76.48	79.90	75.49	64.06	73.18	82.31	73.51	87.85
2015 年排名	4	3	5	8	7	2	6	1
2016 年得分	79.30	90.85	85.99	84.23	74.00	83.63	76.15	111.73
2016 年排名	6	2	3	4	8	5	7	1
2017 年得分	79.39	99.94	77.24	96.56	90.75	86.02	81.96	113.85
2017 年排名	7	2	8	3	4	5	6	1
2018 年得分	70.96	101.22	75.51	74.46	72.44	88.18	70.31	102.46
2018 年排名	7	2	4	5	6	3	8	1
2019 年得分	70.43	98.41	86.93	77.00	82.38	88.97	78.66	111.42
2019 年排名	8	2	4	7	5	3	6	1

注：因缺失 2019 年的移动电话普及率和互联网普及率数据，在计算 2019 年的得分时，没有包含这两项指标。

（三）广西兴边富民行动取得的成效

广西壮族自治区作为边疆民族地区，共有 8 个边境县（市、区），是中越边境防控、西部地区陆境防线的战略要地，在维护祖国南疆安全稳定方面肩负着重要使命。“十三五”期间广西边境地区的交通、水利、能源、信息等基础设施全面强化，产业布局更趋合理，特色优势产业体系更加健全，自我发展能

力进一步增强，东兴市连续五年跻身全国县级市全面小康指数百强，凭祥市多项主要经济指标排在全区、崇左市前列；靖西市财政收入总量位居全区县域前列。3 个边境市有防城港、百色两市通了高铁，8 个边境县（市、区）公路总里程达 8383 公里，实现县县通高速公路、乡乡通等级沥青（水泥）路、村村通硬化路，基本形成了以高速公路为主骨架、国省干线公路协调衔接的城乡联网、通达顺畅的公路网络。农村自来水普及率总体达 83.75%，用电问题全面解决，光纤网络通达我区边境地区全部行政村，4G 网络在边境地区乡镇、行政村全覆盖。广播电视覆盖率达 98.3% 以上。

2020 年，边境地区农村贫困人口全部脱贫，贫困县全部摘帽。“十三五”期间，传统农林产业、边贸互市商品落地加工、跨境和边境旅游等一批惠及边境地区群众的特色优势产业，如宁明甘蔗“双高”基地、中越跨境自驾游等不断发展壮大。基本公共服务主要领域指标达到或接近全区平均水平，总体实现基本公共服务均等化。城乡居民住房问题整体解决。学前教育毛入园率均达到 87% 以上，义务教育巩固率均达到 93% 以上，高中阶段教育毛入学率均达到 80% 以上。大力实施基层医疗卫生机构能力建设行动计划，实现村级标准化卫生室全覆盖。医联体建设、远程医疗“县县通”惠民工程建设稳步推进，一定范围内实现了“大病不出县”的目标。城乡居民参保率达 97.36%。村级公共服务中心覆盖率达 100%。县级图书馆（文化馆）、乡镇综合文化站覆盖率达 100%。边民生活补助历经 5 次提高，达到每人每年 2520 元。

“十三五”期间广西用好用活党中央、国务院赋予边疆民族地区的特殊优惠政策，积极投身“一带一路”建设，肩负起“构建面向东盟的国际大通道，打造西南中南地区开放发展新的战略支点，形成 21 世纪海上丝绸之路与丝绸之路经济带有机衔接的重要门户”的重要历史使命，实施积极主动的开放带动战略，着力构建“南向、北联、东融、西合”全方位开放发展新格局。举办中国—东盟博览会和中国—东盟商务与投资峰会，推动边境地区深度融入“一带一路”建设。东兴、凭祥两个重点开发开放试验区和边境经济合作区取得东盟货币服务平台、跨境保险服务中心、国检试验区等多项改革试点“全国第一”和“广西第一”。中国（广西）自由贸易试验区、百色重点开发开放试验区加快建设。防城港国际医学开放试验区是全国首个规划建设的国际医学开放试验区。国家对外开放口岸在广西 8 个边境县（市、区）全面覆盖。国际贸易“单一窗口”实现所有口岸业务全覆盖，广西进口、出口整体通关时间为 13.08 小时和 1.51 小时，稳步走在全国前列。边境贸易加快转型升级，边民互市商品落地加工试点成效明显，3 个边贸扶贫产业区如期建成，参与互市贸易边民达 11.6 万。2019 年，边境贸易进出口总值 1486.1 亿元，多年位居全国边境省区之首。

生态护边方面，截至 2019 年底，沿边地区成功创建了 1 个自治区级生态市（凭祥市）、6 个自治区级生态乡镇、76 个自治区生态村。8 个边境县共有自治区级以上生态公益林 758.5 万亩，天然商品林面积 80.5 万亩；累计完成石漠化综合治理工程林业项目任务 12575.2 公顷。在那坡县、靖西市、大新县、龙州县、凭祥市和宁明县等 6 个县，实施山水林田湖草生态保护修复试点工程 66 个。边境地区农村生活污水治理，土壤污染防治项目扎实推进。

（四）存在问题

1. 经济发展不均衡

广西 8 个边境县（市、区）之间发展不均衡，2019 年凭祥市的人均进出口额为 14.54 万美元，是大新县的 100 多倍，凭祥市人均进出口总额几乎是其余 7 个边境县（市、区）的总和；凭祥市的人均固投额为 15.11 万元，是那坡县的 13 倍。同为边境地区，凭祥市很好地发挥了区位优势，对外进出口贸易发展很好，同时带动当地产业发展，经济社会发展迅速，人民生活水平相对较高，2019 年凭祥市城镇居民人均收入为 37539 元，是那坡县的 1.4 倍。东兴市依托边境口岸和旅游业，居民生活水平也相对较高，2019 年城镇居民人均收入达到了 42704 元，是那坡县的 1.5 倍；农村居民人均收入为 19659 元，是那坡县的 2 倍。

2. 基本医疗卫生和基本社会保障存在短板

8 个边境县（市、区）基本医疗卫生条件较弱，医疗卫生服务能力有待加强。医疗卫生机构床位数不足，普遍低于广西和全国平均水平；医疗卫生机构技术人员短缺，也普遍低于全国和全国平均水平；缺乏执业医师，也与全区和全国平均水平存在一定差距。在基本社会保障方面，提供住宿的社会工作机构床位数普遍低于全国和全区平均水平。基本医疗卫生和基本社会保障是民生保障的重要方面，也是基本公共服务能力的重要体现，边境地区在这些方面仍存在短板，在下一轮的兴边富民行动中应努力补齐短板。

3. 创新驱动发展动力不足

广西壮族自治区 8 个边境县（市、区）普遍存在科技创新能力不足的问题，缺乏创新活力，研究与试验发展经费投入较低，当地普遍将资金投入基础设施建设、基本公共事业、特色产业发展，对科技创新的重视不够，科研投入不足，普遍缺乏科研创新的活力和氛围，创新人才短缺，缺乏稳定的资金来源支撑创新发展。

第五章

提升《兴边富民行动“十三五”规划》落实效应的政策意见

一、各部门联动，各尽其责，齐心协力抓好落实

兴边富民行动是一项长期的系统工程，推动边境地区经济加快发展、民生持续改善、民族团结和睦、社会和谐稳定和边疆巩固安宁是中央赋予广西的重要工作任务和重大政治责任，自治区党委、政府、边境地区各级各部门和自治区有关单位要结合实际认真抓好贯彻落实，突出重点，统筹推进，加快建设沿边经济带和全国强边固边示范区。

二、将兴边富民行动与边境地区城镇化建设结合起来

边境地区的城镇化在中国城市化研究中容易被忽略，而其对繁荣边境地区经济、促进民族团结、维护边境稳定具有战略意义[①]。城镇化水平是衡量一个地区发展水平的重要指标。近年来，依托口岸的开放，广西边境地区逐渐发展壮大成为具有边境小额贸易点的口岸型城镇，城镇化取得一定成效。同时，随着城市边界的扩张，广西边境地区人口增长速度加快，非农业人口比重逐步上升。广西边境地区平均城镇化率为 32.74%。按照传统城镇化的 3 个发展阶段划分，城市人口占总人口比重 30%—70% 为城镇化发展中期，广西边境地区

① 王新哲，何彩园：《广西边境地区城镇化发展路径探析》，《广西财经学院学报》2015 年第 3 期：41—46.

城镇化水平处于城镇化发展中期阶段①，与广西其他地区存在一定差距。广西边境地区应将兴边富民行动与城镇化建设结合以来，大力推行“乡村振兴战略”，加快城镇化建设步伐，加强城镇基础设施建设，提升基本公共服务能力，完善城市功能，结合自身区位优势和资源优势，合理布局产业结构，加快推进新型城镇化发展。充分发挥城市发展转移农村劳动力和提供就业岗位的作用，推动边境地区经济发展。

三、将科技创新与兴边富民行动结合起来

2016 年，中共中央、国务院印发的《国家创新驱动发展战略纲要》指出，在我国加快推进社会主义现代化、实现“两个一百年”奋斗目标和中华民族伟大复兴中国梦的关键阶段，必须始终坚持抓创新就是抓发展、谋创新就是谋未来，让创新成为国家意志和全社会的共同行动，走出一条从人才强、科技强到产业强、经济强、国家强的发展新路径，为我国未来十几年乃至更长时间创造一个新的增长周期。习近平总书记也强调：“谁牵住了科技创新这个牛鼻子，谁走好了科技创新这步先手棋，谁就能占领先机、赢得优势。”在兴边富民行动中将区域特点与科技创新结合起来，牢固树立“科学技术就是第一生产”观念，加强研究与试验发展经费投入强度，以科技创新推动体制机制创新，实现科技创新关键在人才，边境地区面临着缺乏各类人才的问题，虽然有国家的投入，东部地区的对口支援，可是仍然不能忽视自身的作用，要营造尊重知识、尊重人才的社会氛围，提高边境地区的自主创新能力。

四、将民族文化传承保护与兴边富民行动结合起来

只有结合边境地区文化传承和发展的特点，把“文化兴边”作为“兴边富民行动”的重要补充和根本指向，才有可能真正实现“兴边”的目的。科学制定地方经济与社会发展规划，实现基础设施建设、产业结构调整与民族文化发展的有机融合②。广西边境地区要突出地区特色，深入挖掘民族文化资源，开创一条具有地方特色的民族文化兴边富民新路。引导贫困地区挖掘保护和开发利用红色、民族、民间文化资源，发展特色文化产业，推动实施一批特

---

① 廉超，陆凤娟：《广西边境地区新型城镇化水平评估与实现路径研究》，《当代经济》2018 年第 13 期：60—63.

② 吕俊彪，赵业：《“文化兴边”：兴边富民行动的另类选择》，《广西民族研究》2019 年第 1 期：115—120.

色文化产业项目。积极探索“文化+”产业发展新模式，促进文化与科技、旅游、农业、制造业等跨界融合发展。

五、将推动县域经济发展与兴边富民行动结合起来

县域经济是县级行政区划范围内的区域经济，是城镇经济与农村经济的结合体，是国民经济的基本单元。目前县域的发展是中国整体发展的一块短板，如果农村或者县域总处在一个落后状态，会严重制约当地的招商引资能力。发展县域经济，是实现全面小康的重要抓手，广西自治区贯彻落实兴边富民“十三五”规划，应该将县域经济发展与兴边富民行动结合起来，依托8个边境县（市、区）独特的区位优势，结合自身特点，因地制宜、分类指导，科学定位，突出特色，推动县域经济发展，兴边富民显成效。

、

第六章

《兴边富民行动“十四五”规划》的有关建议

一、坚持五大发展理念，推动边境地区经济社会发展

2015 年 10 月 26 日至 29 日，中国共产党第十八届中央委员会第五次全体会议在北京举行。全会强调，实现“十三五”时期发展目标，破解发展难题，厚植发展优势，必须牢固树立并切实贯彻创新、协调、绿色、开放、共享的发展理念。习近平强调在五大发展理念中，创新发展理念是方向、是钥匙，要瞄准世界科技前沿，全面提升自主创新能力，力争在基础科技领域做出大的创新、在关键核心技术领域取得大的突破。创新是五大发展理念的核心。我国自主创新能力不强，必须把基点放在创新上，通过创新带动各领域发展，通过创新提升国家整体竞争力。一方面要从基础研究出发，实现领域性原创成果重大突破，另一方面要从体制机制出发，加大产学研结合、完善知识产权保护、培养创新性人才。实现兴边富民的目标，必须坚持五大发展理念。在兴边富民行动“十四五”规划中，要继续以五大发展理念为指导，才能使兴边富民行动取得更持久更显著的成效。

进行协调发展，实施更加积极主动的开放带动战略，深度融入“一带一路”建设，推动更高水平开放，在政策上应向更需要支持的地区倾斜，加大科技创新，做到协调发展、创新发展。创新发展、协调发展、绿色发展、开放发展、共享发展代表世界发展趋势和科学发展方向，是对人类社会发展规律的

深刻把握、发展方向的科学揭示、发展道路的开拓创新。

二、继续加强边境地区基础设施建设

基础设施是用于保证地区社会经济活动正常进行的公共服务系统。基础设施建设具有所谓“乘数效应”，即能带来几倍于投资额的社会总需求和国民收入。一个地区的基础设施完善，是其经济可以长期持续稳定发展的重要基础。自治区应继续加大对广西边境地区基础设施建设的投入，重点支持边境地区公路、民航、能源、通信等重大基础设施建设项目。经过20年的不断努力，广西边境地区的基础设施建设成效显著，但是，我们应该认识到基础设施薄弱依然是制约边境地区发展的瓶颈，因此，在项目投资上应加强对边境民族地区予以倾斜。同时，还应该保证该资金拨放的连续性，加强边境地区的信息通信网络、铁路通道、公路通道建设，尤其加强边境地区的水利设施建设，大力推进农村饮水安全巩固提升工程，继续加大对边境地区交通道路、农田水利、人畜饮水、危旧房改造等基础设施建设资金投入力度，切实解决边境地区水、电、路和教育、卫生、文化以及基层政权等存在的突出问题，加快完善边境地区基础设施，加快边境民族地区经济社会发展，在未来的工作中应该强弱项，补短板，全方位加强基础设施建设，改善边境地区人民群众的生产生活条件。

三、继续加强边境地区各项社会事业发展

广西边境地区的教育、卫生、社会保障、文化事业与东部地区有一定差距，基本公共服务能力较弱。在教育方面，要扩大学前教育资源供给，新增一批公办幼儿园，提高公办幼儿园比例；持续完善中小学基础设施建设，多渠道多途径补充教师，着力推进县域城乡义务教育均衡发展。在医疗卫生方面要完善村卫生室基础设施和医疗设备，方便群众就地就近看病就医。持续推进县级公立医院改革，巩固深化医改成果。实施卫生人才强基工程，落实全科医生转岗培训计划和乡村医生培训计划，着力缓解基层卫生专业技术人员短缺问题。在就业和社会保障上，做好农民工职业技能培训，增加就业机会。加大对城镇棚户区住房改造和农村4类重点对象危旧房改造，为人民群众提供基本住房保障。在文化事业上，要大力发展和弘扬民族地区的优秀民族文化。民族文化对于边境地区经济与社会发展的重要意义，为民族传统文化的保护和传承创造有利条件，大力发展富有特色的文化产业，以民族文化的繁荣带动边境地区的发展，是历史赋予兴边富民行动的时代使命。挖掘、保护、传承边境地区的民族

文化资源，改善投资环境，吸引更多外来投资。培育和大力发展富有民族特色和地方特色的文化产业，增强边境地区经济与社会发展的核心竞争力①。把“文化兴边”作为新时期“兴边富民行动”有效途径，大力发展文化产业，开展文化惠民活动，挖掘乡村非物质文化遗产资源。加强革命文物、历史文化名镇名村及传统村落保护。

四、继续推动边境地区特色产业发展

立足边境地区绿色农业、特色农业发展基础，打造沿边生态高效安全农业经济带。重点支持糖料蔗、特色水果、富硒农业等农林优势产业发展。大力扶持边境地区发展特色优势加工业。以重点口岸城市为节点，建设一批内外贸一体化的特色商贸市场、商品交易市场，鼓励和支持发展国际商贸物流产业。推动边境地区电子商务发展，建设一批“边境仓”。继续推进龙州、凭祥、东兴、宁明 4 个边民扶贫产业园建设。发展文化旅游，提升文化旅游品牌，深化跨境旅游合作，推动建设边境旅游试验区、跨境旅游合作区和全域旅游示范区，开发具有边境地域特色、民族特色的旅游项目，打造边境特色旅游长廊。

五、继续提升沿边开发开放水平

根据区位优势，充分发挥边境口岸城市的作用，加大对通道和口岸建设的投资力度，制定边贸企业发展的优惠政策，可以针对边境县的不同特点，将边境划分为不同的经济区，针对不同的地区制定差异化的开放政策。重点抓好边境地区比邻国家的市场开拓，扶持边贸企业，特别是大型边贸企业发展。边境地区要积极培育物流、仓储和服务业，壮大口岸城镇的经济总量，利用口岸优势，大力发展边境贸易、加工贸易、服务贸易、旅游贸易四大支柱产业。加强口岸基础设施建设和边民贸易互市点建设。积极融入“一带一路”建设，支持凭祥综合保税区、东兴国家开放开发试验区、中泰崇左产业园、中越德天板约旅游合作区等边境重点平台建设。建立年度工作目标责任制，实施沿边开发开放年度工作任务动态管理和进度督查考核制度。加大沿边开发开放资金支持力度，统筹用好国家、自治区各类涉边资金。

---

① 吕俊彪，赵业：《“文化兴边”：兴边富民行动的另类选择》，《广西民族研究》2019 年第 1 期：115—120.

六、继续加强边境地区生态文明建设

一是要推进多污染物综合防治和环境治理，实行联防联控和流域共治。深入实施大气污染防治行动计划，继续落实水污染防治行动计划，加快建设完善工业园区污水集中处理设施，推行河长制、湖长制，开展集中式饮用水水源地、重点流域水环境综合治理，推行土壤污染防治行动计划，开展土壤污染状况调查，推进土壤污染风险防控和修复治理项目建设。

二是要加强城乡环境综合整治，净化城乡居民生活环境，推广普及清洁能源设施。在城镇普遍推行垃圾分类制度，开展乡村风貌提升三年行动，以垃圾污水治理、厕所革命、村容村貌提升为重点，建设一批环境整治精品示范村庄。

七、继续加强边境地区民族团结和边防稳固

党的十九大报告指出：全面贯彻党的民族政策，深化民族团结进步教育，铸牢中华民族共同体意识，加强各民族交往交流交融，促进各民族像石榴籽一样紧紧抱在一起，共同团结奋斗、共同繁荣发展。民族团结进步事业是中国特色社会主义事业的重要组成部分，反映了全国各族人民的共同意志，符合各族人民的根本利益，是新形势下民族工作的重要内容。要加强边境地区民族团结进步创建工作，打造民族团结进步示范点，以点带面，带动边境地区的民族团结工作的深化开展。推动党政军警民合力强边固防，深入开展民族团结进步创建活动，结合开展“不忘初心、牢记使命”主题教育，大力弘扬社会主义核心价值观，形成守边固防的强大合力。在边境地区扎实开展兴边富民行动示范创建活动，爱民固边模范村创建工程，命名一批兴边富民示范县、示范乡（镇）、示范村（社区）、爱民固边模范村。同时，深化社会治安综合治理工作是边境地区经济社会得以发展的重要保障。当今城镇化、工业化、信息化的快速发展，逐渐呈现矛盾多发和易发的态势，及时化解社会矛盾、推进边境地区治安防控体系建设，深入开展社会治安专项整治，对维护边疆稳固意义重大。

第四部分

脱贫攻坚背景下广西少数民族发展资金使用绩效及优化篇

第一章

绪　论

一、研究背景

我国是一个多民族国家，民族地区贫困问题是困扰我国经济发展、社会稳定和民族团结的重要问题，也是我国实现全面建成小康社会的难点和短板。长期以来，受历史、自然、社会等因素制约，民族地区经济发展较为缓慢，社会发展较为滞后。有关数据显示，2017 年全国共有 14 个特困连片地区，其中少数民族地区占 11 个；全国有国家扶贫开发的重点县和边区的贫困县 839 个，其中少数民族地区占 428 个；全国贫困发生率 3.1%，而少数民族地区高达 6.6%。此外，截至 2017 年底，我国仍有 3064 万农村贫困人口，而民族地区贫困人口占比达 33.88%。由此可见，民族地区脱贫攻坚任务比其他地区更为艰巨。加快民族地区脱贫攻坚步伐，是新时代背景下解决民族贫困问题的主要任务和关键抓手，对彰显民族平等、巩固民族团结、推动民族进步具有重要作用。

脱贫攻坚彰显民族平等。在民族地区开展以加强基础设施建设、推进基本公共服务均等化、发展特色优势产业等为内容的脱贫攻坚，不仅有利于加快破除民族地区发展瓶颈制约，更有利于让民族地区的少数民族群众共享改革发展成果，铸牢中华民族共同体意识。

脱贫攻坚巩固民族团结。民族团结是我国各族人民的生命线。团结的民族关系不是与生俱来的，也不是一劳永逸的，必须积极建设、促进和巩固。针对民族地区建立脱贫攻坚责任、政策、投入、动员、监督、考核等制度体系，出台涉及产业发展、易地搬迁、劳务输出、交通、水利、电力、教育、健康、金融、危改、土地增减挂钩、资产收益等方面的一系列脱贫政策，可以使民族地区享受到政策福利，经济实现较快发展，改善生态环境和生产生活条件，增强各族群众的获得感、幸福感，从而使各民族之间的关系更为和睦、融洽。

脱贫攻坚推动民族进步。在民族地区将扶贫与扶志、扶智相结合，通过生产奖补、劳务补助、以工代赈等机制，可以激发少数民族群众的内生动力，助推其在思想观念上进步。

党的十八大以来，习近平总书记一直牵挂着扶贫，心里惦记着贫困人口，多次深入最贫困、最落后的地区调研。2015 年 3 月全国两会期间，习近平总书记在参加广西代表团审议时提出：“要把扶贫攻坚抓紧抓准抓到位，坚持精准扶贫，倒排工期，算好明细账，决不让一个少数民族、一个地区掉队。”2015 年 11 月，中共中央、国务院出台的《关于打赢脱贫攻坚战的决定》强调，要重点支持革命老区、民族地区、边疆地区、连片特困地区脱贫攻坚。2017 年 6 月 23 日，习近平总书记在山西太原主持召开了深度贫困地区脱贫攻坚座谈会，指出“攻克深度贫困堡垒，是打赢脱贫攻坚战必须完成的任务”。党的十九大提出了要实施“区域协调发展战略”，强调要继续加大对民族的财政转移支付力度，不断完善转移支付办法，提高转移支付资金使用绩效，提升民族地区基本公共服务水平，加快推进民族地区经济和社会发展；重申了“坚决打赢脱贫攻坚战”的要求，强调要重点攻克深度贫困地区脱贫任务，确保到 2020 年我国现行标准下农村贫困人口实现脱贫，贫困县全部摘帽，解决区域性整体贫困，做到脱真贫、真脱贫。2018 年 2 月 12 日，习近平总书记在四川成都主持召开了打好精准脱贫攻坚战座谈会并作了重要讲话，强调指出，全面打好脱贫攻坚战，要按照党中央统一部署，把提高脱贫质量放在首位，聚焦深度贫困地区，扎实推进各项工作。2018 年 6 月 15 日，中共中央、国务院发布《关于打赢脱贫攻坚战三年行动的指导意见》，强调要集中力量支持深度贫困地区脱贫攻坚。2019 年 3 月 5 日，李克强总理在政府工作报告中指出，要加大对民族地区和人口较少民族发展的支持，深入实施兴边富民行动，同心协力建设 56 个民族共同团结奋斗、共同繁荣发展的美好家园。2021 年 2 月 25 日，习近平在全国脱贫攻坚总结表彰大会上隆重宣布：“我国脱贫攻坚战取得了全面胜利，现行标准下 9899 万农村贫困人口全部脱贫，832 个贫困县全部摘帽，12.8 万个贫困村全部出列，区域性整体贫困得到解决，完成了消除绝对贫困的艰巨任务。”

千方百计加快少数民族和民族地区的经济社会发展，是解决少数民族地区贫困的核心问题。我国政府历来高度重视支持民族地区加快发展，以财政转移支付为重要抓手，不断增强民族地区财政保障能力，促进民族地区经济快速发展，切实贯彻党和国家的民族政策。进入 21 世纪以来，中央财政对民族地区转移支付的特殊支付主要体现在：一是在 2000 年设立“民族地区转移支付”科目，财政资金投入从 2000 年的 25.5 亿元增加到 2020 年的 914.7 亿元，增长近 35 倍；二是在财政专项扶贫资金中设立“少数民族发展资金”科目，从 1998 年至 2020 年，中央财政累计拨付 377 亿元；三是其他转移支付对民族地区给予了照顾，例如在均衡性转移支付计算中专门设置民族因素修正系数、单独测算人口较少民族地区教育支出、建立艰苦边远地区津贴制度等。

少数民族发展资金是中央对民族地区一般性转移支付的重要组成部分，是我国公共财政设立的用于支持边境民族地区兴边富民、扶持人口较少民族发展、帮助少数民族贫困家庭经济条件改善的专项资金，在预算上属于“扶贫资金”科目，由财政部与国家民族事务委员会（简称国家民委）共同管理，2020 年资金投入达到 1460 亿元，资金安排覆盖除京、津、沪以外的 28 个省、自治区、直辖市及新疆生产建设兵团。

广西作为我国五个少数民族自治区之一，有包括汉族在内的 12 个世居民族在此聚居，其中少数民族占总人口近四成，同时广西作为唯一一个沿海自治区，与越南接壤，同时与东南亚其他各国隔海相望，作为中国—东盟博览会的永久举办地，是中国向东南亚经济文化交流的桥头堡，同时伴随着“一带一路”倡议的提出，广西在对外开放中的作用日益凸显，但目前来看，广西作为民族地区，同时也是后发地区，仍然存在着发展基础薄弱，产业结构落后，发展动能不足的问题，同时，由于少数民族众多，经济发展落后等诸多原因，社会保障、文化教育、医疗卫生等诸多方面和东部地区相比有着较大的差距，在脱贫攻坚，全面建设小康社会的今天，国家必将进一步增加对广西少数民族发展资金的分配，以加快广西少数民族和民族地区经济社会发展，助力其实施乡村振兴战略。

二、研究目的与意义

（一）研究目的

本研究以广西少数民族发展资金为研究对象，对广西少数民族发展资金投入与使用现状进行分析，在此基础上构建少数民族发展资金使用绩效评价体系对当前广西少数民族发展资金的使用进行评价，并以此为依据发现其存在的问题，进而提出相应优化建议，推动广西少数民族发展资金使用绩效进一步提高。

（二）研究意义

本研究针对脱贫攻坚背景下广西少数民族发展资金使用绩效及优化做了详尽的研究。首先，阐述广西少数民族发展资金的投入与使用现状，从资金支付方案、使用规模及使用结构三方面进行详细分析。其次，通过设计少数民族发展资金使用绩效评价指标评价广西少数民族发展资金的使用。最后，依据评价结果分析当前广西少数民族发展资金使用存在的问题，并在此基础上提出相应优化建议。

三、研究内容与方法

（一）研究内容

本研究内容分为六部分：

第一部分为绪论。首先通过回顾我国民族地区当前的贫困现状和为解决民族地区贫困问题出台的相关政策文件，以及广西在国家中地位与发展现状，厘清了本研究的研究背景。其次，在研究背景的基础上说明本研究的研究目的与研究价值。最后，对本研究内容与研究方法进行阐述。

第二部分为广西少数民族发展资金投入与使用现状。主要从广西少数民族发展资金支付方案、使用规模以及使用结构三方面进行分析。首先，依据相关政策文件对广西少数民族发展资金的资金分配、支付模式以及使用范围等方面进行分析。其次，对2016—2020年的广西少数民族发展资金规模进行分析。最后，对广西少数民族发展资金的投向区域结构、投向项目结构等进行相应分析。

第三部分为广西少数民族发展资金使用绩效评价概述。在本部分，本研究对自治区少数民族发展资金使用绩效评价目的、评价的主要依据、评价的设计与实施、绩效评级方法以及绩效评价的局限性进行说明。

第四部分为广西少数民族发展资金使用绩效评价分析结论及分析。在本部分，本研究首先对评价小组关于广西少数民族发展资金使用绩效评价结论进行阐述，其次从相关性、效率性、效果性以及影响性对发展资金的使用绩效进行具体分析。

第五部分为取得成效和实施经验。在本部分，本研究首先对“十三五”以来自治区使用少数民族发展资金取得的成效进行相应阐述，其次挖掘自治区使用发展资金的实施经验。

第六部分为广西少数民族发展资金使用问题与优化建议。本部分结合评价小组在开展广西少数民族发展资金使用绩效评价中发现的问题，提出具有针对性的发展资金使用优化建议，为完善发展资金的使用管理提供决策依据。

（二）研究方法

文献研究法。通过文献研究法了解国内现有的关于财政转移支付和民族地区贫困治理的研究成果及指标构建的经验，有利于拓宽本研究的研究思路。

描述性研究法。通过对广西少数民族发展资金的支付方案、使用规模以及使用结构进行叙述，可以充分了解广西少数民族发展资金投入与使用现状，为后文广西少数民族发展资金使用绩效评价指标体系的建立奠定基础。

实地调研法。通过实地调研、座谈、访谈等形式，深入项目承担单位进行现场核实，查看项目实际建设和运行情况，并收集项目建设、运行、管理等方面的资料，针对绩效评价的重点内容核实相关信息，并发现发展资金使用过程中存在的问题。

定量与定性分析相结合。在指标设置上，综合量化、定性内容，不仅摄取量化信息，还对无法参与统计过程的有效信息进行定性分析，秉持完整性、合理性原则。

第二章

广西少数民族发展资金投入与使用现状

一、广西少数民族发展资金支付方案

少数民族发展资金的预算目标是扶贫开发背景下扶持和帮助少数民族和民族地区解决经济社会发展中的特殊困难，缩小民族地区与东部发展差距，通过加快少数民族和民族地区经济社会发展来实现区域协调发展。由于少数民族发展资金属于自治区财政专项扶贫资金，广西少数民族发展资金的使用须依据《广西财政专项扶贫资金管理办法》（桂政办发〔2017〕42号）。根据《广西财政专项扶贫资金管理办法》，广西少数民族发展资金主要按照因素法切块分配，资金分配的因素由客观因素指标、政策因素指标和绩效因素指标三部分构成（见图4-1）。客观因素指标主要包括建档立卡贫困人口规模、贫困村个数（包括国有贫困农场、林场个数）、贫困程度等反映贫困状况的客观指标；政策因素指标主要包括国家和自治区扶贫开发政策规定、年度脱贫攻坚任务、贫困少数民族发展及扶贫专项工作要求等；绩效因素指标包括扶贫开发工作成效考核结果（包括脱贫摘帽情况）、财政扶贫资金支出进度和年度绩效评价结果、贫困县开展统筹整合使用财政涉农资金试点工作成效、财政扶贫资金专项检查和审计结果等。广西少数民族发展资金分配的具体因素和权重，充分考虑少数民族发展资金的预算目标，由财政厅和民族宗教事务委员会等相关部门根据当年扶贫开发工作重点进行适当调整，进而合理设置各因素指标权重，如

2017 年为落实国家民委推进兴边富民行动和扶持人口较少民族发展等重点工作任务，在资金分配中设置了兴边富民行动因素和扶持人口较少民族发展因素，再设置少数民族人口、贫困人口等为子因素，进而测算分配；2018 年在制定少数民族发展资金分配方案时，充分考虑少数民族和少数民族聚居区特殊需求，继续给予少数民族聚居贫困地区资金倾斜照顾，资金分配重点向边境地区、人口较少民族聚居行政村、贫困县以及深度贫困村倾斜，促进少数民族聚居区发展。

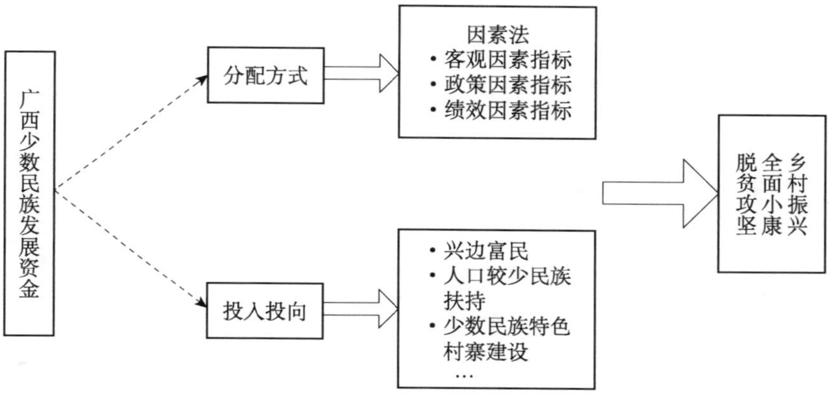

图 4-1 广西少数民族发展资金分配方式

根据《广西壮族自治区少数民族发展资金管理办法》（桂财行〔2012〕105 号），广西少数民族发展资金实行的是纵向逐级传递转移支付模式，其支付路径如图 4-2 所示。广西少数民族发展资金在管理主体上主要由自治区民委和财政厅负责；在转移归宿上，资金主要投向自治县、民族乡、人口较少民族聚居村、边境 8 个县（市、区）、少数民族聚居的贫困乡、村。在资金使用范围方面，广西少数民族发展资金可应用于：（1）改善生产生活基础条件，包括修建少数民族和少数民族聚居区村（屯）人畜饮水、电、路、便桥、农村能源、农田水利等设施，特困少数民族群众的茅草房、危房改造；（2）支持少数民族和少数民族聚居区的教育、文化、卫生等社会事业发展；（3）支持少数民族贫困群众发展种植业、养殖业、推广新技术、新品种、建设民族工作示范点、少数民族特色村寨和发展有民族特色的旅游业等特色产业；（4）自治县、民族乡逢十周年县庆、乡庆为民办实事项目；（5）少数民族和少数民族聚居区农村实用技术培训、推广先进适用的技术；（6）经自治区财政厅和自治区民委研究同意的其他少数民族事业发展的项目。此外，在资金使用上，贫困县要将此专项资金与其他涉农资金整合来统筹使用，并在统筹整合使用资金时，优先考虑自治区党委、政府交给民宗委系统的脱贫攻坚任务、乡村振兴任务，协助推进贫困村20户以上具备条件的自然村（屯）通屯道路建设，同时要衔接好脱贫攻坚规划、乡村振兴战略与民族工作专项规划，有机结合脱贫攻坚任务与民族工作政策任务，促进资金统筹整合使用，形成合力，发挥整体效益；非贫困县应聚集脱贫攻坚，推动少数民族聚居区脱贫攻坚、兴边富民行动、扶持人口较少民族发展、保护和发展少数民族特色村寨以及少数民族传统手工艺品等工作，切实加快边境地区、人口较少民族地区及少数民族聚居区脱贫攻坚奔小康步伐。

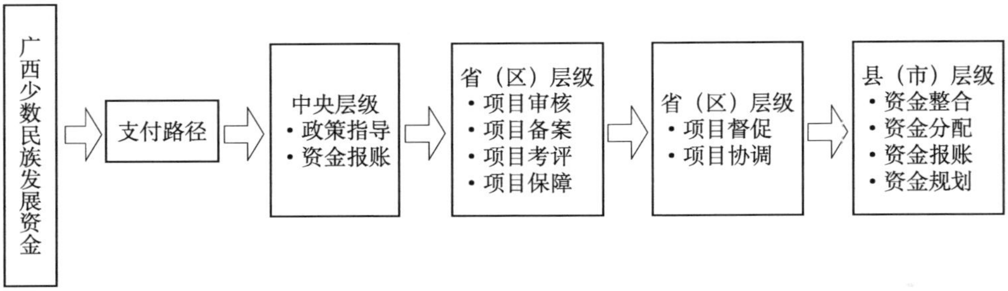

图4-2　广西少数民族发展资金支付路径

二、广西少数民族发展资金使用规模

为了促进民族地区经济社会加快发展，实现全面建成小康社会的目标，中央政府长期以来对广西壮族自治区给予较多的优惠和照顾性政策，自治区获得的少数民族发展资金呈现逐年持续上升的趋势。

2016年中央安排广西壮族自治区财政专项扶贫资金（少数民族发展支出方向）34889万元；自治区本级少数民族发展资金1900万元［以下将财政专项扶贫资金（少数民族发展支出方向）与自治区本级少数民族发展资金统称为“少数民族发展资金”］，合计36789万元。

2017年中央安排广西壮族自治区财政专项扶贫资金（少数民族发展支出方向）48681万元，比2016年增长了1.4亿元，增幅达40.37%；自治区本级少数民族发展资金2000万元，合计50681万元。

2018年中央安排自治区财政专项扶贫资金（少数民族发展支出方向）56278万元，比2017年增加了7597万元，增幅达15.6%；自治区本级少数民族发展资金3950万元，比2017年增加了1950万元，增幅达97.5%，少数民族发展资金合计 60228 万元。截至 2018 年 12 月底，落实的 1499 个项目完工 1410 个，占落实项目的 94%。资金拨付 54595. 84 万元（实际支出，不含部分划拨到乡镇和统筹到其他部门资金），占全年资金量的 90. 6%。

2019 年中央安排自治区财政专项扶贫资金（少数民族发展支出方向）56993 万元，比 2018 年增加了 715 万元，增幅达 1. 27%；自治区本级少数民族发展资金 3950 万元，少数民族发展资金合计 60943 万元。

2020 年中央安排自治区财政专项扶贫资金（少数民族发展支出方向）42000 万元，自治区本级少数民族发展资金 2567 万元，少数民族发展资金合计 67677 万元（见图 4 –3）。

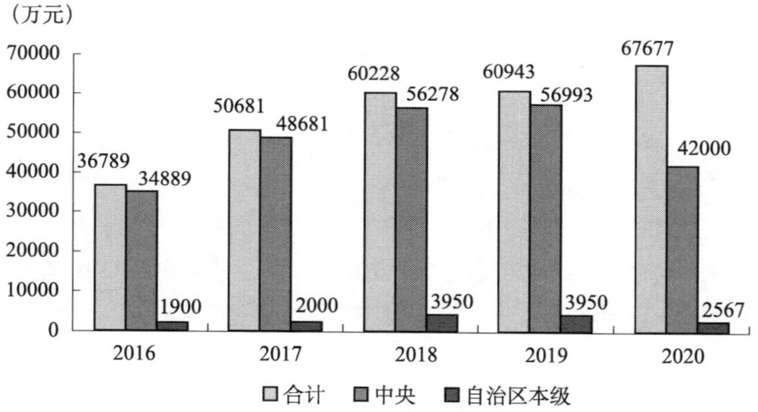

图 4 –3　2016—2020 年广西少数民族发展资金规模

三、广西少数民族发展资金使用结构

根据《促进民族地区和人口较少民族发展“十三五”规划》（国发〔2016〕79 号)、《兴边富民行动“十三五”规划》（国办发〔2017〕50 号）和《广西财政专项扶贫资金管理办法》（桂政办发〔2017〕42 号）有关精神，广西少数民族发展资金围绕兴边富民行动、扶持人口较少民族发展、助推少数民族贫困地区脱贫攻坚等方面统筹安排，主要投向自治县、民族乡、人口较少民族聚居村、边境 8 个县（市、区）、少数民族聚居的贫困乡、村。重点用于村屯道路、便民桥、人畜饮水、小型农田水利等基础设施建设项目以及特色产业、农村实用技术培训等项目，有效推进贫困地区的脱贫攻坚，促进当地的经济社会发展，从而确保 2020 年少数民族特困地区和特困群体与全国同步实现小康。

（一）助推少数民族聚居区脱贫攻坚

少数民族发展资金作为财政专项扶贫资金，“十三五”以来，全部用于推进少数民族聚居区基础设施改善和产业扶持，推进脱贫攻坚工作。一是安排的少数民族发展资金50%以上投向全区54个贫困县（含“天窗县”和享受待遇县）。2016年投向54个贫困县的资金总量达2.5亿元；2017年投向54个贫困县的资金总量为37774万元；2018年第一批中央少数民族发展资金43813万元中，投向54个贫困县资金达到31800万元，占资金总量的72.6%，第二批中央少数民族发展资金12465万元，共安排54个贫困县资金量合计11528万元，占第二批资金总量的92.5%。从2018年全年来看，分配到54个贫困县的资金总量为43328万元，占2018年资金总量的77%；2019年分配到54个贫困县的资金总量为45675万元，占全年资金量的80%；2020年第一批投向54个贫困县资金达到39325万元，2020年第二批资金安排54个贫困县4798万元，占资金总量的74.68%。全年累计投入54个贫困县44123万元，占2020年资金总量的77.2%。二是修建“幸福路”，搭起“连心桥”，解决“行路难”问题。据统计，2016年投向贫困村20户以上自然村（屯）通屯公路建设资金1.8亿元，修建通屯公路600多公里；2017年第一批中央少数民族发展资金投入屯级道路资金达到2.3亿元，占该批资金总量的73.8%；2018年各地利用第一批少数民族发展资金硬化村屯道路790公里，使用资金3亿元；2019年第一批中央少数民族发展资金投入屯级道路资金达到3.5亿元，建设屯级道路900公里，受益人口52万多人。三是连接“自来水”，修通“水利渠”，解决大石山区少数民族群众“饮水难”和“灌溉难”的问题。安排少数民族发展资金700多万元，建设饮水项目72个；安排少数民族发展资金718多万元，修建小型农田水渠67条，改善农田灌溉能力，促进农业生产。这些资金助推自治区脱贫攻坚工作，2016年全区有4个贫困县脱贫摘帽，943个贫困村、1119874人如期脱贫；2017年全区有6个区定贫困县脱贫摘帽，1个国定贫困县达到贫困县“九有一低于”摘帽标准并通过自治区验收，1056个贫困村、95万人脱贫；2018年全区有14个贫困县脱贫摘帽，1452个贫困村、116万人脱贫；2019年全区21个贫困县摘帽，1150个贫困村出列，105万建档立卡贫困人口脱贫；2020年全区5379个贫困村全部出列，54个贫困县全部摘帽。

（二）推进少数民族特色村寨保护与发展工作

2016年以来，自治区民宗委将少数民族特色村寨建设纳入资金分配因素，继续对少数民族特色村寨保护与发展给予资金支持。据统计，2016年各地安排了 1134 万元用于推进少数民族特色村寨保护与发展工作。同时，自治区民宗委研究印发了《关于培育少数民族特色村寨的指导意见》（桂民宗发〔2017〕91 号），指导各地开展少数民族特色村寨保护与发展，取得了新成效，2017 年，全区有 38 个村寨被国家民委命名为第二批“中国少数民族特色村寨”。2018 年，自治区利用少数民族发展资金落实特色村寨项目 8 个。2019 年，全区 97 个村列入“中国少数民族特色村寨”名录，105 个村列入自治区“十三五”重点培育的少数民族特色村寨名单。2020 年，全区有 40 个村寨被国家民委命名为第三批“中国少数民族特色村寨”。

第三章

广西少数民族发展资金使用绩效评价概述

为了回顾“十三五”以来广西少数民族发展资金的使用成效，为今后发展资金的管理提供经验，本研究对广西少数民族发展资金开展绩效评价。

一、绩效评价目的

本次绩效评价从资金的相关性、效率、效果和影响四个维度对少数民族发展资金的绩效开展分析和评价，评价的目的在于：

第一，了解“十三五”以来少数民族发展资金投入的效果和影响；

第二，总结资金管理及项目选择、立项等环节上的经验和教训，并提出改进的建议；

第三，探索专项资金项目分类评价的框架，为今后专项资金项目的绩效评价提供借鉴，提升专项资金的绩效管理水平。

二、绩效评价依据

本次绩效评价依据如下：

(1)《广西壮族自治区国民经济和社会发展第十三个五年规划纲要》；

(2)《广西壮族自治区少数民族发展资金管理办法的通知》（桂财行〔2012〕105号）；

(3)《广西壮族自治区人民政府办公厅关于印发广西脱贫攻坚“十三五”

规划的通知》（桂政办发〔2016〕193 号）；

（4）《广西村镇建设和人居环境改善“十三五”规划》；

（5）《广西壮族自治区现代农业（种植业）发展“十三五”规划（2016—2020 年）》；

（6）《中共广西壮族自治区委员会 广西壮族自治区人民政府 关于打赢脱贫攻坚战三年行动的实施意见》（2018 年 10 月 24 日）；

（7）《广西壮族自治区儿童发展规划（2011—2020 年）》；

（8）《广西教育事业发展“十三五”规划》；

（9）《广西壮族自治区人民政府办公厅关于印发广西财政专项扶贫资金管理办法的通知》（桂政办发〔2017〕42 号）；

（10）《广西壮族自治区财政专项扶贫资金绩效评价办法的通知》（桂财农〔2017〕192 号）。

三、评价的设计与实施

（一）评价的对象及设计

本次绩效评价是针对“十三五”以来（2016—2018 年）自治区少数民族发展资金使用开展绩效评价。

（1）依据《广西壮族自治区少数民族发展资金管理办法的通知》中的发展资金的使用范围，以及《广西壮族自治区人民政府办公厅关于印发广西脱贫攻坚“十三五”规划的通知》中的脱贫攻坚实施的重点区域，评价发展资金使用与自治区要求的使用范围以及自治区脱贫攻坚“十三五”规划的相关性。

（2）基于民宗委对“十三五”以来少数民族发展资金使用管理工作总结，对发展资金的产出效率、结算效率和管理效率进行评价。

（3）依据《广西壮族自治区国民经济和社会发展第十三个五年规划纲要》《广西壮族自治区人民政府办公厅关于印发广西脱贫攻坚“十三五”规划的通知》等文件提出的自治区改善少数民族以及少数民族聚居区发展状况，以及脱贫攻坚目标等，对发展资金实施的效果和影响进行评价。

（4）采用案卷研究和实地调研结合的方式，对发展资金的综合绩效进行分析和评价，总结资金在管理上的经验及教训，为今后少数民族发展资金的使用提供建议。

（二）绩效评价框架设计

本次绩效评价的框架包括 4 个评价维度：相关性、效率性、效果性和影响性。四个评价维度分别是从项目选择是否符合广西少数民族发展资金使用范围，资金使用和管理是否有效，是否帮助实现广西脱贫攻坚十三五规划的目标，以及对广西少数民族地区人民生活水平提升影响程度四个方面，对发展资金的使用效果进行绩效分析和综合评价。本次绩效评价框架的设计的评价维度是国际上对公共项目绩效评价的通用准则，反映了以结果为导向的项目评价的理念和思路。

（三）评价的方式与方法

评价小组采用案卷研究，收集和整理“十三五”以来发展资金实施和评价的各类文件。开展发展资金项目的实地调研，对省级相关部门的座谈会，了解资金使用上的经验和困惑。尽可能全面地对发展资金实施的绩效开展评价。评价采用是百分制评价方法。

四、绩效评级方法

评价小组通过以下四个步骤对发展资金使用绩效进行评级。

（1）确定打分标准并对指标进行打分。本次评价采用百分制法，确定评分标准，评价小组根据收集整理的证据，综合运用变化分析、归因分析和贡献分析三种方法，对各评价指标进行打分。

（2）确定指标的权重。本次评价采用专家评分法，选择熟悉资金的管理和评价人员依据对政策的理解，为各项评价指标赋以权重。

（3）确定四个维度的绩效等级。对每个评价维度下的关键评价问题得分进行加权平均，算出各个评价准则最终的评价分值，并相应确定四个维度的绩效等级（见表4-1）。

（4）计算政策绩效等级。根据四个评价维度的权重设置，对四个维度的评价分值进行加权平均，算出综合绩效分值，相应确定绩效等级（见表4-1）。

表4-1　绩效等级划分表

评价维度	绩效等级			
	[90,100]	[80,90)	[60,80)	[0,60)
相关性	相关	比较相关	基本相关	不相关
效率	高	比较高	一般	低
效果	满意	比较满意	基本满意	不满意
影响	好	比较好	一般	差
综合绩效	高	比较高	一般	低

五、绩效评价的局限性

此次评价工作运用了绩效评价的理论、方法和原则开展评价活动，但仍存在如下的局限性：

（1）绩效目标的后置性，可能对评价对象有失公允。由于少数民族发展资金并未在相关的文件中明确需要达到的绩效目标，给评价的基准带来困难。本次评价以《广西脱贫攻坚“十三五”规划》等文件中的发展目标为发展资金的绩效目标开展评价。

（2）数据的缺失。在向相关部门收集少数民族发展资金的资料时发现，由于发展资金的使用绩效管理体系并不完善，且评价期包括“十三五”以来2016—2020年五年，因此涉及的项目级的资料更是难以获得。而由于发展资金项目的数量繁多，单靠评价小组的力量无法对所有的项目开展调研和评价，因此多个涉及项目实施效率和项目资金使用效率的指标难以评价，可能将影响评价结论的准确性。评价小组在进行综合计分时，对这些缺失数据的指标不赋予权重（即不纳入总分），但会在问题分析部分对相关的管理问题进行分析。

第四章

广西少数民族发展资金使用绩效评价分析结论及分析

一、评价结论

经过评价小组对各指标的评价和综合计分，将发展资金的综合绩效等级评为“高”，评价结果见表4－2（具体分析见绩效分析部分）。

表4－2　　发展资金综合绩效评价等级

评价维度	权重（%）	评价分值	加权平均得分	绩效等级
1. 相关性	30	100	30	相关
2. 效率性	10	81.53	8.157	比较高
3. 效果性	30	98.49	29.547	比较满意
4. 影响性	30	97.56	29.268	好
综合绩效	—	—	96.972	高

二、绩效分析

（一）相关性

该维度是用于评价资金分配方向是否符合广西少数民族发展资金使用范围内容。若是资金分配的走向不符合使用范围内容，则有可能出现“南辕北辙”的结果。因此，资金使用情况的评价是所有评价问题和指标的前提。资金设立目的是满足扶持和帮助广西少数民族和民族地区解决经济社会发展中的特殊困难，加快少数民族和民族地区经济社会发展的需要，从资金上保障并推动广西少数民族事业发展目标的实现，因此，对于2016—2020年而言，资金分配应该符合广西少数民族发展资金使用范围要求。为此，评价小组开发了两个一级指标（各包含一个评价指标），分别从资金分配与"《广西壮族自治区少数民族发展资金管理办法》的吻合程度"和"与广西脱贫攻坚'十三五'的重点区域的吻合程度"两个指标，来评价发展资金投向的合理性。

经过评价，广西少数民族发展资金分配与《广西壮族自治区少数民族发展资金管理办法》、广西脱贫攻坚"十三五"的重点区域的吻合度都是相关的。根据两个评价指标的评分计算，得到相关性维度的综合得分为100分，因此该维度的评级为"相关"。

1. 资金分配是否与《广西壮族自治区少数民族发展资金管理办法》吻合？

● 2016—2020年广西少数民族发展资金分配情况与少数民族发展资金使用范围的吻合程度

评价小组经过对2016—2020年广西少数民族发展资金的分配情况进行分析，推断资金分配符合广西少数民族发展资金使用范围内容，因此，评价小组将该指标评分为100分，评级为"相关"。

在《广西壮族自治区少数民族发展资金管理办法》（桂财行〔2012〕105号）中，对少数民族发展资金的使用范围做了要求。使用范围包括6个方面，即改善生产生活基础条件，支持社会事业发展，支持特色产业发展，为民办实事项目，农村实用技术培训、推广先进适用的技术，其他少数民族事业发展项目。

评价小组通过对2016—2020年广西少数民族发展资金投向的政府工作总结报告分析，广西少数民族发展资金主要投向自治县、民族乡、人口较少民族聚居村、边境8个县（市、区），以及少数民族聚居的贫困乡、村。重点用于村屯道路、便民桥、人畜饮水、小型农田水利等基础设施建设项目以及特色产业、农村实用技术培训等项目。由此推论，资金分配符合广西少数民族发展资金使用范围内容。

2. 资金分配是否与广西脱贫攻坚"十三五"的重点区域相符？

● 2016—2020年少数民族发展资金分布情况与广西脱贫攻坚"十三五"规划的重点区域的吻合程度

《广西脱贫攻坚"十三五"规划》中明确了该时期的主要目标，即到2020

年，54个贫困县全部摘帽。评价小组经过数据统计，“十三五”以来，广西少数民族发展资金分配到贫困县的比例正逐年提高，2019年达80.14%。而在分配少数民族发展资金时，自治区民宗委以贫困情况作为资金分配的重要因素，确保50%以上资金投向全区54个贫困县（含“天窗县”和享受待遇县）。因此，评价小组将该指标评为100分，评级为“相关”。

截至2020年11月20日，广西5379个贫困村全部出列，54个贫困县全部“摘帽”。这意味着，全国少数民族人口最多的省份，历史性地告别了延续千百年的绝对贫困。在2016—2020年，广西少数民族发展资金投向54个贫困县所占比例如表4－3所示。评价小组认为，通过对贫困县加大财政投入力度，有利于其早日脱帽，因此少数民族发展资金的分配要向贫困县倾斜。因此，评价小组认为这样的分配比例是适合的。

表4－3　54个贫困县的分配比例

	2016年	2017年	2018年	2019年	2020年
投向54个贫困县的资金（万元）	25000	37774	45982	45675	46808
年资金总量（万元）	36789	50681	60228	56993	60553
54个贫困县资金占比（%）	67.96	74.53	76.35	80.14	77.30

（二）效率性

在资金战略相关的前提下，评价要追问“执行过程”是否有效率。为此，评价小组从专项资金的产出、资金应用和资金管理三个方面来评价效率性维度。

经评价小组对各指标的评价和综合计分，效果维度的综合得分为81.57分，评级为“比较高”。

1. 发展资金是否按计划完成产出？

● 项目按计划完成率

该指标目的是对项目产出效率进行评价，即评价投入资金的项目产出完成情况，等同于当年实际完成项目数量/当年计划完成项目数量。2016年少数民族发展资金落实项目1341个；2017年落实项目1529个；2018年少数民族发展资金共计划落实项目1499个，实际落实1410个，占比94.06%。2019年少数民族发展资金落实项目1567个，2020年少数民族发展资金落实项目1513个。因此，总体而言，评价小组将该指标评分为94.06分，评级为“效率高”。

2. 发展资金是否按时拨付？

• 发展资金使用效率

该指标依据专项资金的结算率进行评价，即当年结算的资金总额/当年计划拨付总额，用该比例来说明当年拨付资金按计划的使用程度。《2018 年财政专项扶贫资金（少数民族发展方向）管理使用情况总结》数据显示：2018 年中央安排广西自治区财政专项扶贫资金（少数民族发展支出方向）56278 万元，自治区本级少数民族发展资金 3950 万元，合计 60228 万元。截至 2018 年 12 月底资金拨付 54595. 84 万元（实际支出，不含部分划拨到乡镇和统筹到其他部门资金），占全年资金量的 90. 65%。2020 年中央安排广西自治区财政专项扶贫资金（少数民族发展支出方向）57098 万元，自治区本级少数民族发展资金 3455 万元，合计 60553 万元。2020 年末，资金拨付 57863. 75 万元，占全年资金量的 95. 56%。因此，评价小组将该指标评分为 90. 65 分，评级为“效率高”。

3. 发展资金管理是否高效？

评价小组对资金管理环节的效率采用了两个指标进行评价。经过评价小组的评价和综合计分，该一级指标得分为 60 分，评级为“一般”。

• 发展资金业务管理环节有效性

该指标目的是对发展资金的业务管理环节是否有效进行评价。根据 2016—2020 年广西少数民族发展资金使用管理工作总结显示，全区少数民族发展资金落实的项目额度小，项目多且分散在各县的最边远山区，除常规的监管手段外，限于人手及专业知识，难以做到监管全覆盖，不留死角。2018 年，中共中央办公厅又印发了《关于统筹规范督查检查考核工作的通知》，根据自治区党委督查室要求，虽然 2019—2020 年保留了少数民族发展资金检查事项，但也要求压缩监督检查事项，对落实监管责任也有一定影响。鉴于此，评价小组将该指标评分为 60 分，评为“效率一般”。

• 发展资金财务管理环节有效性

该指标目的是对发展资金的财务管理环节是否有效进行评价。2016—2020 年广西少数民族发展资金使用管理工作总结显示，自治区发展资金在使用中存在对统筹整合资金监管难的问题。部分市县把资金拨归扶贫指挥中心或交通部门整合统筹使用，再由城投公司负责实施，造成少数民族发展资金投放的项目建设权责不清晰，难以监管。鉴于此，评价小组将该指标评分为 60 分，评为“效率一般”。

（三）效果性

效果性是指评价广西少数民族发展资金投入产生的效果。少数民族发展资金在2016—2020年共投入26.52亿元用于促进广西少数民族和少数民族聚居区社会经济的发展，由于资金并未明确需实现的绩效目标，而资金设立的目的是帮助少数民族群众解决生产生活中的一些特殊困难和问题，推动少数民族和民族地区经济社会发展，助推广西脱贫攻坚的完成，因此，评价小组认为，少数民族发展资金的绩效目标应该与所在历史时期的少数民族事业发展目标一致，因此，在本评价中，评价小组结合《广西脱贫攻坚“十三五”规划》和《脱贫攻坚责任书》的要求，对发展资金进行评价。评价小组将效果性维度划分为六个一级指标，即基础设施是否得到改善，产业发展能力是否得到提升，公共服务是否得到改善，社会事业是否得到有效发展，能力建设是否得到提高，贫困减少情况是否达标等。

经评价小组对各指标的评价和综合计分，效果维度的综合得分为98.49分，评级为“满意”。

1. 基础设施是否得到改善?

该一级指标通过5个评价指标来评价，同样是根据《广西脱贫攻坚“十三五”规划》和《脱贫攻坚责任书》要求归类而得。经过评价小组的评价和综合计分，该一级指标得分为93.45分，评级为“满意”。

- 乡村硬化路建设

“要想富，先修路”，这句话精辟道出了道路对脱贫致富的重要意义，也让人更加清醒认识到，只有加强基础设施建设，才能筑好巢、引凤来。交通是经济发展的大动脉，脱贫奔康，交通需先行。对于广大贫困地区来说，交通不便是制约当地发展的重要因素，没有便捷的交通，当地的农业资源、旅游资源、自然资源、劳动力资源就得不到充分利用，同时外地企业，新型农业产业模式和理念也难以进入。按照《脱贫攻坚责任书》的要求，自治区党委、政府交给民宗委的行业扶贫任务是：配合自治区扶贫办推进贫困村20户以上自然村（屯）通屯公路建设。2016年，广西民宗委全年累计投入贫困村20户以上自然村（屯）通屯公路建设资金1.85亿元，修建通屯公路604公里，超额完成自治区党委、政府交给的脱贫攻坚任务；2017年第一批中央少数民族发展资金投入屯级道路资金达到2.3亿元，占该批资金总量的73.8%；2018年少数民族发展资金落实通屯道路项目1168个。2018年底，全区实现100%的乡镇和99.97%的建制村通硬化路；2020年底，全区具备条件建制村通硬化路比例达 100%。因此，评价小组将该指标评分为 99.99 分，评级为“满意”。

- 生产生活用水基础设施建设

安全的饮用水是群众身体健康的保障，完善的农田水利是农业发展的保障。因此，评价小组从“自来水普及率”和“农田有效灌溉面积比重”两方面对“生产生活用水基础设施建设”这一指标进行评价。2016—2017 年，安排少数民族发展资金 700 多万元，建设饮水项目 72 个；安排少数民族发展资金 718 多万元，修建小型农田水渠 67 条，改善农田灌溉能力，促进农业生产。2018 年少数民族发展资金落实人畜饮水项目 119 个，水利灌溉项目 21 个。2018 年全区农村自来水普及率为 81.7%，完成“十三五”规划目标的 84.23%；2020 年全区农村自来水普及率达到 87.2%。根据《2019 年广西壮族自治区环境状况公报》和 2020 年广西统计年鉴可知，2019 年底广西农田有效灌溉面积比重达 34.20%（150.01/438.59），2020 年完成“十三五”规划目标的 96.13%。因此，评价小组将该指标评为 89.68 分，评级为“比较满意”。

- 供电基础设施建设

电力是经济发展的先行官。电网是农村重要的基础设施，关系农民生活、农业生产和农村繁荣。根据《中共广西壮族自治区委员会 广西壮族自治区人民政府关于打赢脱贫攻坚战三年行动的实施意见》，评价小组从贫困户通生活用电覆盖率、农村电网供电可靠率、综合电压合格率以及户均配变容量 4 个方面对“供电基础设施建设”这一指标进行评价。2018 年底，自治区贫困人口生活用电得到解决，完成规划目标的 100%；农村电网供电可靠率达 99.54%，完成规划目标的 99.74%；电压合格率达 97.79%，完成规划目标的 99.89%；户均配变容量达 1.66 千伏安，完成规划目标的 83%。2020 年底，农村电网供电可靠率达 100%，电压合格率达 99.13%，户均配变容量达 1.74 千伏安。因此，评价小组将该指标评分为 95.66 分，评级为“满意”。

- 农村危房改造

危房改造是广西脱贫攻坚的重要任务，以解决全区农村贫困群众最基本的安全住房需求，确保脱贫攻坚的顺利完成。2016 年，广西农村危房改造开工 17 万户，竣工 15.39 万户，竣工率 90.53%；2017 年，广西农村危房改造开工 15.26 万户，竣工 13.80 万户，竣工率 90.43%；2018 年，广西危房改造开工 12.45 万户，竣工 8.06 万户，竣工率 64.74%。2020 年广西财政累计下达农村危房改造补助资金 12.25 亿元，截至 2020 年底，2019 年度、2020 年度广西 4

类重点对象危房改造任务 7.83 万户全部完成。因此，评价小组将该指标评分为 97.9 分，评级为“满意”。

- 信息服务基础设施建设

该指标是广西脱贫攻坚的重要任务，以改善贫困地区区域发展环境，显著提升其发展能力。该指标主要从移动电话普及率和互联网宽带接入通达的行政村比重两方面进行评价。《2018 年广西壮族自治区国民经济和社会发展统计公报》显示，2018 年全区移动电话普及率上升至 102.4 部/百人；互联网宽带接入通达的行政村比重达到 100%。《广西统计年鉴 2020》显示，2019 年底全区平均每百人拥有电话机数为 110.04 部；《2020 年广西壮族自治区国民经济和社会发展统计公报》显示，2020 年末全区电话用户总数 5667 万户，其中移动电话用户 5333 万户；互联网宽带接入通达的行政村比重达到 100%。因此，评价小组将该指标评分为 100 分，评级为“满意”。

2. 产业发展能力是否得到提升？

- 特色产业覆盖率

发展产业是实现脱贫的根本之策。围绕《广西脱贫攻坚“十三五”规划》等政策文件，“十三五”以来，自治区民委积极利用少数民族发展资金扶持少数民族和少数民族聚居区特色优势产业发展。“十三五”以来，全区集中支持县级“5+2”、村级“3+1”特色产业，实施以奖代补等政策，累计发放扶贫小额信贷 386 亿元，2020 年全区特色产业对贫困户覆盖率达到 97.04%，有 99.06% 贫困人口通过发展产业增收脱贫，打造出牛羊、芒果、茶业等扶贫主导产业。因此，评价小组将该指标评分为 91 分，评级为“满意”。

3. 公共服务是否得到改善？

该一级指标通过 2 个评价指标来评价，同样是根据《广西脱贫攻坚“十三五”规划》和《脱贫攻坚责任书》要求归类而得。经过评价小组的评价和综合计分，该一级指标得分为 100 分，评级为“满意”。

- 入选中国少数民族特色村寨

少数民族特色村寨在建筑结构、民居式样、村寨风貌以及风俗习惯等方面都集中体现了少数民族经济社会发展特点和文化特色，集中反映了少数民族聚居区在不同时期、不同地域、不同文化类型中形成和演变的历史过程，相对完整地保留了各少数民族的文化基因，凝聚了各少数民族文化的历史结晶，体现了中华文明多样性，是传承民族文化的有效载体，是少数民族和民族地区加快发展的重要资源。支持少数民族特色村寨保护与发展，对于促进民族地区经济发展，传承和弘扬少数民族传统文化，增强民族自豪感，提高各民族的凝聚力、向心力，巩固和发展平等、团结、互助、和谐的社会主义民族关系具有重要意义。该绩效指标在广西“十三五”发展规划中没有提及，但该项是少数民族资金使用的一项重要内容，因此评价小组将其纳入评价体系中。2017 年广西有 38 个少数民族特色村寨入选第二批“少数民族特色村寨”，2020 年广西有 40 个少数民族特色村寨入选第三批“中国少数民族特色村寨”，至此，被命名为“中国少数民族特色村寨”的广西村寨达 137 个，超过广西试点个数 109 个。因此，评价小组将该指标评分为 100 分，评级为“满意”。

- 村容村貌整治

为深入学习贯彻习近平新时代中国特色社会主义思想和党的十九大精神，紧紧围绕实施乡村振兴战略，按照产业兴旺、生态宜居、乡风文明、治理有效、生活富裕的总要求，近年来，全区以“美丽广西”乡村建设为主题，以乡风民风、人居环境和文化生活为重点，不断深化农村精神文明建设，努力把农村建设成生活舒适的乐园、道德示范的家园、生态良好的田园、乡愁记忆的故园。村容村貌整治是广西“十三五”规划的一项重要内容，也是少数民族发展资金的重要投向领域之一，因此评价小组将其纳入评价体系中。2017 年，广西共有 40 个村镇入选“第五届全国文明村镇名单”；2018 年，全区县级以上文明村镇的占比从 2017 年的 32% 提升到 46%，顺利完成《广西壮族自治区文明村镇创建三年行动计划（2018—2020 年）》中规划的 2018 年的任务目标。2020 年，广西共有 53 个村镇入选“第六届全国文明村镇名单”。因此，评价小组将该指标评分为 100 分，评级为“满意”。

4. 社会事业是否得到有效发展？

该一级指标通过 3 个评价指标来评价，同样是根据《广西脱贫攻坚“十三五”规划》和《脱贫攻坚责任书》要求归类而得。经过评价小组的评价和综合计分，该一级指标得分为 94. 36 分，评级为“满意”。

- 教育事业发展

“扶贫先扶智”是习总书记新时期对坚决打好、打赢脱贫攻坚战的新论断之一。让贫困地区的孩子接受优质的知识教育，是扶贫开发的一项重要决策。与扶持生产、转移就业、移民搬迁、低保政策、医疗救助等扶持方式比较，教育资助的扶贫方式更加实际。扶贫除必需的“输血式”措施外，主要在于“扶智”，即培养一名贫困学生，脱贫一户贫困家庭，造福一村，教育乃是贫困脱贫的重要手段。根据《广西脱贫攻坚“十三五”规划》，“教育扶智帮助一批”是广西脱贫攻坚的一项重要内容。根据《广西壮族自治区儿童发展规划（2011—2020年）》《广西脱贫攻坚“十三五”规划》和《广西教育事业发展“十三五”规划》的内容，评价小组从乡镇中心幼儿园覆盖率、学前三年毛入园率、九年义务教育巩固率和高中阶段毛入学率四个方面对“教育事业发展”这一指标进行评价。《2018年广西儿童发展规划统计监测报告》显示，2018年底全区乡镇中心幼儿园覆盖率达99.6%，完成规划目标的99.6%；学前三年毛入园率为85.6%，完成规划目标的95.11%；九年义务教育巩固率达95%，完成规划目标的100%；高中阶段毛入学率为89.4%，完成规划目标的99.33%。《2019年广西儿童发展规划统计监测报告》显示，2019年底全区多元普惠幼儿园数已达到5320所，提供普惠学位93万个；学前三年毛入园率为90%，高出《儿童纲要》《儿童规划》目标值20个百分点；九年义务教育巩固率达95.2%，完成规划目标的100%；高中阶段毛入学率为90.9%，完成规划目标的100%。据《2019年广西儿童发展规划统计监测报告》显示，各项工作皆完成规划目标的100%。因此，评价小组将该指标评分为98.51分，评级为“满意”。

- 文化事业发展

大力发展农村文化事业，提高农民群众思想文化素质和科学技术水平，是促进农村经济发展、改善农民群众生活的关键所在。从某种意义上说，文化不脱贫，就算不上是真正的脱贫。“十三五”以来，广西大力实施文化扶贫工程，全面推进基层公共文化体系建设。建设贫困村村级公共服务中心作为脱贫攻坚文化扶贫的主要项目之一，截至2018年底，已覆盖广西4478个贫困村，覆盖率达89.56%。2020年覆盖率达到90.75%，共有公共图书馆105个、文化馆118个、美术馆3个、乡镇综合文化站1086个、村级公共服务中心14108个，基本实现“市县有馆、乡村有站”的目标。因此，评价小组将该指标评分为89.56分，评级为“比较满意”。

- 卫生事业发展

实施健康扶贫工程，对于保障农村贫困人口享有基本医疗卫生服务，推进健康中国建设，防止因病致贫、因病返贫，实现到2020年让农村贫困人口摆脱贫困目标具有重要意义。根据《广西脱贫攻坚“十三五”规划》，“健康救助解困一批”是广西脱贫攻坚的一项重要内容。该指标通过建档立卡贫困人口基本参保率和乡镇卫生院、村卫生室标准化建设两项指标来衡量。截至2018年底，广西建档立卡贫困人口基本医保参保率100%；全区乡镇卫生院、村卫生室标准化建设率达90%以上。截至2020年，村村有标准化卫生室，贫困人口全部落实“198”医保政策；2021年政府工作报告显示，2020年各级卫生机构基础设施全面达标，村村有卫生室、乡镇有卫生院、县县有二级公立医院、市市有三甲医院。医保就医结算村级全覆盖，基本医保参保率97%以上。因此，评价小组将该指标评分为95分，评级为“满意”。

5. 能力建设是否得到提高？

该一级指标通过2个评价指标来评价，同样是根据《广西脱贫攻坚“十三五”规划》和《脱贫攻坚责任书》要求归类而得。经过评价小组的评价和综合计分，该一级指标得分为100分，评级为“满意”。

• 农村劳动力转移就业

自治区人力资源和社会保障厅发布的文件显示，2016年全区农村劳动力转移就业新增63.75万人次，超额完成年度目标任务；2017年全区农村劳动力转移就业新增72.37万人次，完成年度计划的108.83%；2018年全区农村劳动力转移就业新增74.74万人次，完成目标任务52.3万人次的142.91%。2019年全区农村劳动力转移就业新增73.89万人次，完成年度目标任务51.8万人次的142.65%；2020年全区农村劳动力转移就业84.12万人次，完成目标任务50万人次的168.24%；“十三五”期间全区农村劳动力转移就业新增373.53万人次。因此，评价小组将该指标评分为100分，评级为“满意”。

• 科技服务贫困村覆盖状况

产业扶贫是推动脱贫攻坚的关键举措，只有产业发展起来，由“输血”变为“造血”，才能有效带动贫困群众脱贫致富。在脱贫攻坚工作中，贫困人员掌握实用的农业技术，将对脱贫有很大的帮助。科技培训旨在提升实施产业项目的农民科学知识、应用生产技术能力。开展科技培训服务，实施科教兴农战略，是现代农业的必然要求，是科教兴国战略的重要内容。对于提高农民职业技能、经营能力和科技素质，促进农村产业结构调整和农民持续增收，解决“三农”问题，着实改善民生，推进社会主义新农村建设，实现社会主义现代化奋斗目标，均具有重大而深远的意义。2020年全区科技特派员总人数超过3000人，科技特派员累计服务5618个村社区的种养基地、农户点。因此，评价小组将该指标评分为100分，评级为“满意”。

6. 贫困减少情况是否达标？

该一级指标通过3个评价指标来评价，同样是根据《广西脱贫攻坚“十三五”规划》和《脱贫攻坚责任书》要求归类而得。经过评价小组的评价和综合计分，该一级指标得分为100分，评级为“满意”。

- 贫困人口脱贫

根据《广西脱贫攻坚“十三五”规划》的目标，贫困人口退出计划为2016年120万人，2017年110万人，2018年110万人，2019年112万人，2020年巩固提升。2016年我区有1119874人脱贫，目标完成率为93.32%；2017年我区贫困人口减少95万人，目标完成率为86.36%；2018年我区实现116万建档立卡贫困人口脱贫，目标完成率为100%。2019年我区实现125万人口脱贫，目标完成率为100%；2020年我区剩余24.5万建档立卡贫困人口全部脱贫，实现全面消除绝对贫困，634万建档立卡贫困人口全部脱贫。因此，评价小组将该指标评分为100分，评级为“满意”。

- 贫困村脱贫

根据《广西脱贫攻坚“十三五”规划》的目标，贫困村退出计划为2016年1000个，2017年1300个，2018年1700个，2019年1000个。2016年我区有943个贫困村脱贫，目标完成率为94.3%；2017年我区有1056个贫困村脱贫，目标完成率为81.23%；2018年我区有1452个贫困村脱贫，目标完成率为85.41%；2019年我区有1268个贫困村脱贫，目标完成率100%；2020年我区剩余660个贫困村脱贫，实现5379个贫困村全部出列。因此，评价小组将该指标评分为100分，评级为“满意”。

- 贫困县摘帽

根据《广西脱贫攻坚“十三五”规划》的目标，贫困县退出计划为2016年8个，2017年10个，2018年20个，2019年16个。2016年我区有4个贫困县脱贫摘帽，目标完成率为50%；2017年我区6个区定贫困县脱贫摘帽，1个国定贫困县达到贫困县“九有一低于”摘帽标准并通过自治区验收，目标完成率为70%；2018年我区14个贫困县（含9个国定贫困县）摘帽，目标完成率为70%。2019年我区21个贫困县摘帽，目标完成率为100%；2020年剩余8个贫困县实现摘帽，我区54个贫困县全部摘帽。因此，评价小组将该指标评分为100分，评级为“满意”。

（四）影响性

该准则用于评价少数民族发展资金投入产生的长期影响。采用3个评价问题进行评价。经评价小组对各指标的评价和综合计分，该维度的综合得分为97.56分，评级为“好”。

1. 农村居民收入状况是否得到提高?

● 农村居民人均可支配收入年均增长 7.5% 以上

根据广西壮族自治区国民经济和社会发展统计公报的数据，2016—2020 年广西农村居民人均可支配收入年均增长 9.37%，与《广西壮族自治区国民经济和社会发展第十三个五年规划纲要》要求相符合（见表 4－4）。评价小组将该指标评为 100 分，评级为“好”。

表 4－4　　自治区农村居民收入增长

	2016 年	2017 年	2018 年	2019 年	2020 年	2016—2020 年均数
农村居民人均可支配收入（元）	10359	11325	12435	13676	14815	12522
农村居民人均可支配收入年增长（%）	9.43	9.3	9.8	10.0	8.3	9.37

2. 农村居民消费状况是否得到改善?

该一级指标通过 2 个评价指标来评价，经过评价小组的评价和综合计分，该一级指标得分为 92.69 分，评级为“好”。

● 广西城镇与农村居民人均消费支出之比

根据广西壮族自治区国民经济和社会发展统计公报的数据，2016—2020 年广西城镇与农村居民人均消费支出之比逐年下降（见表 4－5）。因此，评价小组将该指标评为 100 分，评级为“好”。

表 4－5　　自治区城镇与农村居民人均消费支出之比

	2016 年	2017 年	2018 年	2019 年	2020 年
城镇与农村居民人均消费支出之比	2.11	1.94	1.90	1.79	1.68

● 广西农村与全国农村居民人均消费支出之比

根据广西壮族自治区国民经济和社会发展统计公报和国家统计年鉴的数据，广西农村与全国农村居民人均消费支出之比由 2016 年的 82.44% 上升至 2020 年的 90.65%（见表 4－6）。因此，评价小组将该指标评分为 90.38 分，评级为“好”。

表 4－6　　广西与全国农村居民人均消费支出之比

	2016 年	2017 年	2018 年	2019 年	2020 年
广西与全国农村居民人均消费支出之比	82.44%	86.14%	87.57%	79.44%	90.65%

3. 农村居民生活状况是否得到改善?

- 广西农村恩格尔系数

恩格尔系数是食物支出总额与总支出金额之比，它是衡量一个家庭富裕程度的主要标准之一。一般来说，在其他条件相同的情况下，恩格尔系数较高，则表明该家庭较贫穷；反之，恩格尔系数较低，则表明该家庭较富裕。根据2016—2020年广西壮族自治区国民经济和社会发展统计公报显示，2016—2020年的恩格尔系数分别为34.5%、32.2%、30.1%、30.9%、34.6%（见表4-7）。由此可见，2016—2018年广西农村的恩格尔系数逐年降低，但2020年这一值又飙升为34.6%。因此，评价小组将该指标评分为84.65分，评级为“比较好”。

表4-7　　　　广西农村恩格尔系数

	2016年	2017年	2018年	2019年	2020年
恩格尔系数（%）	34.5	32.2	30.1	30.9	34.6

第五章

取得成效和实施经验

一、取得成效

“十三五”以来，根据《促进民族地区和人口较少民族发展“十三五”规划》《兴边富民行动“十三五”规划》和《广西财政专项扶贫资金管理办法》有关精神，全区少数民族发展资金坚持“强化引导、突出重点、择优补助、注重效益”的原则，发展资金通过对重点和带动性项目的集中投资，推动了广西少数民族和少数民族聚居区经济社会的快速发展。

（一）加大对少数民族聚居贫困地区资金投入，助力脱贫攻坚

“十三五”以来，自治区将少数民族发展资金重点用于边境地区、人口较少民族聚居地区、民族自治县以及少数民族聚居的贫困地区。2016—2020 年，投向 54 个贫困县的少数民族发展资金的资金量为 201239 万元，占五年资金量的 75.87%。重点用于推进兴边富民行动、扶持人口较少民族发展以及贫困县脱贫攻坚工作，取得了不错的成效。2016—2020 年，全区有 634 万人脱贫，5379 个贫困村脱贫，54 个贫困县摘帽，全面消除绝对贫困。

（二）着力提升少数民族聚居地区基础设施水平，夯实发展基础

基础设施是地区经济社会发展的重要物质基础，它是经济增长和社会发展的前提条件。“十三五”以来，少数民族发展资金大部分用于推进少数民族聚居区基础设施改善。2016 年和 2017 年分别实施项目 1341 个、1529 个，用于

乡、村道路、桥梁、人畜饮水、危房改造、小型农田水利等基础设施建设；2018 年少数民族发展资金落实通屯道路项目 1168 个，人畜饮水项目 119 个，水利灌溉项目 21 个，便民桥项目 27 个，其他基础设施项目 112 个。2020 年全区民宗委系统投入 1.7 亿元的少数民族发展资金，修建（含新建和路面硬化）420 条、总里程 450 公里的农村村屯公路，截至 2020 年底少数民族发展资金村屯公路项目完工率 95%。一系列项目的落实，极大地改善了自治区少数民族贫困地区的基础设施水平，解决了部分少数民族群众“出行难”“饮水难”等现实问题，使群众真正享受到项目带来的福利，同时也让少数民族群众深深感受到了党和国家对少数民族的关怀，有利于促进广西民族团结和边境稳定。

（三）推进产业和集体经济发展，扩展发展后劲

各地利用少数民族发展资金重点改善基础设施水平的同时，也落实了一大批产业和配套项目。“十三五”以来，自治区充分利用少数民族发展资金扶持发展糖料蔗、水果、油茶、核桃、桑蚕、中草药、猪牛羊鸡鸭养殖等地方特色优势产业，为少数民族群众脱贫增收致富提供了动力。比如，平南县 2017 年、2018 年利用少数民族发展资金 645 万元扶持沃柑种植等产业发展；靖西市 2018 年利用少数民族发展资金解决了珍邦村 105 户 445 人的农田灌溉难和无生产道路的问题，帮助修建、维护水渠 6 公里及修建生产道路近 2 公里，有力推动了该村产业生产发展，少数民族群众一致称赞“感谢党的政策、感谢民宗局”；龙州县 2018 年继续利用少数民族发展资金推进养牛项目，通过技术支持和资金奖补，以“合作养牛”的模式鼓励贫困群众积极发展生产，实现脱贫致富。

“十三五”以来，全区特色产业发展取得成效如下：

第一，种养产业。2018 年，54 个贫困县新增果树种植面积达 20 万亩，水果产量增加 15 万吨；蔬菜产量同比增长 5.1%，产值同比增长 6.8%；茶叶产量同比增长 4.9%，产值 45.1 亿元，同比增长 18%；中药材种植面积 99.5 万亩，约占全区中药材种植面积的 68.62%；猪牛羊禽肉产量同比增长 1.8%，奶产量增长 2.98%。2020 年，全区粮食总产量 1370 万吨，比 2019 年增长 2.9%；蔬菜播种面积为 1535.9 千公顷，比 2015 年增加 244.1 千公顷，年均增长 3.5%；蔬菜（含食用菌）产量 3830.77 万吨，比 2015 年增加 885.99 万吨，年均增长 5.4%；水果产量 2785.74 万吨，其中，园林水果产量达 2461.11 万吨；2020 年末，广西实有果园面积 1353 千公顷；生猪存栏 1828.34 万头，同比增长 14.3%；禽蛋产量达到 26.7 万吨，生牛奶产量达到 11.18

万吨。

第二，林业产业。2018 年，54 个贫困县新造油茶林 35 万亩，实施油茶低产林改造 27 万亩，分别占全区的 96.4% 和 100%；林下经济发展面积 3700 万亩，林下经济产值 520 亿元，占全区的 52.6%；林业总产值 2167 亿元，占全区林业总产值的 38%，同比增长 8%。2020 年共投入财政资金 2.53 亿元，新造高产油茶林 16.5 万亩，改造低产油茶林 13.68 万亩，少数民族聚居区油茶种植总面积达 297.6 万亩，占全区的 41.4%。新成立油茶专业合作社 19 个，组织油茶培训 1.33 万人次，通过发展油茶产业带动 15 个县 2.66 万贫困人口增收脱贫。推广林下种养模式，2020 年 15 个县林下经济发展面积达 1200 万亩以上，林下经济产值预计达 110 亿元以上。

第三，乡村旅游业。2016—2020 年，全区乡村旅游共接待游客约 12.99 亿人次，约占全区接待游客总量的 44.7%；乡村旅游消费约 8620.74 亿元，约占全区旅游总消费的 26.7%。

第四，农产品加工业。目前，全区农产品加工企业 5.7 万家，其中规模以上农产品加工企业 1900 多家，占全区规模以上工业企业的 36%。

（四）解决少数民族群众最迫切需求，促进和巩固民族团结和谐

从自治区实际来看，少数民族发展资金落实的项目虽然资金量小，但数量多，基本分布在各县最边远、最贫困的少数民族村屯中，契合群众需求，解决了少数民族群众“出行难”“饮水难”等问题的“最后一公里”难题，使群众真真正正享受到项目建设带来的便利，也让少数民族群众深深感受到了党和国家的对少数民族的关怀，进一步促进了自治区民族团结和谐和边境稳定的局面。如三江侗族自治县考虑到少数民族群众居住在山区，道路虽然硬化，但路险弯多，在一定程度上影响群众生命安全。为此，根据群众意见，连续几年利用少数民族发展资金实施道路防护栏项目，受到全县少数民族群众一致好评。再如平果县凤梧镇龙江村青蕉屯通屯道路项目，该地离凤梧镇 20 公里，距县城近 85 公里，由于缺水、电压不足、道路艰险且线路较长等问题，多年来道路一直没有硬化，“出行难”没有得到有效解决，平果县民宗局从解决少数民族群众最迫切的需求出发，2018 年投资 43.58 万元为该屯修通了水泥路，解决了群众的燃眉之急，为当地少数民族群众生产生活提供了便利。2016—2020 年，百色市共投入财政专项扶贫资金 16.88 亿元建设屯级硬化道路 2148 条 4723 公里，全市所有的行政村通村、通屯道路实现硬化，贫困地区基本实现 4G 网络全覆盖，实现村村通动力电、户户通生活电。2020 年实施 283 个饮水安全项目，完成总投资 1. 15 亿元；巩固提升受益人口 13. 8 万人，其中建档立卡贫困人口 3. 8 万人，保障了群众的饮水安全。

二、实施经验

“十三五”以来，广西积极贯彻财政部、国家民委印发的《少数民族发展资金管理办法》《广西财政专项扶贫资金管理办法》等文件精神，在资金使用和项目管理中，积极探索新思路、新方法，不断提高管理层次和水平，取得了一些成绩。总的来说，主要有以下几点经验：

（一）不断优化资金分配结构

“十三五”以来，自治区财政厅根据财政部文件精神，切实落实国家民委和财政部要求，采取一系列措施进一步优化少数民族发展资金的投向，切实发挥资金使用效益。

第一，提高重点区域投入力度，对边境地区和人口较少民族聚居地区倾斜支持。为落实国家民委推进兴边富民行动和扶持人口较少民族发展等重点工作任务，在资金分配中，设置了兴边富民行动因素和扶持人口民族发展因素，再设置少数民族人口、贫困人口等为子因素，测算分配。

第二，提高贫困因素占比，资金向贫困县倾斜。自治区财政厅将少数民族发展资金分配因素中的贫困人口因素的占比调整至 50%，大幅度增加贫困因素资金量。

第三，提高贫困县统筹整合使用资金力度，加快少数民族聚居区脱贫攻坚步伐。在自治区少数民族发展资金分配过程中，除兴边富民行动因素、扶持人口较少民族发展因素资金和适量安排的特色村寨因素资金外，其余资金全部作为一般因素资金用于面上县份的投入。资金均按照因素法直接测算到县，支持贫困县根据脱贫攻坚部署，按照《国家民委办公厅关于支持贫困县统筹整合使用少数民族发展资金工作的通知》精神，统筹整合使用少数民族发展资金，促进边境地区、人口较少民族聚居地区及少数民族贫困地区群众增加收入、扩大就业，加快脱贫攻坚奔小康的步伐。

此外，广西加快资金分配方案的拟定，收到资金下达通知 15 天内，商自治区财政厅拟定分配方案，并报自治区人民政府审批，待自治区人民政府同意后及时下达到资金分配计划。

（二）认真做好项目前期准备工作

自治区民宗委要求每个县（市、区）要做好项目规划，将脱贫攻坚与民族重点工作统筹起来，建立备选项目库，把群众最迫切、最关心以及与群众民生关系最密切的扶持项目列入到建设计划中来。各县（市、区）结合本地脱贫攻坚工作实际，并依据各项目村屯实际情况分轻、重、缓、急制定规划，突出重点，合理安排项目，做到项目有规划有目标有步骤得以实施。另外，部分县（市、区）在人财物等方面加大了对少数民族发展资金项目的支持。

（三）加强少数民族发展资金监管工作

“十三五”以来，自治区民宗委采取多种举措，进一步加强少数民族发展资金监管工作。

首先，建立和完善统计通报制度。对项目备案情况、项目建设和资金拨付情况等进行通报，加快项目建设和资金使用进度，争取早日发挥资金效益。2018 年开始，为进一步加强少数民族发展资金日常监管，建立了月报制度，按月度统计各地项目建设和资金管理情况。通过统计通报制度，掌握各地项目和资金实际情况，指导有针对性开展监管。

其次，完善资金管理制度。自治区民宗委先后印发了《自治区民委关于进一步规范少数民族发展资金项目建设若干问题的通知》（桂族发〔2016〕119 号）、《自治区民宗委关于转发〈广西壮族自治区扶贫开发领导小组关于印发〈广西壮族自治区扶贫资金项目公告公示制度实施办法（修订）〉的通知〉的通知》（桂民宗发〔2017〕10 号）、《自治区民宗委关于少数民族发展资金项目招投标指导意见的通知》（桂民宗发〔2017〕161 号）和《自治区民宗委关于进一步加强少数民族发展资金监管的通知》（桂民宗发〔2017〕188 号）等系列文件，参与了《广西财政专项扶贫资金管理办法》的制定，指导各地规范使用少数民族发展资金。把少数民族发展资金使用工作纳入县（市、区）年度党风廉政建设责任范围，压实基层民族工作部门管好用好资金、安排好建设好项目的主体责任和第一责任。

最后，加强监督检查。每年自治区民宗委对少数民族发展资金的到位、项目的实施、效益和财务管理情况进行一次跟踪检查，自治区级抽查的项目和资金量要达到当年度项目和资金量的 30%，市级抽查要达到 50%，并将上一年度整改落实情况纳入本年度检查范围，确保管好用好资金，切实发挥资金效益。如，2016 年自治区民宗委先后于 5 月和 9 月对兴边富民行动资金和人口较少民族发展资金进行了专项督查，共抽查项目（涵盖了村屯道路、文化中心项目建设、饮水项目建设、水利建设、产业基础设施建设以及其他一些建设项目）318 个，涉及资金 12483.29 万元。对督查发现的问题，下发了整改通知，要求各地限期整改。

（四）各地探索创新资金使用管理

在实际工作中，各地在落实工作职责的同时，不断创新资金使用和管理，积极发挥资金效益。例如，靖西市以乡镇为单位，将安排在一个乡镇范围内的项目捆绑进行招投标，既节约项目成本，节约时间，提高效率，又能够体现公开、透明；防城港市民委除落实月报制度外，还建立领导联系县（市、区）工作制度，即市民委每位领导联系一个县（市、区），负责协调解决联系县（市、区）项目推进过程中碰到的困难和问题，切实推进所联系县（市、区）项目建设。

第六章

广西少数民族发展资金使用问题与优化建议

一、存在问题

“十三五”以来，自治区少数民族发展资金取得了一定成效，但通过对发展资金使用绩效分析和实地调研，当前自治区少数民族发展资金使用过程中还存在一些问题，如难以进行有效管理、项目推进难度大以及资金投向项目较单一等。

（一）发展资金难以进行有效管理

根据评价小组对发展资金管理分析和实地调研，认为发展资金的业务管理和财务管理还存在较大问题。自治区少数民族发展资金落实的项目额度小，项目多且分散在各县的最边远山区，除常规的监管手段外，限于人手及专业知识，难以做到监管全覆盖，不留死角。2018 年，中共中央办公厅又印发了《关于统筹规范督查检查考核工作的通知》，根据自治区党委督查室要求，虽然保留了少数民族发展资金检查事项，但也要求压缩监督检查事项，对落实监管责任也产生了一定影响。另外，发展资金管理还存在对统筹整合资金监管难的问题。部分市县把资金拨归扶贫指挥中心或交通部门整合统筹使用，再由城投公司负责实施，造成少数民族发展资金投放的项目建设权责不清晰，难以监管。如西林县将 2018 年度少数民族发展资金纳入统筹整合使用，但在检查时，民宗局对 2018 年下拨资金量以及资金使用方向不清楚，与财政、扶贫等部门的沟通对接难。

（二）发展资金项目推进难度大

根据评价小组对发展资金项目完成情况分析和实地调研，认为发展资金存在项目推进难的问题。主要表现在：第一，民宗局人员少、人员结构不合理。部分县民宗局或与统战部、或与政府办一起办公，存在人员少的问题。如邕宁区作为区定贫困县（已脱贫摘帽），民宗局在一人被长期抽调的情况下，仅留局长一人办公，在项目资金拨付中，不符合财务规范而致使资金难拨付。第二，项目落实难。各地在落实项目时，需要从扶贫项目库选取项目，但留给民宗局可选的项目，不是偏远难推进就是附属配套项目推进周期长。第三，项目实施存在三难现象。由于少数民族发展资金项目规模小、资金量少，实施过程常常遇到“三难”：一是难找设计单位，二是难找监理单位，三是难以竞争到资质好的施工单位。第四，项目缺少设计有关费用。按照行业收费标准，项目设计费（含工程预算）和项目监理费分别为项目总投资的2%—4%，仅此两项至少增加项目管理成本5%。由于部分县财政无力安排该项经费，致使项目管理费缺口较大，一些资金量小的项目无法进行正规设计、正规预算、正规审计，导致项目实施过程中出现不规范现象。此外，每年资金下达配套有项目管理费，但由于管理经费较少，不足以开支全年项目设计、监理费，导致推进项目建设和督促项目监管等困难重重。第五，项目施工报批程序复杂。为规范项目管理，部分县政府规定，所有30万元以上项目的设计和预算，都要经过县财政预算评审中心审核，通过后才能招标或邀标。部分县项目多，民族部门项目小，很难排上队，导致审核时间过长。每年第二批资金8、9月才能下达，年底相关部门工作较忙，导致项目设计、项目招投标（邀标）等所需时间较长，只能有少量项目能够在年底前开工建设，大部分项目要推迟到第二年上半年才能实施。

（三）发展资金投向项目较单一

根据评价小组对发展资金投向分析和实地调研，“十三五”以来，自治区少数民族发展资金投向项目较单一，使得部分民族重点工作缺乏资金保障。从2016—2020年落实的项目来看，第一，发展资金主要集中在基础设施建设上，而在基础设施建设项目上，又主要以通电道路项目为主，对于生产生活用水基础设施建设、农村危房改造等基础设施建设项目投入较少。第二，发展资金用于帮助农民增收项目的资金较少。由于产业项目受市场等因素影响较大，风险较高，各地为规避风险，普遍将资金用于基础设施建设上。在未来基础设施逐渐完善的基础上，存在着项目落实难的问题。第三，用于支持少数民族和少数民族聚居区社会事业发展的发展资金数量较少。

（四）发展资金使用绩效目标不明确，使绩效评价时的评价标准存在争议

关于“发展资金”的定义，评价小组只在《广西壮族自治区少数民族发展资金管理办法》中找到“广西壮族自治区少数民族发展资金是指自治区财政设立并列入自治区民委部门预算，用于扶持和帮助我区少数民族和民族地区解决经济社会发展中的特殊困难，加快少数民族和民族地区经济社会发展的专项资金”这一表述。发展资金绩效目标不明确，在开展使用绩效评价时只能由评价专家根据各自专业的理解量化为评价指标，将会导致评价标准的不确定性，影响绩效评价结果的公允性。

（五）基层干部的工作能力和水平有待提高

通过评价小组对自治区少数民族发展资金使用地区的实地调研，发现一些地方镇村干部对资金管理使用工作的积极性不高，还有一些地方的镇村干部对资金项目立项、设计、招投标、资金支付等工作程序和所需的资料不了解，申报的项目库质量不高，前期经费多，地方垫支压力大（财政尚无此项开支），导致工作进展缓慢，影响资金的使用支出进度。

二、对策建议

（一）进一步加强资金监管

首先，自治区应继续落实好少数民族发展资金日常监管工作，采取统计通报制度，以实地督查和开展约谈等方式落实资金监管，确保各地用好管好少数民族发展资金。

其次，自治区民宗委应建立项目信息管理平台，各市民委和县（市、区）民宗局通过对资金监督管理，督促项目实施单位在管理信息平台上直接提交项目信息资料，逐步建立项目信息数据库，使之成为项目实施过程中绩效监测的有效工具。

（二）完善发展资金项目推进机制

第一，切实做好少数民族发展资金项目库建设。自治区民宗委应督促和指导各县民族工作部门建立健全项目库，并对项目库进行动态管理。

第二，加强项目的统筹工作和前期论证工作。由于项目选项不合理、可行性论证不扎实、设计方案不科学、预算不准确，有些项目实施起来无法达到设计要求或根本无法实施。因此，做好项目的前期规划，搞好项目立项前的调研和评估论证，是项目顺利实施，发挥效益的关键。项目主管部门要加强项目立项的勘察、设计、投资概算及可行性研究、论证等前期评估工作，提高项目立项审批质量。在项目的规划上，要围绕当地经济发展中心，将主管部门与其他部门具有相同建设内容的项目统筹安排，合理布局，集中连片，规模开发。

第三，增加项目管理费的配给。财政部和国家民族事务委员会2006年下发的《少数民族发展资金管理办法》（财农〔2006〕18号）显示，中央财政每年从少数民族发展资金中提取1.5%，作为少数民族发展资金项目管理费用。广西壮族自治区人民政府办公厅2017年印发的《广西财政专项扶贫资金管理办法》（桂政办发〔2017〕42号）显示，各县可根据扶贫资金项目管理工作需要，从自治区财政专项扶贫资金中，按最高不超过1%的比例据实列支项目管理费，不足部分由县级财政解决。通过前面的问题分析，中央财政配套的项目管理费相较于项目实施过程中所需的管理费而言，明显存在不足。鉴于此，首先，自治区应向中央反映此问题，建议中央财政适当提高少数民族发展资金配套项目管理费；其次，自治区财政应适当增加发展资金项目管理费所需的资金供给。

第四，简化优化相关审批程序。有关部门和地方统筹考虑，简化和优化资金项目立项、环评、招投标、拨款等环节审批手续，压缩审批时间，以加快工作进度，尽快形成实际支出，避免资金闲置。

（三）优化资金分配

在前面的问题分析中，评价小组认为目前自治区少数民族发展资金投向较单一，使得部分民族重点工作缺乏资金保障。因此，自治区民宗委应优化发展资金投向结构，进一步提高资金使用效率，保证有限的发展资金发挥更大的效益。第一，应继续保持基础设施建设上的投入。“冰冻三尺非一日之寒”，自治区贫困地区基础设施薄弱的情况短期内无法得到根本改善，基础设施薄弱仍然是制约其经济社会发展的首要因素，需要持续不断的投入方能见效。但是，在发展资金投向基础设施建设领域时，也要进行合理分配。在乡村道路建设逐渐完善的情况下，自治区应加大生产生活用水、农村危房改造等基础设施建设的资金投入力度。第二，加大贫困地区产业发展资金投入力度。自治区贫困地区贫困的形成既有资源禀赋水平低的原因，也与贫困地区资源要素利用不充分密切相关。由于发展资金数量有限，想要使有限的资金发挥出最大的效益，自治区就要抓住“产业扶贫”这一突破口大力扶持贫困地区产业发展。第三，加大贫困地区社会事业发展资金投入力度。在脱贫攻坚中，贫困地区的社会事业发展同样不容忽视，可以说没有贫困地区社会事业发展跟进，脱贫攻坚及其成果的巩固提升就没有保障。根据前文的分析，目前自治区贫困地区的文化事业、卫生事业发展还较落后，因此，在分配少数民族发展资金时，自治区应加大对贫困地区村级公共服务中心、乡镇卫生院以及村卫生院标准化建设等社会事业发展的资金投入。

（四）结合各时期的民族工作发展规划，进一步细化发展资金的绩效目标

评价小组认为，发展资金设立的目的是帮助广西少数民族和少数民族聚居区实现各个规划时期的发展目标。因此，评价小组建议，将广西少数民族和少数民族聚居区相应时期的发展规划中的发展目标确定为该时期发展资金的绩效目标，这将有利于增强发展资金使用的目标性，并有助于发展资金绩效管理的开展。

（五）加强资金使用管理培训

利用督查、培训或者会议的机会，继续加强少数民族发展资金管理使用培训，加强对各地资金使用管理的指导。针对自治区基层项目管理人员当前总体业务素质不高的现状，自治区民族宗委应加强对基层项目管理人员的业务培训，通过培训增强市、县、乡镇三级基层项目管理人员的素质和能力，提高项目管理的能力。

第五部分

广西中越边境推普扶贫篇

第一章

绪论

一、研究背景

2020 年 9 月 25 日至 26 日，习近平总书记在第三次中央新疆工作座谈会上将新时代党的治疆方略总结为八个坚持，即："坚持从战略上审视和谋划新疆工作，坚持把社会稳定和长治久安作为新疆工作总目标，坚持以凝聚人心为根本，坚持铸牢中华民族共同体意识，坚持我国宗教中国化方向，坚持弘扬和培育社会主义核心价值观，坚持紧贴民生推动高质量发展，坚持加强党对新疆工作的领导。"2021 年 4 月，习近平总书记到广西考察时强调，要统筹疫情防控和经济社会发展，统筹发展和安全，在推动边疆民族地区高质量发展上闯出新路子，在服务和融入新发展格局上展现新作为，在推动绿色发展上迈出新步伐，在巩固发展民族团结、社会稳定、边疆安宁上彰显新担当，建设新时代中国特色社会主义壮美广西。2021 年 8 月习近平总书记在第五次中央民族工作会议上强调："铸牢中华民族共同体意识是新时代党的民族工作的'纲'，所有工作要向此聚焦。""要推广普及国家通用语言文字，科学保护各民族语言文字，尊重和保障少数民族语言文字学习和使用。""要正确把握物质和精神的关系，要赋予所有改革发展以彰显中华民族共同体意识的意义，以维护统一、反对分裂的意义，以改善民生、凝聚人心的意义，让中华民族共同体牢不可破。"

普通话诵百年伟业，规范字写时代新篇。党的十八大以来，习近平总书记多次对国家语言文字工作作出重要指示批示，为不断加大国家通用语言文字推广力度、服务铸牢中华民族共同体意识提供了根本遵循。“十三五”期间，我国语言文字工作领域的推普助力脱贫攻坚行动和国家通用语言文字普及攻坚工程取得显著成效。2020 年全国范围内普通话普及率达到 80.72%，2021 年第七次全国人口普查数据显示，我国文盲率也从新中国成立之初的 80% 以上下降至 2.67%，各民族各地区交流交往的语言障碍基本消除，为发展教育文化事业、促进经济社会发展、民众生活水平和综合文化素质的提高、民族团结、维护国家安全和统一、提升国家软实力作出了重要贡献。特别是在民族地区推广普及国家通用语言文字，已经成为促进各民族深化交往交流交融、全面建成小康社会的助推器。2020 年广西全区范围内普通话普及率达 85.68%，高出全国普通话普及率 5.68 个百分点。广西坚持以铸牢中华民族共同体意识为纲，在科学保护各民族语言文字，尊重和保障少数民族语言文字学习和使用的基础上，坚定不移推广国家通用语言文字，积极营造全区学习使用国家通用语言文字的良好氛围，促进各民族交往交流交融。

胜非其难也，持之者其难也。作为一种人力资本、交际工具与文化载体，广西中越边境地区普通话高质量推广普及有助于促进就业、改善民生，解决相对贫困、实现共同富裕，增强各族群众文化认同，促进各族群众交往交流交融，是推动广西中越边境地区各族群众坚定对伟大祖国、中华民族、中华文化、中国共产党、中国特色社会主义的高度认同，巩固发展民族团结、边境安全、社会稳定的必然要求。而与此同时，作为一个国家政治地理的标志和对外开放的大门，边境地区具有主权性、战略性、民族性、国际性的特征。由于共同的民族感情、文化特征、宗教信仰、地缘因素、历史渊源等因素，边境居民极易产生在政治、经济、文化上的相互影响，若是处理不当，常常诱发其对国家的离心倾向，危及国家安全。因此，及时跟踪边境地区各族群众“五个认同”认同度的动态并分析其影响因素，对于国家统战部、民宗委关于边境地区铸牢中华民族共同体意识政策的调整和完善，进而增强边境地区各族群众“五个认同”，巩固边境地区民族团结，确保边境地区社会和谐稳定和边疆安宁具有重要意义。为此，在广西教育厅语言文字工作委员会的委托下，广西中华民族共同体意识研究院组织研究团队，开展了“广西中越边境普通话普及情况及‘五个认同’问卷调查”，以为做好“十四五”时期巩固拓展推普助力脱贫攻坚成果同乡村振兴战略有效衔接工作提供参考。

二、理论基础

自20世纪六七十年代起，关于语言和经济之间的关系研究就首先得到了国外相关领域学者的关注，雅各布·马尔沙克最早便提出了语言经济学，揭示了语言的经济属性：价值、效用、成本和效益。之后，有学者从国家层面研究语言统一与国家发展之间的关系，也就是“费希曼·普尔假说”：费希曼指出，在较为富裕的国家，语言较为统一，表现为“同质性”，而在较为贫穷的国家，语言较为分散，表现为“异质性”；普尔在此结论的基础上，研究133个国家1962年前后国内人均生产总值与语言使用状况的关系，得出与费希曼一致的结论：一个总是不发达或半发达的国家，语言是极度分散的；而一个高度发达的国家，语言总是具有高度的统一性。其后的相关研究也都证明了这一研究结论。此外，有不少语言经济学学者从个体层面、社会层面研究语言的属性并形成了相关理论研究。如“人力资本理论”者将语言看作一种资产，认为学习一种或多种语言是对人力资本特定形式的投资，语言知识是人的一种技能，会产生经济效益。持“信号理论”的学者认为有效的沟通指沟通的内容是说话者真实意愿的表达，有效的沟通可以提高企业家的声誉，增加创业者的信用，进而获得金融部门的融资。持“社会认同理论”的学者认为群体可以为群内成员提供心理安全与情感支持，减少创业资源流动中的代理成本。持“资源基础理论”的学者认为创业需要高密集度的信息交流，以保证创业者可以及时更新市场信息。语言差异作为一种制度距离，通过设立制度门槛使说同一语言的个体抱团，导致创业资源在群体内部的垄断，而普通话的普及，逐渐消除由语言这一制度距离带来的“乡党抱团”现象，化解同乡效应造成的资源垄断，增加群外成员获得私有资源的概率。持“关键期假说”的学者们认为语言习得的过程中存在着一段时间，在该段时间内语言习得最为容易，超过这段时间，语言习得的能力就会受到限制，即年龄越小，第二种语习得最终水平越高，但母语更易受损。

语言经济学及有关理论在中国反贫困斗争中具体实践就是推普扶贫方略的实施。作为一种人力资本及交际工具，推普在增加农民收入及就业机会、促进劳动力转移、提高创新创业机率、增强社会融入、加强对外开放、提升个体内生动力等方面发挥着积极作用。在增加农民收入及就业机会方面，不少学者构建经济学模型从宏观、微观角度量化分析了语言作为一种人力资本在收入、就业方面的影响，证明了掌握普通话或者普通话中的听说能力都会帮助提高劳动者收入。卞成林等（2019）在对广西东兴市边境居民的全样本调研基础上，认为推广普通话是推进中越边境居民脱贫的有效举措，对推动中越边境地区农村剩余劳动力转移就业，提高其收入具有积极的作用。马静、刘金林（2021）从人力资本视角下分析了推普减贫的内在机理，认为普通话技能通过提升农民务农技能和城镇就业能力，促进进城务工人群的社会融入，阻断农村贫困代际传递，增加农民的人力资本，进而增强其务农收入、务工收入和再就业能力，并对广西中越边境 0—3 公里边民普通话收入效应进行实证分析，验证了提升普通话水平有利于提高劳动者收入。在促进劳动力转移方面，李泰等（2014）证明普通话普及率高的地方外来移民的数量较多，向外移民少，对农民工流动和向第三产业流动有明显的促进作用，李光明等、刘毓芸等、何剑等、康慧琳、裴圣愚、李志忠等进行了类似的研究。在提高创新创业机率方面，魏下海等（2016）、杨晔等（2019）证明了流动人口对当地方言掌握越流利，创业人数和比例都越高，唐曼萍等（2019）实证了掌握普通话技能能够拓展农民工获取信息的渠道，为农民提供创业机会。在增强社会融合方面，秦广强（2014）实证得出普通话熟练者往往具有更多的工作培训机会、更高的工作技能、更为强烈的自我价值认同、更为良好的身心健康状态以及对工作内容、工作关系更强的适应能力。在加强对外开放，消除影响技术转移、扩散的隐形壁垒方面，黄少安（2015）认为语言作为信息载体和传播工具的功能，也为语言对信息贫困作用研究提供了理论支撑。不少学者从语言多样性的角度验证推广普及国家通用语言带来的此效应，如徐现祥等（2015）提出“如果消除城市的方言多样性，那么城市技术水平最多可以提高约 23%”，李光勤等（2017）通过实证分析证明一个城市平均每增加一种方言，对外开放程度将降低 2%—2. 4%。林建浩和赵子乐（2017）证明相对方言距离对技术差距有显著的正向影响，这表明文化差异确实阻碍了来自技术前沿的技术扩散。在提升个体内生动力方面，扶贫不是慈善救济，而是要引导和支持贫困地区和贫困群众提高自我发展能力，并且扶贫全过程都要精准。李光明等（2014）证明语言能力作为劳动力就业能力的组成部分，其能力的高低决定了维吾尔族农民在人才市场的竞争地位。卞成林（2018）认为推广国家通用语一方面有利于促进贫困群体的造血功能，是脱贫的治本之策，另一方面是增强国家认同和民族文化认同，提高社会文明程度，助力精神贫困的重要措施。陈丽湘（2019）指出推广国家通用语言文字不仅有利于消除因语言不通造成的影响脱贫的因素，还能提升贫困群体的语言素养，激发内生动力，实现人力资本的积累，进而推动区域经济的增长。张卫国（2020）使用2013年和2015年CGSS数据，研究了语言与经济贫困、健康贫困和精神贫困之间的关系，研究发现提高普通话能改善群体间的人际交往，而频繁的人际交往有利于消除精神贫困。

如此看来，广西中越边境地区普通话的高质量推广普及，在微观层面，有利于促进边民的跨区域流动，提升就业竞争优势，推动边民多渠道就业，提高边民收入；在宏观层面，有助于边境地区和国内其他县域贸易合作的开展，带动边境地区产业发展，构建国内国际双循环相互促进的新发展格局，进而为边民创造更多的就业机会，辐射带动边民增收致富，对进一步夯实铸牢中华民族共同体意识的群众基础具有积极的意义。以上理论基础和实证研究结论为课题研究提供了充分且坚实的学理性支撑。

三、调研内容

（一）调研目标

了解广西中越边境地区0—3公里边民普通话普及情况。2021年8月习近平总书记在中央民族工作会议上强调："铸牢中华民族共同体意识是新时代党的民族工作的'纲'，所有工作要向此聚焦。""要推广普及国家通用语言文字，科学保护各民族语言文字，尊重和保障少数民族语言文字学习和使用。"2021年我国进入全面小康社会，正蓄力向"到2035年基本实现社会主义现代化"的远景目标迈进。如何巩固脱贫攻坚成果同乡村振兴有效衔接，推动广西加快现代化建设，确保与全国一道实现现代化，就要加强国家通用语言文字的应用能力，破除"信息不对称"的问题。因此，课题组对边民普通话能力、普通话学习态度等情况进行调查，并开展了深入分析，针对边境地区推普存在的不平衡不充分问题，提出相对的对策，以为广西"在服务和融入新发展格局上展现新作为"作出积极贡献。

（二）调研内容

课题组在参阅了《中华人民共和国职业分类大典（2015年版）》和《2020年全国普通话普及情况抽样调查使用手册》等文件的基础上，综合运用民族学、社会学、政治学、管理学、计量学等学科知识，设计了《广西中越边境地区0—3公里边民普通话普及情况的调研问卷》。主要收集包括姓名、性别、年龄、民族、母语及使用母语的能力、其他语言或方言的类别掌握及使用能力、普通话掌握情况、职业、年均收入等在内的边境居民信息。其次开展实地访谈，采用半结构化访谈方式和结构化访谈方式，随机入户深入了解边境居民的语言生活状况，同时为了确保访谈结果的信度和效度，在访谈过程中使用被调查对象熟悉的语言，并采用了对话、拍照等形式，所有记录材料的获取均获得被调查对象的同意。在后期的数据整理分析阶段，课题组从语言经济学的视角出发，对广西中越边境地区居民普通话普及情况进行分析，并针对当前普通话推广普及存在的不平衡不充分问题，提出推进广西中越边境地区普通话高质量推广普及的建议。

（三）调研方法

1. 调查研究方法

课题研究采用了实地问卷调查和访谈两种方式，了解田野调查点边民普通话普及情况。其中，开展实地问卷调查的调查工具为书面问卷，抽样调查方式如下：在抽样县（市、区）中，采取三阶抽样，即从县（市、区）随机抽取乡镇，从乡镇随机抽取居（村）委会或者社区，再从居（村）委会、社区随机抽取住户，细分到每户每一位家庭成员。由于2020年已对那坡县和靖西市开展了普通话普及情况的全样本调研，此次课题组主要在大新县、龙州县、凭祥市、宁明县、防城区、东兴市六个县（市、区）开展抽样调查。课题组通过问卷调查了解广西中越边境地区居民的性别、年龄、民族、外出经历、受教育程度、职业等基本情况；居民母语、现在具备的语言种类、工作生活语言使用情况；普通话掌握情况、习得方式、学习（讲）普通话面临的问题、对普通话能力的预期目标；居民学习普通话和母语的态度；居民个人年均收入、教育培训机会、信息获取渠道、国家政策关注度、个人自信心、教会活动、文体娱乐活动、身体健康状况等个人发展能力情况。并根据问卷调查结果，对居民普通话水平、相对贫困治理的衡量指标进行描述性统计分析。每个县（市、区）各发放2000份调查问卷，共发放了12000份调查问卷。

2. 实地研究方法

实地研究主要包括了参与观察和个案研究，通过参与观察、撰写调查提纲的方式深入了解乡村振兴时期广西中越边境地区区位条件、资源禀赋、比较优势，以及各族人民的生产生活、健康教育状况、思想观念、自我发展潜力、普通话推广普及情况。通过个案研究、结构/半结构访谈方式对边境地区跨境婚姻家庭越南主妇这一群体进行调查分析，包括她们的普通话水平、社会融入的情况。在访谈过程中使用被调查对象熟悉的语言，采用对话、拍照等形式记录保存调查资料，所有记录材料的获取均获得被调查对象的同意。在已有的文献研究和调查研究基础上，进行实地研究，为理论机理和实证分析提供更加真实的数据，为对策建议的提出提供更加准确的判断。

（四）调研概况

1. 调研地区位概况

广西地处我国西南边陲，拥有陆上边界线 1020 公里，中越边境八个县（市、区）与越南接壤，是中国唯一与东盟既有陆地接壤又有海上通道的省区。由北至南依此是那坡县、靖西市、大新县、龙州县、凭祥市、宁明县、防城区、东兴市，其中：那坡县边境线长 206. 5 公里、靖西市边境线长 152. 5 公里、大新县边境线长 43 公里、龙州县边境线长 184 公里、凭祥市边境线长 97 公里、宁明县边境线长 212 公里、防城区陆地边境线长 86 公里、东兴市陆地边境线长 39 公里；拥有八个国家边境陆路一类口岸，分别是平孟口岸、龙邦口岸、水口口岸、友谊关口岸、凭祥口岸、爱店口岸、峒中口岸、东兴口岸。一直以来，广西中越边境地区八个边境县（市、区）就肩负着守边、戍边、兴边、安边的重任，是广西在巩固发展民族团结、社会稳定、边疆安宁上彰显新担当不可或缺的力量，同时也是反贫困斗争、实现乡村振兴、推动广西与全国同步实现现代化的主战场。

2. 调研设计与实施

（1）调研组织设计。

此次调查问卷设计参阅了《中华人民共和国职业分类大典（2015 年版）》和《2020 年全国普通话普及情况抽样调查使用手册》等文件。针对广西中越边境地区 0—3 公里边民普通话普及情况调查部分，共设计了 50 道题目，主要调查了解广西中越边境地区居民的基本信息，边民普通话掌握和使用情况，边民个人能力和社会融入能力等情况，问卷分为 A、B、C、D、E 五个部分，A 部分主要调查居民的性别、年龄、民族、居住地、外出经历、受教育程度、职业等基本情况；B 部分主要调查居民的母语，现在具备何种语言能力，居家、购物、就医、工作常使用何种语言，以及普通话掌握熟练程度、普通话习得途径、学习普通话面临的问题和期望；C 部分调查边民对学习普通话和母语的态度，主要包括本地小学、中学使用何种语言教学，以及收看母语广播电视节目的情况；D 部分通过不完全列举语言使用场景，包括居家、购物、工作、就医、做生意、务工、旅游、乘坐交通工具、接电话、同熟人和陌生人交流等场景，进一步了解边民语言使用情况；E 部分主要调查居民的务农务工收入、教育培训、获取信息的渠道、对政策的熟悉程度、宗教信仰、文体娱乐活动、身体健康状况等。其中，普通话熟练程度设置了七个选项：（1）能说流利、标准的普通话；（2）能熟练使用但有些音不准；（3）能熟练使用但口音较重；（4）基本能交谈但不太熟练；（5）能听懂但不太会说；（6）能听懂一些但不会说；（7）听不懂也不会说。选项代表了居民普通话的五个水平，选项（1）指能说流利标准的普通话；选项（2）指能说比较标准的普通话；选项（3）指能用普通话与人交流，但带有明显的方言和民族语口音；选项（4）指基本能达到交流的目的；选项（5）—（7）指普通话水平达不到交流的目的。将其职业分为教师、教师以外的专业技术人员、公务员、党群组织负责人、企事业单位负责人、办事人员和有关人员、农林牧渔水利业生产人员、商业服务业人员、生产运输设备操作人员及有关人员、学生、不在业人员、其他工作等十二类；将被调查对象的年人均纯收入水平分为 4 个等级：即 0—20000 元、20001—36000 元、36001—72000 元、72001 元及以上。

（2）调研实施情况。

由于 2020 年 7 月至 2020 年 8 月，课题组已经对那坡县和靖西市开展了普通话普及情况的全样本调研以及有关“五个认同”状况的调研，故此次课题组主要在大新县、龙州县、凭祥市、宁明县、防城区、东兴市六个县（市、区）开展抽样调查。调研实施情况如下：2021 年 5 月至 2021 年 7 月，课题组先后前往广西中越边境地区的凭祥市、龙州县、大新县、宁明县、防城区、东兴市等地开展抽样。在前期的实地调研阶段，首先开展实地问卷调查，调查工具为书面问卷，在抽样县（市、区）中，采取三阶抽样，即从县（区）随机抽取乡镇，从乡镇随机抽取居（村）委会或者社区，再从居（村）委会、社区随机抽取住户，细分到每户每一位家庭成员。各县（市、区）发放问卷 2000 份，共发放问卷 12000 份，回收问卷 10288 份，其中有效问卷 9016 份，有效率达 87.64%。各县（市、区）问卷发放及回收情况具体如下：大新县回收 1000 份，有效问卷 742 份，问卷有效率达 74.20%；龙州县回收 1876 份，有效问卷 1732 份，问卷有效率达 92.32%；凭祥市回收 2000 份，有效问卷 1590 份，问卷有效率达 79.50%；宁明县回收 1890 份，有效问卷 1661 份，问卷有效率达 87.88%；防城区回收 1842 份，有效问卷 1731 份，问卷有效率达 93.97%；东兴市回收 1680 份，有效问卷 1560 份，问卷有效率达 92.86%（详见表 5 -1）。

表 5－1　　调研点问卷回收情况

县（市、区）	发放问卷数（份）	回收问卷数（份）	有效问卷数（份）	问卷有效率（%）
大新县	2000	1000	742	74.20
龙州县	2000	1876	1732	92.32
凭祥市	2000	2000	1590	79.50
宁明县	2000	1890	1661	87.88
防城区	2000	1842	1731	93.97
东兴市	2000	1680	1560	92.86
合计	12000	10288	9016	87.64

（3）调研对象构成。

对此次回收的有效问卷进行整理分析，从调查对象的性别、年龄、民族、受教育程度、从事职业等内容进行初步分析，其中广西中越边境六个县（市、区）调查对象男女性别比例分别为 59.3%、40.7%（详见图 5－1）；年龄在 18 岁以下、18—59 岁、60 岁以上分别占比 1.73%、92.03%、6.24%（详见图 5－2）；壮族、汉族、其他少数民族分别占比 69.94%、15.18%、14.88%（详见图 5－3）；从受教育程度来看，没上过学、扫盲班、小学、初中、高中（中专）、大学专科、大学本科、研究生的占比分别为 2.85%、0.63%、20.47%、41.85%、19.10%、7.67%、7.23%、0.20%（详见图 5－4）；从事教师、公务员、党群组织负责人、企事业单位负责人、办事人员和有关人员、农林牧渔水利业生产人员、商业服务业人员、生产运输设备操作人员及有关人员、学生、不在业人员、其他职业的占比分别为 4.8%、1.5%、1.5%、1.0%、1.9%、6.0%、25.2%、16.2%、5.2%、10.6%、8.2%、17.8%（详见图 5－5）。

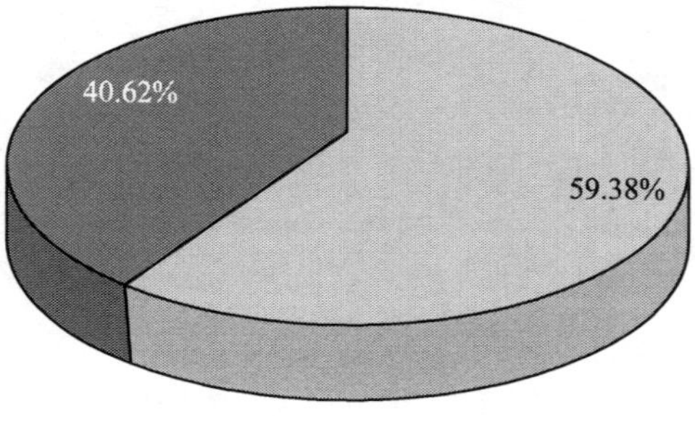

图 5－1　广西中越边境地区各职业居民年龄段占比情况

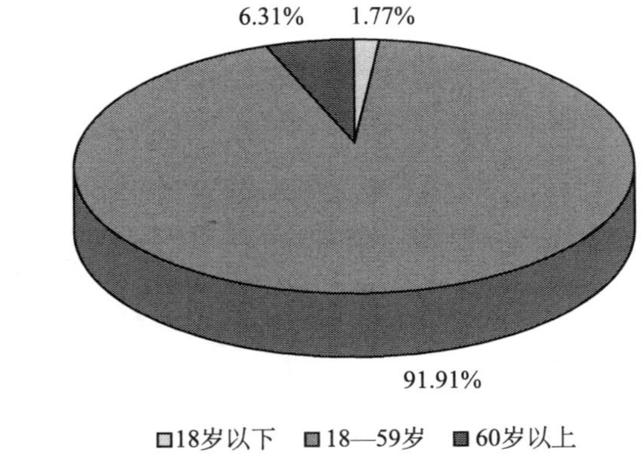

图5－2　广西中越边境地区各职业居民年龄段占比情况

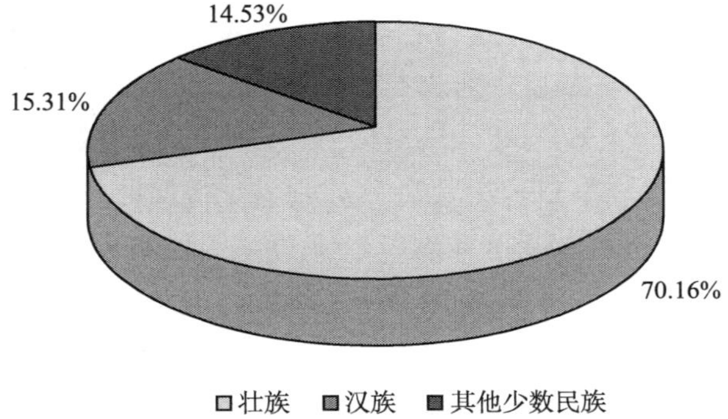

图5－3　广西中越边境地区各职业居民民族占比情况

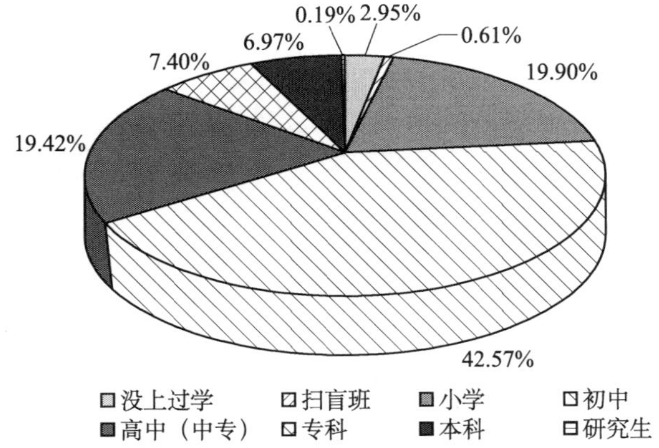

图5－4　广西中越边境地区各职业居民学历占比情况

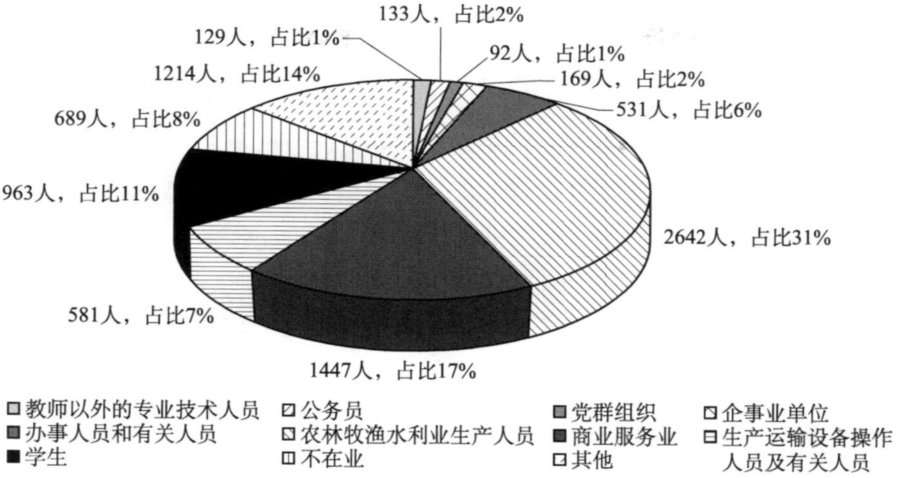

图5-5　广西中越边境地区各职业居民职业占比情况

其中，大新县：调查对象男女分别占比71.83%、28.17%；18岁以下、18—59岁、60岁以上分别占比3.50%、85.85%、10.65%；壮族、其他少数民族分别占比90.97%、9.03%；从受教育程度来看，没上过学、扫盲班、小学、初中、高中（中专）、大学专科、大学本科的占比分别为11.46%、0.27%、22.24%、45.01%、10.65%、8.36%、2.02%；从事教师、公务员、党群组织负责人、企事业单位负责人、办事人员和有关人员、农林牧渔水利业生产人员、商业服务业人员、生产运输设备操作人员及有关人员、学生、不在业人员、其他职业的占比分别为1.75%、0.81%、0.67%、0.94%、1.21%、34.23%、42.05%、5.93%、4.45%、7.41%、0.54%。

龙州县：调查对象男女性别比例为54.93%、45.07%；18岁以下、18—59岁、60岁以上分别占比2.60%、88.33%、9.12%；壮族、汉族、其他少数民族分别占比96.36%、3.35%、0.29%；从受教育程度来看，没上过学、扫盲班、小学、初中、高中（中专）、大学专科、大学本科、研究生的占比分别为1.39%、1.33%、26.96%、50.81%、14.15%、3.00%、2.02%、0.35%%；从事教师、教师以外的专业技术人员、公务员、党群组织负责人、企事业单位负责人、办事人员和有关人员、农林牧渔水利业生产人员、商业服务业人员、生产运输设备操作人员及有关人员、学生、不在业人员、其他职业的占比分别为5.37%、1.56%、0.92%、0.35%、1.56%、5.43%、20.32%、12.41%、

3.58%、16.22%、10.85%、21.42%。

凭祥市：调查对象男女性别比例为52.58%、47.42%；18岁以下、18—59岁、60岁以上分别占比1.45%、92.39%、6.16%；壮族、汉族、其他少数民族分别占比99.18%、0.13%、0.69%；从受教育程度来看，没上过学、扫盲班、小学、初中、高中（中专）、大学专科、大学本科的占比分别为2.20%、0.57%、29.06%、50.75%、13.90%、2.14%、1.38%、0.00%；从事教师、教师以外的专业技术人员、企事业单位负责人、办事人员和有关人员、农林牧渔水利业生产人员、商业服务业人员、生产运输设备操作人员及有关人员、学生、不在业人员、其他职业的占比分别为1.51%、0.69%、0.00%、0.88%、0.94%、7.55%、42.45%、10.50%、10.13%、4.72%、2.14%、18.49%。

宁明县：调查对象男女性别比分别为53.88%和46.12%；18岁以下的占比2.29%、18—59岁的占比88.92%、60岁以上的占比8.79%；壮族、汉族、其他少数民族分别占比为92.66%、3.67%、3.67%；从受教育程度来看，没上过学、扫盲班、小学、初中、高中（中专）、大学专科、大学本科的占比分别为5.36%、0.66%、21.43%、32.87%、20.29%、11.14%、8.25%；从事教师、教师以外的专业技术人员、公务员、党群组织负责人、企事业单位负责人、办事人员和有关人员、农林牧渔水利业生产人员、商业服务业人员、生产运输设备操作人员及有关人员、学生、不在业人员、其他职业的占比分别为5.60%、1.63%、0.96%、0.36%、1.63%、2.65%、21.79%、13.49%、3.01%、16.07%、11.32%、21.49%。

防城区：调查对象男女性别比例分别为77.87%、22.13%；18岁以下、18—59岁、60岁以上分别占比1.10%、97.11%、1.79%；壮族、汉族、其他少数民族分别占比40.32%、47.95%、11.73%；从受教育程度来看，没上过学、扫盲班、小学、初中、高中（中专）、大学专科、大学本科、研究生的占比分别为0.58%、0.23%、8.42%、44.44%、52.58%、25.63%、25.13%、0.26%；从事教师、教师以外的专业技术人员、公务员、党群组织负责人、企事业单位负责人、办事人员和有关人员、农林牧渔水利业生产人员、商业服务业人员、生产运输设备操作人员及有关人员、学生、不在业人员、其他职业的占比分别为2.31%、2.08%、3.93%、2.25%、2.89%、12.19%、39.63%、

10.23%、10.98%、6.53%、3.41%、3.58%。

东兴市：调查对象男女性别比例分别为50.71%、49.29%；18岁以下、18—59岁、60岁以上分别占比0.58%、95.77%、3.65%；壮族、汉族、其他少数民族分别占比10.77%、27.50%、61.73%；从受教育程度来看，没上过学、扫盲班、小学、初中、高中（中专）、大学专科、大学本科、研究生的占比分别为1.47%、0.38%、12.37%、32.76%、22.37%、12.88%、17.24%、0.51%；从事教师、教师以外的专业技术人员、公务员、党群组织负责人、企事业单位负责人、办事人员和有关人员、农林牧渔水利业生产人员、商业服务业人员、生产运输设备操作人员及有关人员、学生、不在业人员、其他职业的占比分别为10.45%、1.79%、1.73%、1.41%、2.76%、3.40%、20.06%、22.56%、4.74%、12.44%、10.58%、8.08%（详见表5-2）。

表 5－2　　广西中越边境地区调查对象构成

类型	选项	大新县		龙州县		凭祥市		宁明县		防城区		东兴市	
		人数	占比	人数	占比	人数	占比	人数	占比	人数	占比	人数	占比
性别	男	533	71.83%	951	54.93%	836	52.58%	895	53.88%	1348	77.87%	791	50.71%
	女	209	28.17%	781	45.07%	754	47.42%	766	46.12%	383	22.13%	769	49.29%
年龄	18 岁以下	26	3.50%	45	2.60%	23	1.45%	38	2.29%	19	1.10%	9	0.58%
	18—59 岁	637	85.85%	1529	88.33%	1469	92.39%	1477	88.92%	1681	97.11%	1494	95.77%
	60 岁以上	79	10.65%	158	9.12%	98	6.16%	146	8.79%	31	1.79%	57	3.65%
民族	壮族	675	90.97%	1669	96.36%	1577	99.18%	1539	92.66%	698	40.32%	168	10.77%
	汉族	0	0.00%	58	3.35%	2	0.13%	61	3.67%	830	47.95%	429	27.50%
	其他少数民族	67	9.03%	5	0.29%	11	0.69%	61	3.67%	203	11.73%	963	61.73%
学历	没上过学	85	11.46%	24	1.39%	35	2.20%	89	5.36%	10	0.58%	23	1.47%
	扫盲班	2	0.27%	23	1.33%	9	0.57%	11	0.66%	4	0.23%	6	0.38%
	小学	165	22.24%	467	26.96%	462	29.06%	356	21.43%	151	8.42%	193	12.37%
	初中	334	45.01%	880	50.81%	807	50.75%	546	32.87%	760	44.44%	511	32.76%
	高中（中专）	79	10.65%	245	14.15%	221	13.90%	337	20.29%	520	52.58%	349	22.37%
	大学专科	62	8.36%	52	3.00%	34	2.14%	185	11.14%	133	25.63%	201	12.88%
	大学本科	15	2.02%	35	2.02%	22	1.38%	137	8.25%	150	25.13%	269	17.24%
	研究生	0	0.00%	6	0.35%	0	0.00%	0	0.00%	3	0.26%	8	0.51%
职业	教师	13	1.75%	93	5.37%	24	1.51%	93	5.60%	40	2.31%	163	10.45%
	教师以外的专业技术人员	0	0.00%	27	1.56%	11	0.69%	27	1.63%	36	2.08%	28	1.79%
	公务员	6	0.81%	16	0.92%	0	0.00%	16	0.96%	68	3.93%	27	1.73%
	党群组织负责人	5	0.67%	6	0.35%	14	0.88%	6	0.36%	39	2.25%	22	1.41%
	企事业单位负责人	7	0.94%	27	1.56%	15	0.94%	27	1.63%	50	2.89%	43	2.76%
	办事人员和有关人员	9	1.21%	94	5.43%	120	7.55%	44	2.65%	211	12.19%	53	3.40%

续表

类型	选项	大新县		龙州县		凭祥市		宁明县		防城区		东兴市	
		人数	占比	人数	占比	人数	占比	人数	占比	人数	占比	人数	占比
职业	农林牧渔水利业生产人员	254	34.23%	352	20.32%	675	42.45%	362	21.79%	686	39.63%	313	20.06%
	商业服务业人员	312	42.05%	215	12.41%	167	10.50%	224	13.49%	177	10.23%	352	22.56%
	生产运输设备操作人员及有关人员	44	5.93%	62	3.58%	161	10.13%	50	3.01%	190	10.98%	74	4.74%
	学生	33	4.45%	281	16.22%	75	4.72%	267	16.07%	113	6.53%	194	12.44%
	不在业人员	55	7.41%	188	10.85%	34	2.14%	188	11.32%	59	3.41%	165	10.58%
	其他	4	0.54%	371	21.42%	294	18.49%	357	21.49%	62	3.58%	126	8.08%

第二章

广西中越边境地区边民普通话普及情况分析

一、广西中越边境地区居民普通话能力分析

（一）广西中越边境地区居民普通话水平情况

随着我国全面建成小康社会取得决定性胜利，我国语言脱贫攻坚战也取得显著成效，民族地区各族群众的普通话水平得到了极大提升。根据实地调查和问卷调查分析，各县（市、区）大部分2000年以前出生的居民从小先会说的语言是本民族的少数民族语言或者汉语方言（客家话和粤语），2000年以后出生的居民大部分从小先会说的是普通话。广西中越边境六个县（市、区）居民普遍已经会讲普通话，普通话掌握程度也有极大提高，本研究主要通过讲普通话的能力来衡量普通话掌握程度，分为能流利准确地使用、能熟练使用但有些音不准、能熟练使用但口音较重、基本能交谈但不太熟练、普通话水平达不到交流程度（包括能听懂但不太会说、能听懂一些但不会说、听不懂也不会说）五种程度等级，其中能流利准确地使用的有2251人，能说比较标准的普通话的有3813人，能用普通话与人交流，但带有明显的方言和民族语口音的有1278人，用普通话基本达到交流目的的有1036人，普通话水平达不到交流程度的有638人，分别占此次有效问卷总数的24.97%、42.29%、14.17%、11.49%、7.08%（详见图5－6），各县（市、区）详细情况见表5－3。

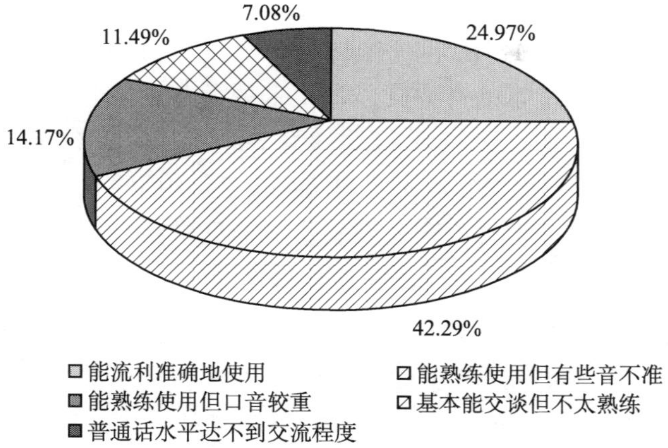

图 5－6　广西中越边境地区居民普通话的熟练程度

表 5－3　广西中越边境地区居民普通话的熟练程度

	能说流利、标准的普通话	能说比较标准的普通话	能用普通话与人交流，但带有明显的方言和民族语口音	用普通话基本能达到交流的目的	普通话水平达不到交流程度
大新县	204	302	89	64	83
	27.49%	40.70%	11.99%	8.63%	11.19%
龙州县	353	821	173	201	184
	17.56%	46.98%	10.46%	12.33%	12.67%
凭祥市	256	658	334	292	50
	16.31%	41.91%	20.00%	18.61%	3.17%
宁明县	304	550	338	255	214
	18.30%	33.11%	20.05%	15.35%	12.88%
防城区	520	957	134	92	28
	30.04%	55.29%	7.74%	5.31%	1.62%
东兴市	614	525	210	132	79
	39.36%	33.65%	13.46%	8.46%	5.06%

（二）广西中越边境地区居民男女普通话水平情况

进一步分析广西中越边境地区男性普通话熟练程度发现，男性中能说流利、标准的普通话的有 1293 人，能说比较标准的普通话的有 2292 人，能用普通话与人交流，但带有明显的方言和民族语口音的有 618 人，用普通话基本能达到交流的目的的有 725 人，普通话水平达不到交流程度的有 290 人，在此次调查的男性总数（5179 人）中，分别占比 24.97%、44.26%、11.93%、

14.00%、5.59%（如图5－7所示）；女性中能说流利、标准的普通话的有958人，能说比较标准的普通话的有1521人，能用普通话与人交流，但带有明显的方言和民族语口音的有660人，用普通话基本能达到交流的目的的有311人，普通话水平达不到交流程度的有348人，在此次调查的女性总数（3837人）中，分别占比24.97%、39.64%、17.20%、8.11%、9.07%（如图5－8所示）。进一步对比发现，在会讲普通话的被调查居民中，男性和女性能说流利、标准的普通话的比率相同，男性能说比较标准的普通话的比率高出女性4.62个百分点，男性用普通话基本能达到交流的目的的比率高出女性5.89个百分点，男性能用普通话与人交流，但带有明显的方言和民族语口音的比率低于女性5.27个百分点。被调查居民中男性普通话水平达不到交流程度的比率低于女性3.48个百分点。总的来说，广西中越边境地区普通话熟练程度在男女性之间存在差异，男性比女性普通话熟练程度更高（详见图5－9）。

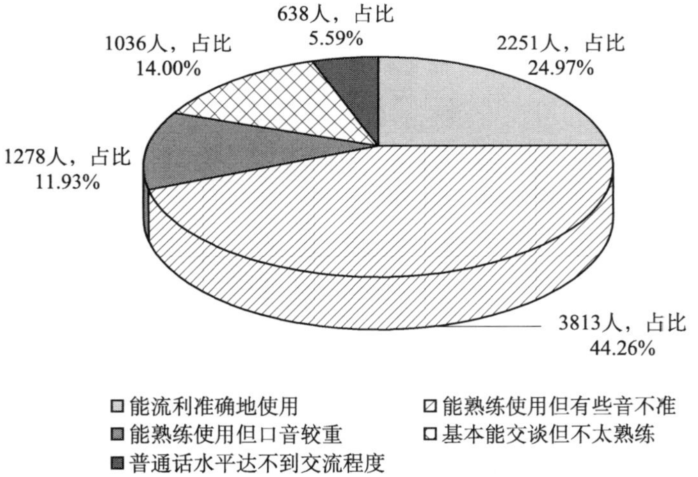

图5－7　广西中越边境地区男性普通话熟练程度的情况

（三）广西中越边境地区居民不同年龄段普通话水平情况

将此次问卷调查对象的年龄分为18岁以下、18—59岁、60岁以上三个年龄段，并进行普通话能力分析。其中，18岁以下能说流利、标准的普通话的有63人，能说比较标准的普通话的有60人，能用普通话与人交流，但带有明显的方言和民族语口音的有20人，用普通话基本能达到交流的目的的有11人，普通话水平达不到交流程度的有6人，在此年龄段总数（160人）中，分

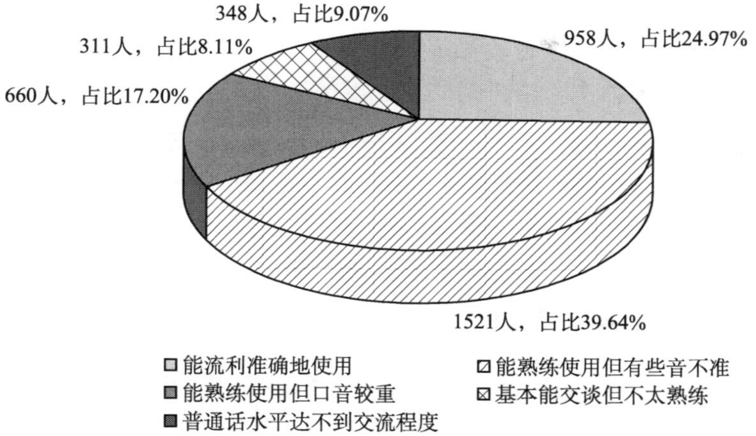

图 5－8　广西中越边境地区女性普通话熟练程度的情况

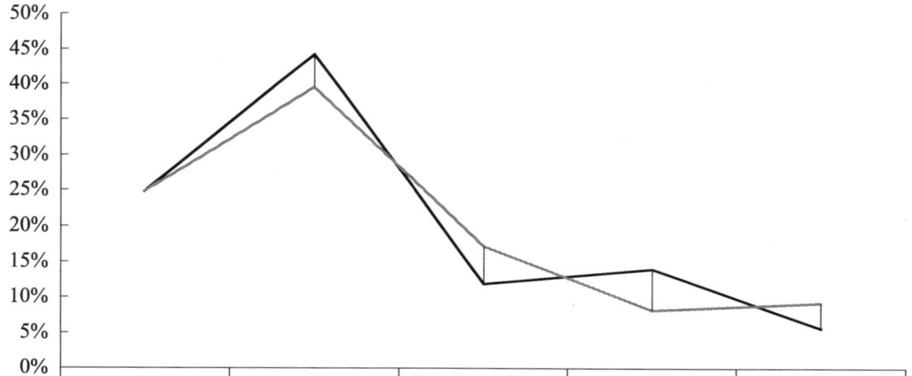

	能说流利、标准的普通话	能说比较标准的普通话	能用普通话与人交流，但带有明显的方言和民族语口音	用普通话基本能达到交流的目的	普通话水平达不到交流程度
—男 占比	24.97%	44.26%	11.93%	14.00%	5.59%
—女 占比	24.97%	39.64%	17.20%	8.11%	9.07%

图 5－9　广西中越边境地区男女普通话熟练程度对比的情况

别占比 39.38%、37.50%、12.50%、6.88%、3.75%（如图 5－10 所示）；18—59 岁能说流利、标准的普通话的有 2137 人，能说比较标准的普通话的有 3649 人，能用普通话与人交流，但带有明显的方言和民族语口音的有 1188 人，用普通话基本能达到交流的目的的有 898 人，普通话水平达不到交流程度的有 415 人，在此年龄段总数（8287 人）中，分别占比 25.79%、44.03%、14.34%、10.84%、5.01%（如图 5－11 所示）；60 岁以上能说流利、标准的普通话的有 51 人，能说比较标准的普通话的有 104 人，能用普通话与人交流，但带有明显的方言和民族语口音的有 70 人，用普通话基本能达到交流的目的的有 127 人，普通话水平达不到交流程度的有 217 人，在此年龄段总数（569 人）中，分别占比 8.96%、18.28%、12.30%、22.32%、38.14%（如图 5 - 12 所示）。

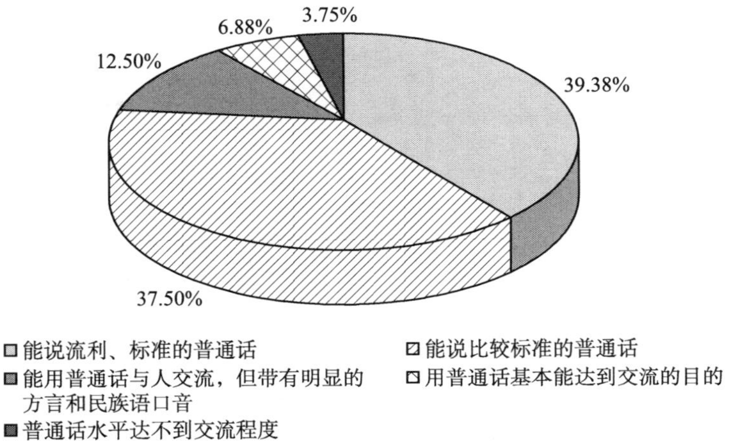

图 5 - 10　广西中越边境地区 18 岁以下居民普通话熟练程度的情况

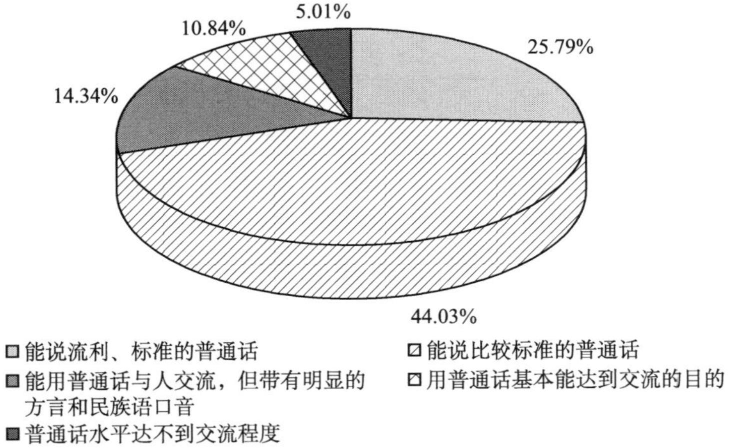

图 5 - 11　广西中越边境地区 18—59 岁居民普通话熟练程度的情况

此外，在 18—59 岁的被调查对象中，男性 4962 人、女性 3325 人，对该年龄段男女普通话熟练程度分析，其中，男性能说流利、标准的普通话的有 1291 人，占比 26.02%，能说比较标准的普通话的有 2289 人，占比 46.13%，

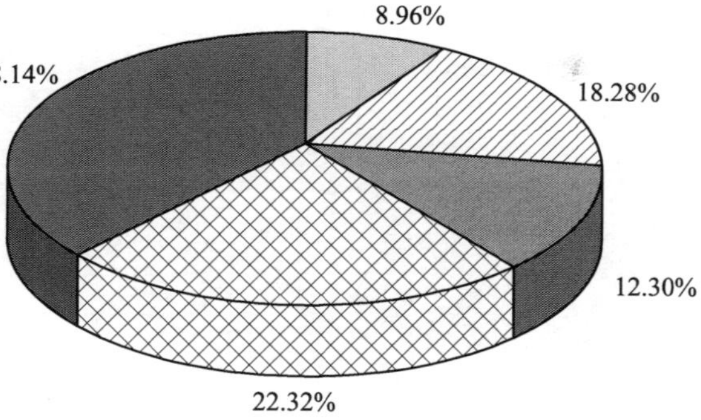

图 5－12　广西中越边境地区 60 岁以上居民普通话熟练程度的情况

能用普通话与人交流，但带有明显的方言和民族语口音的有 565 人，占比 11. 39%，用普通话基本能达到交流的目的的有 664 人，占比 12. 98%，普通话水平达不到交流程度的有 173 人，占比 3. 49%（如图 5－13 所示）；女性能说流利、标准的普通话的有 888 人，占比 26. 71%，能说比较标准的普通话的有 1360 人，占比 40. 90%，能用普通话与人交流，但带有明显的方言和民族语口音的有 623 人，占比 18. 74%，用普通话基本能达到交流的目的的有 212 人，占比 6. 38%，普通话水平达不到交流程度的有 242 人，占比 7. 28%（如图 5－14所示）。进一步分析发现，男性在“能说流利、标准的普通话”“能说

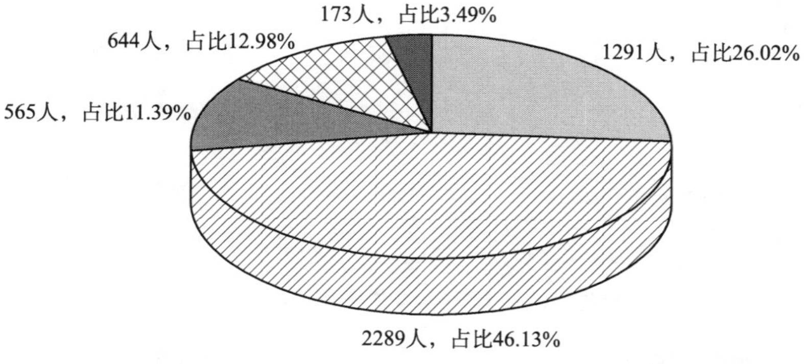

图 5－13　广西中越边境地区 18—59 岁男女普通话熟练程度对比的情况

比较标准的普通话”两个等级中占比高于女性，分别有72.15%、67.61%的男性和女性的普通话达到“比较标准”以上，男性高出女性4.54个百分点（如图5－15所示）。

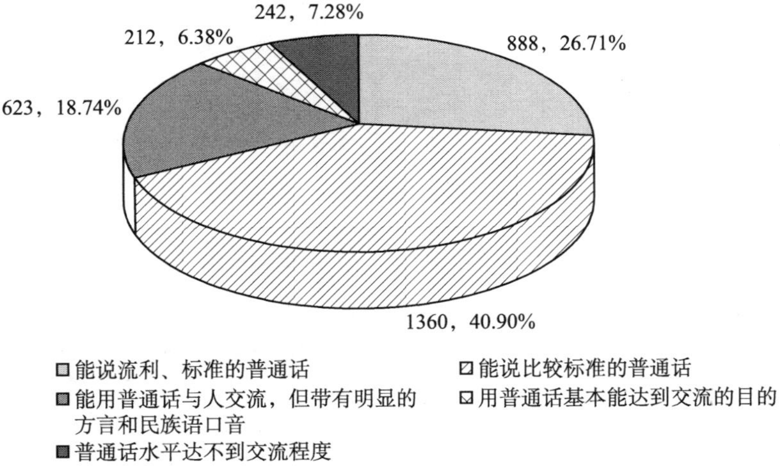

图5－14　广西中越边境地区18—59岁男女普通话熟练程度对比的情况

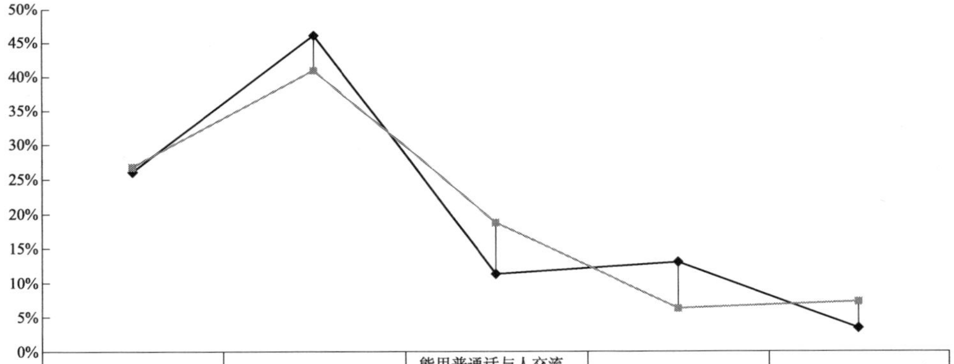

	能说流利、标准的普通话	能说比较标准的普通话	能用普通话与人交流，但带有明显的方言和民族语口音	用普通话基本能达到交流的目的	普通话水平达不到交流程度
男	26.02%	46.13%	11.39%	12.98%	3.49%
女	26.71%	40.90%	18.74%	6.38%	7.28%

图5－15　广西中越边境地区18—59岁男女普通话熟练程度对比的情况

（四）广西中越边境地区18—59岁不同职业普通话水平情况

在18—59岁年龄段中，从事教师、教师以外的专业技术人员、公务员、党群组织负责人、企事业单位负责人、办事人员和有关人员、农林牧渔水利业生产人员、商业和服务业人员、生产运输设备操作人员及有关人员、其他职业分别有 413 人、123 人、122 人、89 人、157 人、460 人、2464 人、1284 人、510 人、1184 人，另外学生有 925 人，不在业有 556 人。其中，能达到“能说流利、标准的普通话”“能说比较标准的普通话”这两个等级的共有 5786 人，占该年龄段总人数的 69.82%，达到“能用普通话与人交流，但带有明显的方言和民族语口音”“用普通话基本能达到交流的目的”“普通话水平达不到交流程度”这三个等级的共有 2501 人，占该年龄段总人数的 30.18%（如图 5-16 所示）。

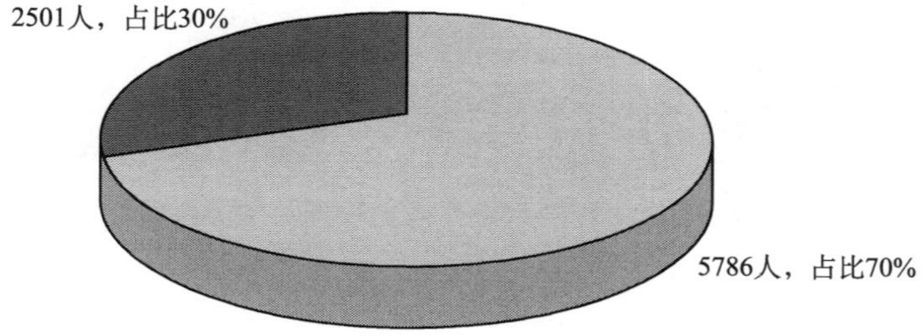

图 5-16　广西中越边境地区 18—59 岁各职业“普通话水平达不到交流程度”情况

进一步对该年龄段从事各类职业的居民普通话熟练程度开展分析，从事教师、教师以外的专业技术人员、公务员、党群组织负责人、企事业单位负责人、办事人员和有关人员、农林牧渔水利业生产人员、商业和服务业人员、生产运输设备操作人员及有关人员、其他职业的人能说流利、标准的普通话的分别是 258 人、54 人、76 人、38 人、81 人、116 人、276 人、405 人、133 人、121 人，学生和不在业的分别是 510 人、69 人；能说比较标准的普通话的分别为 113 人、57 人、42 人、42 人、68 人、313 人、1173 人、565 人、274 人、462 人，学生和不在业的分别为 337 人、203 人；能用普通话与人交流，但带有明显的方言和民族语口音的分别为 42 人、11 人、3 人、5 人、6 人、21 人、468 人、213 人、64 人、204 人，学生和不在业的分别为 48 人、103 人。在“用普通话基本能达到交流的目的”“普通话水平达不到交流程度”这两个等级中，从事教师职业有 0 人，从事教师以外的专业技术人员、公务员、党群组织负责人、企事业单位负责人分别有 1 人、1 人、4 人、2 人，且都处在用普通话基本能达到交流的目的的水平，无人的普通话达不到交流程度；从事办事人员和有关人员、农林牧渔水利业生产人员、商业和服务业人员、生产运输设备操作人员及有关人员、其他职业、学生和不在业“用普通话基本能达到交流的目的”的有 5 人、390 人、80 人、34 人、243 人、19 人、119 人，“普通话水平达不到交流程度”的有 5 人、157 人、21 人、5 人、155 人、0 人、72 人。详见图 5 - 17 至图 5 - 21。

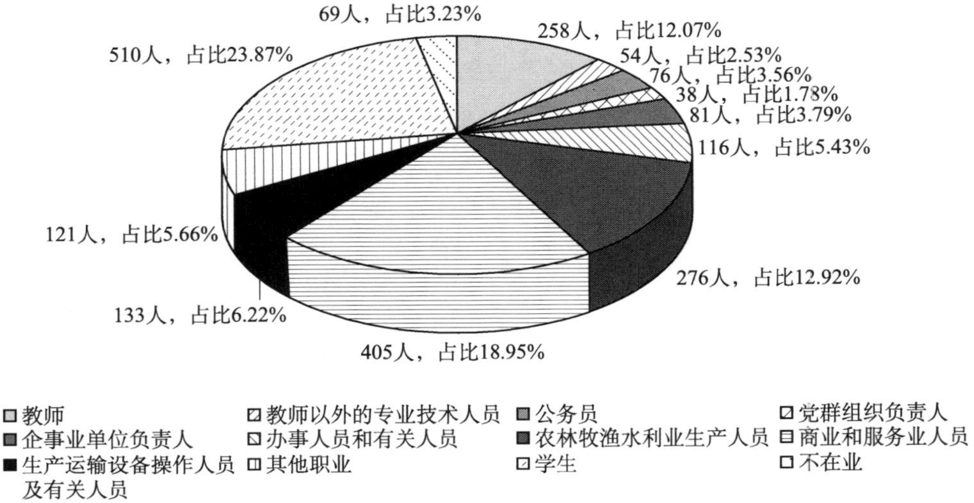

图 5 - 17　广西中越边境地区 18—59 岁各职业“能说流利、标准的普通话”情况

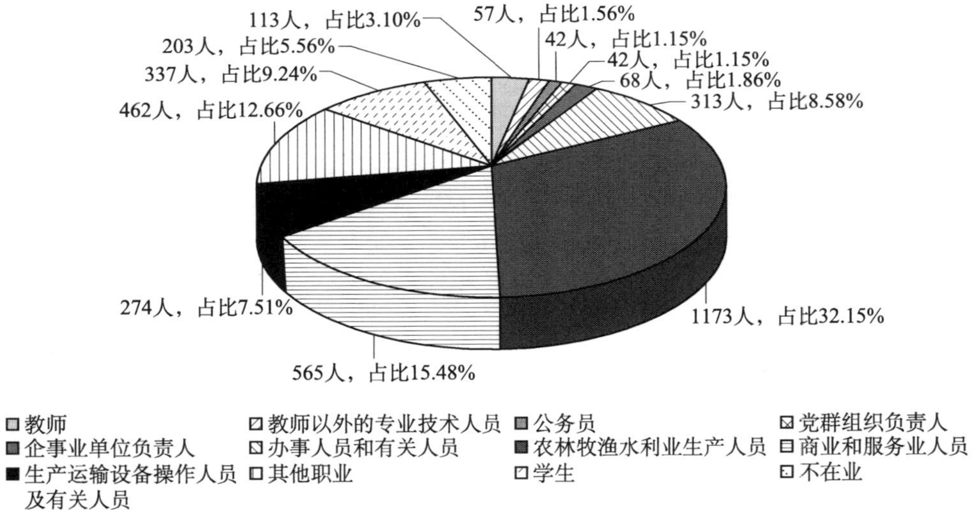

图 5 - 18　广西中越边境地区 18—59 岁各职业“能说比较标准的普通话”情况

达到“能说流利、标准的普通话”“能说比较标准的普通话”这两个等级总共有 4667 人，占年龄段总人数的 56. 32%，其中，从事教师、教师以外的专

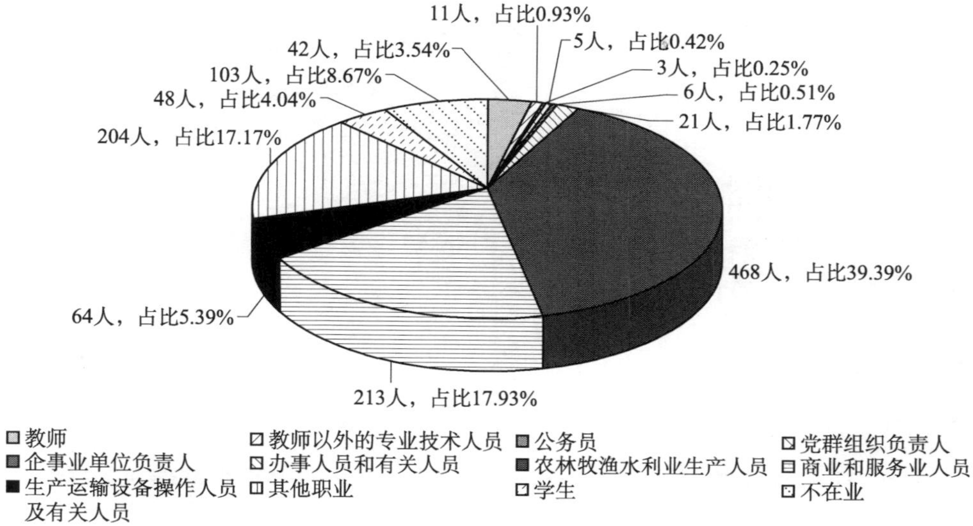

图 5－19　广西中越边境地区 18—59 岁各职业“能用普通话与人交流，但带有明显的方言和民族语口音”情况

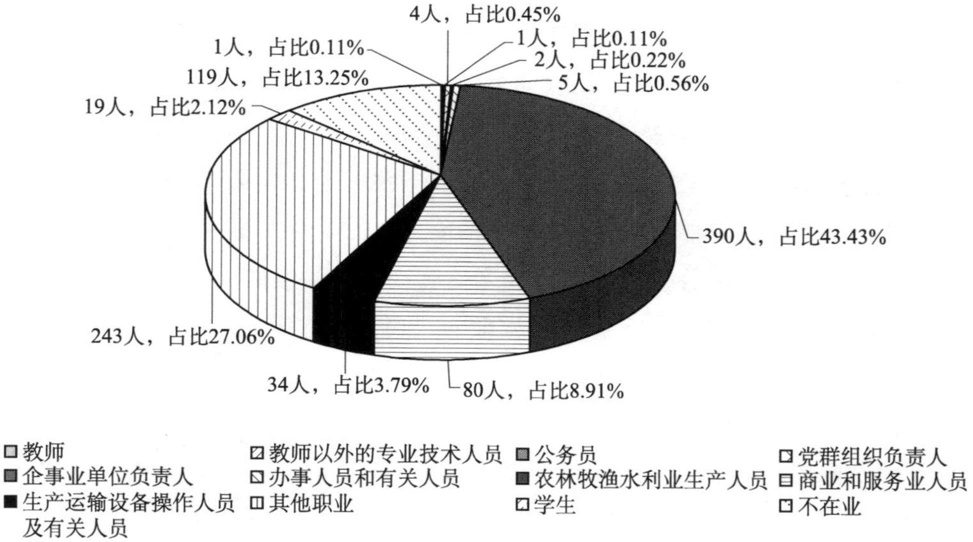

图 5－20　广西中越边境地区 18—59 岁各职业“用普通话基本能达到交流的目的”情况

业技术人员、公务员、党群组织负责人、企事业单位负责人、办事人员和有关人员、农林牧渔水利业生产人员、商业服务业人员、生产运输设备操作人员及有关人员、其他职业的分别是 371 人、111 人、118 人、80 人、149 人、429

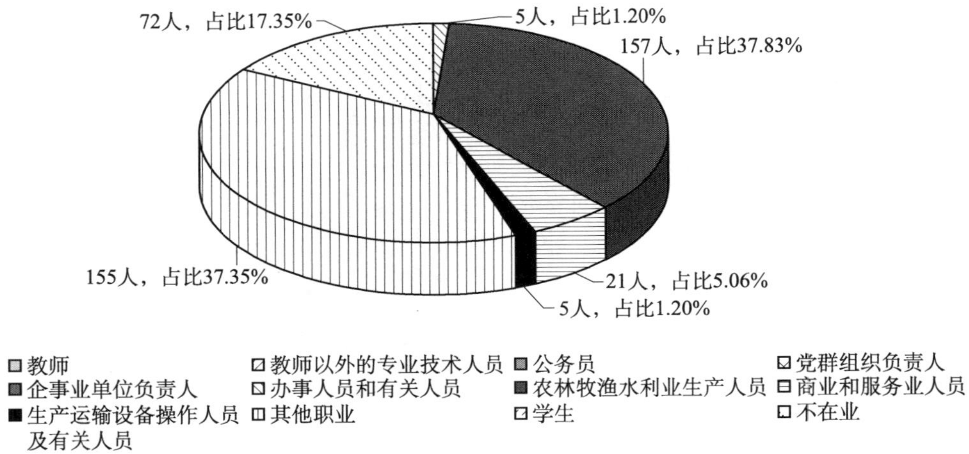

图5－21　广西中越边境地区18—59岁各职业“普通话水平达不到交流程度”情况

人、1449人、970人、407人、583人、847人、272人，分别占该年龄段各职业总数的89.83%、90.24%、96.72%、89.89%、94.90%、93.26%、58.81%、75.55%、79.80%、49.24%、91.57%、48.92%（如图5－22所示），公务员、企事业单位负责人、办事人员和有关人员、学生、教师以外的专业技术人员、党群组织负责人、教师中达到讲普通话的熟练程度一、二等级的人数占比均超过该年龄段各职业调查总人数的90%，这一点与事实情况比较符合，因为这些从业者除了在本地工作，因学习交流、业务往来等也需要同本地居民以外的人进行交流，就必须要提高自己普通话的能力，需要经常使用普通话。党群组织负责人和教师中讲普通话的熟练程度达到一、二等级的人均超过80%，其中，教师占比低于90%，还有少数教师的普通话处在第三等级的原因：一是可能与老师教的课程有关，有少数的教师在教少数民族语文课和其他课程，平时在课堂可能多使用少数民族语言教学，且同本地熟人之间也多使用本民族语言交流，所以讲普通话的时候口音有点重（访谈宁明县、凭祥市的小学教师）；二是以前在学校学习不很在意，没有觉得自己的口音不准，后来回到家乡教学经常说家乡话，所以讲普通话就会带点本民族的口音（访谈大新县硕龙镇、下雷镇的中学老师）。从事生产运输设备操作人员、商业服务业人员、农林牧渔水利业生产人员、其他职业、不在业中讲普通话的熟练程度达到一、二等级的人均低于80%，其中其他职业和不在业中普通话熟练程度达到一、二等级低于50%，讲普通话不太熟练的人数占比高，未来有必要加大对这部人群的普通话培训。

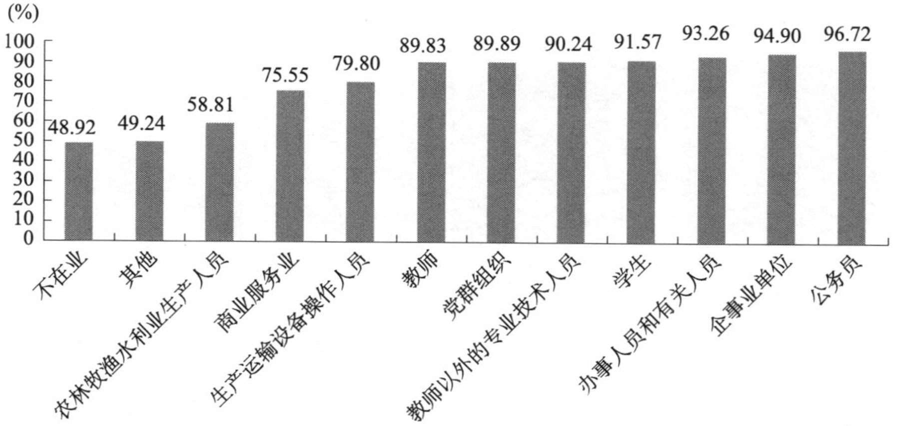

图5－22　广西中越边境地区18—59岁各职业普通话一、二等级占比的情况

二、广西中越边境地区居民普通话学习态度情况

除了调查广西中越边境地区居民普通话程度以外，还对居民普通话学习途径、学普通话的认知、讲普通话面临的问题以及对普通话能力期许等学习普通话的态度进行分析。

（一）广西中越边境地区居民普通话学习途径情况

居民学习普通话的途径也由单一的学校学习拓展至多渠道学习，包括学校学习、培训班学习、看电视听广播、家里人的影响、社会交往、使用电脑自学、手机软件自学，仅有少部分的居民由于普通话表达能力欠缺选择了无法回答。其中通过学校学习普通话的有5236人，是众多学习方式中最为主要的学习方式，占比58.07%，其次是通过社会交往学习普通话，有1778人，占比19.72%，通过看电视听广播、受家里人影响、手机软件自学、培训班学习、使用电脑自学等学习方式的人数占比皆低于10%，分别是8.72%、6.86%、1.33%、1.23%、0.22%，有3.82%的人对学习方式没有进行选择（详见图5－23），各县（市、区）详细情况见表5－4。

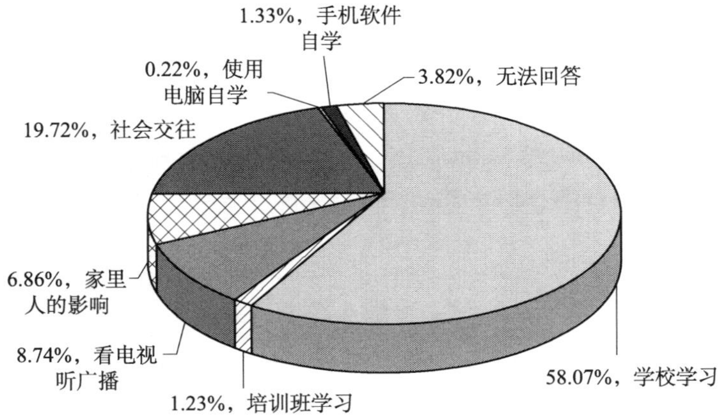

图 5－23　广西中越边境地区居民普通话学习主要途径的情况

表 5－4　广西中越边境地区居民普通话学习主要途径的情况

		学校学习	培训班学习	看电视听广播	家里人的影响	社会交往	使用电脑自学	手机软件自学	无法回答
大新县	人数	384	0	72	54	140	2	12	78
	占比	51.75%	0.00%	9.70%	7.28%	18.87%	0.27%	1.62%	10.51%
龙州县	人数	1001	32	153	122	314	4	36	70
	占比	57.79%	1.85%	8.83%	7.04%	18.13%	0.23%	2.08%	4.04%
凭祥市	人数	1000	5	126	145	267	1	5	41
	占比	62.89%	0.31%	7.92%	9.12%	16.79%	0.06%	0.31%	2.60%
宁明县	人数	955	14	175	130	280	2	20	84
	占比	57.49%	0.85%	10.54%	7.86%	16.87%	0.12%	1.22%	5.05%
防城区	人数	987	34	133	84	463	7	11	12
	占比	57.02%	1.96%	7.68%	4.85%	26.75%	0.40%	0.64%	0.69%
东兴市	人数	909	26	129	83	314	4	36	59
	占比	58.27%	1.67%	8.27%	5.32%	20.13%	0.26%	2.31%	3.78%

（二）广西中越边境地区居民普通话学习认知情况

越来越多的居民对普通话的认知提高且日益丰富，认为学习普通话不仅因为学习、工作、业务需要，也为了同更多的人交往，为了更好地找工作，为了子女更好地成长，同时也更有利于促进文化建设，促进国家统一和民族团结、加强素质教育、学习知识等。其中表达了学习普通话主要原因的有 6982 人，表达了两种以上原因的有 653 人、三种及以上原因的有 513 人，分别占比 77.44%、7.24%、5.69%，也有 9.63%的人表示无法回答，主要是因为本身普通话程度不高，不能理解和表达其主观感受（详见图5－24），各县（市、区）详细情况见图5－25至图5－30。

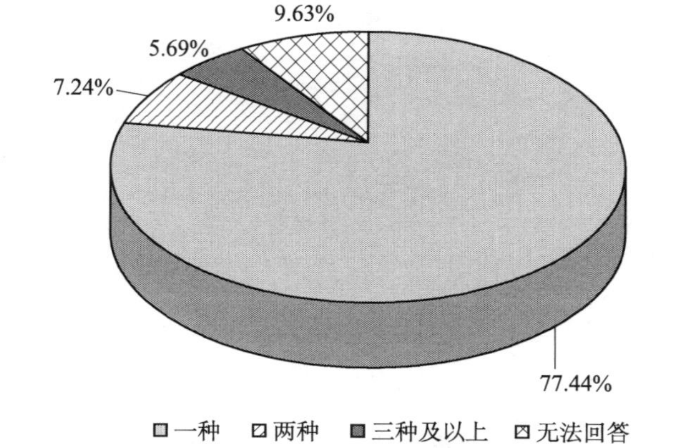

图5－24　广西中越边境地区居民学普通话多原因分布情况

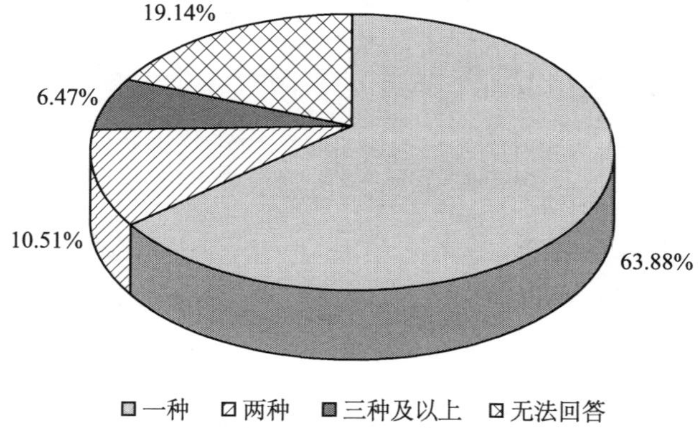

图5－25　大新县居民学普通话多原因分布情况

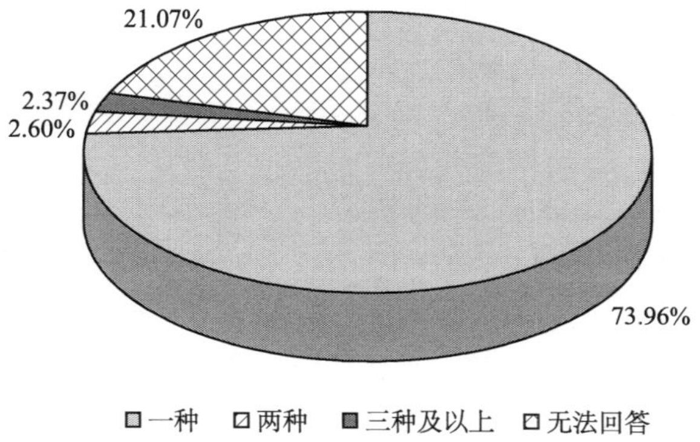

图5－26　龙州县居民学普通话多原因分布情况

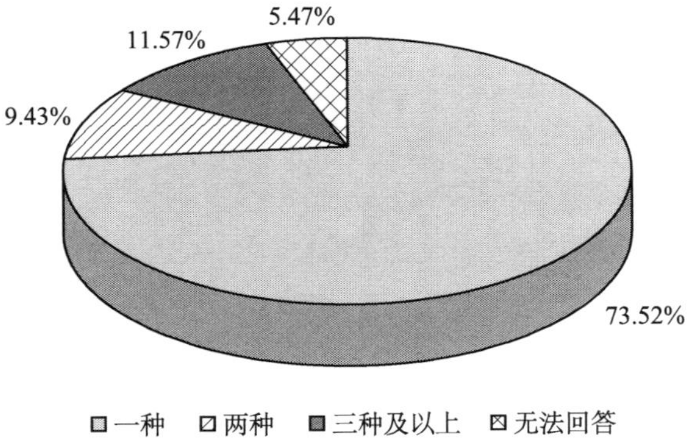

图 5－27　凭祥市居民学普通话多原因分布情况

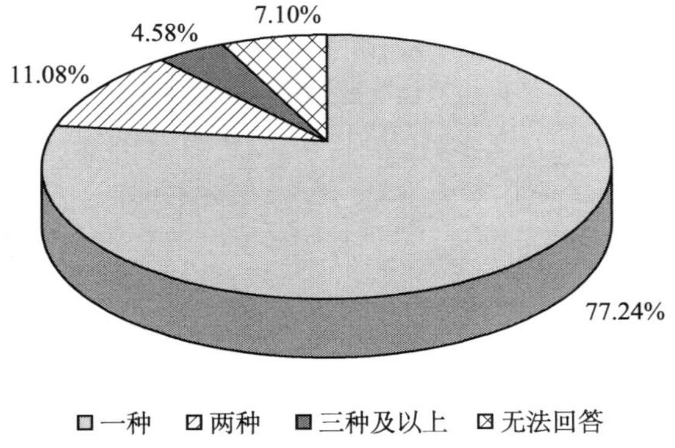

图 5－28　宁明县居民学普通话多原因分布情况

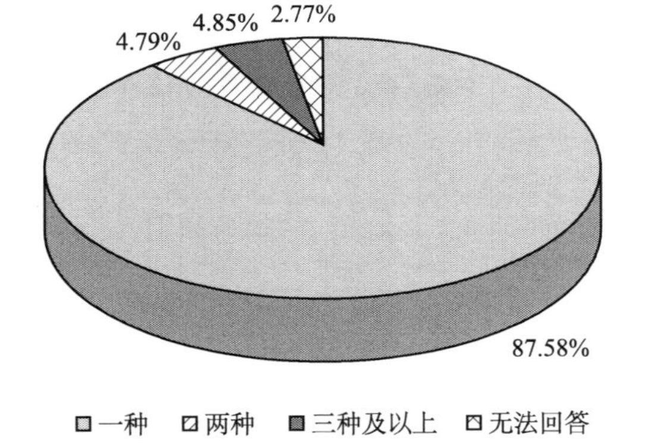

图 5－29　防城区居民学普通话多原因分布情况

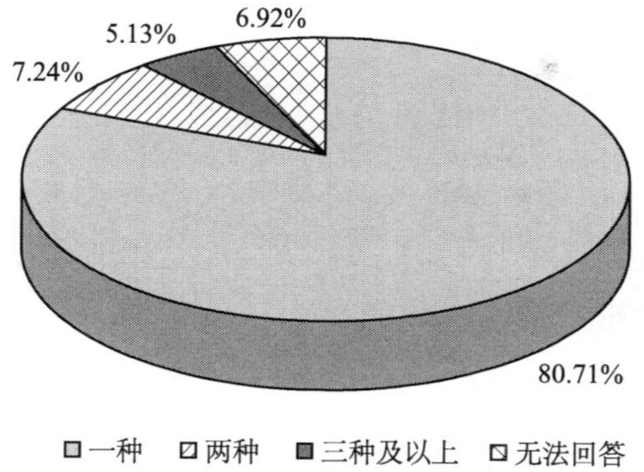

图 5－30　东兴市居民学普通话多原因分布情况

进一步分析学习普通话的原因，发现出于社会交往和工作业务需要的人数分别位居第一、第二，各有 3346 人、2499 人，占比分别为 37. 11% 和 27. 72%（详见图 5－31），为了更好地找工作的需要学习普通话的有 1376 人，占比 15. 26%，出于学习要求、促进文化建设、为了子女更好地成长以及促进国家统一和民族团结等原因的占比低于 10%，分别是 6. 95%、7. 42%、9. 84%、0. 47%（详见图 5－32）。

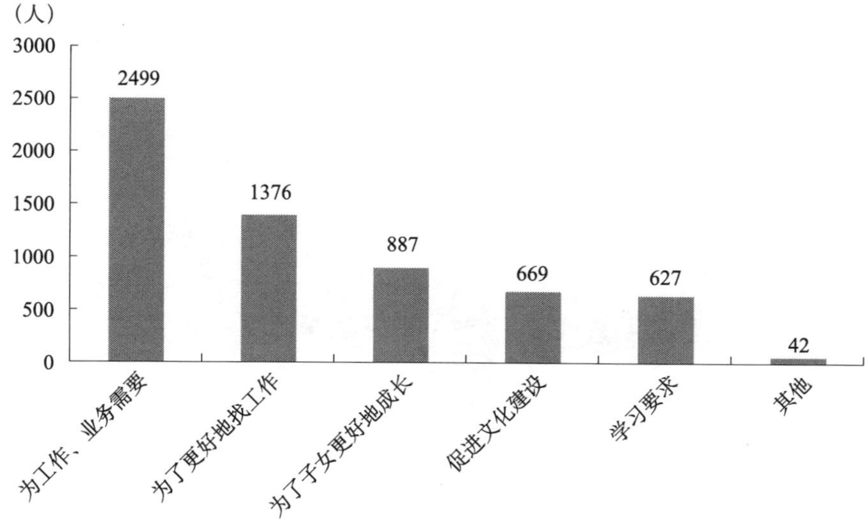

图 5－31　广西中越边境地区居民学普通话的主要原因排序情况

但同时，居民对当前学（讲）普通话面临的最主要的问题表达了自己的看法，面临的主要问题有“周围的人都不说，说的机会少”“受汉语方言影响，不好改口音”“受本民族语言影响，不好改口音”“说普通话怕别人笑

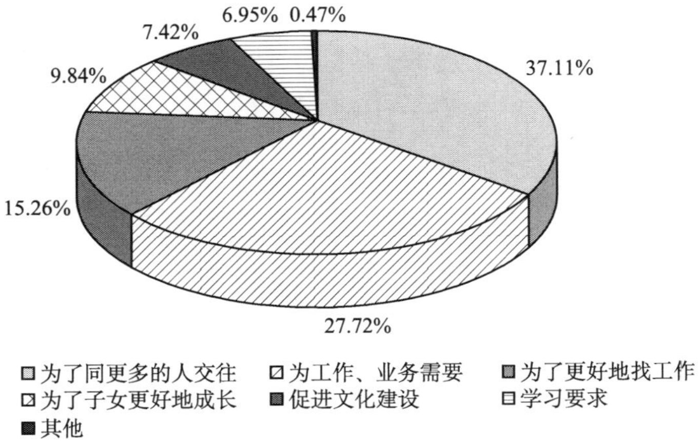

图5－32　广西中越边境地区居民学普通话的主要原因占比情况

话”，也有人表示并不存在任何问题。其中，表示学（讲）普通话面临“周围的人都不说，说的机会少”的问题有2319人，“受汉语方言影响，不好改口音”的人有1712人，“受本民族语言影响，不好改口音”的有2559人，“说普通话怕别人笑话”的有208人，占比分别为25.72%、18.99%、28.38%、2.31%，表示学（讲）普通话不存在任何问题的居民有422人，占比14.34%，另外有4.68%的居民表示无法回答此问题（详见图5－33），各县（市、区）详细情况见图5－34至图5－39。

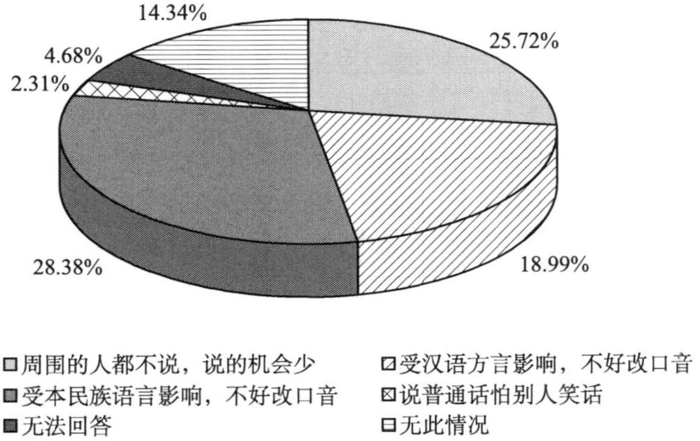

图5－33　广西中越边境地区居民学（讲）普通话面临的主要问题情况

（三）广西中越边境地区居民普通话学习期许情况

随着居民对普通话的认知越来越丰富，使得居民对学习普通话能力的提升

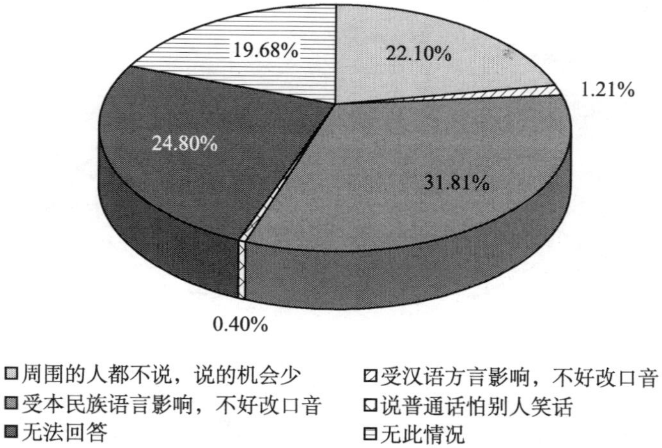

图 5－34　大新县居民学（讲）普通话面临的主要问题情况

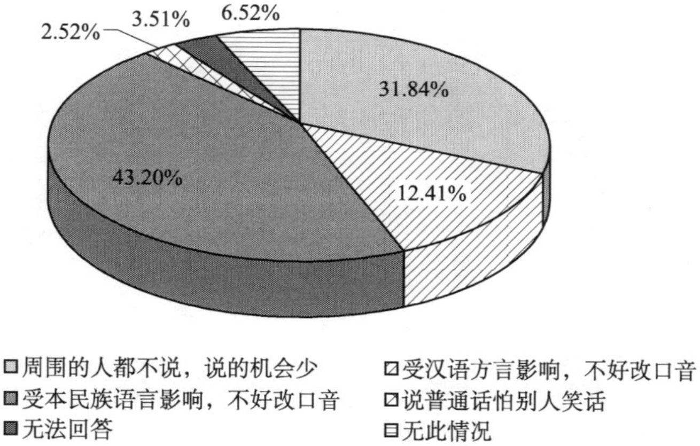

图 5－35　龙州县居民学（讲）普通话面临的主要问题情况

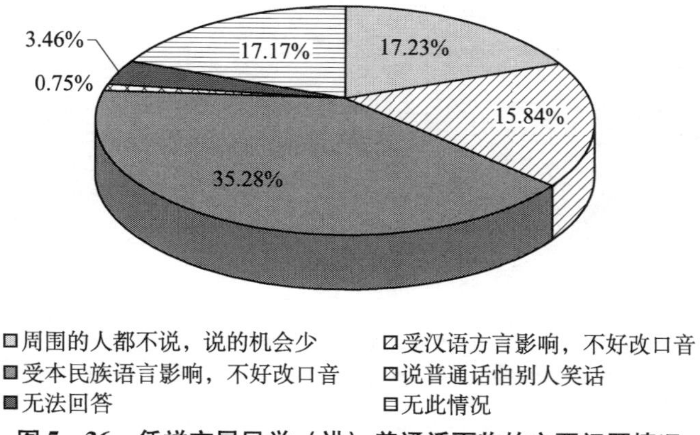

图 5－36　凭祥市居民学（讲）普通话面临的主要问题情况

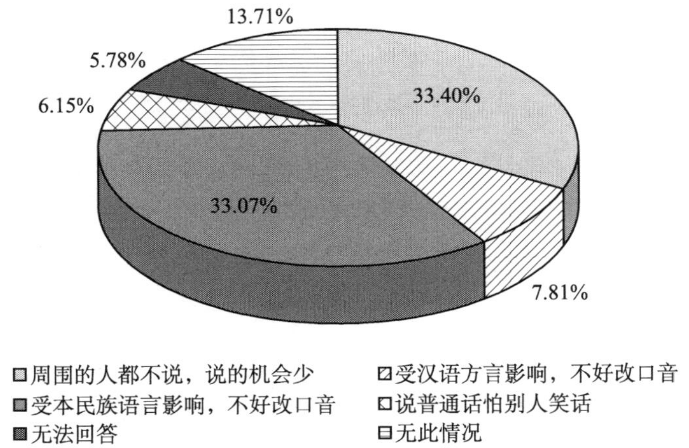

图 5－37　宁明县居民学（讲）普通话面临的主要问题情况

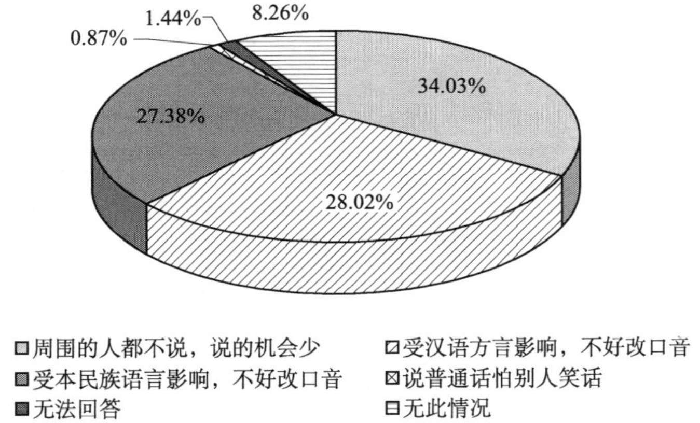

图 5－38　防城区居民学（讲）普通话面临的主要问题情况

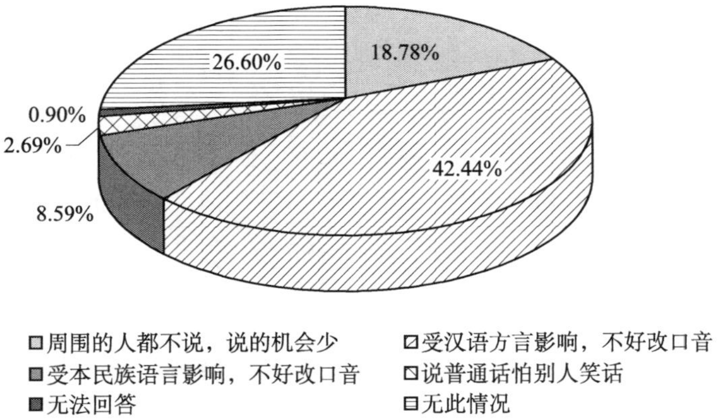

图 5－39　东兴市居民学（讲）普通话面临的主要问题情况

表达了更多期许，包括能流利准确地使用、能熟练使用、能进行一般交际，其中希望普通话能力达到“能流利准确地使用”水平的有 3421 人，占比 37.94%，希望达到“能熟练使用”水平的有 2857 人，占比 31.69%，希望达到“能进行一般交际”水平的人有 1841 人，占比 20.42%，也有人表示没什么要求以及无法回答此问题，分别占比 7.35%、2.60%（详见图 5－40），各县（市、区）居民对学习普通话能力期许的情况详见表 5－5。

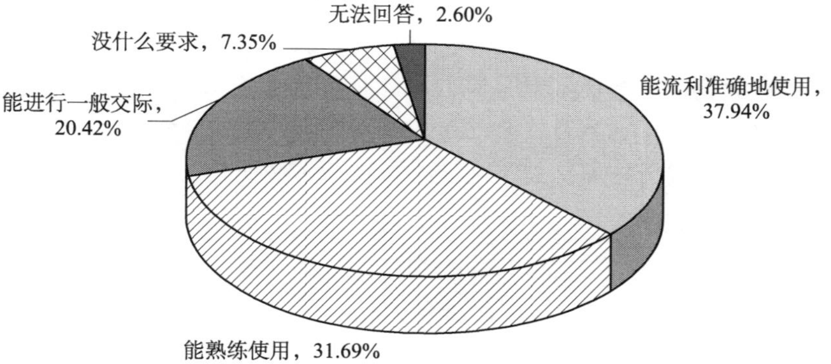

图 5－40　广西中越边境地区居民对学习普通话能力期许的情况

表 5－5　广西中越边境地区居民对学习普通话能力期许的情况

普通话能力水平		大新县	龙州县	凭祥市	宁明县	防城区	东兴市
能流利准确地使用	人数	278	322	440	502	927	952
	占比	37.47%	18.59%	27.67%	30.22%	53.55%	61.03%
能熟练使用	人数	104	934	395	498	583	343
	占比	14.02%	53.93%	24.84%	29.98%	33.68%	21.99%
能进行一般交际	人数	128	201	634	503	190	185
	占比	17.25%	11.61%	39.87%	30.28%	10.98%	11.86%
没什么要求	人数	208	196	62	120	18	59
	占比	28.03%	11.32%	3.90%	7.22%	1.04%	3.78%
无法回答	人数	24	79	59	38	13	21
	占比	3.23%	4.56%	3.71%	2.29%	0.75%	1.35%

（四）广西中越边境地区居民普通话学习其他情况

1. 广西中越边境地区居民对中小学使用何种语言教学的态度

分析发现，广西中越边境地区居民对小学、中学应当使用何种语言教学积极表达了观点，越来越多的居民表示应当在小学、中学使用普通话进行教学，少数部分人认为应当使用双语教学，其中，建议在小学使用普通话教学的人占据绝大多数，有 8214 人，占比达 91.10%，建议使用少数民族语言和汉语方言教学的分别有 112 人和 141 人，分别占比 1.24% 和 1.56%，有 80 人建议使用普通话 + 汉语语言进行教学，占比0.89%，有 198 人建议使用普通话 + 少数民族语言进行教学，占比 2.20%，有 20 人建议使用普通话 + 外语进行教学，占比 0.22%，也有 251 人（占比 2.78%）表示无所谓用哪种语言教学或无法回答此类问题（详见图 5 - 41）。建议在中学使用普通话教学的人也占据绝大多数，有 8221 人，占比达 91.18%，建议使用少数民族语言和汉语方言教学的分别有 36 人和 151 人，分别占比 0.4% 和 1.67%，有 7 人建议在中学使用外语教学，有 75 人建议使用普通话 + 汉语语言进行教学，占比 0.83%，有 157 人建议使用普通话 + 少数民族语言进行教学，占比 1.74%，有 95 人建议使用普通话 + 外语进行教学，占比 1.05%，也有 274 人（占比 3.04%）表示无所谓用哪种语言教学或无法回答此类问题（如图 5 - 42 所示）。

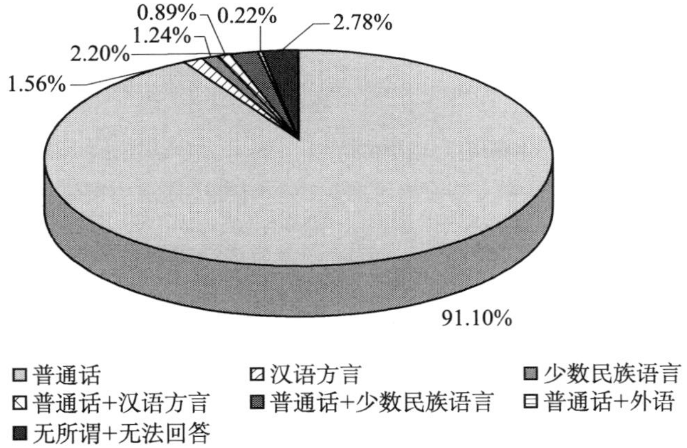

图 5 - 41　广西中越边境地区民对小学使用何种语言教学回答的情况

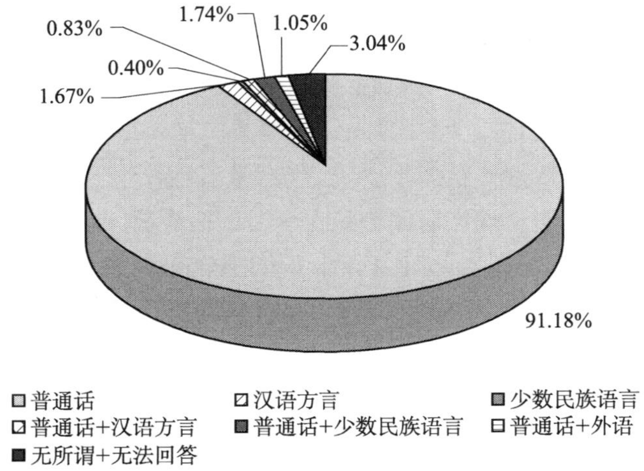

图 5 - 42　广西中越边境地区居民对中学使用何种语言教学回答的情况

2. 广西中越边境地区居民对观看何种语言类节目的态度

在了解居民对普通话的态度的同时，也对居民收看少数民族或汉语方言广播电视节目的关注度进行了调查，其中，经常看（听）的人有658人，有时看（听）的人有1140人，偶尔看（听）的人有2971人，分别占比7.30%、12.64%、32.95%，从不看（听）的人有3285人，占比36.44%，还有10.67%的人无法回答此问题（详见图5－43），各县（市、区）详细情况见表5－6。

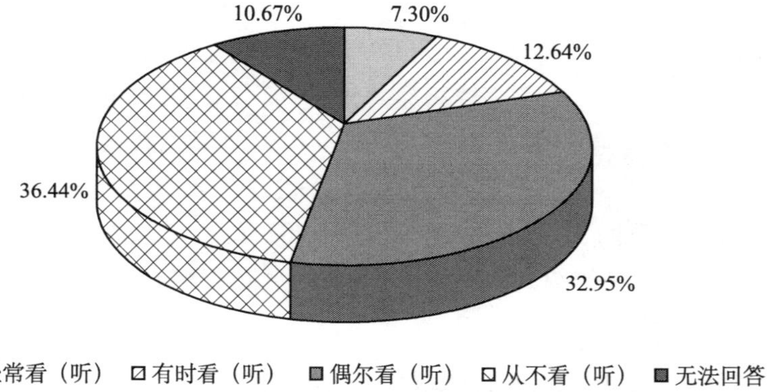

图5－43　广西中越边境地区居民在家使用语言的情况

表5－6　广西中越边境地区居民关注方言（少数民族语言）类广播电视节目的情况

		经常看（听）	有时看（听）	偶尔看（听）	从不看（听）	无法回答
大新县	人数	27	59	114	377	165
	占比	3.64%	7.95%	15.36%	50.81%	22.24%
龙州县	人数	169	218	589	431	325
	占比	9.76%	12.59%	34.01%	24.88%	18.76%
凭祥市	人数	149	250	604	361	226
	占比	9.37%	15.72%	37.99%	22.70%	14.21%
宁明县	人数	46	135	456	857	167
	占比	2.77%	8.13%	27.45%	51.60%	0.00%
防城区	人数	160	275	625	640	31
	占比	9.24%	15.89%	36.11%	36.97%	0.00%
东兴市	人数	107	203	583	619	48
	占比	6.86%	13.01%	37.37%	39.68%	3.08%

三、广西中越边境地区跨境婚姻家庭普通话能力调查

此次实地调查除了对广西中越边境地区居民的普通话能力及语言生活等情况开展问卷调查和实地访谈，课题组也对跨境婚姻家庭中越南妇女讲普通话的熟练程度进行了问卷调查和实地访谈，调查对象来自大新县、龙州县、凭祥市、宁明县、防城区、东兴市0—3公里的边境地区，总共在266户跨境婚姻家庭开展了问卷调查，其中大新县68户、龙州县34户、凭祥市39户、宁明县55户、防城区23户、东兴市47户。对调查问卷进行分析发现，广西中越边境地区跨境婚姻家庭越南妇女的普通话熟练程度整体不高，达到“能说流利、标准的普通话”“能说比较标准的普通话”两个较高普通话水平的越南妇女共有21人，分别占比2.26%、5.64%，达到“能用普通话与人交流，但带有明显的方言和民族口音”水平有21人，占比7.89%，有23人用普通话能基本达到交流的目的，占比8.65%，还有201人的普通话水平达不到交流程度，占比75.56%（如图5－44所示），各县（市、区）详见图5－45。

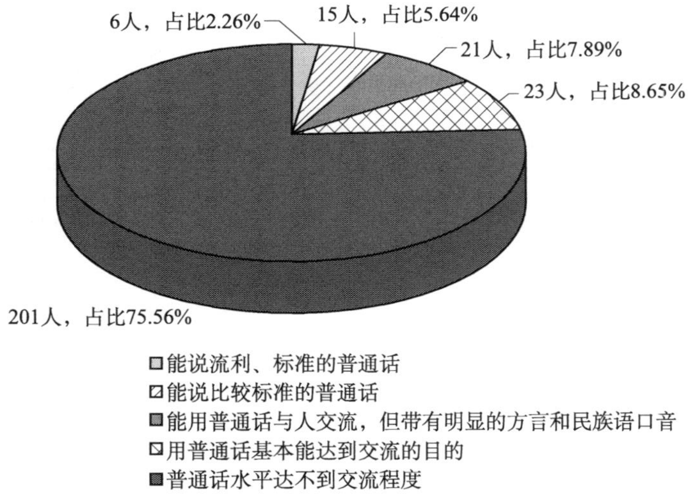

图5－44　广西中越边境地区跨境婚姻家庭越南妇女普通话熟练程度的情况

进一步对越南妇女主要的生活场景语言使用情况调查结果进行分析，发现越南妇女即便嫁入中国边境地区，在家、与同村朋友或邻居、同事或同学聊天，去本地集市购物、本地医院看病或本地政府部门办事，以及在单位工作或者外出务工，主要使用的语言还是跨境语言（京语或壮语），其中：在与同村朋友或邻居、在本地集市购物使用的完全是跨境语言，仅有少数人会在家和单

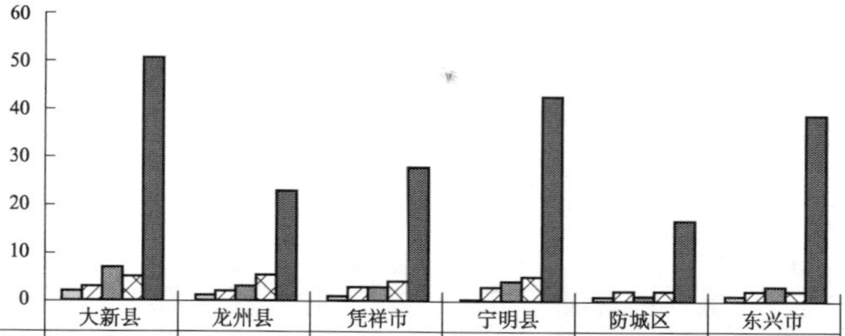

	大新县	龙州县	凭祥市	宁明县	防城区	东兴市
能说流利、标准的普通话	2	1	1	0	1	1
能说比较标准的普通话	3	2	3	3	2	2
能用普通话与人交流，但带有明显的方言和民族语口音	7	3	3	4	1	3
用普通话基本能达到交流的目的	5	5	4	5	2	2
普通话水平达不到交流程度	51	23	28	43	17	39

图 5－45　广西中越边境地区跨境婚姻家庭越南妇女普通话熟练程度的情况

位工作、与同事或同学聊天、去本地医院看病或政府部门办事、外出务工有人使用普通话，分别有 11 人、8 人、1 人、5 人、5 人、4 人，占比分别为 4.14%、3.01%、0.38%、1.88%、1.88%、1.50%，绝大多数还是使用跨境语言（如图 5－46 所示）。

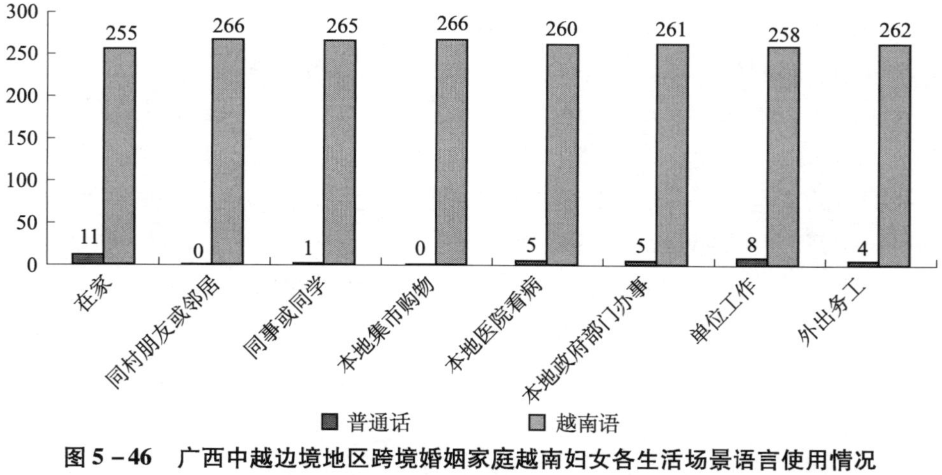

图 5－46　广西中越边境地区跨境婚姻家庭越南妇女各生活场景语言使用情况

广西中越边境地区跨境婚姻家庭的存在，或多或少受到经济条件的影响，用人口学上的“推拉理论”可以很好地解释这一现象。通俗地说，越南的生活条件总体上要比中国差，无形之中形成了一种推力，另外在越南一夫多妻的婚姻观以及男性懒惰暴力等性格特征的压迫下，一部分越南女性迫不及待地要去追求更好的生活。与此同时，通过对比，改革开放以来中国经济呈现向好发展态势，边境地区一些地区逐渐放开，边贸发展有不错的发展前景，中国经济的发展、中国更好的生活水平对她们产生了一种拉力，推拉结合便加深了越南女性对中国的向往，激发她们通过各种方式来到中国，而当时在边境地区还有很多家庭条件差的未婚男性娶不到老婆，日常两国边民进行劳务往来、贸易往来，中国男性对越南女性有良好的印象，使越南女性也成为了他们组建家庭的另一选择。

个案1：我越南老家的条件不太好，家里还有好几个兄弟姐妹，我是家里的老大，当时也没机会读书，我很早就在口岸这里做生意，认识了我老公，他人很好，回老家探亲的时候还给我父母送点钱（东兴市某越南妇女）。

个案2：我1990年就来了这里，当时我越南老家条件很差，口岸开放后我经常在口岸卖东西，然后认识了我老公，然后跟着他回了村里，因为我身体不好，当时有个孩子没保住，但后面还是生了一个儿子，我儿子现在在武汉大学读研究生，明年就毕业了，现在我也住楼房，家里吃穿不愁，我还是很开心的（凭祥市和平村某越南妇女）。

个案3：我来到中国感受到了男女平等、一夫一妻的婚姻观，中国男人很勤劳、对老婆很好，而且生活条件也很不错（凭祥市茶礼村某越南妇女）。

个案4：越南婆都很能干，我们这里到砍甘蔗的时候，就会有很多越南婆过来打工，她们能一把扛起甘蔗，赶得上男的（龙州县某越南妇女的丈夫）。

个案5：我越南老家到这边来，走个把小时就可以，一般是上午拿货到这边卖，这边的人比较有钱，卖完货我还能去本地集市买点当地的特产回去，而且我们讲的话也差不多，我说的他们听得懂，他们说的我也听得懂，所以我们聊得也很开心（大新县某越南妇女）。

个案6：我1993年嫁到这里，我不会讲普通话也听不懂普通话，我也不会用手机，一般都是我老公打电话联系我越南老家，我平时也看电视，但看不懂听不懂，只是看图像，不是很明白意思（宁明县某越南妇女）。

个案7：我和我老婆结婚快三十年了，我们在家都是讲壮话，因为我老婆嫁过来的时候就听得懂我说的（壮话），我也听得懂她们老家的话。她现在跟我们村里的邻居也都是讲壮话，也学会了开三轮车，能去德天送送货（大新县某越南妇女的丈夫）。

此次入户调查的跨境婚姻家庭的越南妇女都是80年代末90年代初就嫁入中国，但是跨境婚姻家庭越南妇女普通话熟练程度普遍低。可以说，即使身在中国，由于广西中越边境地区两边的语言的相似程度极高，绝大部分越南妇女在诸多生活场景惯用跨境语言，地域相近、部分地区民族同源是部分原因，但根本的原因还是文化习俗和生活方式相近、相通。一方面，广西中越边境地区跨境民族众多，受儒家文化影响和地理位置靠近，两国边民的文化习俗交叉影响、往来不断，甚至两国的边民每逢重大节日都会共同举办各种活动欢度节日，如中越民间天琴表演、峒中陀螺赛等传统文化交流项目和传统竞技项目，拥有相似、相同的文化习俗和生活习惯为双方边民的认可认同奠定了文化基础。另一方面，语言顺畅的交流也显得尤为重要，目前中国有壮族等八个民族讲汉藏语系壮侗族语言，其大多数基本词汇与越南妇女所持的越南本土语言的词汇相同或意思相近，也就是中越边境的壮族和越南岱族、侬族可以用各自“本民族语言”几乎无障碍进行交流，这也就解释了此次调查中广西中越跨境越南妇女的普通话的水平普遍不高、跨境语言使用频繁的现象：经常使用跨境语言就能沟通顺畅，而且有些越南妇女长期待在家，仅在边境地区村镇范围内活动，无使用普通话的需求。

第三章

广西中越边境地区居民语言生活情况分析

为进一步推进乡村振兴战略实施，促进广西中越边境地区各族人民与全国同步实现现代化，课题组还对广西中越边境地区居民的生活场景常用语言情况以及居民务工务农收入、教育培训、获取信息渠道、政策熟悉程度、参与教会活动和文体娱乐活动、身体状况等自身发展能力及社会融入能力等进行了调查分析。

一、广西中越边境地区居民多语能力情况

通过实地访谈和调查问卷分析得出，广西中越边境地区居民所使用的语言包括白话、壮语、普通话、客家话、京语、越南语、英语七种，其中，将客家话和白话纳入汉语方言，壮语和京语纳入少数民族语言。六个县（市、区）会一种语言、双语、三种语言以上的分别有 2442 人、5837 人、737 人，双语人群占绝大多数（见图 5－47）。使用双语以上的组合有普通话＋汉语方言、普通话＋少数民族语言、普通话＋外语、汉族方言＋少数民族语言、汉族方言＋英语、少数民族语言＋英语、少数民族语言＋越南语，分别有 2274 人、3513 人、37 人、19 人、2 人、6 人、16 人（见图 5－48）。

进一步分析发现，广西中越边境地区不论何种职业（包括不在业人员），大部分掌握了两种及以上的语言。使用两种、三种语言及以上的居民群体中，排名前五位的职业为办事人员和有关人员，教师以外的专业技术人员，商业、

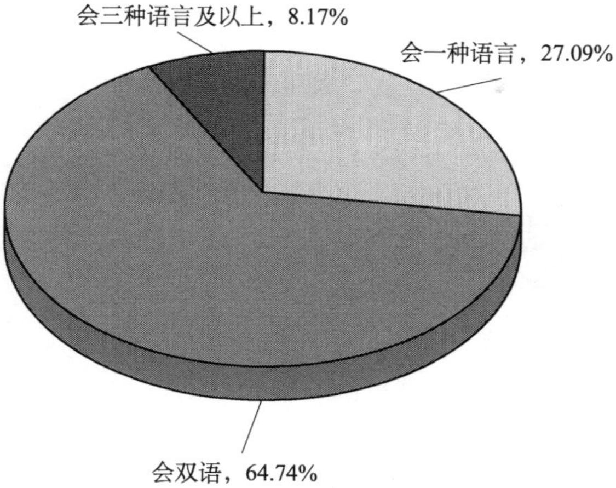

图 5－47　广西中越边境地区各职业居民多语能力占比情况

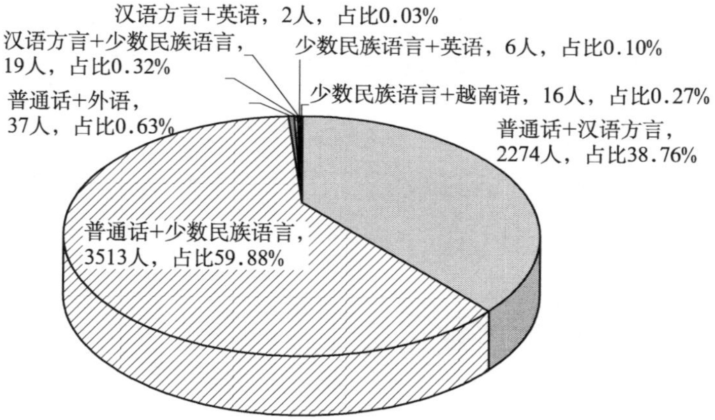

图 5－48　广西中越边境地区居民双语能力具体组合情况

服务业人员，党群组织负责人，企、事业单位负责人，占比分别达到88.26%、88.18%、87.10%、82.83%、75.32%（如图 5－49 所示）。从事这些职业居民的多语能力占比大，主要原因可能是随着当前我国民族人口分布格局不断深化，呈现出大流动、大融居的新特点，互嵌式社会结构形成，且边境地区不仅开展对外贸易，也有丰富的边境旅游资源和景区，常年吸引全国各地甚至国外友人前往，所以从事这些职业的居民不仅会接触本地居民，也会更多地接触外地人口，均需要接触到母语以及母语以外的其他语言。另一方面，近年来，越来越多的中青年人到外地务工，这部分人在外出务工过程中也会接触到母语以外的其他语言。对于务工群体来说，跨区域流动的过程就是接触、使用其他语言的过程，因而多数务工人群掌握了多语言能力（详见表5－7）。

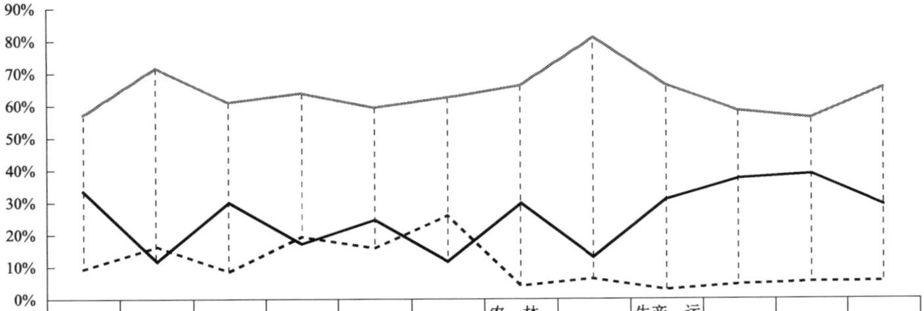

	教师	教师以外的专业技术人员	公务员	党群组织负责人	企、事业单位负责人	办事人员和有关人员	农、林、牧、渔、水利业生产人员	商业、服务业人员	生产、运输设备操作人员及有关人员	学生	不在业人员	其他
一种	33.16%	11.82%	29.84%	17.17%	24.68%	11.74%	29.78%	12.90%	30.71%	37.45%	38.46%	29.25%
两种	57.29%	71.82%	61.29%	63.64%	59.49%	62.39%	66.09%	80.91%	66.26%	58.30%	56.04%	65.29%
三种及以上	9.55%	16.36%	8.87%	19.19%	15.82%	25.87%	4.13%	6.19%	3.03%	4.25%	5.49%	5.47%

图5－49　广西中越边境地区各职业居民多语能力占比情况

表5－7　　广西中越边境地区各职业居民多语能力的情况

职业类型	一种	两种	三种及以上
教师	125	216	36
	33. 16%	57. 29%	9. 55%
教师以外的专业技术人员	13	79	18
	11. 82%	71. 82%	16. 36%
公务员	37	76	11
	29. 84%	61. 29%	8. 87%
党群组织负责人	17	63	19
	17. 17%	63. 64%	19. 19%
企、事业单位负责人	39	94	25
	24. 68%	59. 49%	15. 82%
办事人员和有关人员	54	287	119
	11. 74%	62. 39%	25. 87%
农、林、牧、渔、水利业生产人员	808	1793	112
	29. 78%	66. 09%	4. 13%
商业、服务业人员	173	1085	83
	12. 90%	80. 91%	6. 19%
生产、运输设备操作人员及有关人员	152	328	15
	30. 71%	66. 26%	3. 03%

续表

职业类型	一种	两种	三种及以上
学生	273	425	31
	37.45%	58.30%	4.25%
不在业人员	245	357	35
	38.46%	56.04%	5.49%
其他	396	884	74
	29.25%	65.29%	5.47%

二、广西中越边境地区居民各生活场景语言使用情况

居民在家主要使用自己的家乡话，占比达62.99%，使用普通话的占比达36%，有0.45%的人使用越南语进行交流，主要是由于他们所在的家庭是跨境婚姻家庭。大部分情况下，居民和同村朋友或邻居也使用家乡话进行交流，占比达70.52%，使用普通话进行交流的占比达27.85%，有0.52%的人使用越南语。而面对同事或同学的时候，使用家乡话和普通话的人数相差不大，分别占比46.72%、42.97%，有0.85%的人讲越南语。在本地集市购物，居民主要使用的也是家乡话和普通话，分别占比54.38%、41.65%。当前往本地医院或者政府部门时，较多的居民使用普通话，分别占71.18%、57.13%，使用家乡话的分别占25.29%、29.77%。而在单位上班的居民，使用普通话的占大多数，占比44.63%，仍有21.41% 的居民讲家乡话。而外出务工的居民使用普通话的占比43.43%，说家乡话的占比47.19%，很大的原因是居民只在本地就业，或者是前往与自己家乡话相似的地区就业，如凭祥市茶礼村有大量青壮年劳动力前往以粤语为主要汉语方言的邻省广东务工。各种生活场景语言使用情况详见图5－50，占比情况见图5－51至图5－58。

三、广西中越边境地区居民语言能力与自我发展情况

接受教育培训是广西中越边境居民提高自我发展能力的关键举措，此次调查就针对居民受教育培训的情况开展了调查，这里的教育培训主要包括职业技能培训（包括物业、保安、绿化等公共服务类培训；电子商务、快递等新业态培训；电工、建筑工等建筑业培训等），种、养殖农业生产技术培训（包括种植知识、疾病虫害防控知识、农产品营销技术等），语言技能培训（包括普通话、英语、跨境语言等语言的听、说、读、写等基本能力训练），思想政治教育（如党史、新中国史、改革开放史、社会主义发展史和形势政策教育、培

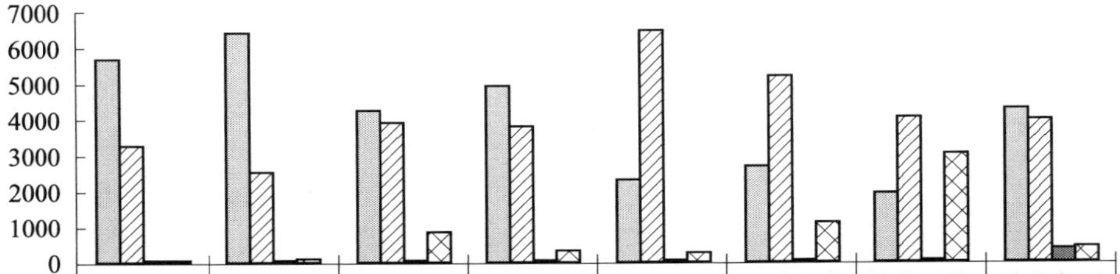

	在家	同村朋友或邻居	同事或同学	本地集市购物	本地医院看病	本地政府部门办事	单位工作	外出务工
家乡话	5679	6358	4212	4903	2280	2684	1930	4255
普通话	3246	2511	3874	3755	6418	5151	4024	3916
越南语	41	47	77	52	36	71	57	380
无此情况	50	100	853	306	282	1110	3005	465

图 5-50　广西中越边境地区居民各种生活场景使用语言的情况

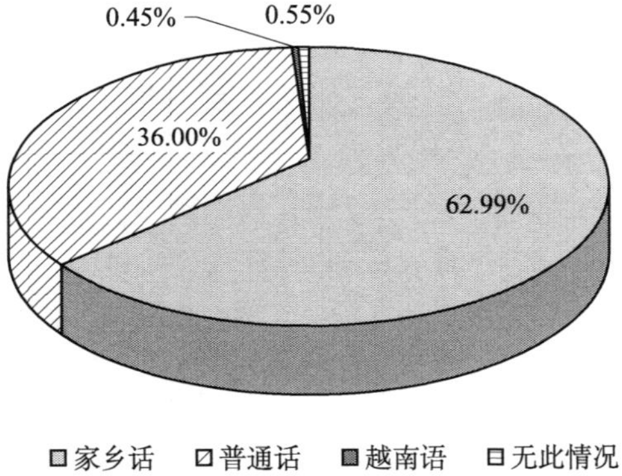

图 5-51　广西中越边境地区居民在家使用语言的情况

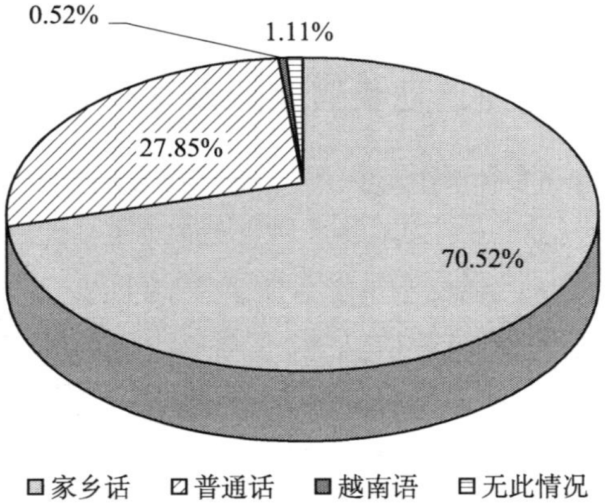

图 5-52　广西中越边境地区居民跟同村朋友或邻居使用语言的情况

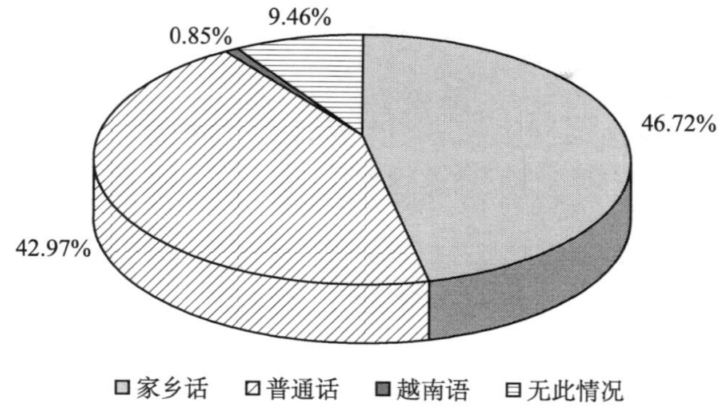

图 5－53　广西中越边境地区居民跟同事或同学使用语言的情况

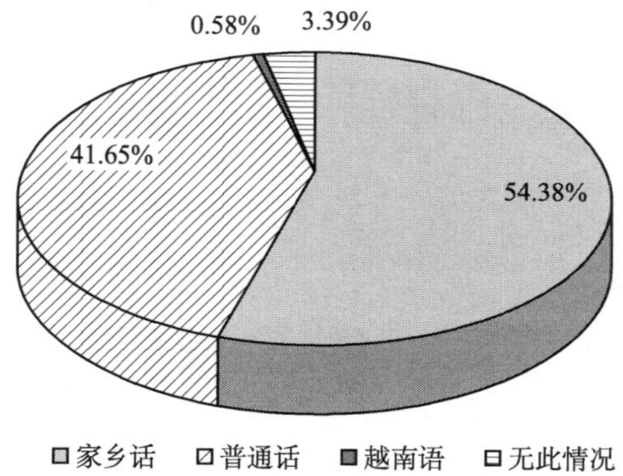

图 5－54　广西中越边境地区居民在本地集市购物使用语言的情况

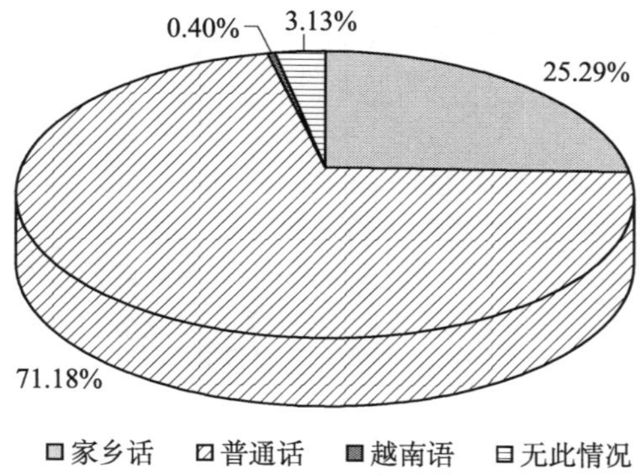

图 5－55　广西中越边境地区居民在本地医院看病使用语言的情况

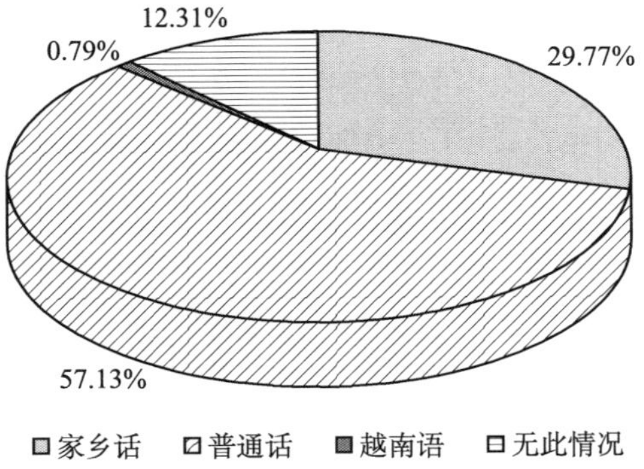

图 5－56　广西中越边境地区居民在本地政府部门办事使用语言的情况

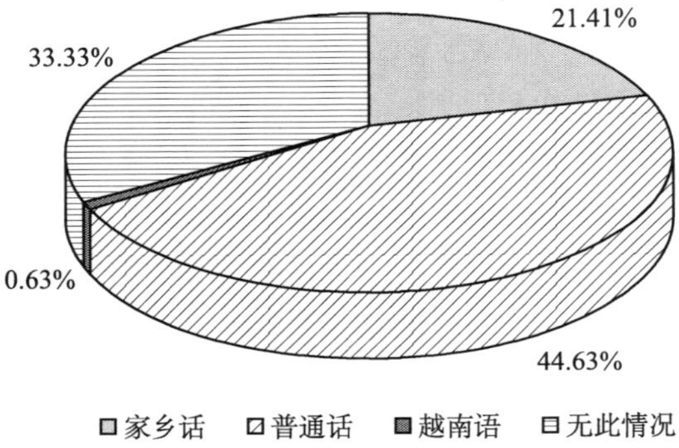

图 5－57　广西中越边境地区居民在单位工作时使用语言的情况

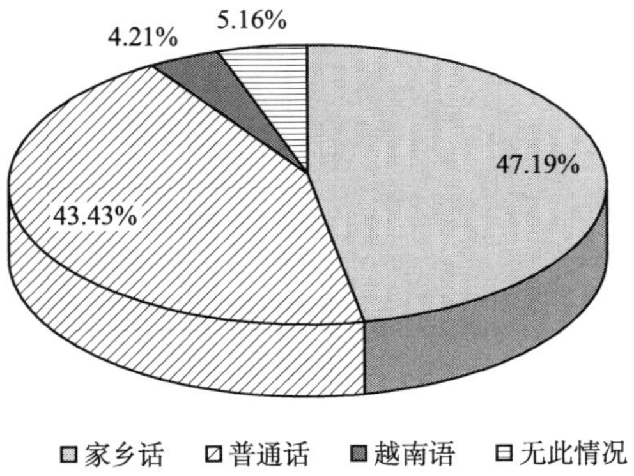

图 5－58　广西中越边境地区居民外出务工时使用语言的情况

育和践行社会主义核心价值观等)，其中参与一种培训的有 3030 人，占比 33.61%，参与两种及以上培训的有 1058 人，占比 11.74%，还有 54.65% 的人表示未接受到教育培训（详见图 5 - 59）。

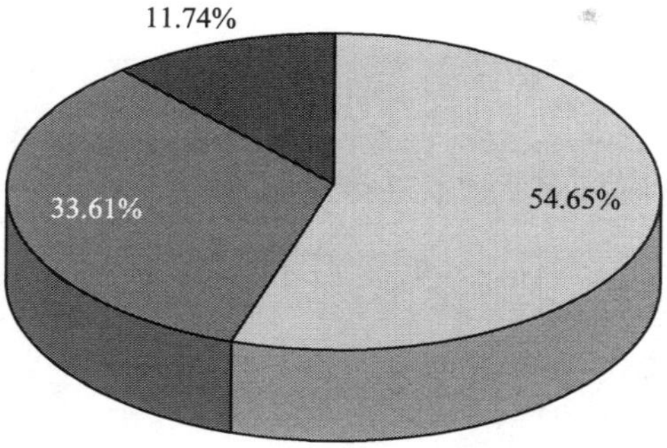

图 5 - 59　广西中越边境地区居民接受教育培训的情况

居民获取信息的渠道较多，有跟人交谈（通过亲戚、朋友、同乡、同事等）、电台广播（主要通过村广播站、广播室，私人车、客车载电台）、报纸杂志、电视、手机（主要通过微信、QQ、微博、抖音、快手、火山等软件）、其他途径（主要通过村文化活动室、公共报栏、宣传栏等）等渠道。通过多渠道获取信息的居民占据大多数，有 5764 人，占比 63. 93%，通过一种渠道的有 2414 人，占比 26. 78%，不关注信息的有 838 人，占比 9. 29%（详见图 5 - 60）。

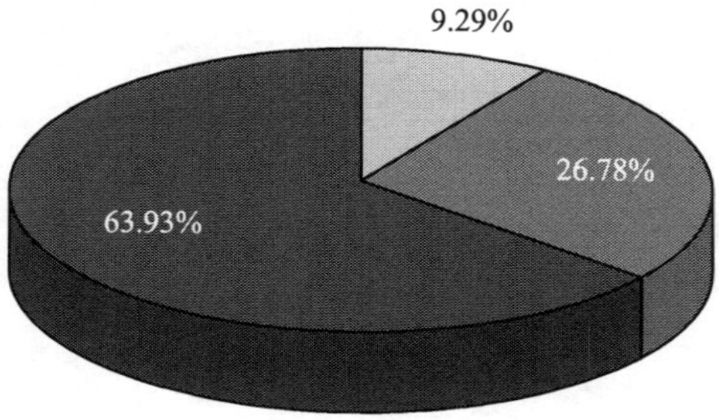

图 5 - 60　广西中越边境地区居民获取信息渠道的情况

就居民对国家帮扶政策的熟悉程度而言，熟悉、一般分别占比 41. 09%、39. 42%，19. 49% 的人不熟悉国家帮扶政策，可见大多数居民是对国家政策较为关注的（详见图 5 - 61）。有 79. 24% 的居民表示脱贫过程中，个人努力更重要，20. 76% 的人表示政府资助更重要，有 18. 09% 的人没有回答此问题（详见图 5－62）。有 45.73% 的人表示较少参加文体娱乐活动，16.94% 的人表示参加文体娱乐活动的次数一般，有 37.33% 的人表示经常参加文体娱乐活动（详见图 5－63）。广西中越边境地区居民的健康状况较好，有 73.39% 的居民表示身体很健康或比较健康，14.07% 的居民表示身体健康程度一般，12.54% 的居民表示比较不健康或很不健康（详见图 5－64）。

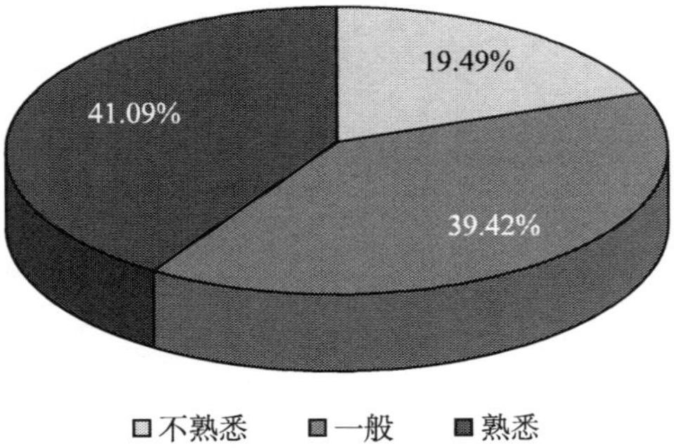

图 5－61　广西中越边境地区居民对政策熟悉程度的情况

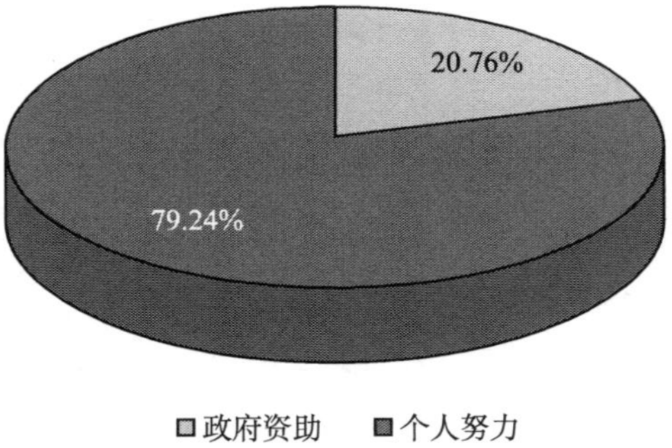

图 5－62　广西中越边境地区居民脱贫致富的自信心的情况

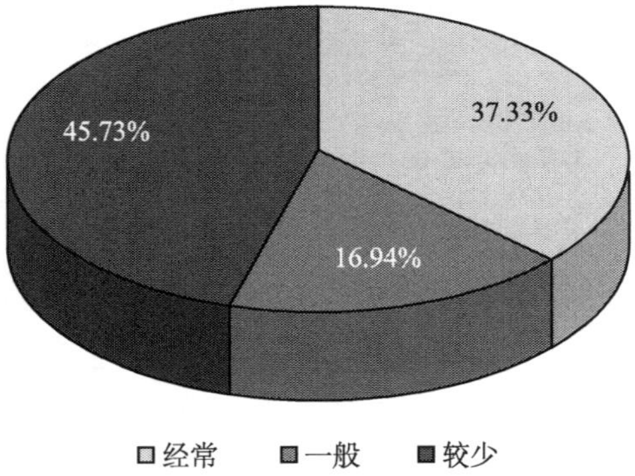

图 5－63　广西中越边境地区居民参加文体娱乐活动的情况

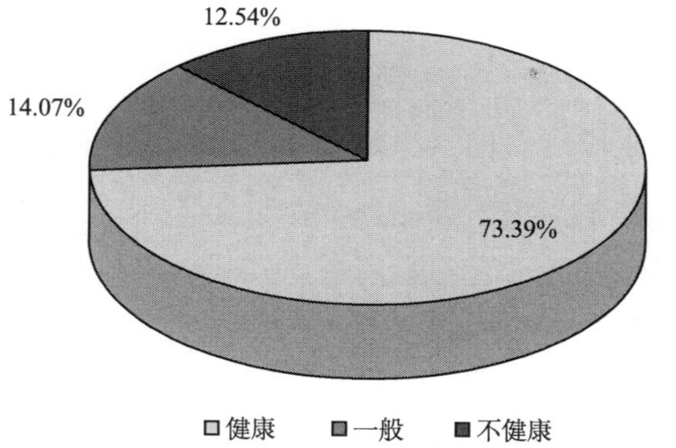

图 5-64　广西中越边境地区居民身体健康的情况

第四章

广西中越边境地区推普扶贫的理论基础及机理分析

一、文献综述

语言经济学作为一门新兴的交叉学科，着重在人力资本理论和教育经济学研究成果的基础上，通过定性和定量分析，对语言和经济关系开展深入研究。西方的先驱美国加州大学洛杉矶分校经济学教授雅各布·马尔沙克（Jacob Marschak，1965）提出了语言经济学这一概念，解释了语言具有经济学本质的东西：价值和效用，费用和收益，由此掀开了世界语言经济学研究的序幕。随后，语言经济学学者着重围绕语言的经济属性（Breton Albert，1964；Gilles Grenier，1982；Krishna Pendakur & Ravi Pendakur，1998）、语言与经济行为之相关性（François Grin，1995）等展开了深入理论研究。同时，以理论研究为基础，大量文献围绕“语言与收入关系”展开实证分析，试图解释语言作为人力资本在决定收入或解释不通语言群体的人们收入差异等方面所起的作用。包括语言在加拿大法裔公民和英裔公民之间收入差距方面的解释作用（Carliner Geoffrey，1981；Shapiro D. & Stelcner M.，1981；Gilles Grenier，1987）；语言总体能力水平、语言流利程度、听读写的各种单项语言技能对收入的影响（Barry R. Chiswick，1991；Carnevale Anthony Patrick，Fry Richard A.，Lowell Briant Lindsay，2001）；语言歧视、语言政策等相关因素对人们收入的影响（Kevin Lang，1986；Angrist Joshua D. & Lavy Victor，1997；Louis Christofides &

Swidinsky Robert，2008）；语言多样性与贫困（A. Fishman Joshua A.，1966；Daniel Nettle，2000；Ottaviano Gianmarco I. P. & Peri Giovanni，2005）。尽管研究样本、视角和方法有所不同，但研究结论均认为，语言能力是影响个人收入的重要因素之一；语言歧视会导致少数民族语言群体在劳动力市场上被边缘化，从而无法获得高额工资收入；语言政策会影响到人们对某种语言人力资本的投资以及语言歧视的程度等，进而影响人们的劳动收入。

伴随语言经济学领域理论和实证研究的深入，语言技能与收入分配的内生性、语言与其他人力资本的互补性等问题逐步成为了研究的重点。博哈斯·乔治·J（Borjas George J.，1994）首次提出了语言与收入分配的内生性问题。巴里·R. 奇斯维克和保罗·W. 米勒（Barry R. Chiswick & Paul W. Miller，1995）将语言技能看成是语言接触（Exposure）、学习效率（Efficiency）和经济激励（Economic Incentives）等变量构成的函数，深入分析了语言技能和收入分配之间的内生性；并以此函数为基础，加入自身经济收入（Wealth）这一变量构建了语言技能习得模型（Barry R. Chiswick & Paul W. Miller，1999）。特别是，以此模型为基础对加拿大的实证研究发现，较高水平的国家通用语言能力不仅能够增加劳动力收入，而且还提高了教育以及工作经验这两个变量对收入分配的影响，证明了语言技能与其他人力资本有较强的互补性（Barry R. Chiswick & Paul W. Miller，2002）。这些研究也从另外一个侧面证明，语言作为一种人力资本，语言能力在贫富分化以及导致贫困诸多因素中所起的作用越来越重要（Kohler Timothy A.，Smith Michael E.，Bogaard Amy，et al.，2017）。

与国外研究相比，国内语言经济学的研究起步较晚，始于 20 世纪末期。许其潮（1999）首次将“语言经济学”这一概念引入中国，初步介绍了国外语言经济学的观点和研究内容。但新中国成立 70 多年的减贫事业为语言和收入之间关系的研究提供了丰富的素材。尤其是精准扶贫方略以及《推普脱贫攻坚行动计划（2018—2020 年）》实施以来，语言和收入问题引起了学术界的高度关注，包括普通话技能与劳动收入（秦广强，2014；陈媛媛，2016；姜杉，汪雯，2017；王海兰，2018；郝琳，2018；王浩宇，2019；卞成林等，2017—2020，）；外语技能和劳动收入（刘泉，2014；郑妍妍，李磊，庄媛媛，2015；刘国辉，张卫国，2016；程虹，刘星滟，2017；卞成林等，2018、2019）；方言技能与劳动收入（程名望，王娜，史清华，2016；魏下海，陈思宇，黎嘉辉，2016；邱济芳，聂伟，2018）。尽管研究样本、视角，以及所考虑的异质性和外部条件有所差异，但结论一致认为普通话和外语技能均与劳动收入之间呈正向关系，掌握迁入地方言技能对于增进务工人员城市融入和创业具有显著的正向影响。

总体来说，国外文献基于语言经济学视角对全球通用语言或者某一个国家的通用语言（法语、西班牙语、德语等）与劳动收入的关系进行了实证研究，形成了具有较强政策含义和价值的论点。国内遵循国外语言经济学理论与实证研究思路，从多维度、多层面对我国的国家通用语言文字——普通话的劳动收入、经济发展等经济效应及其异质性开展了量化分析，为我国普通话的推广提供了决策依据和支撑。但无论是国外还是国内研究，对于语言作为一种要素推动劳动收入的理论机理分析较为单薄，且实证研究的对象多为城市居民、城市移民或进城打工的农民，而以我国精准扶贫的主要群体——少数民族地区农村居民作为研究对象的较少。据此，本研究着重从人力资本理论视角，结合语言的人力资本属性，论证推普助力脱贫攻坚理论机理基础上，以融老、少、边、穷，和石漠化、空心化于一体而又事关国家边疆稳定和安全的广西中越边境地区 0—3 公里的农村居民为实证样本，对推普与劳动收入的关系及异质性开展量化分析，进一步拓展和深化国内外语言经济学理论与实证研究的对象和范畴，为“后脱贫时代”中国语言扶贫战略的调整提供依据和参考。

二、推普扶贫的理论基础

（一）人力资本理论

自美国经济学家西奥多·舒尔茨（Theodore W. Schultz，1960）明确地阐述了人力资本的基本内涵与形式、获得途径和对经济发展的重要意义等内容之后，加里·S. 贝克尔（Gary S. Becker，1964）从人力资本形成角度，提出“人力资本是用于增加人的资源、影响未来的货币和消费能力的投资而通过人力投资形成的资本，不仅意味着才干、知识和技能，而且还意味着时间、健康和寿命”，并对人力资本的性质、人力资本投资的形式、人力资本投资模型的建立、人力资本投资回报率等提供了具有说服力的解释和分析，使人力资本理论成为系统而完整的理论体系。以西方人力资本理论为依据和基础，国内学者将人力资本属性归纳为功利性、稀缺性、生产性、可变性（李建民，1999）；异质性、专用性、依附性、增值性、时效性、可变性（孔德丰，刘凤存，2015）；个人占有的天然性、运用主体的唯一性、价值实现的自发性、使用的激励性与增值性、“产权残缺”的自贬性、收益的外部性和长期性（王金营，2001）。

因此，基于四个方面的特征，可以将语言看作是一种人力资本。其一，语言学习需要付出成本，且技能具有异质性。学习一种或者多种语言需要花费费用和时间，包括购买书籍、参加培训等资金成本、学习语言技能所付出的时间成本，以及为学习语言而放弃的机会成本。但正如人力资本具有异质性一样，在同一时期、相同的学习环境、学习同一种语言条件下，不同的学习主体所掌握的语言技能有一定程度的差异。且对于一个社会或者企业、岗位而言，不同的人所掌握的语言种类的数量、技能、运用的形式等也不同，语言科学家、相声演员、心理咨询专家等所需要的语言能力各有差异，在语言交际能力、语言文字知识、语言文字艺术水平、语言技术等方面需要各有侧重。因此，语言技能无论是在形式、层次、效率方面，还是不同的企业和社会发展阶段，均体现出一定程度的异质性。

其二，语言依附于人体，具有个人占有的天然性、运用主体的唯一性、“产权残缺”的自贬性特征。语言技能只能天然地由载体个人占有，与其占有者天然融为一体，不可分离，不能脱离人体而单独发挥作用。这意味着，不管语言技能投资和培训的投资主体是个人、组织还是国家，语言技能一旦形成，将在有生之年只能归载体个人所有和保持，运用权不可交易、不能转赠、无法让渡，只能永久性地由载体行使。且语言技能产生“产权残缺”时，语言技能会因载体的消极怠工、不配合而自动贬值，不可能被转移给其他主体做同样效能的开发利用。

其三，语言具有生产性和使用的激励性、增值性。语言技能一旦被作为载体的人所掌握，人们就会具有更强的交际能力、表达能力、读写能力，获得更好的工资收入和社会职位（Lazear Edward，1999）。同时，语言技能产生的经济绩效如何，取决于载体个人的技能水平、健康状况、认知能力等多种内在因素，以及工资水平、福利制度等外生激励因素的存在和强度。而且，语言作为一种交际工具，在人与人交流、频繁使用过程中，如其他人力资本一样，技能水平和价值不但不会减少或下降，反而会增加或上升。

其四，语言技能具有收益的外部性和长期性特征。从消费的非竞争性和非排他性的角度来看，语言属于公共产品。其中国家通用语言文字属于纯公共产品，语言教育供给属于准公共产品供给，因为语言教育具有局部的排他性特征。正是由于语言是公共产品的一种，语言消费是一种对公共产品的消费，因此，语言的传播有利于增强贸易往来、知识共享、信息交流、增进信任，降低劳动力流动成本等外部效应，产生语言福利（李宇明，2019）；而且语言的学习具有强大的网络外部性，这种效应与语言的公共产品特性又相互强化，使语言的使用范围持续扩大（张卫国，2008）。同时，语言作为人力资本，收益也具有长期性，具有人力资本收益的代际效应。研究结论表明，在移民国家和多元文化社会，家长的国家通用语言水平对儿童的多语能力发展和学业成绩具有重要影响（Sabol Terri J.，Sommer Teresa Eckrich，Sanchez Amy Busby，et al.，2018）；父母和子女间的语言交往互动活动（如：游戏、学习、讲故事等）是儿童习得语言的重要输入，语言能力较差的父母对孩子的语言反应较弱，亲子交互的数量较少，话轮较少，质量较差，不利于儿童语言能力的培育和发展（Hirsh－Pasek Kathy，Adamson Lauren B.，Bakeman Roger et al.，2015；Romeo Rachel R.，Leonard Julia A.，Robinson Sydney T.，et al.，2018）。

（二）劳动力迁移理论

劳动力流动问题一直是人口学和社会学研究的重要话题。针对“劳动力迁移的决定性因素”“劳动力迁移方式”等问题，学者们分别从人口学、地理学、发展经济学、社会学等多学科给予了研究和理论阐释，提出了诸如宏观层面的刘易斯“二元经济”理论、托达罗的“预期收入”理论，以及微观层面的成本—收益理论、行为主义理论和人力资本理论等。

最早对人口迁移问题开展研究的是英国学者莱温斯坦（Ravenstein，1885），其通过对比英国1871年和1881年的人口普查资料，将移民中心分为吸引中心和离散中心，提出了著名的移民法则（Laws）或规律（Rules）或准则（Principles）（Grigg D. B.，1997），为后期移民理论的研究奠定了基础。以莱温斯坦思想为研究基础，博格提出著名的劳动力迁移“推—拉”理论，认为劳动力迁移是迁入地诸多有利因素产生的“拉力”以及迁出地的各种不利因素产生的“推力”的结果（Morris Philip，Duncan Otis，1959）。形成“推力”的不利因素包括迁出地高失业率、空气污染、工资水平低、技术落后、耕地不足等；而产生“拉力”的有利因素涉及迁入地高就业率、完善的公共服务水平、良好的教育、较高的工资等。最早对劳动力迁移进行研究的理论模型当属经济学家刘易斯（Lewis，1954）提出的“二元结构”模型。该模型将发展中国家经济分为传统农业部门和现代工业部门，以现代工业部门工资水平既定、传统农业部门剩余劳动力供给无限及生产率为零、现代工业部门充分就业、技术进步为中性等假定为前提，认为现代工业部门高于传统农业部门劳动生产率所形成的工资差异，导致农村劳动力自发从农业部门转向现代工业部门，直到两部门劳动生产率相等，工资差异消失，农村剩余劳动力吸收完毕。

之后经济发展进入第二阶段，劳动力变成稀缺要素。考虑到农业对工业的影响，拉尼斯和费景汉（Lanis G. & Fei J. C. H.，1961）对刘易斯模型进行了拓展，认为农业生产率的提高是农村劳动力向城市工业流动的先决条件，农业剩余对工业部门的扩张和农业劳动的流动具有决定性意义，并将经济发展过程分为农业经济、二元结构经济、成熟经济三个阶段，从动态角度分析了农业技术进步、人口增长、工业资本存量等增长对农村劳动力转移的影响机制。刘易斯、拉尼斯和费景汉模型合称为刘易斯—费—拉尼斯模型。乔根森（Jorgenson Dale W.，1961）从人口增长与社会消费结构的角度对二元经济模型进行了补充，认为农业剩余劳动力产生的前提是农业部门劳动生产率大于人口增长率，且由于人们对农产品的消费存在生理限度，而工业品可以满足消费者多样化的需求，伴随着消费者消费倾向的变化，劳动力会在不同产业之间转移，流向更受消费者青睐的工业部门。

“二元结构”理论以农业部门存在无限的富余劳动力、工业部门可以无限制提供就业、城乡绝对收入差距为劳动力迁移的动因等为逻辑起点，分析了劳动力从农业部门转移到工业部门，进而推动农业和工业现代化的过程，强调了经济结构转换对于经济增长的重要作用，但并没有对农村劳动力迁移行为做出微观探讨。且城市部门不存在失业的假定也与发展中国家城市出现的严重失业、劳动力过度膨胀等现实存在较大差距。美国经济学家托达罗（Michael P. Todaro，1969）针对“二元结构”理论未能阐释的城市失业问题，提出了著名的劳动力迁移“预期收入差距”理论，认为劳动力城乡迁移的唯一动因在于由城市就业概率和城市实际收入决定的城乡预期收入差距而非实际收入差距，只要劳动力迁移的预期收入大于所遭受的损失，迁移就会发生，从而解释了城市高失业与农村劳动力迁移同时并存的现象。以托达罗研究为基础，伊斯特林提出了相对经济地位变化假说，将家庭（个人）效用看作是绝对收入和相对经济地位下降水平的函数，认为家庭或个人效用与绝对收入成正比，与相对经济地位下降的程度成反比（Macunovich Diane J.，1997）。因此，如果不考虑迁移成本，个体劳动者在迁出地收入水平低于迁入地，且相对经济地位下降的程度在迁出地更甚，那么迁移的动力将会非常强。即劳动力的迁移，不仅取决于预期收入差距，而且还取决于迁出地感受到的相对经济地位变化，以及迁出后按照期望生活标准感受到的相对经济地位变化（Stark O. & Taylor J. E.，1990），从而从相对收入的角度阐释了劳动力迁移的动因和人的经济行为。

宏观层面的劳动力迁移理论与模型对劳动力在产业间、城乡间的转移动因做了深入分析，但并没有意识到劳动力流动中的个体差异，以及家庭决策在劳动力迁移中的重要作用。微观层面的成本—收益理论、新家庭迁移理论和人力资本理论则更多关注到了劳动力迁移中个体主观能动性和以家庭为迁移单位的劳动迁移主体的影响。斯加斯塔德（Sjaastad Larry A.，1962）将劳动力迁移看作一种投资，认为劳动力迁移是为了实现净收入的最大化，劳动力迁移效用为迁移行为产生的货币净收益和非货币净收益的函数，劳动力是否迁移取决于货币净收益和非货币净收益带来的净收入的最大化。随后，波特斯（Portes，1995）、梅西（Massey，1990）、卡林顿（Carrington，1996）等学者从社会网络、信息资源等角度对劳动力迁移的货币化成本和非货币化成本进行了讨论。考虑到家庭决策在劳动力迁移中的影响，斯塔克（Stark O. & Levhari D.，1982）提出了以家庭作为决策主体，家庭福利最大化条件下劳动力迁移行为理论。该理论认为劳动力迁移，尤其是短期迁移或者周期性迁移往往是家庭成员共同做出的决策，主要目的在于实现家庭利益最大化和风险最小化。具体来说，该理论分为投资组合理论和契约安排理论。投资组合理论以分散家庭风险为分析的逻辑起点，将劳动力迁移看作家庭排除部分成员从事非农产业以消除或减缓农业收入的不稳定性，家庭内部劳动力资源的优化配置行为。而契约安排理论则以“家庭收益最大化”为主要理念，视劳动力迁移为家庭成员先替迁移者提供投资（包括资金、教育、专业培训等），迁移者获得就业和预期收入后再向家庭提供部分工资收入，实现家庭利益最大化的过程。舒尔茨将直接用于教育以及其他为了实现迁移的成本看作人力资本投资，由迁移者拥有的人力资本报酬的概率分布和迁移的成本权衡而得的预期收入差距是其选择迁移目的地的主要参考变量。奇斯威克等（Chiswick et al.，1999）在斯加斯塔德和贝克尔研究的基础上，构建了劳动力迁移的人力资本投资模型，论证认为在迁出地和迁入地的工资水平既定条件下，高技能劳动力迁移收益率高于低技能劳动力。

自20世纪80年代，我国农村剩余劳动力转移问题成为社会各界关注的焦点之一。研究内容包括四个方面：第一，对西方劳动力迁移模型的应用和修正。该方面研究主要是基于我国农村劳动力流动的现实，对国外的劳动力迁移理论进行补充、完善和修正。比如陈吉元、胡必亮（1994）的“三元经济”结构模型，徐庆（1997）的“四元经济”结构模型，周天勇（2001）基于成本—收益角度对托达罗模型的修正等。第二，农村劳动力迁移的特征描述。包括农村剩余劳动力的迁移规模的测算和预测（杨云彦，2001；王金营，原新，

2007)，迁移人口的年龄、性别结构、受教育水平等人口特征（赵耀辉，1997；史清华，2004；蔡昉，2007）。由于数据来源不同，研究结果差异也较大。第三，农村劳动力迁移决策的影响因素。国内学者从个人、家庭、社会经济和制度因素等方面对农村劳动力迁移的动因进行了探讨。比如，杨云彦、石智雷（2008、2012）关于家庭禀赋对农民工外出务工及回流决策的影响；李培林（2003）等关于户籍制度对劳动力迁移影响的分析；汪为，吴海涛（2017）从生命周期视角关于农村劳动力非农转移影响因素的研究。第四，劳动力迁移模式及效应。包括王桂新、潘泽翰、陆燕秋（2012）对于中国省际人口迁移区域模式变化与影响因素，以及马肖曼（2017）关于乡—城新生代人口家庭迁移模式的分析；武国定（2006）对于农村劳动力迁移的配置效应、节本效应、聚集效应、提升效应的量化估算；赵耀辉（1997）对于不同类型的劳动力对家庭收入贡献的估计；李实（1999）对于外出劳动力和非外出劳动力收入函数的估计；蔡昉、王德文（2005），朱云章（2009），周芳丽（2019）等关于劳动力迁移对城乡收入差距影响的研究。

三、推普助力扶贫的理论机理分析

（一）人力资本理论视域下推普助力增收致富的理论机理

既然语言是一种人力资本的形式，普通话作为我国的国家通用语言文字，普通话技能应该也是一种人力资本，是推动个人劳动收入提高和经济增长的重要要素。语言与收入有关，源于语言与教育、信息、互联网，以及与人的能力和机会之间存在的密切关系（李宇明，2018）。

1. 作为国家通用语言文字，普通话技能的提升有利于增强务农技能和城镇就业能力，提高务农和工资收入

在当今时代，信息是一种重要的生产力，可以使个体的智慧和思考突破狭隘性和生命的有限性，专注于一些创造性及综合评价性活动，从而较大程度提高人们的整体素质和能力。普通话作为国家通用语言文字，其技能的提升有助于提高人们获取信息的能力，扩大信息的获取渠道，拓展个体发展空间，促进农民种植技术和专业技能的提升，增强工作效率和就业竞争优势，进而推动农民务农收入的提高，增加进城农民工就业竞争力和成功就业的概率。

2. 掌握普通话有利于增进进城农民工的城市融入，建立和发展以业缘为基础的社会网络，增强其再就业能力

如果将进城农民工的社会资本分为基于亲缘和地缘建立的社会资本，即

“原始社会资本”，和因业缘而构建的社会资本，即“新型社会资本”，农民工进城后，由于社会歧视、居住条件、文化素质、语言障碍等因素，社会生活往往局限于传统圈子，无法建立起以业缘为纽带的生活圈子，积累起新型社会资本，难以融入城镇主流社会或者中产阶级的圈子，经济地位和收入处于社会的下层，被迫融入下层社会，甚至成为城镇生活中处于边缘地位的社会群体。因此，在农民工进城初期，以亲缘和地缘建立的原始社会资本对农民工进入城镇有很大帮助，但对农民工融入城镇社会发挥的作用并不明显（李培林，田丰，2012），从而无法为进城农民工再次就业时获得收入更高的岗位提供帮助。而在这个方面，掌握熟练普通话技能的农民工则不同，他们可以突破语言障碍，与城市居民更好地交流，减少与城市居民的社会心理距离，增强其对城市身份的认同度，建立和发展以业缘为基础的社会网络，迅速增加和积累进城农民工的社会资本，为其获得稳定、更高收入职业，实现向上的社会流动，融入城镇主流社会或者中产阶级圈子提供基础和保障。

3. 基于人力资本的“代际传递”效应，推普有助于阻断农村的贫困代际传递

如果说当代农民工收入关系到当代人的脱贫致富和国家精准脱贫战略的实施成效，那么新生代农民工的职业和工资收入水平直接决定了农村贫困代际传递的阻断。但由于受生活方式不协调、就业不稳定、社会排斥、权力缺失、社会保障水平低下等多重因素的影响和制约，难以融入城市社会，处于“半城市化”状态，回流家乡已成为众多新生代农民工未来发展的迫不得已而又理想的选择，尤其是因社会网络、语言文化等障碍导致的融入困境强化了农民工回乡意愿。而无论是从语言学还是人力资本角度来看，父母的语言能力对于后代的语言能力具有重要影响，父母的人力资本也可以通过代际传递对子女的人力资本积累产生作用。普通话技能作为国家通用语言文字和一种人力资本，父母的普通话技能也必然会通过代际传递影响后代的普通话水平，在后代人力资本的提升和社会资本的构建中显现，为提升新生代农民工的就业和城市社会融入能力，从而拔掉“穷根子”，有效阻断农村贫困的代际传递增添内生动力。

4. 作为一种公共产品，普通话的学习具有外部性，会产生示范效应，加快区域人力资本的积累

如果劳动者意识到身边的其他劳动者因为普通话水平的提升而带来收入的提高和职位的晋升，必然会纷纷效仿，加强普通话学习和技能培训投入。因此，个体劳动者普通话技能的提升，会通过产生示范效应，带动一个群体或区

域普通话水平整体提高，从而加快一个群体或区域人力资本水平的积累，激发新的全要素生产率，创造“溢出效应”，降低生产要素稀缺性的约束，为经济增长提供新的动力源泉。

（二）劳动迁移理论视域下推普助力农村劳动力转移就业的理论机理

无论是“二元结构”“预期收入差距”等宏观劳动力流动模型，还是微观层面的成本—收益、人力资本、新家庭迁移理论，劳动力进城务工后工资收入水平的提升所引起的绝对收入与预期收入差距的扩大，货币化收益的增加，进而加大城镇对农村劳动力迁移的“拉力”，是推动农村劳动力跨域流动的主要因素。实质上，语言作为一种人力资本，除了直接提高工资收入水平之外，还有利于加快进城务工农民工的社会网络融入，减少农民工摩擦性失业的持续时间，降低农民工寻找合适工作的成本，可以在既定工资收入水平的情况下，提高农民工迁移的货币化收益，为农民工向城镇迁移注入“间接”动力。

1. 推普的个体“劳动收入”效应，有利于扩大城乡绝对收入和预期收入差距，在乡村“推力”既定的条件下，增加城镇的“拉力”

语言技能与个体劳动收入呈显著正比关系，因此，普通话水平的提升可以提高劳动力市场农民工的工资收入，进而拉大城乡绝对收入差距，是较为容易理解的。同时，从预期收入差距来看，预期收入差距等于农民工对城镇工作的预期收入与农村地区实际收入的差额，而预期收入为城镇就业概率与城镇工作收入的乘积。在当今时代，信息是一种重要的生产力，可以使个体的智慧和思考突破狭隘性和生命的有限性，专注于一些创造性及综合评价性活动，从而较大程度提高人们的整体素质和能力。普通话作为官方语言和一种人力资本，其技能的提升有助于提高人们获取信息的能力，扩大信息的获取渠道，拓展个体发展空间，促进劳动力基本素质和职业技能的提升，增强就业能力，同时增加农民工进城成功就业的概率和工资收入，进而增强农民工进城务工的预期收入。在农村工资水平既定的情况下，自然会使得农民工迁移的预期收入差距加大，激发农村劳动力向城镇迁移的积极性。

2. 掌握普通话有利于进城农民工更快地融入城镇“社会网络”，推动“社会资本”的积累和提升，获得稳定、工资收入较高的职业

劳动就业是社会资本理论应用最早的一个研究领域。最早将社会网络引入个人求职领域研究的是格拉诺维特（Granovetter，1973）。随后，弗纳兹（Fernazdez et al.，2000）、波特斯（Portes，1995）、梅西（Massey，1990）、桑德斯和尼（Sanders J. & Nee V.，1996）对社会资本在雇主雇佣劳动力、移民中扮

演的重要角色和意义进行了研究。研究结论认为，人们在求职和就业过程中会更多地依靠自己的社会网络，尤其是“弱连接”社会关系，以克服劳动力市场上的信息障碍；移民迁入地和迁出地所建立的社会资本在移民迁移中扮演重要角色，对移民迁入目的地后的新生活和经济地位均具有至关重要的影响。中国科学技术促进发展中心与挪威 FAFO 应用社会科学研究所联合开展的“中国劳动力流动”调研结果显示，70% 的中国农民工在寻找工作过程中使用过自己的社会关系网络，且利用朋友、同学等弱关系较多。同时，在刚进城时利用社会资本找工作的农民工占比为 30%，和进城工作后再次找工作时使用社会资本的农民工占比相当（约为 37%）。深圳市劳动局调研结果（2000）与之类似，87.2% 的农民工进城所依赖的信息渠道是基于亲戚、朋友或同乡等传统网络关系所形成的社会资本。其中，42.7% 为同乡或朋友关系，31.3% 为城市居住的亲属或朋友，13.2% 为同村的亲属或朋友。

普通话推广在农民工进城中发挥着节约交易成本和信息成本，增加新型社会资本的作用，无疑有助于推动进城农民工社会融入，降低进城农民工再就业风险，提升进城农民工的预期收入和相对经济地位，扩大农民工进城规模，进而促进新型城镇化建设进城，提高新型城镇化率。鉴于原始社会资本和新型社会资本在农民工初始进城和再次就业方面的积极作用，使得劳动力迁移中社会资本的角色与意义，在一定程度上已经超过了人力资本因素作用。

第五章

广西中越边境地区推普扶贫的实证分析

一、推普助力劳动力增收致富的实证分析

（一）数据收集与变量选择

实证数据主要来源于《中越边境语言生活调研》课题的田野调查。自2017年开始，也就是《推普脱贫攻坚行动计划（2018—2020年）》发布之年，《中越边境语言生活调研》课题组对广西中越边境0—3公里农村居民开展了为期三年（2017—2019年）的田野调查。课题组在设计调研问卷的基础上，以户及其家庭成员为单位，对广西中越边境0—3公里居民开展全样本调研。调研问卷设计以语言能力与经济收入关系为主线，包括被访者的姓名、性别、年龄、文化水平、民族、母语水平、普通话能力、职业、年均收入等内容。在调查问卷中，将调查对象的语言能力分为四个等级，即熟练、一般、略懂、不会 。其中熟练是指能够掌握较多词汇、能在各种社会场合交际中流利使用；一般是指能够掌握大部分词汇，无阅读与听力障碍，且在日常生活中能进行正常交流；略懂是指仅能掌握基本词汇，可完成一般性的日常生活交流；不会是指完全不具备某种语言进行交流的能力。同时，根据农民工从事的职业情况及年人均纯收入水平，将其职业分为务农、务工、学生、经商、公职人员、其他

工作[①]、无业等七类；将年人均纯收入水平分为 4 个等级：即 0—20000 元、20001—36000 元、36001—72000 元、72001 元及以上。

课题组整合形成了由七位语言学、经济学、社会学等学科的专家和学者、十三位上述学科研究生组成的高校调研团队，负责调研问卷的设计、调研问卷的发放、农民的访谈，以及回收问卷的核对、录入、分析等工作。同时，考虑到当地政府部门工作人员对当地农民群众、产业发展、政府政策比较熟悉和了解，课题组吸纳了广西民政厅，广西财政厅，边境八个市、县及其所管辖的乡镇的民政局、民政所的基层干部职工，以及村委会的村干部。作为课题组的兼职调研人员。他们主要负责课题调研工作的上下级沟通、调研问卷的入户发放和回收等，为课题调研活动的开展提供了坚实的组织保障。课题组每年发放问卷 342000 份，经过信息核对和匹配，最终选择 240045 份问卷作为实证分析的样本[②]。

（二）实证模型的设定

为研究普通话推广与劳动者收入之间的相关关系，借鉴姚雨欣和贾恩·C. 万·乌尔斯（Yuxin Yao & Jan C. van Ours, 2015）[③] 的分析框架，构建公式（1）进行分析。

$$Income_{it} = \beta_0 + \beta_1 Putonghua_{it} + \beta_2 X_i + \beta_3 industry + \theta_i + \gamma_t + \varepsilon_{it}$$

公式（1）

其中，$Income_{it}$ 是劳动者收入[④]，$Putonghua_{it}$ 是劳动者使用普通话的熟练程度，即劳动者的普通话水平，我们将普通话水平分为“不会”“略懂”“一般”“熟练”四类，分别用 0、1、2、3 来表示，数值越大代表普通话水平越高；X_i 是控制变量集，包括多语能力、受教育水平、从事的职业、劳动者年龄、性别。中越边境居民主要使用的语言包括普通话、壮语、白话、瑶语、客家话、苗语、越南语、京语等，根据调研，中越边境居民最多掌握的语言数量为四

---

① 其他工作是指居民无固定职业，只是利用闲暇时间做一些零工，获得一定收入，比如从事边民互市贸易、出租房屋、农村建房子的建筑工等。

② 尽管每年回收的有效样本数量不同，但为了实现分析对象三年保持不变，对调研对象进行持续跟踪研究。同时，参考“中国劳动力动态调查”（CLDS）的做法以及国内学者陈媛媛（2016）等研究，只考虑年龄在 18—65 岁的被调研居民，最终选择了 240045 样本作为实证分析对象。

③ Yao & Ours（2015）为研究外来移民者在劳动市场的表现，使用了 LISS 调查数据对荷兰移民者不会使用或不熟练使用荷兰语对其就业及工资低影响进行研究，研究表明不会使用或者不熟练使用荷兰语对男性移民者影响不显著，但对女性移民者小时工资产生影响，且对就业机会不产生影响。

④ 根据调查问卷，这里的“劳动者收入”为“劳动者年度可支配收入”。

种，多语能力用会讲语言的种类来衡量，用数值1—4来表示，数值越大，代表多语能力越强。受教育水平分为五类，分别是小学以下（不包含小学）、小学、初中、高中/中职、大学及以上，用数值0—4表示。数值越大，受教育水平越高，职业分为务农、务工、经商、公职人员、其他等，分别用数值1—5表示。*industry* 表示劳动者所处行业的控制变量，θ_i 是截面固定效应，γ_t 是时间固定效应，ε_{it} 代表误差项。

（三）变量的描述性统计

主要变量的描述性统计结果如表5－8所示。从各变量的均值来看，样本中劳动者男女比重基本平衡，年龄的均值在40岁左右；受教育水平为初中水平，受教育程度较低；年度收入约为1.558万元，远超2020年国家贫困线标准4000元/年；普通话技能为一般；每位居民平均掌握2—3种语言，普遍具有双语能力。

表5－8　变量描述性统计

变量	样本量	均值	标准差	最小值	最大值
年度收入（万元）	240045	1.558	1.322	0.4	30
普通话水平	240045	2.191	0.661	0	3
性别	240045	0.534	0.499	0	1
年龄	240045	40.384	11.776	18	65
多语能力	240045	2.698	1.153	1	8
受教育水平	240045	1.775	0.727	0	4
职业	240045	1.643	0.645	1	5

（四）回归结果及分析

1. 基本回归结果分析

如表5－9所示，广西中越边境地区农村居民普通话技能与劳动者收入在1%的显著性水平上呈正相关关系。进一步控制县级层面和行业层面，以及年龄、受教育水平、多语能力等特征之后，普通话水平均与劳动者收入变量之间在1%的显著性水平上依然呈显著正相关关系，OLS回归结果表明，中越边境0—3公里农村居民的普通话水平每提高1个单位，其劳动收入提高1.104个单位，充分证明中越边境农村居民普通话水平存在“劳动收入效应”，即普通话水平的提升有助于劳动收入的提高。

本模型关于普通话技能与劳动收入关系回归结果与陈媛媛（2016）①、赵颖（2016）②、王海兰（2019）③ 的研究结论一致。其他控制变量的回归结果也和现有关于微观层面的语言与劳动收入关系的研究文献一致。受教育水平、性别、多语言能力均与劳动者收入之间呈显著的正相关关系，即受教育水平越高，劳动者会讲的语言越多，劳动者的收入越高；男性的收入普遍高于女性。同时，回归结果表明，年龄与劳动者收入呈二次曲线关系，即倒 U 型关系，这意味着随着劳动者年龄的增长，劳动收入呈现先递增后递减的状态，这也和现实比较吻合，毕竟随着年龄的增长，劳动者的劳动技能、工作经验、劳动效率等均呈先递增再递减的态势。该结论也和陈媛媛（2016）、赵颖（2016）等学者的研究结论相同。

当劳动者收入水平提升时，可能加大人力资本等投入，从而促进了普通话水平的提升，因此，普通话水平与劳动者收入之间可能存在反向因果的问题。同时，模型构建过程中可能存在遗漏变量问题。为克服反向因果和遗漏变量而产生的内生性问题，参考赵颖（2016）的做法，将县级层面除自身外的其他劳动者语言能力的平均水平作为工具变量④，采用两阶段最小二乘法（2SLS）重新考察普通话推广对劳动者收入的影响。将除自身外的其他劳动者语言能力的平均水平作为工具变量，主要是基于语言的正外部性与溢出效应，一个地区劳动者普通话水平的提升会对相邻的其他地区劳动者的普通话水平产生影响，但对相邻地区劳动者收入水平的影响不大。结果如表 5 - 9 列（4）所示，加入工具变量后，普通话水平对劳动者收入水平的正向积极的影响仍然存在，且

---

① 陈媛媛（2016）采用中国家庭动态跟踪调查（CFPS）、中国劳动力动态调查（CLDS）以及中国综合社会调查（CGSS）三套中国的综合数据，检验了普通话能力对收入的影响，量化分析结果表明，普通话水平每提升 1 个单位，劳动者小时工资收入提升 0.0414—0.1038 个单位，两者在 1% 显著性水平呈正相关关系。

② 赵颖（2016）采用 CGSS2010 年数据，分析了语言能力对劳动者收入的影响。结论表明，劳动者普通话听力和沟通能力在 1% 显著性水平均对其职业收入和总收入具有正向影响，且普通话沟通能力影响大于普通话听力。

③ 王海兰（2019）对西藏自治区林芝市波密县劳动者普通话听说读写技能与劳动收入的关系进行实证分析，结论表明，普通话的听、说能力均与劳动收入在 1% 的显著性水平呈正相关关系，回归系数分别为 0.706、0.694。

④ 赵颖（2016）通过构建量化模型发现，劳动者的语言能力具有显著的同群效应，即劳动者认识到语言能力较强的劳动者能够获得较高工资收入之后，会逐渐提升自身的语言能力，从而改善自身收入。同群效应包括两种：一种是本地劳动力市场上其他劳动者对既定个体语言能力的同群效应，二是外地劳动者对本地劳动者语言能力的同群效应。

回归系数从 0.104 提高到了 0.868①。

表 5-9　　普通话水平与劳动者收入关系模型回归结果

变量	(1) OLS 年度收入	(2) OLS 年度收入	(3) OLS 年度收入	(4) 2SLS 年度收入
普通话水平	0.164 *** (0.0078)	0.177 *** (0.0064)	0.104 *** (0.0079)	0.868 *** (0.0445)
受教育水平	- -	- -	0.045 *** (0.0082)	0.023 *** (0.0232)
多语能力	- -	- -	0.038 *** (0.0034)	0.800 *** (0.117)
年龄	- -	- -	0.023 *** (0.0023)	0.068 *** (0.0115)
年龄平方	- -	- -	-0.0004 *** (2.69e-05)	-0.0003 *** (0.0001)
性别	- -	- -	0.111 *** (0.0077)	0.146 *** (0.0398)
行业特征	N	Y	Y	Y
县级单位	N	Y	Y	Y
观测值	240045	240045	240045	240045
R^2	0.007	0.339	0.349	-

注：*、**、*** 分别表示在 10%、5%、1% 的显著性水平上显著，括号内为标准误。后表均同。

2. 稳健性检验

为保证回归结果的稳健性，将普通话水平和劳动者收入重新分类和分组，具体为将普通话水平为“不会”“略懂”的样本定义为 0，而“一般”“熟悉”定义为 1；劳动者年度收入分为 0—2 万元、2 万—3.6 万元、3.6 万—7.2 万元、7.2 万元以上等四类，分别对应数值 1—4 。针对变量类型使用多值 logit 模型进行回归，以收入水平 1 为对比组，回归结果如表 5-10 所示，相对于收入水平 1，普通话水平对收入水平有着正向的积极的影响，即普通话水平的提升有利于收入水平的提高，表明回归结果较为稳健。

① 引入工具变量后，回归系数显著升高的现象存在于诸多领域的文献中，如 Dustmann & Fabbri (2003)、Bleakley & Chin (2004)、Chiswick & Miller (2010)、徐现祥等 (2015)、陈媛媛 (2016)。主要是由于变量测量误差带来的影响显著高于遗漏变量或者反向因果关系带来的影响。

表 5－10　稳健性检验

变量	收入水平 2	收入水平 3	收入水平 4
普通话水平	0.734*** (0.0449)	0.830*** (0.0436)	1.595*** (0.420)
多语言能力	0.023*** (0.0016)	0.078*** (0.0026)	0.032*** (0.0024)
受教育水平	0.229*** (0.0165)	0.227*** (0.0232)	0.555*** (0.0973)
性别	0.245*** (0.0208)	0.247*** (0.0297)	1.325*** (0.1610)
年龄	0.019*** (0.0061)	0.026*** (0.0088)	0.382*** (0.0574)
年龄平方	－0.0001** (7.41e－05)	－0.0006*** (0.0001)	－0.0043*** (0.0007)
行业特征	Y	Y	Y
县级单位	Y	Y	Y
样本量	76630	76630	76630

3. 异质性分析

为进一步研究普通话与劳动收入相关性可能存在的异质性，将样本分别按照性别、年龄、职业进行分组回归。首先，将样本按照性别及年龄进行分类回归（如表 5－11 所示），其中将性别划分为男、女两类，参考劳动力年龄划分标准，划分为 18—28 岁、29—50 岁、50—65 岁三个阶段。回归结果表明，普通话推广对劳动力年度收入具有明显的积极效应，但对不同的性别及年龄段的影响程度不同。具体而言，一方面，从全样本来看，在 1% 的显著性水平上，男性普通话水平对劳动收入的影响大于女性，普通话每提高 1 个单位，年度收入提升 0.109 个单位，而女性则为 0.096。另一方面，在性别的基础上，将样本又划分为三个部分（表 5－11 第二部分）进行分析，回归结果显示普通话水平与劳动收入关系呈年龄的异质性。首先，在年龄为 18—28 岁的样本中，男女普通话水平与年收入呈正相关关系，但是并不显著。从计量学的角度，可以认为两个变量之间没有相关性关系。18—28 岁这组样本为 1992—2002 年出生的人群，基本上完成了九年义务教育，受教育水平较高，普通话水平也较为熟练，普通话推广对于这一部分人群劳动收入的边际效应较小，因此推普对这一年龄段人群的劳动收入并没有显著的积极影响。其次，年龄处于 29—50 岁、51—65 岁的劳动者，普通话水平的提升对收入具有显著的积极影响，且男性普通话技能对收入水平的影响要大于女性①。最后，29—50 岁样本与 51—65 岁样本对比来看，年龄处于 51—65 岁男性普通话水平对收入水平的影响大于 29—50 岁的劳动者，但 29—50 岁女性劳动者普通话水平对收入水平的影响大于 51—65 岁的劳动者。这可能是两个方面的原因造成的。其一，年龄处于 51—65 岁的男性普通话水平普遍低于 29—50 岁的男性群体，但工作年限较长，工作经验丰富，职业技能水平也相对较高。其二，年龄处于 29—50 岁的女性进城务工所从事的职业以服务业和生产性工业企业为主，对普通话的依赖性较强，而 51—65 岁女性则以在家务农为主，日常生活以方言为主要交流语言。

表 5－11　　年龄和性别的异质性回归结果

被解释变量：年度总收入		
第一部分		
变量	男	女
普通话水平	0. 109 *** (0. 0114)	0. 096 *** (0. 0108)
受教育水平	0. 043 *** (0. 0120)	0. 0903 *** (0. 0107)
多语能力	0. 026 *** (0. 0049)	0. 051 *** (0. 0047)
年龄	0. 031 *** (0. 0032)	0. 016 *** (0. 0033)
年龄平方	－0. 0005 *** (3. 78e－05)	－0. 0003 *** (3. 81e－05)
行业特征	Y	Y
县级单位	Y	Y
R^2	0. 351	0. 349

第二部分						
变量	A. 18—28 岁		B. 29—50 岁		C. 51—65 岁	
	男	女	男	女	男	女
普通话水平	0. 009 (0. 0314)	0. 041 (0. 0328)	0. 048 *** (0. 0161)	0. 093 *** (0. 0155)	0. 056 *** (0. 0121)	0. 082 *** (0. 0184)

① 和 Gao and Smyth (2011) 结论类似，文献解释可能的原因是女性参与到了与本地人接触较多的职业中。

续表

变量	A. 18—28 岁		B. 29—50 岁		C. 51—65 岁	
	男	女	男	女	男	女
受教育水平	0.054*** (0.0189)	0.050*** (0.0169)	0.049*** (0.0167)	0.041*** (0.0143)	0.251*** (0.0255)	0.429*** (0.0256)
多语能力	0.0662*** (0.0125)	0.0460*** (0.0141)	0.0719*** (0.0063)	0.0416*** (0.0059)	0.032*** (0.0098)	0.031*** (0.0087)
行业特征	Y	Y	Y	Y	Y	Y
县级单位	Y	Y	Y	Y	Y	Y
R^2	0.379	0.368	0.353	0.354	0.366	0.366

为研究不同职业的劳动者普通话提升对收入的影响，将样本划分为务农人员、务工人员、经商人员、公职人员及其他进行分组回归（如表 5－12 所示）。回归结果表明，不同职业的劳动者普通话水平提升对收入的影响存在差异。学生、非在编教师是其他职业人员的主要组成部分。这些人群和公务员的普通话听说读写能力直接影响到其服务水平和工作成效。务工人员普通话水平的提升有利于其提高职业技能和素质，增加其就业机会。同时，具备熟练的普通话技能有利于消除进城务工人员与城市居民之间的交流障碍，降低进城务工人员与经商人员对城市生活的陌生感和不适感，拓展其城市生活网络，增加其社会资本，从而有利于进城务工人员获得稳定、工资收入较高的工作岗位，进城经商人员快速建立经商网络和获取社会支持。最后，务农人员普通话技能对其劳动收入同样具有显著影响，但程度小于其他职业人群。普通话的学习和使用有利于加强农村与外界的沟通与合作，接触到更多的务农技能学习机会，有助于种植和生产附加值较高的水果和农作物，从而实现增收致富。但考虑到种植规模比较小、农业收入不稳定等因素，从事农业的居民的普通话提升带来的劳动收入效应低于其他职业人群。

另外，无论是按照性别、年龄，还是职业分组，其他控制变量在各组间的回归结果一致。这也表明普通话水平与劳动收入关系并未受其他控制变量的影响，回归结果较为稳健。

表 5－12　　职业的异质性分析结果

变量	务农 年度总收入	务工 年度总收入	经商 年度总收入	公职人员 年度总收入	其他 年度总收入
普通话水平	0.075*** (0.0079)	0.332*** (0.0159)	0.321*** (0.1210)	0.572*** (0.2280)	0.582*** (0.0217)

续表

变量	务农 年度总收入	务工 年度总收入	经商 年度总收入	公职人员 年度总收入	其他 年度总收入
受教育水平	0.097 *** (0.0090)	0.038 *** (0.0122)	0.159 *** (0.0441)	0.172 *** (0.014)	0.0331 *** (0.0117)
多语能力	0.032 *** (0.00402)	0.038 *** (0.00496)	0.042 *** (0.0080)	0.187 *** (0.0351)	0.835 *** (0.0755)
性别	0.114 *** (0.0084)	0.078 *** (0.0111)	0.504 *** (0.0809)	0.159 *** (0.0190)	0.0713 *** (0.0136)
年龄	0.058 *** (0.0024)	0.032 *** (0.0044)	0.131 *** (0.0471)	0.203 *** (0.0521)	0.0574 *** (0.0031)
年龄平方	-0.0007 *** (2.82e-05)	-0.0003 *** (5.75e-05)	-0.0013 ** (0.000523)	-0.0018 *** (0.0006)	-0.0004 *** (3.57e-05)
县级单位	Y	Y	Y	Y	Y
R^2	0.406	0.428	0.407	0.233	0.764

（五）结论

从理论层面来看，语言具有人力资本的特征和属性，可以被视为一种人力资本。因此，作为我国的国家通用语言文字，普通话技能的提升能够产生劳动收入效应。在实践层面，基于广西中越边境八个县（市、区）0—3 公里农村居民的实证分析结果表明，普通话水平与劳动者收入之间呈显著的正相关关系，即普通话水平的提升有助于显著提高劳动者的收入，且两者之间关系呈现性别、年龄、职业的异质性。总体来看，男性普通话技能对收入的影响大于女性。从年龄和职业来看，处于 18—28 岁年龄段居民的普通话水平对劳动者收入的影响不显著；处于 51—65 岁年龄段的男性居民普通话水平对收入水平的影响大于 29—50 岁年龄段的劳动者，但处于 29—50 岁年龄段的女性劳动者普通话水平对收入水平的影响大于 51—65 岁年龄段的劳动者；从职业来看，尽管所有职业的居民的普通话水平与劳动收入均呈显著的相关性，但从事农业的居民的普通话提升带来的“语言收入效应”低于其他职业人群。

二、推普助力农村劳动力转移就业的实证分析

（一）数据收集与变量选择

1. 调研方法与内容

广西与越南有着 1020 公里的陆地边境线，与越南的广宁、凉山、高平、河江等四省 17 个县接壤，是典型的“老、少、边、穷、山”地区。广西中越

边境地区共包括防城区（防城港市）、宁明县、靖西市、那坡县、东兴市、龙州县、凭祥市、大新县等八个县（市、区）。党的十八大之前，由于经济基础薄弱、交通不便、受教育程度偏低、不会讲普通话等因素，大部分农民以务农为主，外出务工人员较少，居民收入和生活水平较低。在脱贫攻坚时期，广西中越边境八个县（市、区）中有三个国家级贫困县，四个滇桂黔石漠化片区县，是广西扶贫工作中最难啃的“硬骨头”，也是全国脱贫攻坚的主战场之一。因此，本研究重点选择广西中越边境地区农村居民为研究对象。为保证数据的合理性与准确性，调研使用实地调研与问卷调研相结合的方式，对边境八县（市、区）0—3 公里范围内的居民，以户为单位进行调研。实地调研主要通过访谈了解居民学习普通话的意愿、当地就业政策、当地特色民俗文化、主导产业发展等信息。调查问卷内容主要包括人口特征、语言使用情况、收入情况、劳动力就业情况等。其中，人口特征包括性别、年龄、文化水平、民族、所在村落；语言使用情况包括母语及母语使用水平、普通话水平等；收入与就业情况包括年收入水平、就业状态、职业等。在调查问卷中，将调查对象的普通话能力分为四个等级，即熟练、一般、略懂、不会（Alderson C. et al.，2014）。其中熟练是指能够掌握较多的词汇、能在各种社会场合交际中流利使用；一般是指能够掌握大部分词汇，无阅读与听力障碍，且在日常生活中能进行正常交流；略懂是指仅能掌握基本词汇，可完成一般性的日常生活交流；不会是指完全不具备某种语言进行交流的能力。职业分为务农、务工、学生、经商、公职人员、其他工作、无业等七类，其中，其他工作指居民无固定职业、利用闲暇时间做一些零工获得的收入，比如从事边民贸易、出租房屋、农村建房子的建筑工等。问卷最终收回 403650 份，经过信息核对，获得有效问卷 302745 份。根据研究需要和相关文献的做法，针对样本进行了筛选，将劳动者年龄限制在 18—65 岁（陈媛媛，2016），并剔除了部分变量的缺失值及异常值，最终选择的研究样本为 201830 份。

2. 变量选择与来源

实证分析涉及的主要变量为县域普通话水平、劳动力转移就业率，其中县域普通话水平为解释变量，以该县居民普通话水平的平均值进行衡量；农村劳动力转移就业率，以该县农村外出务工人员数与被调研人员数的比值来衡量。数据来源于广西中越边境地区八县（市、区）的 2017—2020 年的调研问卷。为控制县域经济发展状况及地域特征对劳动力转移就业的影响，引入各县财政预算支出、固定资产增加值、县域产业结构、公路里程数等指标作为控制变量。控制变量数据来源于《广西统计年鉴》（2017—2021）（如表 5 - 13 所示）。

表 5 - 13　　变量选择及数据来源

变量	数据描述	数据来源
普通话水平	农村居民普通话水平	调查问卷
农村劳动力转移就业率	农村外出务工人员数/被调研人员数	调查问卷
居民人均可支配收入	农村人均可支配收入滞后项（滞后一年）	《广西统计年鉴》
产业结构	二三产业产值占 GDP 比率	《广西统计年鉴》
财政预算支出	农村财政预算支出增长率	《广西统计年鉴》
公路里程数	县域公路里程数	《广西统计年鉴》
固定资产增加值	农村新增固定资产值	《广西统计年鉴》

（二）实证模型的设定

为研究普通话推广对农村劳动力转移就业的影响，构建量化模型如下：

$$RE_{i,t} = \lambda_0 + \lambda_1 Putonghua_{i,t} + \sum controlvars_{i,t} + \varepsilon_{i,t}$$

其中，i 表示县（市、区），t 表示时间，$RE_{i,t}$ 代表 i 县（市、区）t 年的农村劳动力转移就业率。$Putonghua_{i,t}$ 反映了 i 县（市、区）居民 t 年的普通话平均水平，数据来源于 2017—2020 年广西边境八个县（市、区）的调查问卷，将普通话水平分为"不会""略懂""一般""熟练"等 4 类，分别用数值 1—4 来表示。$controlvars_{i,t}$ 为控制变量，包括居民人均可支配收入、产业结构、财政预算支出、公路里程数、固定资产增加值等变量，$\varepsilon_{i,t}$ 为随机误差项，λ_i（i = 1，2，3，…）为待估计系数。为了克服模型的异方差性，在回归过程中，对变量取对数值。

（三）变量的描述性统计

变量的描述性统计如表 5 - 14 所示。从微观层面来看，样本中男性劳动者的占比稍多于女性，劳动者平均年龄在 41 岁左右，受教育水平为初中水平，受教育程度较低。从宏观层面来看，县域劳动力转移率约为 65%，表明县域一半以上的劳动者都外出务工，这与现实情况相符合；普通话水平为略懂，表明普通话水平还存在较大的进步空间；居民人均可支配收入为 4.434 万元，远高于 2020 年国家贫困线标准 4000 元/年；产业结构中二三产业产值占比的均值为 81.24%；财政预算支出为 3%；公路里程数为 1014 公里；固定资产增加值为 970794 万元。

表 5－14 主要变量的描述性统计

变量	样本量	均值	标准差	最小值	最大值
普通话水平	32	2.553	0.297	2.012	3.202
劳动力转移就业率	32	0.655	0.747	0.535	0.759
性别	201830	0.562	0.487	0	1
年龄	201830	41.59	13.95	18	65
受教育水平	201830	1.956	0.667	0	4
居民人均可支配收入	32	4.434	0.552	1.316	8.246
产业结构	32	0.8124	0.0690	0.717	0.951
财政预算支出	32	0.03	0.080	－0.159	0.153
公路里程数	32	1014	0.504	278	2111
固定资产增加值	32	970794	0.618	952	2458303

注：表中数据为各指标的原值，为减少数值差异，防止异方差问题的产生，在回归过程中将劳动力转移就业率、居民年度人均可支配收入、公路里程数、固定资产增加值等指标都做了对数化处理。

（四）回归结果及分析

1. 基准回归结果分析

表 5－15 第 1 列反映了普通话技能对农村劳动力转移就业的影响，回归结果表明，普通话推广对农村劳动力转移就业率有显著的积极影响，普通话水平每提高一单位，农村劳动力就业转移率增加 0.152%，并在 1% 的水平上显著，表明普通话水平的提升有助于农村劳动力转移就业。作为人类重要的思维工具、认知工具和交际工具，以及我国的国家通用语言，普通话水平的提高有利于提升农民工就业竞争优势，增加农民工进城就业机会，获得高收入的工作岗位，增加城镇对农村劳动力转移的“拉力”，促进农村劳动者转移就业。同时，普通话能力的提升也有利于进城农民工消除与城市居民由于语言不通带来的隔阂，更快地融入城镇“社会网络”，推动“社会资本”的积累和提升，获得稳定、工资收入较高的职业。另外，回归结果表明，滞后一年期的农村人均年度可支配收入和农村劳动力转移就业率呈显著的负相关关系，说明在城镇工资水平既定的情况下，农村人均可支配收入的提高，意味着农村人均可支配收入和城镇工资水平差距的降低，进而会进一步减少城镇对农民的“拉力”，不利于农民工进城就业。同理，农村财政投入及固定资产投资的增加，有利于提升农村的公共服务水平，有助于增加农村地区的吸引力，降低农民工进城务工的动力。因此，农村财政投入及固定资产投资的增加均与农村劳动力转移就业

率呈显著的负相关关系。

表 5－15　　推普的农村劳动力转移效应回归结果

变量	FE 农村劳动力转移就业率	2SLS 农村劳动力转移就业率
普通话水平	0.152*** (0.0503)	0.191*** (0.0543)
居民人均可支配收入	－0.102*** (0.0265)	－0.162*** (0.0435)
产业结构	2.671*** (0.709)	2.556*** (0.691)
财政预算支出	－0.632** (0.202)	－0.595*** (0.195)
公路里程数	0.122*** (0.0373)	0.123*** (0.0267)
固定资产增加值	－0.163*** (0.0416)	－0.111* (0.0616)
常数项	5.508*** (0.864)	5.192*** (1.646)
样本量	32	32
R^2	0.663	0.999

2. 内生性问题

在研究语言能力对劳动力收入、就业等影响的多数文献中，大都考虑了语言的内生性问题。根据以往语言能力对收入、就业的研究，内生性问题主要来源于以下两个方面：第一，遗漏变量问题，如观测不到的个人、家庭以及地区等层面的异质性，会同时影响到劳动者的语言能力和就业情况，从而导致回归结果有偏。第二，反向因果问题，如由于进城务工的劳动者接触到普通话技能熟练的居民机会较多，从而“耳濡目染”使得自身具备较高的普通话水平。工具变量法可以有效解决上述两个方面的问题。而工具变量选择的原则是工具变量与语言能力直接相关，但与劳动力转移就业却不直接相关。参考赵颖（2016）的做法，选择除本县（市、区）外的其他县域个体的普通话平均水平作为工具变量。表 5－15 最右列为工具变量的回归结果，结果表明普通话水平对农村劳动力转移就业的正向影响依然存在且显著。这在一定程度上解决了模型存在的内生性问题，也进一步证明了基准回归结果的准确性。

3. 稳定性检验

可通过更换解释变量的测度方法和回归方法的方式检验模型回归结果的稳健性。首先，考虑到模型中的内生性偏误及动态面板中估计量的非一致性问题，将回归方法由固定效应更换为广义矩估计（SGMM）进行回归分析，回归结果如表5－16第1列所示；其次，更改解释变量——普通话水平衡量指标，将普通话水平为“一般”“熟练”等进行平均作为县域普通话水平的衡量指标进行回归分析，结果如表5－16第2列所示。回归结果均表明，普通话水平的提高对农村劳动力转移就业有显著的积极影响，且在1%的水平上显著，与基准回归结果一致，表明模型的基准回归结果具有较强的稳健性。

表5－16　　稳健性检验

变量	SGMM 农村劳动力转移就业率	FE 农村劳动力转移就业率
普通话水平	0.149*** (0.0464)	0.274** (0.0658)
农村居民人均可支配收入滞后	－0.648*** (0.0679)	－0.503*** (0.0660)
产业结构	2.886** (0.848)	2.874** (0.849)
政府财政支出增长率	－0.856*** (0.283)	－0.884*** (0.283)
公路里程数	0.1945*** (0.0512)	0.1892*** (0.0505)
固定资产增加值	－0.180*** (0.0573)	－0.144** (0.0648)
常数项	4.553*** (1.198)	4.881*** (1.273)
样本量	32	32
R^2	0.645	0.6798

4. 异质性分析

为进一步研究普通话与劳动者转移就业率之间可能存在的异质性，将样本按照性别、年龄等进行分样本讨论，其中性别划分为男、女两类；年龄参考劳动力年龄划分标准，将样本划分为18—28岁、29—50岁、51—65岁等三个子样本。普通话能力与劳动力就业转移率的异质性回归结果表明，普通话能力的提升对农村劳动力转移就业有着显著的积极的影响，但存在性别、年龄的异质性（如表5－17所示）。从性别来看，普通话能力的提升对男性劳动力转移就业的影响大于女性，普通话水平每变动一个单位，男性劳动者转移就业率同向变动0.121%，女性劳动者转移就业率同向变动0.087%，并且在1%的水平上显著。从年龄方面来看，在18—28岁的样本中，男女劳动者普通话水平与劳动力转移就业率呈正向相关关系，但并不显著，该结论从劳动力就业角度论证了广西中越边境地区八县（市、区）农村居民普通话水平对收入影响不显著的实证研究结果（马静，刘金林，2020）；而对于年龄处于29—50岁、51—65岁的劳动者，普通话能力的提升有利于促进劳动力转移就业，且男性普通话技能对劳动力转移就业的影响大于女性，其原因可能在于在农村女性承担了较多的家务活动及照顾家庭成员的责任，从而挤占了女性外出工作的机会（吴博，尤庆莉，2014），导致普通话能力的提升对女性劳动者转移就业的影响小于男性劳动者。同时，从29—50岁样本与51—65岁样本对比来看，普通话水平对29—50岁男女性劳动者就业转移的影响大于年龄处于51—65岁男女性劳动者，其原因在于在劳动力就业市场中，劳动者年龄与劳动生产率呈现倒U型曲线，即随着劳动者年龄的增长，劳动生产率呈现先上升后下降趋势（汪伟，刘玉飞，徐炎，2019）。这也说明，相比较而言，就业市场中老年劳动力比中青年劳动力的综合竞争优势会降低很多，因而普通话的提升对51—65岁劳动者转移就业的边际影响小于29—50岁劳动者的影响。

表5－17　　　　年龄与性别的异质性回归结果

被解释变量：农村劳动力转移就业率		
第一部分		
变量	男	女
普通话水平	0.161*** (0.0355)	0.137*** (0.0422)
居民人均可支配收入	－0.219*** (0.0739)	－0.161*** (0.0482)
产业结构	2.705*** (0.751)	2.628*** (0.870)
财政预算支出	－0.625*** (0.205)	－0.794*** (0.232)
公路里程数	0.116*** (0.0353)	0.131*** (0.0375)
固定资产增加值	－0.166*** (0.0402)	－0.156*** (0.0495)

续表

第二部分						
变量	A. 18—28 岁		B. 29—50 岁		C. 51—65 岁	
	男	女	男	女	男	女
普通话水平	0.0117	0.00918	0.202***	0.179***	0.143***	0.137***
	(0.0174)	(0.0164)	(0.0612)	(0.0498)	(0.0453)	(0.0413)
居民人均可支配收入	-0.304***	-0.161***	-0.153***	-0.124***	-0.106***	-0.120***
	(0.010)	(0.020)	(0.0347)	(0.0219)	(0.0254)	(0.0380)
产业结构	2.773***	1.244***	2.974***	3.152***	2.220**	2.382***
	(0.813)	(0.811)	(1.061)	(1.095)	(0.894)	(0.885)
财政预算支出	-0.0638	-0.0611	-0.536***	-0.500**	-0.586***	-0.668***
	(0.303)	(0.303)	(0.198)	(0.242)	(0.192)	(0.185)
公路里程数	0.0611	0.0589	0.102**	0.120**	0.162***	0.172***
	(0.0515)	(0.0516)	(0.0483)	(0.0515)	(0.0623)	(0.0601)
固定资产增加值	-0.0850**	-0.0809**	-0.177**	-0.150**	-0.161***	-0.150***
	(0.0095)	(0.0088)	(0.0722)	(0.0678)	(0.0460)	(0.0457)

（五）结论

从理论上来看，语言作为一种人力资本，有利于加快进城务工农民工的社会网络融入，减少农民工摩擦性失业的持续时间，降低农民工寻找合适工作的成本，可以在既定工资收入水平的情况下，提高农民工迁移的货币化收益，为农民工向城镇迁移注入“间接”动力。从实践层面来看，基于2017—2020年中越边境八个县（市、区）0—3公里农村居民的全样本调研结果及《广西统计年鉴》数据，构建量化模型实证分析普通话水平与农村富余劳动力转移之间相关关系。结果表明，普通话推广与农村劳动力转移就业之间呈显著正相关关系，即普通话水平的提升有利于促进农村劳动者转移就业，且两者之间呈现性别、年龄的异质性。从性别上来看，普通话能力的提升对男性劳动者转移就业的影响大于农村女性劳动者。从年龄上来看，普通话推广对处于18—28岁年龄段男女性劳动者转移就业的影响不显著；且普通话能力对处于29—50岁男女性劳动者转移就业的影响均大于51—65岁男女性劳动者。

第六章

广西中越边境地区普通话高质量推广普及路径

一、广西中越边境地区普通话推广普及的成绩及面临的挑战

（一）广西中越边境地区普通话推广普及的成绩

1. 普通话普及率达 92.92%，已实现基本普及

2020 年广西全区范围内普通话普及率已达到 85.68%，高出全国普通话普及率 5.68 个百分点。广西中华民族共同体意识研究院课题组对地处广西中越边境地区的大新县、龙州县、凭祥市、宁明县、防城区、东兴市、靖西市、那坡县八个县（市、区）居民普通话普及情况调查显示，在被调查的 9016 人中，有 8378 人普通话水平达到了第四等级以上，还有 638 人的普通话达不到交流的程度，普通话普及率达 92.92%，高出全区 7.24 个百分点。从中越边境地区各县（市、区）的普通话普及率来看，八个县（市、区）的普通话普及率均超过全区普通话普及率。其中，大新县、龙州县、凭祥市、宁明县、防城区、东兴市、靖西市、那坡县分别为 88.81%、87.33%、96.83%、86.81%、98.38%、94.93%、93.05%、92.79%。从职业分布来看，教师、教师以外的专业技术人员、公务员、党群组织负责人、企事业单位负责人的普通话普及率达 100%；办事人员和有关人员、农林牧渔水利业生产人员、商业服务业人员、生产运输设备操作人员、其他职业、不在业人员的普通话普及率分别为 98.91%、93.63%、98.36%、99.02%、86.92%、87.28%。如此看来，无论

是从区域整体，还是从职业分布来看，广西中越边境地区普通话普及率较高，实现了“普通话基本普及，语言交际障碍基本消除”的目标。

2. 普通话技能大幅度提高，普及质量不断巩固提升

随着广西中越边境地区普通话普及率的提高，边境居民整体的普通话普及质量也在不断提升。被调查居民中，能说流利、标准的普通话的有 2251 人，能说比较标准的普通话的有 3813 人，在会普通话总人数中占比达 72.38%。其中，防城区、东兴市、大新县、龙州县、凭祥市、宁明县、靖西市、那坡县的普通话普及质量分别为 86.73%、76.91%、76.78%、75.84%、59.35%、59.02%、75.69%、69.07%。从性别来看，被调研居民中男性的普通话普及质量为 72.75%，而女性则为 71.86%；从年龄来看，被调研居民中 18 岁以下青少年的普通话普及质量为 79.87%，18—59 岁中青年群体的普通话普及质量为 73.50%，而 60 岁以上被调研居民的普通话普及质量则为 44.03%；从职业来看，教师、教师以外的专业技术人员、公务员、党群组织负责人、企事业单位负责人、办事人员和有关人员、农林牧渔水利业生产人员、商业服务业人员、生产运输设备操作人员、其他职业、不在业人员的普通话普及质量分别为 89.83%、90.24%、96.72%、89.89%、94.90%、93.26%、58.81%、75.55%、79.80%、49.24%、48.92%，其中，公务员、企事业单位负责人、办事人员和有关人员、教师以外的专业技术人员的普通话普及质量超过了 90%，党群组织负责人和教师的普通话普及质量超过了 80%，接近 90%，生产运输设备操作人员、商业服务业人员的普通话普及质量也超过了中越边境地区整体水平，分别达到了 75.55% 和 79.80%。

（二）广西中越边境地区普通话推广普及面临的挑战

总体来说，2020 年广西中越边境地区普通话普及率达 92.92%，历史性实现了“普通话基本普及，语言交际障碍基本消除”的目标，普通话普及程度和普及质量均有提升，普通话推广普及进一步夯实了广西中越边境地区各民族交往交流交融的共同语基础，对广西中越边境地区民族团结、社会和谐稳定起到了关键性的作用。但调研结果显示，广西中越边境地区普通话推广普及不平衡不充分的问题依然较为突出，在区域、年龄、性别、职业等方面呈现显著的异质性特征。

1. 普通话推广普及率面临着明显的不平衡不充分问题

第一，男性的普通话普及率高于女性。被调查的居民中，男性普通话普及率达 94.45%，女性普通话普及率达 90.84%，男性普通话普及率高出女性

3.61个百分点。第二，18岁以下青少年普通话普及率远高于其他人群。被访居民中，18岁以下青少年普通话普及率达96.25%，18—59岁年龄段（包括18岁）中青年普通话普及率达94.99%，60岁及以上老年人普通话普及率仅为61.86%，18岁以下青少年、18—59岁中青年普通话普及率都比60岁及以上老年人普通话普及率高出30多个百分点。最后，跨境婚姻家庭主妇的普通话水平远低于其他被访居民。针对20世纪80年代末至21世纪初嫁入广西中越边境地区的266位越南妇女的调查发现，有201人的普通话水平为“达不到交流的程度”，普通话在跨境婚姻家庭越南妇女中的普及率仅为24.44%，远低于全国及中越边境地区的普通话普及率；进一步调研发现，跨境婚姻家庭主妇在日常生活交流中主要使用跨境语言，仅有少数人在家与子女或儿孙聊天、在单位工作、去本地医院看病或政府部门办事、外出务工时使用普通话进行交流。

2. 普通话推广普及质量面临着显著的不平衡不充分问题

其一，部分区域普通话普及质量远低于整体水平。凭祥市、宁明县的普通话普及质量分别为59.35%、59.02%，比边境地区普通话普及质量的整体水平分别低13.03个和13.36个百分点。其二，60岁及以上老年人普通话普及质量偏低。被调研居民中60岁及以上老年人普通话普及质量为44.03%，分别比18岁以下青少年和18—59岁中青年普通话普及质量低35.84个和29.74个百分点，也比广西中越边境地区普通话普及质量的整体水平低23.85个百分点。其三，少数职业的普通话普及质量亟待提高。在被调研居民中，尽管大部分职业群体的普通话普及质量较高，但其他职业、不在业人员的普通话普及质量仅为49.24%、48.92%，分别比广西中越边境地区整体水平低23.14个和23.46个百分点。其四，跨境婚姻家庭主妇普通话普及质量极低。在针对跨境婚姻家庭成员的调查发现，跨境婚姻家庭主妇不仅普通话普及率不高，且普及质量也非常低，普通话水平达到“能说流利、标准的普通话”“能说比较标准的普通话”两个等级的人数仅有21人，占7.90%，提升普及率与普及质量的任务较为艰巨。

二、广西中越边境地区普通话高质量推广普及的思路与举措

从微观层面来看，语言变量对劳动收入的影响已被证实。但不同类型语言变量对劳动力收入影响的途径、机制、大小也不同，且同一种语言的经济效应也存在差异。普通话和外语能力均对工资收入水平有影响，但影响的大小和显

著性程度不同；普通话和方言均对劳动力跨域流动产生影响，但普通话的影响机制在于消除语言隔阂，降低语言交流和沟通成本，主要表现为“工具效应”或“信息效应”；而方言的影响机理在于文化和身份认同，着重体现为“文化效应”或“认同效应”。与此同时，从语言的技能来看，同一种语言的听、说、读、写不同技能及技能的熟练程度对劳动收入的影响也有较大差异。秦广强（2014）研究发现普通话熟练的农民工比不熟练的农民工月收入高出21%—40%；赵颖（2016）实证分析结论显示，普通话表达能力的劳动收入溢价高于听力能力溢价。程虹，王岚（2019）研究认为与普通话能力低的农民工群体相比，普通话能力中等和较高的农民工群体在工资水平上分别高出19.4%—21.0%和30.3%—34.9%。

另外，语言变量与经济变量之间的关系，会因个体受教育程度、自身收入，以及地区人力资本水平、外来移民人口比例、外商直接投资等因素而存在较大的异质性。大量研究证明，外语、普通话的工资收入效应会因个体受教育程度、从事的职业和行业、是否已婚、收入层次、生活地方（城市还是农村）等因素而存在较大差异；方言多样性的开放合作抑制效应、技术扩散的阻碍效应等也会伴随区域人均受教育程度的提高、外来移民人口的增加、外商直接投资规模的扩大而降低甚至变得不再显著。

综上所述，普通话的深入推广普及必须统筹兼顾语言习得及其经济效应影响机制的规律性及异质性，新时期广西中越边境地区普通话高质量推广普及应坚持“分类施策”的原则，聚焦重点区域、人群，按照“聚焦重点、全面普及、巩固提高”的新时代推普方针，扎实推进“两工程、两计划”实施，强化提升广西中越边境地区普通话普及程度与普及质量，以充分发挥普通话在促进边民就业、改善民生，解决相对贫困、实现共同富裕，以及增强文化认同，促进各族群众交往交流交融，铸牢中华民族共同体意识中的积极作用。

（一）加大边境地区老年人与跨境婚姻家庭主妇普通话普及力度，推动普通话全面普及

当前，广西中越边境地区60岁以下的中青少年群体普通话普及率很高，已实现基本普及，但60岁及以上老年人、跨境婚姻家庭主妇（大部分越南妇女处于中老年龄段）普通话普及率并不高，甚至绝大多数不会讲普通话、不会写汉字。这两部分人群属于农村留守群体即“386199部队”的主体，也是农业生产的主力军。以老年群体和越南妇女日常生活为抓手，开展普通话学习进社区、进村屯、进家庭的宣传活动，打造沉浸式学习的氛围和条件，是加大这部分人群普通话推广普及的优先选择。一是充分发挥社区、村屯党组织的引领作用，推动普通话学习进社区、进村屯，推动老年人和跨境婚姻家庭妇女群体普通话学习的全覆盖。可通过举办绕口令表演、经典诵读、歌舞表演、汉字听写比赛、书法绘画展示、童心说书（讲中华民族文化的故事、党的故事等）等喜闻乐见的活动形式，吸引老年群体和越南妇女对普通话的关注；进而结合日常生活需要，通过多样化普通话宣传海报、志愿者语言教学课堂、语言运用微课堂、推送生活服务上门等宣传教育方式，加深他们对普通话的了解，让他们感知到普通话学习“有意思、有用处、很容易”，进而积极主动学普通话、讲普通话。二是充分发挥“小手拉大手”的作用，推动普通话学习进家庭，营造浓厚的普通话学习的家庭氛围。教育鼓励小学生放学在家用普通话跟家人沟通交流，以在增加这两部分群体接触普通话时间的同时，巩固提高小学生普通话学习的质量。

（二）强化提高边境地区青少年和中青年群体普通话技能，巩固提升普通话普及质量

一直以来，党和国家对边疆民族地区中青少年群体国家通用语言文字推广普及工作倾注了诸多努力，普通话已在边境地区青少年和中青年群体中基本普及，且这部分群体普通话技能也得到大幅度提高。大量的实证研究表明，普通话技能与劳动者收入之间呈显著的正相关关系，即劳动者普通话熟练程度越高，劳动者收入越高。因此，着重巩固提升青少年和中青年居民的普通话技能，对促进广西中越边境地区居民提升科学文化素质与就业技能，推动农村劳动力转移就业具有积极的意义。

1. 充分发挥学校教育主阵地的作用，巩固提升青少年在校学生普通话技能，为增强其自主学习能力和科学文化素养筑牢语言基础

首先，全面使用国家统编教材是民族地区普通话推广普及的关键工作。国家统编教材包括中小学语文、政治（道德与法治）、历史三科，在民族语言授课中使用国家统编教材，是党中央做出的关于加强民族地区国家通用语言文字教育的重大战略部署，有利于提升民族地区广大青少年的普通话水平，有助于青少年夯实“中国底色”，铸牢中华民族共同体意识，成长为具有深厚的爱国主义情怀，爱党、爱国、爱人民，能够担当民族复兴大任的时代新人。而且，语言习得理论的关键期假说（Critical Period Hypothesis，CPH）、敏感期假说（Sensitive Period Hypothesis，SPH）两大假说均认为儿童语言习得的成效远高于成人学习者。因此，在民族地区全面落实国家统编教材的使用工作，不仅对

于提升民族地区广大青少年的普通话水平，而且对于培育和弘扬社会主义核心价值观，引导民族地区青少年坚定“四个自信”，增强“五个认同”，铸牢中华民族共同体意识具有重大的战略意义和深远的历史意义。

其次，不同年龄段采取“分类施策”“集中提高”等方式着力提升民族地区学生的普通话技能。针对 0—14 周岁少年群体，继续实施“童语同音”计划和经典润乡土计划，充分利用学校、教室、科技馆、儿童中心、青少年宫、博物馆等校内外场所，以党史国史、近现代史和改革开放史教育学习、科学文化学习、民族团结进步教育等专题教育为切入点和抓手，通过举办中华经典诵读、红色故事小讲堂、少儿故事大赛、少儿专题广播节目、写作大赛、校园情景剧比赛、主题演讲比赛等形式，从小培养少年群体的语言表达能力、语言文字应用能力以及语言逻辑思维能力等，教育引导少年树立正确的国家观、历史观、民族观、文化观、宗教观，扣好人生第一粒扣子。针对 15 周岁以上的青年学生群体，可采取传统教育和新媒体教育相结合的方式，以青年理想信念教育、党史教育、培育践行社会主义核心价值观等思想道德教育，科学文化与专业知识教育、社会实践教育、心理健康教育、职业规划教育、国防教育等为切入点和抓手，通过“青年民族团结进步促进工程”，“与人生对话”“与信仰对话”的思想教育主题活动，“向上向善好青年”评选活动、“挑战杯”竞赛和中国青少年科技创新奖评选、全国职业院校技能大赛等评选活动，“青年好声音”“青年网络文明发展工程”等网络文化行动，大中专学生“三下乡”、志愿服务等社会实践活动，“守护心灵，健康成长”心理健康团体辅导主题活动，“筑梦青春”大中专学生暑期就业实习行动，组织边境地区青年与内地各族青年开展互访、联谊活动等形式，强化提升青年学生群体的语言表达能力和语言文字应用能力，为今后边境地区青年学生能以更加主动、自信、健康的姿态适应现代化社会、融入社会打牢共同语基础。

2. 大力发挥社会教育的作用，着力提升中青年就业群体普通话技能，以提高其就业创业的能力

首先，把握语言治理与国家治理的辩证统一的推普思路。国外重点从语言工具应用的角度出发，将语言治理定义为“法律、教育等机构通过书籍、法规、考试等形式规定不同的人、群体或组织语言或语言形式的使用及其思想行为的过程”。而国内学者则着重从语言生活的视角，认为“语言治理”准确讲应为“语言生活治理”，即对语言生活中语言应用的治理（李宇明，2016）。尽管国内外学者对语言治理的界定有所差异，但按照上述观点，语言治理体系

均被看作为国家治理体系的有机组成部分。语言要素通过经济、政治、文化等方面，比如乡村振兴、基层治理、民族团结等，作用于国家治理体系与能力的现代化。同时国家治理通过语言政策或现实和网络世界的改变（王春辉，2020）影响语言的使用及其结构的变化。因此，新时期推普除了加大推普的宣传力度，还要让各族群众全面认识推普的经济、社会及文化意义，将语言治理体系置于国家体系框架下，统筹考虑国家语言规划和政策的设计，使得语言治理与经济发展、社区治理、民族工作等之间达到同频共振，共同助力于国家治理体系与能力现代化建设，应是新时期工作关注的重点之一。

其次，集中力量组织开展民族地区非外出务工青壮年人群普通话的专项培训。鼓励他们借助信息化工具和资源自主学习，带动推普工作进村、入户、到人，为农村劳动力走出去消除语言障碍，为其更好地求职创业打下坚实的语言基础。另外，持续加强民族地区外出务工的青壮年普通话技能的提升。针对已外出务工的青壮年，在其过年过节等返乡时期，组织其参加普通话培训，及时了解其语言使用困境，帮助其提高语言使用的能力及技巧。而在培训组织上，当地语言文字部门可以牵头协调，在各乡各村组织语言能力较好的基层干部、乡村教师、大学生村官等专人或兼职人员负责落实。在培训形式上，既可以选择由基层干部等群体做出日常表率的浸润式教学，也可以选择特约教师开展定期授课的集中教学。在培训内容上，则可以根据外出务工人员的职业进行“普通话 + 职业能力”的融合教学，也可以根据他们在特定场合中的语言使用需求进行模拟语境练习。在培训工具上，充分利用信息化手段，如微信、微博、QQ 等软件，为中青年劳动力搭建普通话应用学习的载体和平台。

最后，通过“普通话 + ”教育模式实现“以文化人、以技增收”的作用机制，不断夯实各族群众铸牢中华民族共同体意识的思想基础和物质基础。可借助教育、产业、就业等救助工具手段，微信、微博、抖音等新媒体平台，利用全国民族团结进步示范单位、民族团结教育基地等现有平台资源，以学校、村屯（社区）、用工单位为单元，采取家庭教育、课堂讲授、社会实践等方式，长期开展“普通话 + 职业技能 + 素质教育”“普通话 + 文化浸染”等系列活动，并融入党史国史、近现代史和改革开放史教育、社会主义核心价值观培育、应急教育等内容，着力构建技能增收与文化育人相结合的普通话推广路径和模式，在促进其普通话技能与职业技能双重提升的同时，不断提高其“五个认同”的认同度，夯实铸牢中华民族共同体意识的经济、政治、文化、思想及社会基础。

3. 持续强化提升民族地区双语教师、基层干部职工普通话水平，创设良好的普通话学习、交流环境

少数民族学生在学习普通话的过程中，不仅会受到母语的干扰，而且还会受到语言环境、教师的普通话水平与教学方式、学生的学习态度、所使用的教材等诸多因素的影响。教师普通话水平较低，教学方法不科学、不适当，都有可能导致学生在学习普通话过程中产生一定的偏误，致使普通话交流中带有浓厚的地方口音。随着我国普通话普及攻坚工程的实施，教师的普通话普及率已达到90%以上，但部分民族地区小学教师，尤其是双语教师的普通话水平依然较低，较大程度地影响了民族地区学生的双语教育效果。总体来讲，可以从四个方面强化提升民族地区双语教师的普通话水平。

一是加强对各级各类教师的综合培训和教师业务培训，进行包括国家语言文字法律法规、方针政策和规范标准等内容，确保教师在教学中能坚持规范使用国家通用语言。二是选择性地培养一批双语教师队伍，其中对于出生于民族地区，对民族语言教育熟悉的教师，重在开展普通话读、说技能的培训；而对于外地引进、普通话水平较高的教师，则注重进行系统化、理论化的民族语言文化培训，加强民族语言听、说、读方面的技能训练。可经过脱产培训、远程自学、帮扶结对等多样化教学方式，确保双语教师的教学水平和教学素养达到国家执教标准。三是建立双语教师教学服务机构，为双语教师提供教学设计与创新培训，培养双语教师教学创造性，切实提高教学质量。另外，应充分考虑民族地区双语教师的教学量和教学难度，适当提高双语教师的薪资待遇或者加大补贴力度，建立合理的双语教师绩效考评和分配制度，以稳定双语教师师资队伍，激励双语教师的教学积极性、主动性。四是营造良好的普通话和规范汉字使用氛围，在推广普及普通话过程中，国家机关、学校应充分发挥带头和基础作用，公共服务行业、新闻出版和广播影视则重点发挥窗口和示范作用。同时，通过集中学习、举办培训班等途径，加大对民族地区不具备普通话沟通能力的县以下党政机关公务员、事业单位职员等基层干部的专项培训，着力提升普通话的沟通交流、读写等应用能力；建立完善相应的选拔和绩效考核制度，可将普通话水平纳入基层职工的工作考核和职务考核，确保党政机关、学校、新闻媒体、公共服务行业等重点领域从业人员的普通话全部达标，为社会做出良好表率，切实发挥引领和示范作用。

第六部分

广西中越边境教育扶贫篇

在我国这个统一的多民族国家里，民族教育是一种特殊的教育类型，是国民教育的一个有机组成部分，在国民教育体系中具有重要的教育、政治和文化意义。民族教育发展得好与不好，直接影响着国民教育的整体发展水平，直接影响着少数民族参政、议政的质量，直接影响着中华文化之有机组成部分的民族优秀文化传承与发展的质量，直接影响着国际上其他国家对我国教育（包括民族教育）的总体评价。目前，学术界对民族教育概念存在着不同理解。《教育大辞典》认为，“民族教育是中国少数民族教育的简称，特指除汉族外，对其他55个民族实施的教育”；《中国大百科全书》认为，“少数民族教育是在多民族国家内对人口居于少数的民族实施的教育，简称民族教育，在中国指对汉族以外的其他民族实施的教育”；中央民族大学滕星教授认为，民族教育是指对作为有着共同文化的民族或共同文化群体的民族集团进行的文化传承和培养该民族或民族集团的成员，一方面适应现代主流社会，以求得个人更好的生成与发展，另一方面继承和发扬本民族或本民族集团的传统文化遗产的社会活动。上述这些民族教育概念最大的合理性在于充分关注到了“少数民族”这一特殊的教育对象，对理解民族教育实践具有启示。存在决定意识。毛泽东《在延安文艺座谈会上的讲话》指出：“我们讨论问题，应当从实际出发，不是从定义出发。如果我们按照教科书，找到什么是文学、什么是艺术的定义，然后按照它们来规定今天文艺运动的方针，来评判今天所发生的各种见解和争论，这种方法是不正确的。我们是马克思主义者，马克思主义叫我们看问题不要从抽象的定义出发，而要从客观存在的事实出发，从分析这些事实中找出方针、政策、办法来。”毛泽东同志的这段话对理解广西的民族教育同样具有方法论的意义。分析、理解广西的民族教育问题，学理借鉴有必要，但不能完全从抽象的概念出发，而要立足于广西或广西的民族教育问题的客观环境和现实，来分析和解决民族教育问题。广西作为一个民族自治区的现实和环境，它与新疆、内蒙古等其他自治区以及其他省份相比，有着自身的特点和特殊性，这决定了广西在理解民族教育问题时，不能脱离这些现实和环境而抽象的理解民族教育，而必须要立足于这些现实和环境对民族教育问题进行具体理解。这些年来，广西在制定民族教育政策、开展民族教育工作时，遵循一切从实际出发的原则和要义，在牢牢把握国家教育方针和精神的基础之上，深深扎根于广西的民族因素和现实因素，现实性地形成了体现广西实情的民族教育概念，即主要以广西少数民族为对象，同时兼顾边境县域学校，发展旨在促进教育对象教育更好地融入主流社会以及实现边境县域教育整体高质量发展的教育实践活动。广西的民族教育概念，综合考虑了民族教育的对象性和区域性，也兼顾了广西毗邻边境的特点，体现了民族教育的一般性和特殊性。

第一章

“十三五”期间广西民族教育改革与发展现状

“十三五”时期，广西积极贯彻落实《国家中长期教育改革和规范纲要(2010—2020)》《国务院关于加快发展民族教育的决定》，广西的教育事业在以往基础之上，整体实现了快速发展，取得了较好的成绩。作为广西教育事业的一个有机组成部分，广西的民族教育随着广西教育发展的整体性提升而水涨船高，也取得了一定的成绩，广西民族教育步入了一个新的发展平台。

一、学前教育阶段发展现状

以“少数民族”为对象，是民族教育概念及实践的一个重要特性。让民族地区的每名儿童或少数民族儿童获得公平发展的机会，享有人生高质量的良好开端教育，已成为各国政府提高综合国力的重要战略之一。“十三五”期间，广西高度重视学前教育的发展，颁布和实施了一系列促进民族地区学前教育发展的政策，帮助民族地区的儿童和少数民族儿童入园接受学前教育，帮助和支持民族地区儿童和少数民族儿童，在入学教育这个最基础、最重要的教育公平机会上，努力与其他地区的学生站在同一条起跑线上。

（一）广西学前教育总体发展情况

“十三五”期间，相比 2017 年，2019 年全区新增幼儿园 1325 所，幼儿园总数达 13112 所，其中，民办幼儿园 11587 所，新增在园幼儿 27872 名，在园幼儿总数 2167734 名，学前三年毛入园率达 90%，高于全国平均水平

(83.4%)(见表6-1)。适龄儿童“入园难、入园贵”问题得到有效缓解。

表6-1　　2019年全区学前教育发展状况

幼儿园数(所)	民办幼儿园数(所)	在园幼儿总数(人)	学前三年毛入学率(%)
13112	11587	2167734	90

2020年，通过实施自治区学前教育普及普惠工程，全区新建公办幼儿园627所，新增学位17万个。2018年以来，全区新认定多元普惠幼儿园3069所，全区多元普惠幼儿园总数达到5722所，惠及幼儿95万人。截至2020年，全区普惠性幼儿园覆盖率超80%，超额完成“十三五”规划目标。目前，全区公办幼儿园总数达3996所。2020年全区学前三年毛入园率达到91%，普惠性幼儿园覆盖率超过80%，基本解决了“入园难、入园贵”问题。

(二)学前教育阶段少数民族儿童入园情况

“十三五”期间，广西学前教育的整体发展带动了民族地区儿童和少数民族儿童接受学前教育的比例增加。截至2019年的数据统计表明，全区学前教育阶段共有在园儿童2167734人，少数民族在园儿童数为779839人，占总在园儿童的35.97%。与2018年相比，在园少数民族幼儿增加23100人，增幅3.05%(见表6-2)。

表6-2　　2019年全区少数民族儿童入园情况

在园幼儿总数(人)	少数民族在园幼儿总数(人)/较2018年增长(人)	少数民族在园幼儿占比(%)
2167734	779839/23100	35.97

二、义务教育阶段发展现状

义务教育是国家统一实施的，所有适龄儿童、少年必须接受的教育，是国家必须予以保障的公益性事业。义务教育是国家整个教育系统中最基础性的环节，直接影响着职业教育、高中教育、高等教育等后面教育的发展水平、发展质量以及发展后劲。经过多年的大力投入与发展，特别是”十三五“以来的建设，广西的义务教育的发展水平得到明显提升，已经进入了普及和巩固提高的新阶段。

(一)广西义务教育整体发展概况

“十三五”期间，广西进一步调整、优化义务教育学校布局，改善办学条件，满足学生上学、上好学等对高质量的教育。截至2019年，广西现有各类中小学 9789 所，其中在校学生数 7191943 人，招生数 1692993 人，毕业数 1433574 人。2019 年九年义务教育巩固率达到 95.2%，较 2017 年增长 1.2 个百分点，高于全国的九年义务教育巩固率（94.8%）。全区义务教育学校共有 175294 个班级，66 人以上班额数 19 个，其中超大班额仅占 0.01%，55 人以上班额数 11753 个，大班额比例 6.70%（见表 6－3）。

表 6－3　　2019 年广西义务教育发展总体概况

中小学数（所）	在校学生数（人）	招生数（人）	毕业生数（人）	九年义务普及率（%）	班级总数（个）	66 人以上超大班（个）/占比（%）	55 人以上大班（个）/占比（%）
9789	7191943	1692993	1433574	95.2	175294	19/0.01	11753/6.70

2020 年，各类中等职业教育（不含技工）招生 27.10 万人，在校生 69.99 万人，毕业生 19.10 万人。普通高中招生 40.87 万人，在校生 115.10 万人，毕业生 33.70 万人。普通初中招生 75.50 万人，在校生 225.50 万人，毕业生 70.70 万人。普通小学招生 85.90 万人，在校生 507.20 万人，毕业生 74.70 万人。特殊教育招生 0.75 万人，在校生 4.20 万人，毕业生 0.51 万人。九年义务教育巩固率为 96%，高中阶段毛入学率为 91%，分别比 2017 年提高了 8.3 个、3 个、2.5 个百分点。

（二）义务教育阶段民族学生教育发展状况

据统计，2019 年广西义务教育阶段共有少数民族学生 2742600 人，少数民族学生占总在校生的比例 38.33%。与 2018 年相比，在校少数民族小学生增加 59600 人，增幅 3.28%。在校少数民族初中生增加 38100 人，增幅 4.59%，说明少数民族中小学生入学率有了较大提高。根据不完全统计，大部分民族自治县九年义务教育巩固率均在 90% 以上（见表 6－4）。

表 6－4　　2019 年 广西全区义务教育阶段民族教育发展状况

少数民族学生数（人）	占在校生总数（%）	较上年增长小学生（人）/增幅（%）	较上年增长初中生（人）/增幅（%）
2742600	38.33	59600/3.28	38100/4.59

三、高中教育发展现状

普通高中教育是衔接义务教育和高等教育的重要阶段，是促进我国从人口大国向人力资源大国转型的关键环节。“十三五”期间，广西积极推动示范高中教育建设，以点带面，引领和带动全区普通高中教育在发展规模与发展质量上都取得了骄人的成绩。

（一）广西普通高中教育发展状况

截至2019年，广西普通高中共有490所，招生数394233人，在校生总数1091029人，普通高中阶段毛入学率达到90.9%，高于全国平均水平。整体看，广西的高中教育办学体制主要以国家公办为主，民办为辅，高中教育办学体制呈多样化发展趋势，高中教育开始走向普及化阶段（见表6－5）。

表6－5　　2019年广西全区普通高中教育发展状况

高中数（所）	招生数（人）	在校生总数（人）	毛入学率（%）
490	394233	1091029	90.9

加大资金投入。2018年以来，统筹落实中央和自治区普通高中专项资金20.98亿元，支持新建普通高中39所，改扩建普通高中172所，新增学位11.7万个。设立自治区普通高中建设贷款贴息补助资金1.3亿元，支持全区公办普通高中多渠道筹措学校建设资金，有效解决“学位”“床位”“餐位”不足的问题。

深入推进普通高中多样化特色化发展，示范型普通高中达154所，实现县县全覆盖。支持立项建设特色普通高中60所；建立50个自治区普通高中学科课程基地，为每个学科课程基地提供不低于10万元的补助经费。制定实施《消除普通高中学校大班额专项规划（2020—2022）》，着力化解大班额问题。深入实施普通高中课程改革，立项培育高中教学改革质量提升项目39项，以优秀成果示范引领课程改革向纵深发展。

（二）高中教育阶段民族学生教育发展状况

据统计，2019年广西全区高中教育阶段共少数民族在校高中学生人数410537人，少数民族学生占总在校生比例37.63%。与2018年相比，在校少数民族高中学生增加26200人，增幅6.82%。然而，尽管少数民族学生的高中入学率大大提高，但是还低于广西普通高中毛入学率（90.9%）（见表6－6）。

表6－6　　2019年广西全区普通高中教育发展状况

少数民族在校生总数（人）	占总在校生比例（%）	较上年增加（人）/增幅（%）
410437	37.63	26200/6.82

四、中等职业教育发展现状

职业教育是现代国民教育体系中的重要组成部分，对因地理位置等原因暂时处于不发达的民族地区来说，职业教育直接面对劳动力市场，职业教育的发展对快速改善民族地区或少数民族生活水平和生活质量，具有更为直接的现实意义。“十三五”期间，在自治区政府“职教攻坚”政策的大力推动和带动下，广西的中等职业教育事业取得了较大的发展和变化。

（一）广西中等职业教育发展状况

截至2019年的数据表明，广西全区共有中等职业学校248所，招生人数202052人，毕业人数196423人。在校生人数680286人。学生人数较2018年有所增加。在师资方面，截至2019年，广西中等职业学校现有专任教师20430人。“双师型”教师5771人，占专业课教师的比例31%。整体来看，广西的中等职业学校整体力学办学条件得到极大改善，学校生均校舍面积和设备值均达到全国平均水平。“十三五”期间，广西建设有400个中等职业学校“特色专业+实训基地”，推动了100所自治区示范特色中等职业学校以及50个品牌专业的建设，达到国家同类专业领先行列。另外，从专业及特色发展看，广西中职学校还打造了一批具有民族特色的专业，如梧州市第二职业中专开设有民族饰品设计与制作专业，并且加强了民族特色校园文化建设，有力促进优秀民族文化和艺术在学校的传播等（见表6－7）。

表6－7　　2019年广西全区中等职业教育发展状况

中等职业学校数（所）	招生人数（人）	毕业生人数（人）	在校生人数（人）	专任教师（人）	“双师型”教师（人）/占比（%）
248	202052	196423	680286	20430	5771/31

（二）中等职业教育民族学生教育发展现状

统计数据表明，2019年广西全区中等职业教育阶段总在校生人数680286人，少数民族学生20312人，少数民族学生占总在校生人数的29.86%（见表6－8）。另外，数据也显示：广西中等职业教育阶段整体学生人数上升，但少数民族学生就读人数却呈下降趋势。

表6－8　　2019年广西全区中等职业教育民族教育阶段发展现状

少数民族在校生总数（人）	占总在校生比（%）
20312	29.86

自治区统筹中央和自治区资金25亿元，在全区支持130所中职学校开展办学条件达标建设，支持73个中等职业教育、24个高等职业教育示范特色专业及实训基地建设，职业院校办学条件总体达标，职业院校的承载能力明显提

升。截至 2020 年，高职学生增加 21.2 万人，中职全日制学生新增 3.4 万人以上。全区 4 所高职学校入选国家“双高”建设计划，19 所高职学校入选自治区“双高”建设计划，112 所中职学校入选自治区示范特色中职学校，在优质职业院校就读的学生达到学生总数的一半以上。每年有 1/3 左右的中职毕业生升入高职就读，2000 多名中职毕业生升入本科就读，12% 左右的高职毕业生升入本科就读，基本实现职业教育升学有通道、就业有门路。

五、边境地区教育发展状况

广西 8 个边境县（市、区）同时也是少数民族教育聚居区，8 个边境县（市、区）的学校教育具有边境性和民族性。了解广西 8 个边境县（市、区）的教育发展情况，具有现实的教育意义和深刻的国防意义。近些年来，在国家兴边富民等政策的全面带动下，广西边境县（市、区）的教育也实现了较大的发展。2019 年的统计资料表明：在学前教育阶段，8 个边境县（市、区）共有幼儿园 837 所，乡镇公办幼儿园基本实现了全覆盖，在园幼儿总数 80878 人，入园幼儿总数 29544 人，少数民族幼儿数 54690 人，占在园幼儿人数比例为 35.5%。小学阶段的招生人数 38578 人，其中接受过学前教育的学生数 37381 人，占比 96%。相比于广西学前教育发展情况，幼儿园总体数量还是偏少，5324 人的幼儿园专任教师数量显得人手不够，而且专任教师学历在大专以上的比率为 68%，低于广西学前教育阶段的专任教师大专以上学历 72.93% 的比例（见表 6－9）。

表 6－9　2019 年广西边境地区学前教育发展状况

幼儿园数（所）	在园幼儿总数（人）	入园幼儿总数（人）	少数民族幼儿数（人）/占比（%）	专任教师（人）	大专以上学历教师占比（%）
837	80878	29544	54690/35.5	5234	68

在义务教育阶段，“十三五”以来，广西通过实施“两免一补”、农村义务教育学生营养改善计划、寄宿生校车补助等项目，以及具有整体性带动义务教育发展的“全面改薄”工程等的实施，大力推动着边境地区义务教育的发展。据统计，2019 年广西专项投入资金 3.87 亿元，支持边境地区 733 个义务教育项目建设，8 个边境县市均通过义务教育均衡发展评估验收。截至 2019 年，广西边境县（市、区）有共建设 297 所小学，毕业生人数 34927 人，招生人数 37381 人，其中在校少数民族学生 158342 人，占总在校人数的 76%；建设有 81 所初中，招生总人数 29877 人，在校生人数 96531 人，少数民族学生

数 71203 人，占总在校生人数的 73.76%。从统计资料看，广西 8 个边境县（市、区）小学、初中的生师比分别达到 17.47 和 15.98，均高于广西小学、初中的平均生师比。另外，8 个边境县（市、区）仍存在大班额上课情况，其中，小学超过 55 人的大班额数 370 个，占总班数的 6.5%，初中超过 55 人的大班额数 137 个，占总班数的 20.03%，边境义务教育阶段的教育发展仍存在师资不足、大班额的问题（见表 6－10、表 6－11）。

表 6－10　　2019 年广西边境地区小学教育发展状况

小学数（所）	毕业生人数（人）	招生人数（人）	少数民族在校生（人）/占比（%）	生师比	超 55 人大班数（个）/占比（%）
297	34927	37381	158342/76	17.47	370/6.5

表 6－11　　2019 年广西边境地区初中教育发展状况

初中数（所）	招生总人数（人）	在校生人数（人）	少数民族在校生（人）/占比（%）	生师比	超 55 人大班数（个）/占比（%）
81	29877	96531	71203/73.76	15.98	137/20.03

高中教育阶段，据 2019 年数据统计，广西边境县（市、区）有 12 所高中，在校学生人数 32135 人，招生人数 11500 人，毕业生人数 8870 人。其中少数民族学生 27687 人，占比例 86.15%。高中专任教师数 1717 人，专任教师的职称中，正高级职称 15 人，占比例 0.8%，副高级职称 328 人，占比例 19%，中级职称 498 人，占比例 29%，初级职称 637 人，占比例 37%。8 个边境县（市、区）高中生师比 18.72，高于广西高中生师比（见表 6－12）。

表 6－12　　2019 年广西边境地区高中教育发展状况

高中数（所）	在校生人数（人）	招生总人数（人）	毕业生数(人)	少数民族在校生（人）/占比（%）	生师比	专任教师（人）	正高职称(人)/占比（%）	副高职称(人)/占比（%）	初级职称(人)/占比（%）
12	32135	11500	8870	27687/86.15	18.72	1717	15/0.8	328/19	637/37

中等职业教育情况，数据表明，截至 2019 年广西 8 个边境县（市、区）有中等职业学校 7 所，毕业生数 2709 人，招生人数 3632 人，在校生人数 9456 人，专任教师 316 人，双师型教师 64 人，广西中职教育“双师型”教师占专业课教师的比例 20.25%，低于广西中职教育“双师型”教师占专业课教师的比例 31%。专任教师的学历情况，其中，本科学历 275 人，占 87%，专科 33 人，占 10%，无正高级职称，副高级职称 37 人，中级职称 181 人，初级职称

75 人，专任教师中高级职称所占比例偏低。整体看，广西边境县市中职学校的学校占地面积和校舍面积等主要办学条件较广西中等教育主要办学条件还是偏低（见表 6 – 13）。

表 6 – 13　　2019 年广西边境地区中等职业教育发展状况

中等职业学校数（所）	在校生人数（人）	招生总人数（人）	毕业生数（人）	专任教师（人）	“双师型”教师（人）/占专业课教师比（%）	专任教师学历		专任教师职称数		
						本科（人）/占比（%）	专科（人）/占比（%）	副高（人）	中级（人）	初级（人）
7	9456	3632	2709	316	64/20.25	275/87	33/10	37	181	75

六、民族高等教育发展情况

广西在学校教育体系内，高等教育是整个国民教育系统中最后的一个环节。据 2019 年的数据统计，广西有普通高等学校 83 所。其中普通本科院校 36 所（独立学院 9 所），职业本科 1 所，高等专科学校 4 所，高等职业学院 36 所，独立设置的成人高校 6 所，广西高等教育毛入学率达到 43.8%。专任教师 49160 人，副高职称者 26.54%，正高职称者 10.95%。现有高校中已开设 87 个专业类、283 种专业，专业类覆盖率达到 95%，专业覆盖率达到 56%，形成了较齐全的科类专业结构，在一定程度上适应了广西少数民族地区经济与社会发展对各类专门人才的需求（见表 6 – 14）。

表 6 – 14　　2019 年广西高等教育阶段民族教育发展情况之一

普通高校数（所）	普通本科院校（所）/独立学院（所）	职业本科（所）	高等专科学校（所）	高等职业学院（所）	成人高校（所）	毛入学率（%）	已开专业类（个）/覆盖率（%）	已开专业（种）/覆盖率（%）	专任教师（人）	专任教师职称占比（%）	
										正高	副高
7	36/9	1	4	36	6	43.8	87/95	283/56	49160	10.95	26.54

广西高等教育的整体的发展，带动了高等教育阶段民族教育的发展。据统计，2019 年，广西全区高等教育阶段普通本专科在校生总数 1076408 人，少数民族学生数为 359702 人，占普通本专科总在校生人数的 33.42%；全区研究生在校生总人数为 38222 人，少数民族研究生为 6002 人，占全区总研究生的 15.70%。高等教育阶段少数民族专任教师 11130 人，占总专任教师的 22.64%，这另一个角度印证了少数民族高层次人才比例偏低。事实上，尽管报考 2019 年“少数民族高层次骨干人才计划”硕士研究生已达 1334 人，比

2018 年的 1164 人增长 14.6%，广西大学、广西师范大学、广西医科大学、广西民族大学等 4 所本科院校，已成为“少数民族高层次骨干人才培养计划”招生培养院校，但整体上少数民族高层次人的比较仍然偏低。这意味着要进一步加强少数民族高层次人才培养的力度（见表 6－15）。

表 6－15　2019 年广西高等教育阶段民族教育发展情况之二

普通本专科生在校总数（人）	少数民族学生数（人）/占比（%）	研究生总数（人）	少数民族研究生数（人）/占比（%）	少数民族专任教师（人）/占比（%）	报考“少干计划”（人）/增幅（%）
1076408	359702/33.42	38222	6002/15.7	11130/22.64	1334/14.6

民族高等教育的发展，还体现在民族特色学科建设上。“十三五”期间，广西民族高等教育继续实施民族院校特色学科建设工程。截至 2019 年，广西财政总计投入 4800 万元，分三批资助了广西民族大学、广西民族师范学院、右江民族医学院、广西师范学院等高校的民族学、少数民族艺术学、民族医药学、壮医学等 19 个学科成为民族特色学科建设项目。广西民族特色学科建设得到了进一步的推进，取得了较显著的建设成效。

民族预科教育是衔接高中教育和大学教育且主要服务于少数民族学生以及民族地区学生的一种特殊办学形式。据统计，“十三五”期间，广西民族预科教育招生计划已达到每年 4851 人，预计 2020 年将达到每年 5000 人的招生规模，从招生规模看，较好地满足了少数民族学生和民族地区学生对高等教育的追求。

七、民族双语教育发展现状

广西双语教育是广西民族教育的重要组成部分，其中包括双语教育教师培养、双语学校校长、双语教育信息化建设等。截至 2019 年，广西全区开展壮汉双语教学的学校有 289 所，其中小学 248 所、初中 35 所、普通高中 6 所。“十三五”期间，广西全区依托广西壮汉双语教师培训基地和有关院校，分期分类对双语学校教师进行培训，壮汉双语学校校长培训计划、壮汉双语学校教师全员培训计划、百名壮汉双语名师培养工程。共培训双语教育县局长、教研员、校长和双语教师 1700 多人次。定向宾阳县等 25 个县（市、区）40 个乡镇培养高中起点三年制专科层次公费小学壮汉双语教师 145 名；通过实施“农村中小学现代远程试点工程”（以下简称“农远工程”），使广西民族中小学（含双语教育学校）基本配备了多媒体教育设备，并形成了一大批教学光盘等教学资源。但是整体看，广西双语信息化建设基础薄弱，与信息发达的省份在基础设施建设方面还存在较大差距（见表6－16）。

表6－16 2019年广西全区壮汉双语学校概况

小学（所）	初中（所）	高中（所）
248	35	6

八、民族团结进步教育发展现状

民族团结教育进步教育是铸牢中华民族共同体意识的重要路径之一，具有明显的综合教育意义。“十三五”期间，广西教育政府部门出台实施了系列推进民族团结进步教育的政策，较好地推动了民族团结进步教育活动的实效。截至2019年，共举办20期全区中小学校民族团结教育骨干教师培训班，培训对象来源于中小学校校长、政教主任、团队工作者和思想品德课教师等的民族团结教育骨干教师，总计达2000多人次；建设了一批民族团结进步教育校本课程及资源，建构了“国家课程—地方课程—校本课程”一体的民族团结进步教育课程体系；建设了100多所融民族团结教育于校园文化特色建设为一体的民族文化教育示范学校；建立了以课堂教学为主渠道的民族团结教育机制，要求各类学校将民族团结教育纳入日常教学计划，规定了民族团结教育的基本学时，积极推动党的民族理论和民族政策、国家法律法规进教材、进课堂、进头脑，积极民族团结教育融入学科课程教育教学机制；建立了“以赛促教学”的民族团结教育机制，“十三五”期间，各级学校结合重要传统节日，积极举办融合民族团结教育网络与电视现场比赛，受众达10万多人次。广义地看，广西的民族团结教育进步也深深融入至学校其他方面，比如融入思想政治教育、形势与政策、中国近现代历史教育、毛泽东思想及邓小平理论等的课程教学，融入丰富多彩的校园文化活动。很大程度上，广西壮族自治区没有出现影响民族团结的舆情事件，正是广西学校有效开展了狭义与广义的民族团结进步教育的结果，使得各族师生已将“像爱护自己的眼睛一样爱护民族团结”的精神深深扎根于心里，使得民族团结意识已化为各族师生的一种内在素质，使得体现和维护民族团结的行为已成为各族师生的一种自觉。

第二章

“十三五”期间广西民族教育的成就与问题

一、“十三五”期间广西民族教育发展成就

学前教育方面。2019 年广西在园少数民族幼儿比 2018 年增加 23100 人，增幅 3.05%。少数民族幼儿入园率大大提高。少数民族幼儿专任教师比 2018 年增加 2300 人，增幅 6.93%（如图 6－1、图 6－2）。总体来看，广西的幼儿园基础设施建设基本达标。

义务教育方面。2019 年广西在校少数民族小学生比 2018 年增加 59600 人，增幅 3.28%。在校少数民族初中生比 2018 年增加 38100 人，增幅 4.59%（如图 6－3）。少数民族中小学生入学率大大提高，而且大部分民族自治县九年义务教育巩固率均在 90% 以上。少数民族小学专任教师比 2018 年增加 2500 人，增幅 2.61%。少数民族初中专任教师增加 1700 人，增幅 3.37%（如图 6－4）。自 2014 年实施“全面改薄”以来，广西的民族自治县基础教育设施建设日益完善，基本能满足日常的教育教学活动需求。教学仪器设备数量基本充足，且危房改造全部完成，学生的身体健康需求和教育教学需求有良好的物质保障。

义务教育学校标准化建设稳步推进。“十三五”以来，通过统筹“全面改薄”工程，共投入资金 8.91 亿元，支持 8 个边境县（市、区）1551 个义务教育项目学校建设，新建、维修改造校舍面积 46.16 万平方米。边境县域学校的办学条件得到有效改善，边境县（市、区）义务教育学校标准化程度得到明

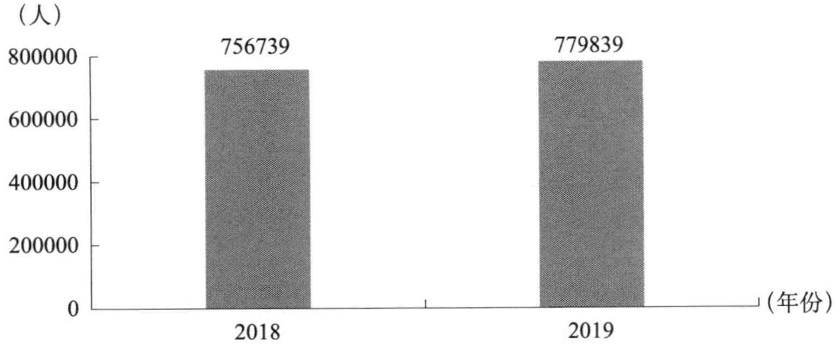

图 6-1　少数民族在园幼儿总数

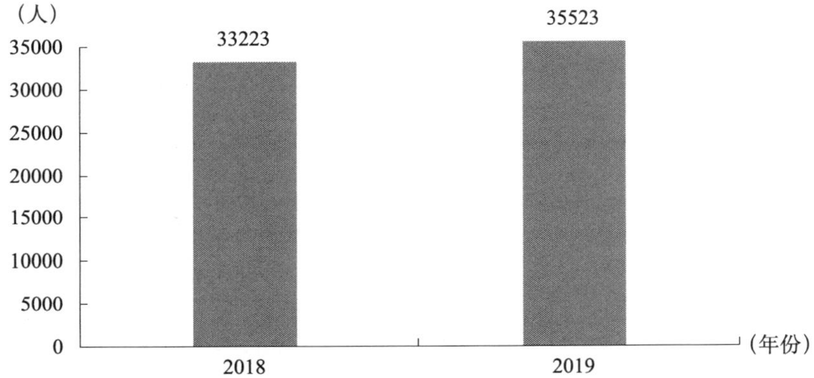

图 6-2　少数民族幼儿专任教师

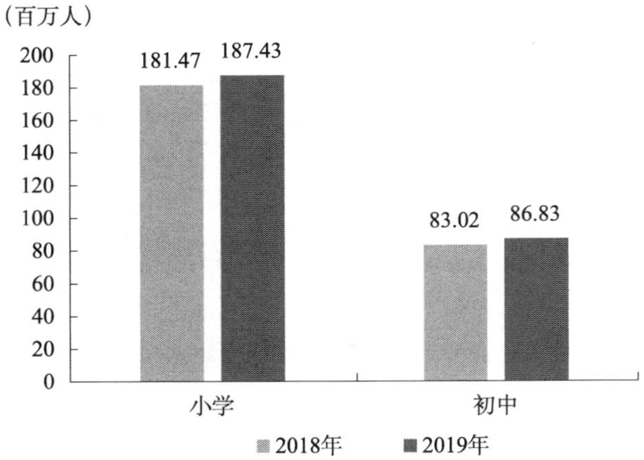

图 6-3　少数民族在校中小学生数

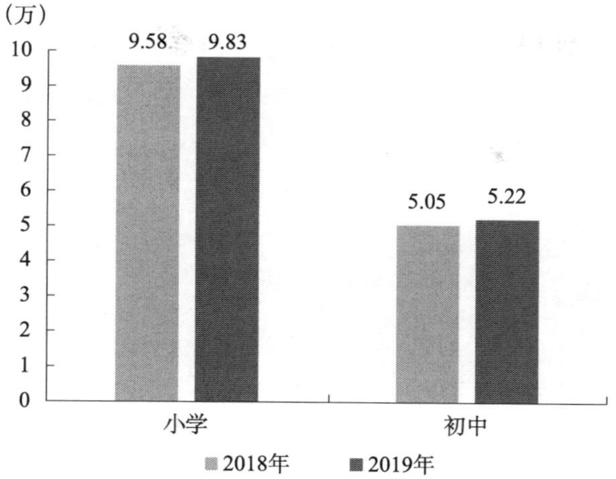

图6-4　义务教育阶段少数民族专任教师数

显提高，义务教育质量也在稳步提高，有力地推动了义务教育均衡发展。截至2018年底，8个边境县（市、区）均已通过自治区义务教育均衡发展评估，其中龙州、凭祥、宁明、大新、东兴、防城等6个县（市、区）通过国家督导评估认定，占边境县75%。靖西、那坡2县（市）预计2019年接受国家督导评估认定。据统计，自2015年以来，边境地区每万人小学生在校生数逐年增加，2018年广西边境县（市、区）每万人中小学生在校生数达到933.46人，高于全国726.12人的平均水平；每万人中学生在校生数自2015年以来逐年增加，2018年达到516.18人，超过全国503.66人的平均水平（如图6-5、图6-6）。其中，东兴市、靖西市每万人中学生在校生数高于全国平均水平以

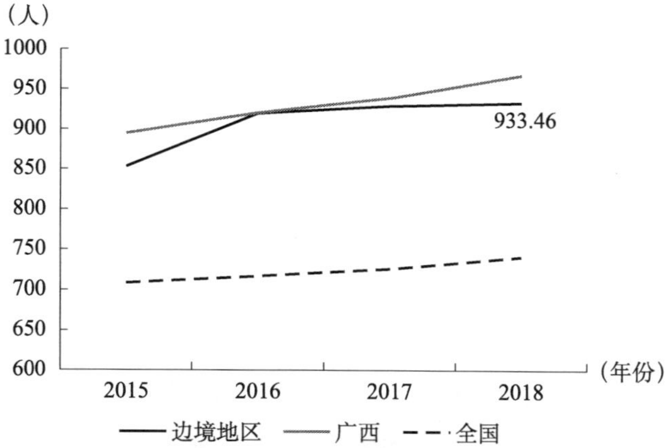

图6-5　每万人小学生在校生数

上（如图6－9）。2018年边境地区每百所小学生中专任教师数达到5.83人，每百名中学生专任教师数达到6.32人，专任教师人数略高于广西平均数（如图6－7、图6－8）。东兴市、那坡县、靖西市、宁明县、大新县每百名中学生专任教师数高于全国平均水平（如图6－10）。

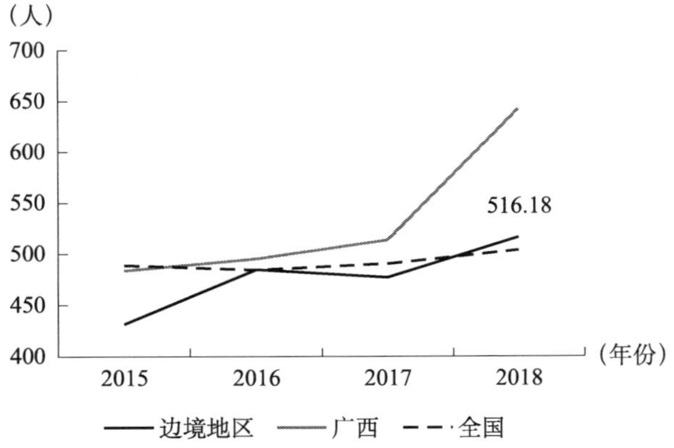

图6－6 每万人中学生在校生数

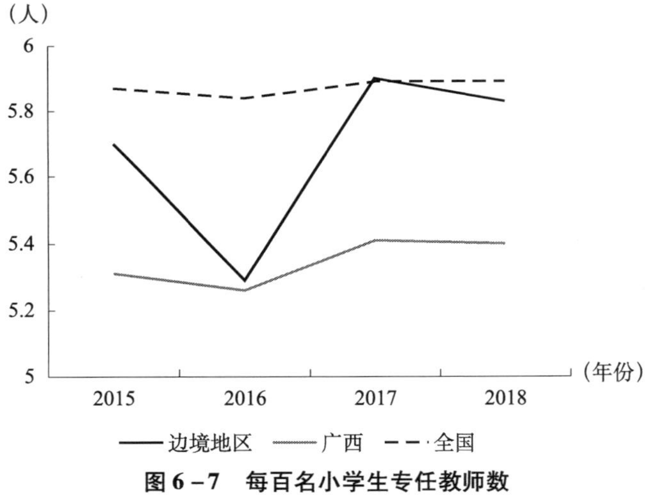

图6－7 每百名小学生专任教师数

高中教育方面。2016年以来，共筹措中央和自治区资金共计10.6亿元，支持广西54个少数民族贫困县新建普通高中12所，改扩建贫困县普通高中169所（次），支持60所贫困县普通高中偿还因建设校舍及购置学校器材设备等产生的银行贷款利息。广西县域内高中教育基本实现均衡发展，实现了自治区示范性普通高中县县全覆盖目标。据统计，2019年，全区少数民族在校高

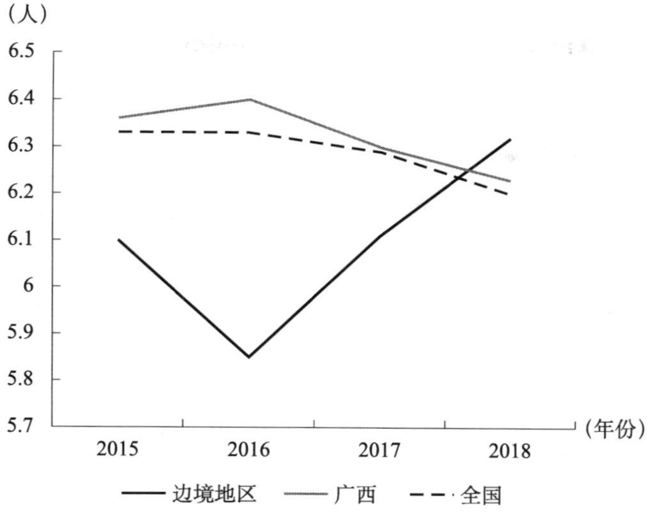

图6－8　每百名中学生专任教师数

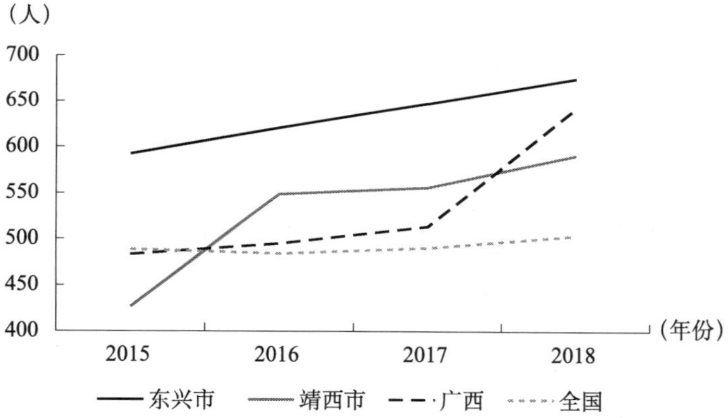

图6－9　每万人中学生在校生数

中学生人数比2018年增加26200人，增幅6.82%。少数民族学生的高中入学率大大提高（如图6－11）。少数民族专任教师比2018年增加1100人，增幅5.26%。广西少数民族高中生师比为15.87，低于广西高中生师比，一定程度上可以认为广西少数民族高中师资规模好于广西高中师资规模平均水平（如图6－12）。

中等职业教育方面。全区建设有18所民族中等职业学校。中等职业教育资源从城市覆盖到了农村。中等职业学校的少数民族教师较2018年有所增加。全区各地职业学校设置有一批具有民族特色的专业。另外，广西的民族自治县

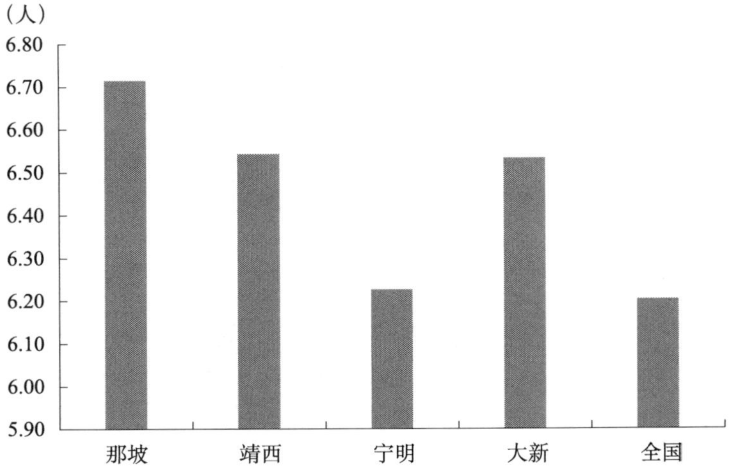

图 6－10　2018 年每百名中学生专任教师数

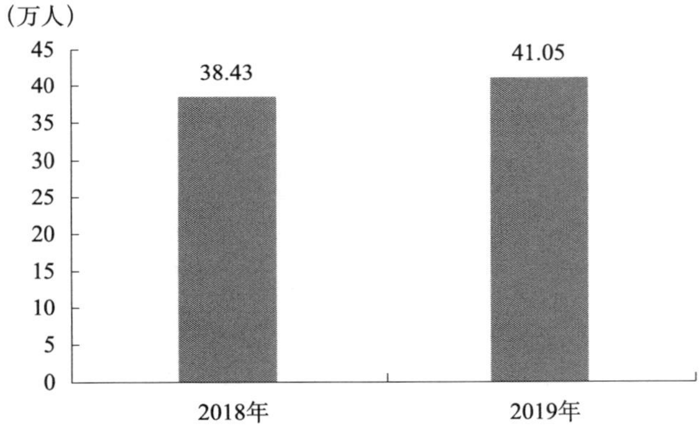

图 6－11　少数民族高中在校生数

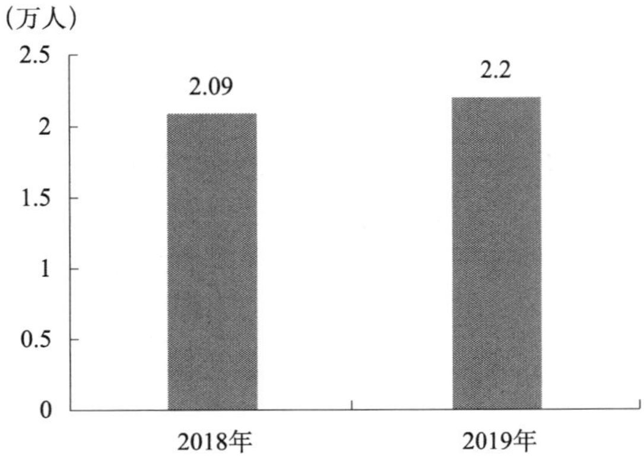

图 6－12　少数民族普通高中专任教师数

职业学校积极创新专业课教学模式。各县和学校也积极建立专业动态调整机制。积极进行职业教育产学融合，产学研深度融合进程加快，加强了校企合作和校研合作。

高等教育方面。“十三五”期间，广西继续实施民族特色学科建设工程。2016—2019 年，广西每年投入资金 600 万元支持民族特色学科建设，各项目学校加快实施特色学科建设，民族学、少数民族艺术学、民族医药学、壮医学等 19 个特色学科建设得到了进一步推进，取得了较显著的建设成效，广西民族大学的民族学科在全国第四轮学科评估结果中已经进入国内 B 级档次，科学技术史成为国家民委重点建设学科。“十三五”期间，广西少数民族预科教育实现每年 5% 的招生名额递增，2019 年录取 4851 人，基本实现每年 5000 人的招生计划。新增 4 所本科院校为“少数民族高层次骨干人才培养计划”招生培养院校，从 2017 年度开始，每校单列安排硕士研究生招生 10 名指标，广西生源报考 2019 年“少数民族高层次骨干人才计划”硕士研究生已达 1334 人，比 2018 年的 1164 人增长 14. 6% 。

边境县地区教育发展方面。普惠性的学前教育获得大力发展。“十三五”期间，全区统筹扩大学前教育资源项目投入，支持边境县新建一批公办乡镇中心幼儿园和县城（城区）幼儿园及发展一批多元普惠幼儿园，进一步扩大边境县（市、区）学前教育资源，共新建、改扩建边境县（市、区）幼儿园 41 所（其中新建 22 所，改扩建 19 所），投入资金 14339 万元（中央 7365 万元、自治区 3272 万元、县级资金 3702 万元），受益学生达 20170 人。其中，2018 年投入资金 2244 万元用于奖补防城区、宁明县、凭祥市 5 所新建幼儿园，可新增学前教育学生 2420 人，边境县（市、区）已基本实现乡镇中心幼儿园全覆盖，较好地缓解了“入园难”“入园贵”等问题；积极支持边境地区发展多元普惠幼儿园，认定边境地区多元普惠幼儿园 280 所，惠及幼儿园 5. 6 万人，落实奖补资金 1120 万元。

边境地区高中阶段教育建设持续推进。“十三五”期间，通过实施普及高中阶段教育攻坚计划和普通高中突破发展工程，共投入专项建设资金 2810. 4 万元，支持边境县（市、区）普通高中改扩建建设项目 13 个，用于建设教学楼、学生宿舍楼、学生食堂、运动场，购置图书仪器设备，大大改善了薄弱学校的办学条件。编制广西普及性高中学校建设规划表，将 8 个边境县（市、区）纳入高中阶段教育普及攻坚计划，立项建设龙州县高级中学为自治区星级特色普通高中，推进边境地区普通高中多样化特色化发展。

民族双语教育发展方面。全区民族双语学校数逐步增加，全区开展壮汉双语教学的学校数逐年上升。截至 2019 年 12 月底，全区已建成壮汉双语教学的学校 289 所，其中小学 248 所、初中 35 所、高中 6 所（如图 6－13）。民族双语教育课程标准和教材建设得到加强。“十三五”期间，出台了《初中壮语文课程标准（试行）》和《高中壮语文课程标准（试行）》，完善了从学前到高中壮语文课程标准体系。译编写壮文教材、壮文课外读物 160 多种，组织开发壮文数字教材资源近 10 种，开发了低年级有声点读壮语文教材，进一步完善壮汉双语教育课程和教材建设。民族双语师资培养培训稳步推进。“十三五”期间，招收高中起点专科层次免费小学壮汉双语教师定向培养师范生 456 人，培训局长、教研员、校长和壮汉双语教师共计 6300 多人次，连续举办民族双语教研观摩研讨活动，参与人次达 600 多人，涵盖全区壮语学校。举办多种民族双语活动推动民族双语工作发展。连续举办壮语文学业水平测试，测试学生总人数达到 25700 多人；连续举办用壮语讲故事、诵读、现场作文等比赛，全区壮汉双语学校师生全部参与，大大推动了民族双语工作的发展。

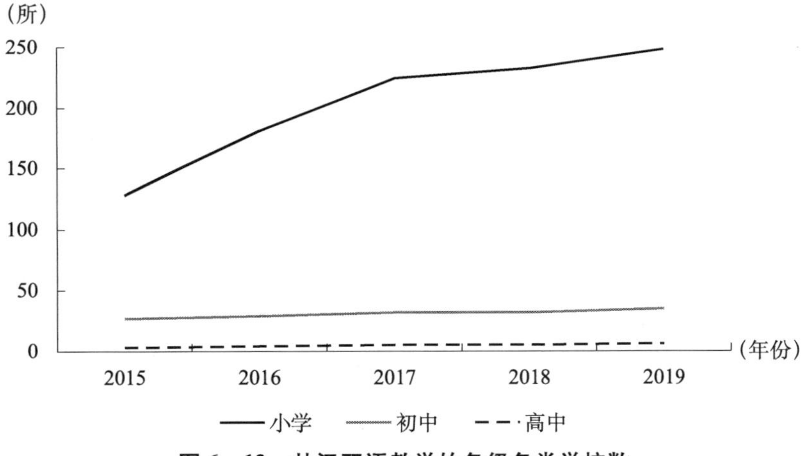

图 6－13　壮汉双语教学的各级各类学校数

民族团结进步教育方面。“十三五”期间广西学校努力推进民族团结进步教育，实现了“六个一”，即“一支队伍、一套课程、一批学校、一套机制、一个平台、一个模式”的民族团结进步教育工作的发展。

打造了一支稳定的民族团结教育师资队伍。截至 2019 年，共举办近 20 期全区中小学校民族团结教育骨干教师培训班，培训来源于中小学校校长、政教主任、团队工作者和思想品德课教师等的民族团结教育骨干教师，总计达2000多人次。接受培训后的民族团结教育骨干教师，不但将学校的民族团结教育工作提升了一个档次，使学校成为自治级、国家级民族团结先进模范集体，教师本人也成为民族团结模范个人或国家级或区级的优秀教师。比如，贵港蒙公民族中学胡榜航副校长成为全国先进教育工作者（2019）、广西民族大学龚永辉教授被授予“全国民族团结先进个人”称号（2019），一批学校成为自治区级、国家级民族团结进步模范集体。

建立了一套完善的民族团结教育课程体系。“十三五”期间，广西各学校在使用全国统一的民族团结教育教材之时，充分结合广西地域民族文化和学科特点，立足于广西各民族传统文化、爱国主义教育资源及广西当代经济社会发展实际，组织开发广西民族团结教育地方教材，编制《广西民族团结教育读本》（6册），同时，指导中小学校开发校本教材，各中小学校开发了具有当地民族文化特色的《菁菁校园》《最美河池》《刘三姐》《隆林民族文化荟萃》《宾阳民族文化》《走进壮民俗》等系列校本教材服务于学校民族团结教育，建构了国家—地方—校本三级民族团结教育课程体系。

建设了一批兼具民族团结教育功能的民族文化教育示范学校（基地）。自教育厅2014年启动“百所民族文化教育示范学校”建设工程以来，南宁市明秀小学、武鸣太平镇庆乐小学、柳江壮语文学校附属小学等100多所建设成为民族文化教育示范学校。与此同时，还建设有一批基于博物馆、纪念馆（碑）、文物古迹、民族文化场（馆）以及特殊地理、历史文化场所等的民族团结教育基地。

建构了一套民族团结教育常态化机制。通过将民族团结教育纳入日常教学计划，规定民族团结教育的基本学时，建立完善了以课堂教学为主渠道的民族团结教育机制以及学科教学融入民族团结教育机制。此外，建立了“以赛促教学”的民族团结教育机制。“十三五”期间，评选出民族团结教育优质课58节，举办两届全区中小学民族团结知识网络竞赛，举办的民族团结知识网络竞赛、民族团结进步教育征文比赛等，参赛人数突破100多万人，社会关注度超过500万人次。

搭建了一个各族师生交往交流交融的平台。每年的“壮族三月三”节日成为各级学校开展民族团结教育和民族优秀文化展示的平台。

建构了以“民族文化交融”为主线的民族团结教育“广西模式”。该模式获2018年获国家教育教学成果奖二等奖。

二、“十三五”期间广西民族教育发展存在的主要问题

（一）各阶段少数民族生源入学率或就读率低于广西平均水平

2019 年广西少数民族幼儿入园率有所增加，但仍低于广西水平（如图 6－14）。中等职业教育阶段少数民族学生就读人数下降，而广西中等职业教育阶段整体学生人数是上升的（如图 6－15）。广西高等教育中少数民族学生所占比例低于广西少数民族人口比例 6. 19 个百分点。

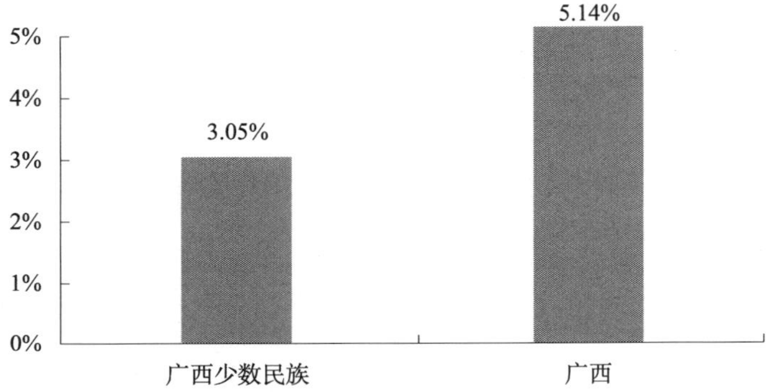

图 6－14　2019 年幼儿入园率增幅

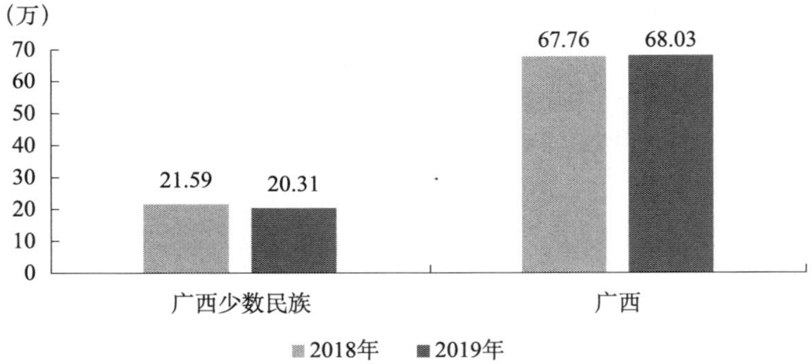

图 6－15　中等职业学校在校生数

（二）各阶段教育少数民族师资力量不足

学前教育阶段，广西少数民族幼儿教师人数相比于广西幼儿园教师的增长幅度还是比较缓慢。义务教育阶段，少数民族小学专任教师增加 2500 人，增幅 2. 61％。低于广西整体小学专任教师的增幅（3. 60％）。少数民族初中专任教师增加 1700 人，增幅 3. 37％。低于广西整体初中专任教师的增幅（3. 50％）（如图 6－16）。广西少数民族小学和初中专任教师人数相比于广西

整体义务教育阶段教师的增长幅度还是偏低。高中阶段少数民族专任教师增幅明显低于广西整体普通高中专任教师增幅。少数民族小学生师比 17.39，少数民族初中生师比 14.1，低于广西小学生师比 18.5，初中生师比 15.5。广西少数民族高中生师比 15.87，低于广西高中生师比。广西少数民族中职生师比 43.71，高于广西中职生师比 33.3。广西高等教育少数民族生师比 32.86，远远高于广西高等教育的生师比 19.9。一定程度上，少数民族师资的相对不足，影射和反映了少数民族高层次人才的缺乏与不足。

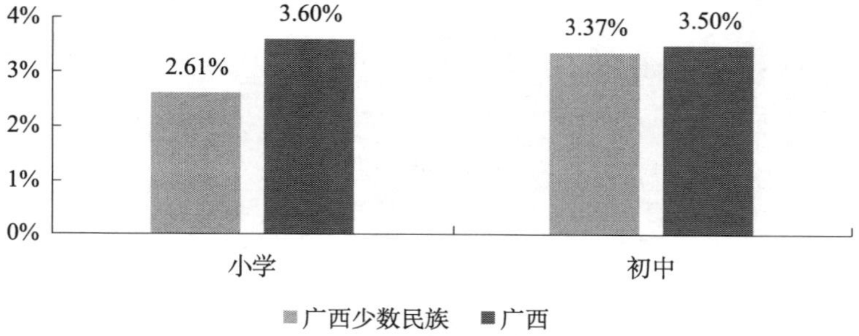

图 6－16　2019 年专任教师增幅

如图 6－17 所示，中等职业教育和高等教育阶段，少数民族生师比远高于广西总体水平，说明中等职业教育阶段和高等教育阶段的少数民族教师人数偏少。

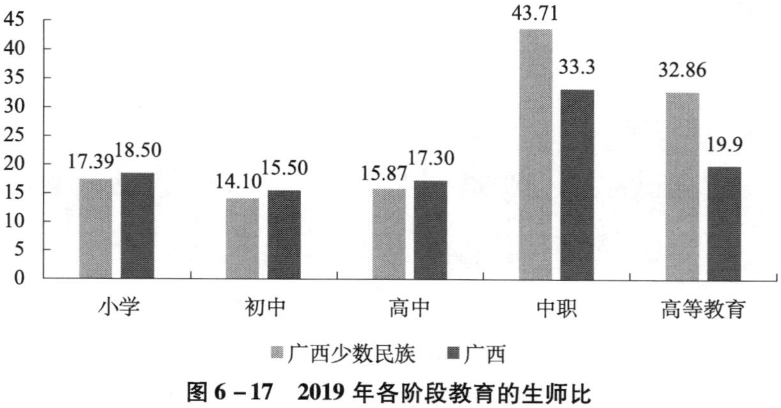

图 6－17　2019 年各阶段教育的生师比

如图 6－18 所示，在少数民族专任教师在本省（区）占比中，广西小学、初中、高中、中等职业教育和高等教育的少数民族专任教师占比均低于贵州。

如图 6－19 所示，广西各教育阶段的生师比均高于全国水平，说明广西师

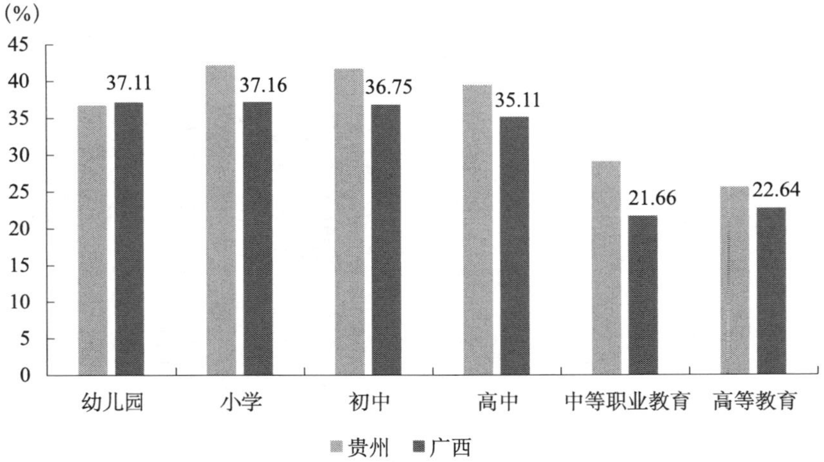

图 6－18　2018 年少数民族专任教师占比

资短缺，尤其是中等职业教育。与云南、贵州、四川等省份相比，小学、初中、高中和中等职业教育阶段，生师比均高于云贵川等省，说明广西义务教育、高中和中等职业教育师资均少于云贵川等省。

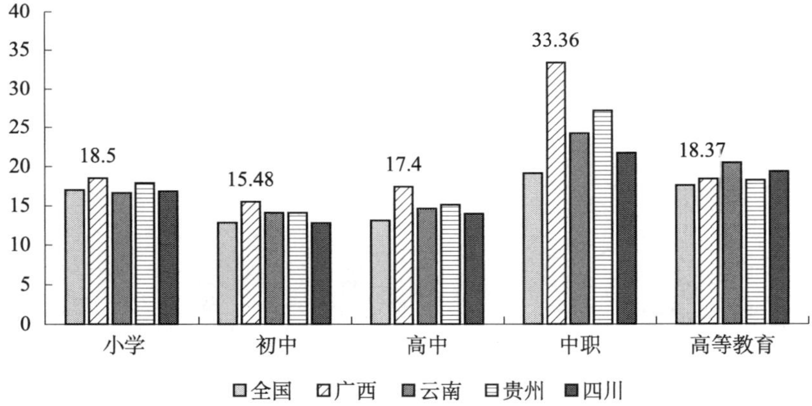

图 6－19　2018 年各教育阶段生师比

（三）各教育阶段因经费导致的办学条件问题仍然存在

广西幼儿园园舍占地面积较小现象依然存在。学校较为拥挤，在园幼儿缺乏充足的活动空间。就区内而言，义务教育阶段的民族教育从均衡水平到优质均衡水平仍有较大空间值得去补充。

广西各级教育生均一般公共预算经费较低（如图 6－20），广西幼儿园、小学、初中、高中、普通高等学校生均一般公共预算经费均低于全国、云南、贵州和四川水平。

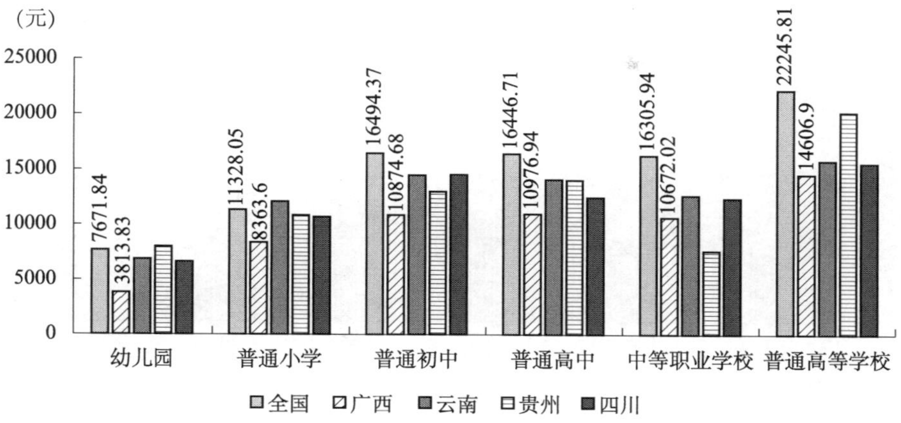

图 6－20　2018 各级教育生均一般公共预算教育经费

广西各级教育生均一般公共预算教育事业费支出较低（如图 6－21），广西幼儿园、小学、初中、高中、普通高等学校生均一般公共教育事业费支出均低于全国、云南、贵州和四川水平。

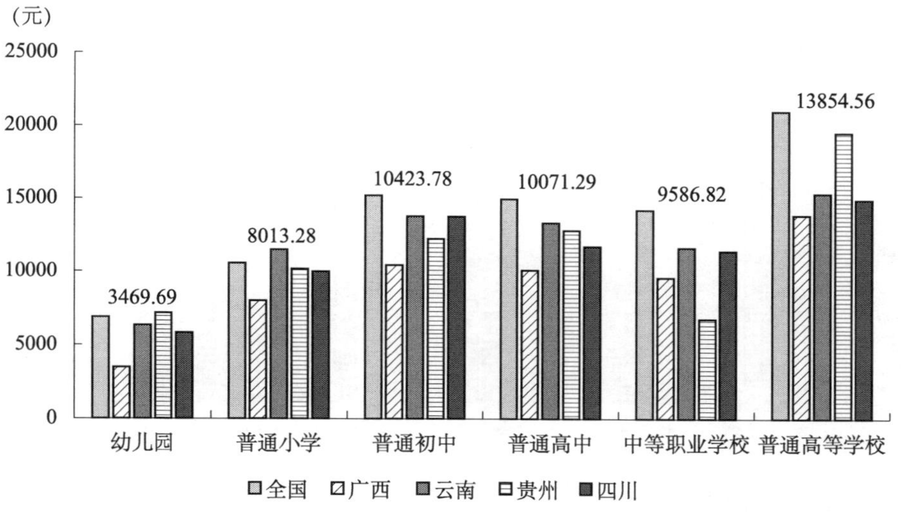

图 6－21　2018 各级教育生均一般公共预算教育事业费支出

广西各级教育生均一般公共预算公用经费支出低于全国水平（如图 6－22），2018 年广西各级教育生均一般公共预算公用经费支出低于全国水平，幼儿园生均一般公共预算公用经费支出低于云南、贵州和四川的水平。

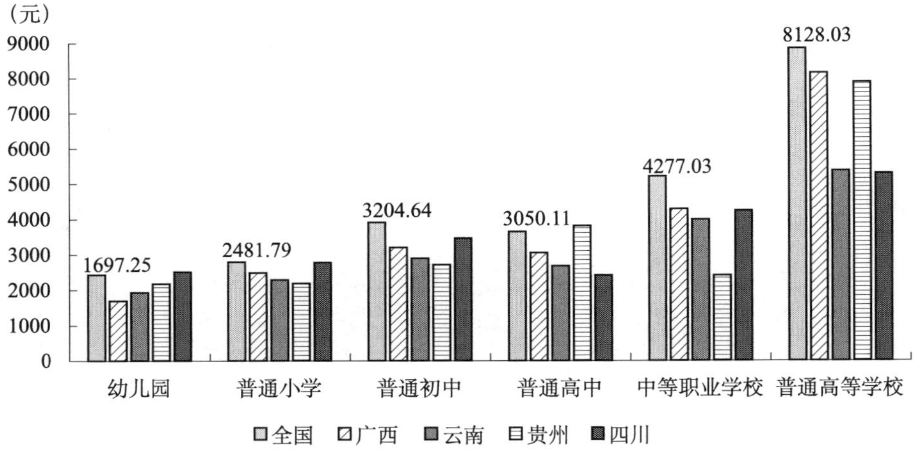

图 6－22　2018 各级教育生均一般公共预算公用经费支出

广西各教育阶段生均一般公共预算教育经费增长较低（如图 6－23），广西 2018 年小学、初中、高中、高等学校的生均公共预算教育经费增长低于全国、云南、贵州、四川的水平，幼儿园生均公共预算教育经费增长低于全国、云南、贵州的水平，中等职业学校生均公共预算教育经费增长低于全国、云南、四川的水平。

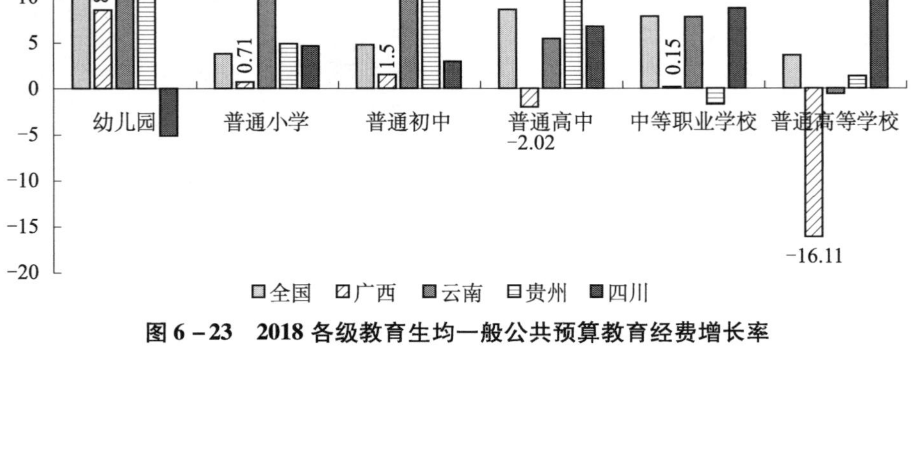

图 6－23　2018 各级教育生均一般公共预算教育经费增长率

广西各教育阶段生均一般公共预算教育事业费支出增长较低（如图 6－24），广西小学、高中、中等职业学校和高等学校生均一般公共预算教育事业费支出增长低于全国、云南、贵州、四川的水平，幼儿园生均一般公共预算教育事业费支出增长低于全国、云南、贵州的水平，初中生均一般公共预算教育事业费支出增长低于云南、贵州的水平。

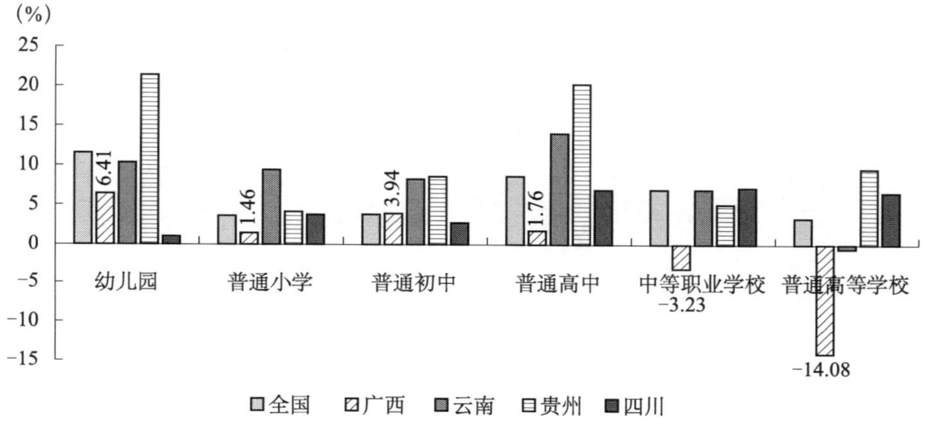

图 6－24　2018 年各级教育生均一般公共预算教育事业费支出增长率

（四）边境地区教育发展水平有待持续提高

第一，撤点并校、均衡发展等教育改革，一定程度上导致了边境民族地区中小学校数的总体减少，且有远离边境线办学之趋势，边境地区学校教育的国防功能受到影响。如图 6－25，与 2015 年相比，2018 年广西边境的中小学数分别减少了 10 所、352 所。如图 6－26，2015 年至 2018 年，防城区、东兴市、那坡县、靖西市、龙州县、大新县的小学数量大幅减少；宁明县小学数量大幅增长；凭祥市小学数量变化不大。

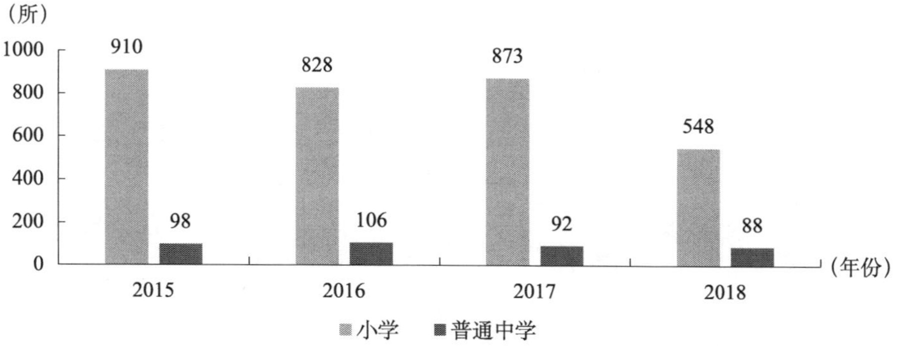

图 6－25　广西边境中小学数

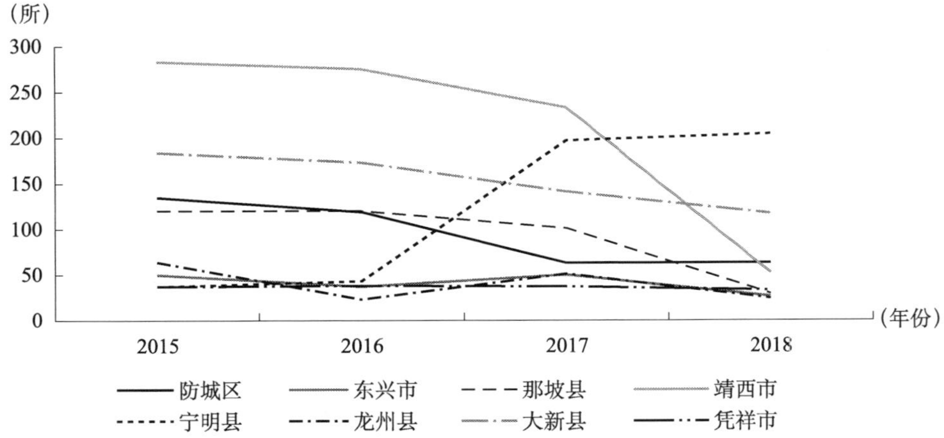

图 6－26　边境各地小学数

第二，边境地区义务教育发展不均衡。广西边境少数民族大校额和大班额问题仍然没有得到有效的解决，影响学校的教学效果，增加学校的管理难度，拉大了城乡之间的教育差距。在硬性条件上，如生均辅助用房、生均图书、生均计算机等，城乡差距也较大，在基本办学条件中硬件条件上并不均衡。在校园内涵发展、教育管理、教学质量等软件方面，广西边境少数民族城乡发展也不均衡。在师资配备上，城乡之间发展也不均衡，前文数据显示，很多边境少数民族中小学师资配备没有达到全国平均水平。如图 6－27 所示，边境地区高中生均校舍面积低于广西整体水平。

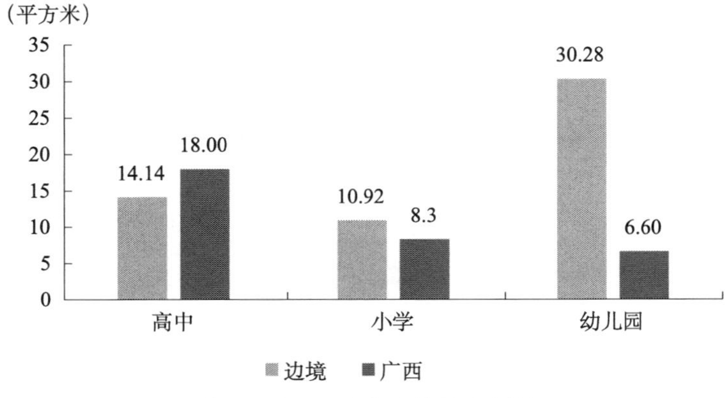

图 6－27　2019 年生均校舍面积

第三，边境教育经费投入不足，基础设施差。广西本身的教育经费因自身经济发展总量低的问题而不足，再加上现行由地方政府支付地方教育经费的机制，综合使得广西边境县域学校的教育经费相当缺乏，例如靖西市教育经费投入不足，2018 年，广西一般公共预算教育经费 927.82 亿元，比上年增长 1.74%。而靖西市 2018 年度教育系统收入预算总计 59230.82 万元，与上年相比减少 13.19%，支出预算总计 59230.82 万元，减少 13.59%。广西边境少数民族地区义务教育生均经费支出水平偏低，义务教育学校办学条件普遍薄弱，一些基础设施建设投入不足，教学楼、学生宿舍、食堂、实验室等设施配套不全，教师住房、办公条件仍然比较差，一些教育基础设施建设项目资金筹措渠道单一，迫使规划建设相对滞后，项目推进缓慢。广西边境少数民族地区教育装备基础还很薄弱，缺乏功能室，很多班级还没有配备多媒体教学设备，大部分学校还没有配备计算机教室，无法满足国家课程改革的需要，装备缺额较大。

第四，边境地区教师队伍不稳定，整体素质有待提高。广西边境少数民族地区教师年龄结构不合理，小学及教学点教师年龄老化严重，年轻骨干教师数量不足，30 岁以下的教师比例偏低；教师队伍不稳定，教师工资待遇低，职称晋升慢，导致边境地区优秀骨干教师流失严重；教师结构性不合理较明显，主科教师供大于需，而地理、历史、美术、音乐、计算机、思品等科目教师人数不足，有的地方甚至近十年没有美术、音乐老师；教师培训经费匮乏，教师全员培训目标难以实现，教师队伍整体素质有待提高。

（五）民族双语教育发展仍然面临困境

一方面，双语师资队伍仍然薄弱。由于转岗、调离和退休等问题，壮汉双语师资缺乏仍是一个影响双语教育高质量发展的难点问题，尽管“十三五”期间实施了系列双语教师培养行动策略，培养了不少双语教师，但产生数量充足、高质量的双语人才还需要一定的周期和时间，仍需要持续性的培训和培养。据了解，全区壮汉双语中小学校现有 3746 个教学班，按每 2 个教学班配 1 名壮语教师计，约需壮语教师 1873 名，而据不完全统计，目前全区具有专业水平的壮语教师不到 800 名。又如覃塘区有壮汉双语小学 12 所，71 个教学班级，约需壮语教师 35 名，目前仅有 19 名壮语专业教师。覃塘区是广西自治区壮汉双语教育教学工作开展得比较好的县区，壮语师资情况尚且如此，其他县区可想而知。

另一方面，民族双语教育信息化发展滞后。主要表现在：（1）双语学校的信息化设施不足。大多数学校没有计算机机房，有机房的计算机也没法接入互联网，生机比严重失衡。许多学校的教学设备利用率低，处于闲置状态，甚至存在少量的电子白板存放在仓库里的现象。（2）少数民族语文信息化资源匮乏。为了满足双语教学需求，部分双语教师通过网络下载汉语版本资源进行翻译加工，失去了少数民族特色，脱离少数民族人民的生活实际，影响学生的学习效果和积极性。整体看，在教育信息化建设方面，与云南和贵州相比，广西教育信息化建设还存在一定差距。2017 年，广西接入互联网中小学校达 1.19 万所，占 93%，接入互联网教学点 3968 所，占 45%。同年，贵州省黔西南全州有 1943 所学校接通宽带网络，接入率达 97%。11345 个班级和办公室接通光网，覆盖率达 91%；9546 个班实现“班班通”，完成率 85%。2018 年，云南省教育厅完成 1.6 万所义务教育学校和教学点的 14.09 万个教学班的高速光纤网络进校到班建设。2018 年贵州中小学校宽带接入率达 95%，其中 10 兆接入率达 88.5%。

（六）民族团结进步教育仍然存在理解认识以及资源不足问题

第一，部分学校对开展民族团结进步教育工作的理解有偏颇。一些地方教育局、中小学校对开展学校民族团结进步教育的要求不甚明了，理解上存在偏颇，比如，认为民族团结进步教育工作是对民族类学校、对少数民族学生的要求，没有从更高角度去理解民族团结进步教育的意义。

第二，民族团结进步教育课程资源开发有待进一步加强。一些学校对学校民族团结进步教育课程资源开发重视不够，课程资源来源渠道不多，不能满足实际教育教学需要，进而影响学校民族团结进步教育教学质量。

第三，民族团结进步教育师资保障不足。因学科定位不明确，民族团结进步教育教师缺乏专门培养，大多数学校没有民族团结进步教育课的专职教师，小学的民族团结进步教育基本上是由品德与社会课老师兼课，初、高中则主要由政治、地理或历史课老师兼课。大部分兼课教师得到民族团结进步教育培训的机会不多，对实施民族团结教育课程、指导开展民族团结教育活动有一定影响。

第四，多数高校对《国务院关于加快发展民族教育的决定》《自治区人民政府关于加快发展民族教育的实施意见》关于“在高等学校开设党的民族理论与政策课程”的精神执行不到位。该精神是对区内所有高等学校的要求，但调研数据显示，目前只有广西大学、广西民族大学、百色学院、桂林航天工业学院、广西警察学院等 5 所高校开设了党的民族理论与政策课程，对于政策文件的要求与精神，一些高校采取了选择性执行策略。

第三章

“十四五”期间广西民族教育发展的目标及对策

一、发展目标

民族教育不仅是中国特色教育社会主义教育体系的重要组成部分，对国家政治稳定和经济社会发展承担着特殊而重要的责任。《中国教育现代化 2035》明确提出：“到 2035 年，总体实现教育现代化，迈入教育强国行列。聚焦于教育发展的突出问题和薄弱环节，立足当前，着眼长远，重点部署面向教育现代化的基本任务。”根据这一目标，结合广西当前民族教育发展不平衡、边境民族地区及边远山区教育发展薄弱等突出问题的现状，提出广西民族教育“十四五”期间的发展目标：到 2025 年，广西民族教育整体发展水平不低于广西教育平均发展水平，推进民族教育向优质、公平发展，教育现代化取得重要进展，教育质量得到全面提升，中华民族共同体教育、民族团结进步教育工作得到进一步完善，边境教育实现教育意义和国防意义的同步发展，为实现广西教育现代化，缓解民族地区人民日益增长的美好生活需要和不平衡不充分的发展之间的矛盾奠定坚实的基础。

瞄准优质教育发展，全面提升民族教育质量。以打造中国特色社会主义优质教育目标为指引，遵循民族教育建设发展规律，全面落实立德树人根本任务，通过全面实施素质教育，着力提升民族地区学生思想道德水平、社会责任感、法治意识、民族文化意识和民族认同感，培养创新创业精神与能力，全面提高民族教育的质量；深化民族教育教学改革创新，加强民族地区现代化基础设施建设，保障师资队伍，优化教师资源配置，完善教师管理制度；完善民族教育质量标准、评价体系和质量监测制度，构筑质量保障体系，促进民族教育服务民族地区经济社会发展能力提升。

到2025年，实现广西少数民族学生综合素质不断提高，民族教育质量全面提升，形成现代化基础设施完备、师资力量充足、资源配备优化、管理制度科学完备的民族教育质量保障体系。制定完善体现和符合民族教育内涵的教育质量标准、评价体系和质量监测制度。在中小学建成300所高质量民族文化特色学校，新建民族团结进步示范学校200所，新建双语教育示范学校100所，少数民族初中生的升学率达到90%，少数民族高中生升学率达到80%，新建100项（门）民族特色学科、特色专业、特色课程和特色教材，少数民族高层次人才培养工作稳步推进。

立足教育平等，持续推进民族地区教育公平。聚焦民族地区教育的突出问题和薄弱环节，完善民族教育健康发展机制，持续推进民族地区教育公平，全面提升民族地区各级各类教育发展水平。到2025年，民族地区基本公共教育服务短板得到明显改善，普惠性幼儿园建设成效明显提升，义务教育学校标准化建设基本实现，教育资源配置结构得到进一步优化，学校布局趋近合理，有效控辍保学机制得以进一步巩固，高中阶段教育普及水平显著提升，形成现代化教学特征明显的教育发展新格局，实现民族地区义务教育从基本均衡走向优质均衡，少数民族接受教育的机会得到实现，十五年基本教育得到普及。民族地区学前三年毛入园率达到90%，九年义务教育巩固率达到98%，高中阶段教育毛入学率达90%，少数民族预科招生规模每年递增5%。

二、发展对策

（一）全面加强党的领导，为广西民族教育改革发展提供坚强的政治保障

坚持把政治建设摆在首位，深刻认识民族教育政治属性，推动各级各类学校紧紧围绕“培养什么人、怎样培养人、为谁培养人”这一根本任务，把加强党的领导贯穿到立德树人全过程和各方面，确保广西民族教育始终沿着正确方向前进。进一步完善各级教育部门、各级各类学校党建与业务的有机融合机制，不断提升治理体系和治理能力现代化水平。推动各级各类学校深入学习习近平新时代中国特色社会主义思想，组织开展针对性宣讲和培训，切实用党的最新理论成果指导广西民族教育改革发展实践。坚决贯彻落实习近平总书记重

要指示和中央重大决策部署，坚持以人民为中心发展思想，聚焦当前广西民族教育短板弱项，完善制度、综合施策、强化监督，确保中央部署要求落地落细落实。

（二）加强中华民族共同体意识教育，铸牢中华民族共同体意识，进一步完善民族团结进步教育持续深化机制

根据《关于全面深入持久开展民族团结进步创建工作铸牢中华民族共同体意识的意见》和《关于加快发展民族教育的决定》，制定印发《关于全面深入持久开展民族团结进步创建工作铸牢中华民族共同体意识的意见》之实施意见，统筹指导广西学校民族团结进步教育工作，努力实现：全区各级学校开设专门民族团结进步教育课程，并结合传统节日、重要事件以及校园文化建设等，加强中华民族共同体教育，确保民族团结进步教育常态化、实效化；建设一批高素质民族团结进步教育专、兼职师资队伍，争取实现每所学校至少有 5 名专（兼）职民族团结教育教师，实现民族团结教育教师培训全覆盖；建设和完善 200 所民族团结进步教育示范学校或基地，争取实现每县市都有民族团结进步教育示范学校或基地，主要措施包括：

依托“中华民族共同体研究院”，组建一支研究团队，扎根中华大地，围绕铸牢中华民族共同体意识和中华民族共有精神家园建设，开展“对伟大祖国、中华民族、中华文化、中国共产党和中国特色社会主义的认同”研究，树立正确的祖国观、民族观、文化观和历史观。开展新时代弘扬爱国主义精神研究，开展爱国主义与民族团结进步教育研究，开展有中国特色的民族教育研究，构建有中国特色的民族团结教育话语体系、概念体系和理论体系。

深化广西民族团结教育常态化机制。加强教师入职教育中党的民族理论与政策内容的要求，继续推进民族团结教育教师、管理人员的在职专题培训工作，建设好民族团结进步教育师资队伍。“十四五”期间，新建民族团结进步教育示范学校 200 所，扩大全区中小学民族团结教育培训范围，实现覆盖各中小学 1/3 的教师参加各种形式的民族团结教育培训。进一步开展民族团结教育教材、教辅、校本课程等资源开发与有效利用建设。继续推进民族团结教育课程教学及融合工作。结合传统节日、重要事件以及校园文化建设等，持续开展民族团结主题各项活动。

将学校开展民族团结进步教育工作纳入督导工作范围，完善广西民族团结教育实验与评价。要通过对民族团结教育典型人物、典型学校等的跟踪研究、比较分析，加强对民族团结教育生态效应的探索，进一步明确民族团结教育在促进“学生—教师—学校—社区（家庭）—社会”和谐良性发展关系上的重要作用，总结好、运用好、发展好民族团结教育的广西经验，为民族团结教育常态化、深化提供广西数据和广西支持。

（三）持续推进民族双语教育改革和发展

根据《关于加快发展民族教育的决定》《广西壮族自治区壮汉双语教育发展规划（2016—2020 年）》，结合广西全区壮汉双语教育实际以及当前我国教师教育发展趋势，继续推进广西双语教育改革和发展。努力实现：到 2025 年，基本实现壮汉双语学校宽带网络全覆盖与网络教学环境全覆盖，基本实现所有教师和学生拥有网络学习空间。建成和完善民族双语数字教育资源共享中心和双语教育信息服务平台，基本满足全区双语信息化教学需求。持续开展双语教育名教师、名校长培训培训活动，培养 100 名双语教育名校长，培育 300 名双语教育名教师，稳定双语教育师资队伍，提升双语教育能力。主要措施包括：

加强广西壮汉双语教育信息化建设，构建互动共享平台，优化整合培训资源开展双语教育共同体建设活动。每年投入 300 万元支持壮汉双语学校开展信息化建设。鼓励广西高等院校、科研院所和壮汉双语学校及教师开展壮汉双语教育信息化研究，激活壮汉双语教育学校校长、教师、高校、政府等各类资源，构建“广西壮汉双语教育资源库”，使其经验资源和交往资源得以充分创造与共享，促进自身与共同体整体在壮汉双语教育教学的发展。

持续开展名师优课工程，鼓励与支持壮汉双语名师结合课堂教学，创新双语教学模式，开发双语教学优课资源；开展领航示范，支持和引导壮汉双语名师名校长积累自身教学与管理的核心成果，通过脱岗交流、成果展示等多种方式对其成果的宣传与推广；继续实施开展“双名”（即名师名校长）工作室活动，探究“双名”成长规律，研究壮汉双语学校教育教学重大实践问题，推动壮汉双语教育教学实践创新，推进优秀成果转化。“十四五”期间，新建双语教育示范学校 100 所，扩大双语教师师资队伍，继续培育 100 名双语教育名校长，培育 300 名双语教育名教师，开展各种形式的双语教师培训 10000 人次。

开发“双名”系列标准，完善培训考核体系。参照现有国家教育部印发的《义务教育学校校长专业标准》与中小学教师专业系列标准，结合广西全区壮汉双语教育实际，开发壮汉双语“双名”工程准入标准、成“名”标准以及“名”后推广标准等系列标准，系统规范“双名”工程考核评价体系，推进“双名”工程质量的全面提升。

（四）深入推动学校中华优秀文化传承教育，强化师生中华文化自信

根据《关于实施中华优秀传统文化传承发展工程的意见》，大力支持中小学实施中华优秀传统文化传承教育，推动中华优秀传统文化融入国民教育。努力实现：到2025年，各地学校结合实际扎根中华文化大地，建成300所中华优秀文化传承发展示范学校或典型示范学校。推进非遗文化进校园活动，建设一批非遗文化特色学校，推动优秀文化引领人、鼓舞人、感染人、成就人的文化育人使命的实现。建设100种左右的民族优秀文化校本教材。主要措施包括：

进一步深入开展民族文化进校园活动，在中小学将传承和弘扬中华优秀传统文化与涵养社会主义核心价值观、建设中国特色社会主义精神文明有机统一，坚持以社会主义先进文化为引领，结合地方非遗文化进校园，把中华优秀传统文化融入中小学教材和课堂教学，在民族地区学校开设民族艺术和民族体育选修课程，开展民族优秀传统文化传承活动，用优秀的中华民族文化滋养学生的成长。

进一步提升广西学校中华优秀文化传承教育的内涵和发展品质，打造优秀文化品牌建设；开展民族优秀文化示范学校建设的巩固和提高，继续加大对民族学校的投入力度，在中小学建成300所高质量民族文化示范学校，加强指导，创新发展机制，把民族文化教育示范学校建设成物质文化、精神文化和制度文化有机结合的民族特色学校，实现民族学校的文化传承与培育功能。开展中小学民族文化教育示范学校建设的经验总结，形成有效的借鉴模式，发挥民族文化教育示范学校的辐射作用，全面推广民族文化传承教育，提升民族文化传承的品质及内涵。

完善民族文化资源建设，组织学校积极挖掘、整理学校所在社区、区域丰富的民族文化资源，开展民族文化资源建设，实现校外民族文化资源的充分利用；积极引导和帮助学校开展民族文化校本课程建设，为学校开展民族文化教育教学提供实用的教育教学内容，“十四五”期间，支持各中小学建成100种民族文化校本教材。充分利用现代信息技术，完善教学数字化资源库的建设。

完善中小学民族文化教育评价机制，制定《广西中小学民族文化传承教育评价指标体系》。结合广西实际情况，从学校、校长、教师、学生四个维度制订完善、科学评价指标，以有效推动中小学民族文化传承教育有效实施。建立评价反馈机制。在对中小学民族文化教育实施评价的过程中，要形成负责监督、反馈的组织来审查评价工作的有效性、评价计划的可行性。

（五）强化边境地区教育重要意义，提高边境地区教育质量

根据《国家中长期教育改革和发展规划纲要（2010—2020年）》《国防教育法》，树立边境教育的新的思维，充分意识到边境地区教育发展的教育意义和国防意义，充分挖掘边境地区教育扎根边境、戍边、卫边的边境教育发展规律，塑造和形成边境教育的“广西经验”“广西智慧”“广西模式”。概括来看，努力实现：进一步改善边境地区学校办学条件，学前、义务、高中等各类教育经费生均不低于区内平均水平，在国内边境地区同类教育中达到中上水平，彻底解决边境地区教育阶段大校额、大班额问题；推动边境地区学校国防教育水平进一步提升，质量与水平高于国内其他边境省份和相邻境外国家国防教育；建设一批学校国防教育典型案例（课）或示范学校。主要措施包括：

实施学前教育援助工程。加快普及学前三年教育，科学规划、合理布局民族地区学前教育机构。重点加强边境少数民族和人口较少民族地区普惠性幼儿园建设，加大经费投入，单列乡、镇、村级的学前教育建设项目经费，实行精准援助，扫除乡、镇、村级学前教育的盲区。建立健全学前教育资助制度，并进行重点倾斜，到2025年，新建、改扩边境民族地区普惠幼儿园30所，实现边境县和人口较少民族聚居区的学前教育入园率达到90%。

实施义务教育援助工程。加快推进民族地区义务教育标准化建设，重点支持边境少数民族和人口较少民族地区中小学标准化建设，在项目安排、资金投入、设备配置、师资培训等方面予以支持。使其在办学条件、教学设施设备、师资力量、管理水平、教学质量等方面达到自治区规定的标准化要求，实现义务教育走向优质均衡，到2025年，实现边境县（市、区）和人口较少民族聚居区义务教育巩固率达到98%，少数民族初中生的升学率达到90%。

实施高中阶段教育援助工程。继续不断提高民族地区高中阶段学校教育教学质量和办学水平，重点支持边境少数民族和人口较少民族地区改扩建普通高中教学和学生生活类校舍，加强条件保障、提高教育质量，扩大普通高中优质教育资源，培育一批课程有特色、教学改革有亮点、人才培养有创新、教学质量有保障的优质特色高中，实现少数民族高中阶段的毛入学率达90%，少数民族高中生升学率达到80%。

积极发展符合实际的职业教育。重点边境少数民族和人口较少民族地区中等职业学校建设实习实验实训设施，深化产教融合、校企合作，改善人才培养条件，加强实践育人。提升现代职业教育质量，推进中等职业教育改革发展，支持边境县和人口较少民族聚居区在优化布局的基础上改扩建中等职业学校，

落实生均拨款制度，推行和完善优质普通高中招生指标定向合理向边境县（市、区）和人口较少民族聚居区薄弱学校、农村学校倾斜。

推动边境地区学校国防教育常态化建设。将边境地区学校国防教育纳入教育督导工作，加强指导、督促学校国防教育纳入课程学时、纳入教学、纳入社会实践活动，推动当地有关部门协助学校推动国防教育形式，建设建成一批国防教育示范学校、基地或案例。

（六）持续推动广西高等院校开展民族特色学科建设

根据《关于加快发展民族教育的决定》《广西壮族自治区人民政府关于加快发展民族教育的实施意见》，加大资金支持力度，每年投入 600 万元，支持广西民族大学、广西民族师范学院、又将民族医学院、南宁师范大学等 4 所高校，扎根广西与其周边民族走廊，开展民族特色学科建设。充分挖掘广西民族文化资源和自然资源，树立差异化特色发展和错位发展的建设理念，建设 10 门获国家民委、教育部等立项的民族特色学科，更好地服务于“一带一路”倡议及广西经济社会发展的需要。

第一，优化民族特色学科的结构和布局，构建特色学科体系和特色学科群。推动广西高校，尤其是民族院校大力建设符合地域需求的特色学科，通过科学研究、人才培养、服务社会和文化传承，促进民族地区的经济文化发展，提高特色学科的水平。充分利用广西民族区域文化、自然资源、经济等特色环境优势，积极优化学科生态环境，建设富有内生能力的民族特色学科群，打造一批符合民族地区经济文化发展的学科专业课程。到 2025 年，新建 100 项（门）民族特色学科、特色专业、特色课程和特色教材。

第二，推动学科领军人才建设，打造民族特色学科团队。以引进或培养高精尖的学科领军人才为核心，抓好领军人才和高质量学科团队的建设，构建“学科领军人＋创新团队”的发展模式。

第三，依托特色学科建设，开展具有原创性、实践性、前沿性或创新性的高水平的科学研究。

第四，根据广西民族特色文化产业和经济产业调整优化凝练特色学科研究方向。准确把握广西经济社会的发展趋势，特别是在“一带一路”倡议机遇下，根据广西民族特色文化产业和面向东盟经济产业进一步凝练特色学科的研究方向，突出学科方向民族性、地域性和国际性，实现提升科研水平和社会经济发展的双赢局面。

第五，大力推进特色学科研究成果的应用转化，提高特色学科的社会服务能力。大力支持和引导高等院校着力强化科技创新、成果转化，充分发挥优势特色学科对民族区域特色经济的引领与带动作用。

（七）优化完善少数民族人才培养体系，提高人才培养质量和管理水平

进一步落实《国务院关于加快发展民族教育的决定》提出的“切实提高少数民族人才培养质量”的要求。进一步规范中小学民族班招生制度，制定中小民族班特殊优惠政策，突出对优秀少数民族贫困学生的支持力度。深化实施高校民族预科内涵建设，制定“加强和改进广西高校少数民族预科班工作的意见”。完善少数民族预科班招生办法，继续实施广西少数民族预科教育按每年5%的招生名额递增。探索民族班和预科班内涵式发展路径，通过优化课程设置、加强师资队伍建设、打造民族传统文化传承与创新特色、加强就业指导和服务、完善教育制度建设等方式规范对民族预科班的教育管理，提高培养质量。着力培养高质量少数民族人才和民族地区急需专门人才，推动民族院校把特色学科优势转化为人才培养优势，加强高层次人才的培养，重点通过加强研究生教育，提高研究生教育的数量和质量，按每年增长10%的比例扩大“少数民族高层骨干人才计划”的招生名额，以更好地支撑服务民族地区经济社会发展。

（八）建立完善教师队伍建设长效机制，强化保障措施

实施边境民族地区师资援助，增加边境民族地区教师职业吸引力。进一步增加投入，对边境民族地区的教师实行激励政策，切实落实提高教师待遇，对边境民族地区的乡村教师进行生活补助，实现边境边远地区教师整体收入高于城镇教师收入。实行职称评定倾斜，优先晋升在边境地区服务教师的职称。建立边境民族地区优秀教师轮岗机制。补齐边境民族地区教师数量，优化教师队伍结构，加强双语教师队伍建设。加强师德师风教育，全面提高教师思想政治素质、师德水平和能力素质。制定“边境民族地区教师能力提升计划”，采取多种形式，全面提升边境民族地区教师综合素质，加强教育教学技能、信息技术应用、民族文化传承、爱国主义教育、双语教育教学等能力的提升。

参考文献

［1］阿海曲洛：《西部少数民族地区教育扶贫政策绩效评估指标体系构建研究——以凉山彝族自治州美姑县为例》，《四川师范大学学报（社会科学版）》2018 年第 4 期。

［2］［印度］阿玛蒂亚·森著：《以自由看待发展》，任赜，于真译，中国人民大学出版社 2002 年版。

［3］阿娜尔：《扶持人口较少民族发展政策实证研究》，内蒙古农业大学，2010 年。

［4］［美］埃瑞克·G. 菲吕博顿，［德］鲁道夫·瑞切特著：《新制度经济学》，孙经纬译，上海财经大学出版社 1998 年版。

［5］敖金富：《人口较少民族聚居区如何实施乡村振兴战略》，《中国民族报》，2018 年 7 月 27 日第 007 版。

［6］［法］奥古斯丹·古诺著：《财富理论的数学原理的研究》，陈尚霖译，商务印书馆 1994 年版。

［7］巴战龙：《民族文化课程：提高人口较少民族教育质量的重要途径》，《中国民族教育》2010 年第 4 期。

［8］包路芳：《费孝通人口较少民族研究与文化自觉思想》，《贵州大学学报（艺术版）》2017 年第 3 期。

［9］毕彩华：《云南省扶持潞西市三台山德昂族乡脱贫发展政策研究》，云南大学，2011 年。

［10］边香顺：《林省“兴边富民行动”研究》，延边大学，2010 年。

［11］卞成林：《深度贫困地区脱贫的语言要素》，《领导科学》2018 年第 30 期。

［12］卞成林，刘金林，阳柳艳：《中越边境居民语言能力与经济收入关系研究：以广西东兴市为例》，《语言战略研究》2019 年第 1 期。

［13］卞成林，刘金林，阳柳艳，苏丹：《少数民族地区普通话推广的经济发展效应分析：来自广西市际面板数据的证据》，《制度经济学研究》2017年第3期。

［14］蔡昉，都阳：《迁移的双重动因及其政策含义——检验相对贫困假说》，《中国人口科学》2002年第4期。

［15］蔡红燕：《论人口较少民族地区政策扶持实效中出现的新问题——以云南省保山市布朗族、阿昌族与德昂族为例》，《保山学院学报》2012年第1期。

［16］蔡红燕，熊云：《政策扶持背景下我国人口较少民族地区发展现状及对策研究——以云南省保山市人口较少民族地区经济社会发展为例》，《商丘职业技术学院学报》2011年第4期。

［17］蔡新会：《中国城市化过程中的乡城劳动力迁移研究——根据人力资本投资的视角》，复旦大学，2004年。

［18］蔡永良：《美国的语言教育与语言政策》，上海三联书店2007年版。

［19］曹立：《精准扶贫是政治命题 实践命题，也是理论命题》，《理论视野》2016年第12期。

［20］岑家峰：《民族贫困地区脱贫攻坚的思考——以南宁市为例》，《桂海论丛》2017年第1期。

［21］常文静：《民族地区的民生建设探析》，中央民族大学，2011年。

［22］陈典，马红梅：《人力资本、社会资本、心理资本与农民工市民化意愿——基于结构方程模型的实证分析》，《农业经济》2019年第8期。

［23］陈建军，杨飞：《人力资本异质性与区域产业升级：基于前沿文献的讨论》，《浙江大学学报（人文社会科学版）》2014年第5期。

［24］陈景辉，朱瑞雪：《“兴边富民”行动与人口较少民族发展——基于新生鄂伦春族乡的调查》，《大连民族学院学报》2012年第4期。

［25］陈丽湘，魏晖：《推普脱贫有关问题探讨》，《语言文字应用》2019年第3期。

［26］陈强：《马萨综合模型视角下人口较少民族扶持政策研究——以江西省峡江县新民村为例》，《农业部管理干部学院学报》2018年第3期。

［27］陈强：《人口较少民族扶持对象识别的困境及对策研究》，《西部经济管理论坛》2018年第2期。

［28］陈强：《兴边富民行动研究述评》，《辽宁省社会主义学院学报》

2017 年第 4 期。

［29］陈强，王艳：《精准扶贫视角下人口较少民族扶持政策研究——以江西省人口较少民族（京族）为例》，《湖北省社会主义学院学报》2018 年第 4 期。

［30］陈全功，程蹊，欧元明，熊芳，袁彦：《新疆北疆人口较少民族发展的地位、困难及建议》，《北方经济》2015 年第 7 期。

［31］陈绍昌：《抓住机遇谋发展 培植产业建设新农村——陇川县户撒阿昌族乡“十一五”扶持人口较少民族发展综述》，《今日民族》2011 年第 5 期。

［32］陈晓菲，杨伟国，王江哲：《电视媒体对老年人认知水平与非认知水平的影响——基于新人力资本理论的视角》，《人口与发展》2018 年第 6 期。

［33］陈延秋，金晓彤：《新生代农民工市民化意愿影响因素的实证研究——基于人力资本、社会资本和心理资本的考察》，《西北人口》2014 年第 4 期。

［34］陈媛媛：《普通话能力对中国劳动者收入的影响》，《经济评论》2016 年第 6 期。

［35］程虹，王岚：《普通话能力与农民工工资——来自“中国企业—劳动力匹配调查”的实证解释》，《教育与经济》2019 年第 2 期。

［36］程名望，王娜，史清华：《语言对外来农民工收入的影响——基于对上海外来农民工情况的调查》，《经济与管理研究》2016 年第 8 期。

［37］褚荣伟，熊易寒，邹怡：《农民工社会认同的决定因素研究——基于上海的实证分析》，《社会》2014 年第 4 期。

［38］笪凤媛，张卫东：《交易费用的含义及测度：研究综述和展望》，《制度经济学研究》2010 年第 1 期。

［39］戴婷婷：《语言多样性与生态多样性的关系初探》，《智库时代》2019 年第 25 期。

［40］［美］道格拉斯·C. 诺斯著：《交易成本、制度和经济史》，杜润平译，《经济译文》1994 年版。

［41］邓道才，唐凯旋：《信贷排斥、家庭资本与农民创业选择——基于安徽省 696 份农户调查数据》，《湖南农业大学学报（社会科学版）》2015 年第 1 期。

［42］邓佑玲：《应对中国人口较少民族舞蹈文化传承危机的对策研究报

告》，《北京舞蹈学院学报》2015 年第 6 期。

［43］电缆网：2018 年广西共投资 63 亿元改造升级农村电网 . http：//power. in – en. com/html/power – 2306804. shtml，2018 – 12 – 27/2019 – 11 – 08.

［44］董静，赵策：《不同社会网络关系对农民创业意愿的影响》，《求索》2019 年第 2 期。

［45］杜国川：《民族学视角下兴边富民行动的实施成效研究》，延边大学，2013 年。

［46］杜琼：《云南人口较少民族自我发展能力提升问题研究》，《云南行政学院学报》2013 年第 5 期。

［47］方少勇：《拉文斯坦移民法则与我国人口的梯级迁移》，《当代经济》2009 年第 3 期。

［48］冯小钉：《语言消亡与保护语言多样性问题的研究评述》，《安徽大学学报》2003 年第 3 期。

［49］冯志勇：《兴边富民行动：边境地区全面建成小康社会的重要途径》，《中国民族报》2018 年 3 月 16 日。

［50］冯志勇，徐勤山：《兴边富民行动“十三五”规划之差别化政策刍议》，《民族论坛》2018 年第 1 期。

［51］伏干：《语言与城市外来工的社会排斥》，南京大学，2014 年。

［52］付哈利，黄靖贵：《在创先争优活动中广西推进兴边富民对策研究》，《广西教育学院学报》2012 年第 1 期。

［53］［瑞典］冈纳·缪尔达尔著：《亚洲的戏剧——南亚国家贫困问题研究》，方福前译，首都经济贸易大学出版社 2001 年版。

［54］高伟，黄少安：《对诺斯意识形态理论的评析》，《天津社会科学》2003 年第 4 期。

［55］耿桂红：《边境旅游的兴边富民效应分析：云南德宏、广西崇左案例研究》，《开发研究》2017 年第 1 期。

［56］耿新：《扶持人口较少发展政策的满意度评价及影响因素分析——基于 11 省区 685 份调查问卷数据》，《青海民族研究》2019 年第 1 期。

［57］耿新：《扶持人口较少民族发展政策的演变、特点与启示》，《中南民族大学学报（人文社会科学版）》2019 年第 1 期。

［58］耿新：《扶持人口较少民族发展政策实施现状与评估研究——基于公共政策周期理论视角》，《西南民族大学学报（人文社科版）》2017 年第

10 期。

［59］耿新：《精准扶贫的差别化政策研究——以扶持人口较少民族发展为例》，《中国农业大学学报（社会科学版）》2017 年第 5 期。

［60］耿新：《如何进一步完善扶持人口较少民族发展政策》，《中国民族报》2018－06－29。

［61］耿新，李俊杰：《广西扶持人口较少民族发展效果评价与思考》，《理论月刊》2015 年第 4 期。

［62］耿新，李俊杰：《人口较少民族聚居区发展水平评价指标体系研究——以赫哲族、仫佬族、塔塔尔族和阿昌族为例》，《西南民族大学学报（人文社科版）》2015 年第 10 期。

［63］龚建荣：《新型城镇化进程中农民工市民化意愿及其影响因素分析——基于福建省 693 位农民工的调查》，《河北农业大学学报（社会科学版）》2019 年第 5 期。

［64］古丽米热·玉山：《扶持人口较少民族发展的政策演进和地方实践》，《当代经济》2018 年第 23 期。

［65］谷文双：《研究我国扶持人口较少民族发展理论及政策实践的开山之作——朱玉福新著〈中国扶持人口较少民族发展的理论与政策实践研究〉评介》，《黑龙江民族丛刊》2015 年第 6 期。

［66］管谦：《内蒙古兴边富民行动绩效评估研究》，中央民族大学，2013 年。

［67］广西人大网：自治区人民政府关于我区产业扶贫工作情况的报告——2019 年 3 月 28 日在广西壮族自治区第十三届人民代表大会常务委员会第八次会议上．https：//www. gxrd. gov. cn/html/art165025. html，2019－04－03/2019－11－08.

［68］广西日报：2017 年广西壮族自治区环境状况公报．http：//www. gxzf. gov. cn/sytt/20180604－697370. shtml，2018－06－04/2019－11－08.

［69］广西日报：广西：盯住“两不愁三保障”脱贫基本要求和核心指标编密织牢保障网．http：//www. gov. cn/xinwen/2019－05/04/content_ 5388566. htm，2019－05－04/2019－11－08.

［70］广西日报：实现 116 万建档立卡贫困人口脱贫、1452 个贫困村出列. http：//baijiahao. baidu. com/s？id＝1645821757573914935&wfr＝spider&for＝pc，2019－09－27/2019－11－08.

［71］广西新闻网：《广西全面推进新一轮兴边富民行动》，2019 年 5 月 8 日。

［72］广西文明网：广西壮族自治区 2018 年精神文明建设工作综述．http：//gx. wenming. cn/db/201901/t20190114_ 4971724. htm，2019 - 01 - 12/2019 - 11 - 08.

［73］广西壮族自治区科学技术厅：《广西创新组团组合服务实现贫困村科技服务全覆盖》，《中国农村科技》2019 年第 286 期。

［74］广西壮族自治区民宗委：广西壮族自治区民宗委加强少数民族发展资金监管．http：//www. seac. gov. cn/seac/xwzx/201811/1129574. shtml，2018 - 11 - 23/2019 - 11 - 08.

［75］广西壮族自治区人力资源和社会保障厅：2016 年度广西人力资源和社会保障事业发展统计公报．http：//rst. gxzf. gov. cn/gxrst2018xxgk/xxgk/tjxx/tjgb/201806/t20180621_ 89109. html，2017 - 07 - 06/2019 - 11 - 08.

［76］广西壮族自治区人民政府门户网站：14 个贫困县摘帽 2018 脱贫攻坚成效考核广西获好评．http：//www. gxzf. gov. cn/xwfbhzt/gxtjtpgjgzqkxwfbh/mtbd/20190528 - 750144. shtml，2019 - 05 - 28/2019 - 11 - 08.

［77］广西壮族自治区统计局：2018 年广西儿童发展规划统计监测报告. http：//tjj. gxzf. gov. cn/zwgk/zdgkml/sjfbjjda/yjbga/201909/t20190925_ 153373. html，2019 - 09 - 25/2019 - 11 - 08.

［78］广西壮族自治区统计局：2018 年广西妇女发展规划统计监测报告．http：//tjj. gxzf. gov. cn/tjsj/yjbg/qq _ 267/201909/t20190910 _ 153372. html，2019 - 09 - 25/2019 - 11 - 08.

［79］郭红梅：《对威廉姆森交易费用理论的研究综述——行为假设和交易性质方面》，《思想战线》2011 年第 S1 期。

［80］郭宏福，唐林，赵燕：《人力资本研究的基本格局、主题和热点——基于 CiteSpace 的文献大数据可视化分析》，《武汉理工大学学报（社会科学版）》2019 年第 4 期。

［81］郭建民：《政治学视野下的扶持人口较少民族发展政策研究》，中央民族大学，2011 年。

［82］郭建宁：《农业产业化扶贫效果分析——以山西省为对象》，《西北农林科技大学学报（社会科学版）》2010 年第 7 期。

［83］郭俊华，边少颖：《西部地区易地移民搬迁精准扶贫的企业扶贫模

式探析——基于恒大集团大方县扶贫的经验》，《西北大学学报（哲学社会科学版）》2018 年第 6 期。

［84］郭一建：《论人口较少民族聚居地区最低生活保障体制机制问题》，《农村经济与科技》2017 年第 8 期。

［85］国家民族事务委员：《2017 年广西推进兴边富民行动取得新成效》，2018 年 2 月 1 日。

［86］哈丽云，孟戈：《新疆扶持人口较少民族发展的实践与思考》，《实事求是》2014 年第 4 期。

［87］海路，李芳兰：《京族学校校本课程开发的影响因素分析》，《湖南师范大学教育科学学报》2010 年第 2 期。

［88］韩广富，刘心蕊：《习近平精准扶贫精准脱贫方略的时代蕴意》，《理论月刊》2017 年第 12 期。

［89］韩银丽：《〈语言是如何习得的〉（第三章）翻译实践报告》，郑州大学，2019 年。

［90］郝妙，黄彭：《精准扶贫：中国特色社会主义反贫困理论的创新》，《新丝路（下旬）》2016 年第 12 期。

［91］郝时远：《为实施兴边富民行动提供智力“加油站”》，《中国民族报》2019 - 05 - 24。

［92］何剑，刘琳，董丹丹：《新疆少数民族富余劳动力外出务工影响因素分析——基于结构方程模型的实证》，《江苏农业科学》2016 年第 6 期。

［93］何珺子，王小军：《认知能力和非认知能力的教育回报率——基于国际成人能力测评项目的实证研究》，《经济与管理研究》2017 年第 5 期。

［94］何立华，成艾华：《人口较少民族聚居区教育发展问题的实证研究——基于第五、六次全国人口普查的分县数据》，《民族教育研究》2016 年第 1 期。

［95］何山河：《阿昌族人才现状与培养对策研究》，中央民族大学，2013 年。

［96］何晓清：《国家扶持人口较少民族的政策导向研究——以内蒙古鄂伦春自治旗鄂伦春族为例》，《新西部（下旬刊）》（理论版）2011 年第 9 期。

［97］何筠，张波：《江西产业结构调整与人力资源开发关系实证研究》，《中国人口·资源与环境》2006 年第 3 期。

［98］何志鹏：《我国人口较少民族发展问题研究》，《西北民族大学学报

(哲学社会科学版)》2013 年第 4 期。

［99］贺立龙，朱方明：《精准扶贫的一个经济学解释》，《经济研究参考》2019 年第 15 期。

［100］黑河市中俄边民互市贸易区战略研究课题组，徐志尧，杜久武，高国清，李宏学，刘宝林，汤仁国，吴海峰：《开创兴边富民之路——黑河—布拉戈维申斯克中俄边民互市贸易区发展战略研究报告》，《黑河学刊》2001 年第 1 期。

［101］洪平平，殷小娟，郭奋：《习近平精准扶贫观的理论与实践》，《中共南昌市委党校学报》2019 年第 6 期。

［102］侯星芳：《李斯特〈政治经济学的国民体系〉评述》，《苏州大学学报》1988 年第 4 期。

［103］胡超，孙李傲：《“兴边富民”行动的经济增长、结构调整与民生改善效应评估——基于“倍差法”的估计》，《西北民族大学学报（哲学社会科学版)》2017 年第 5 期。

［104］胡超，张丞，孙李傲：《我国“兴边富民行动”的经济绩效评估——以广西和云南为样本的双重差分模型分析》，《西部论坛》2016 年第 6 期。

［105］胡德龙：《人力资本与经济发展：理论与实证》，《江西人民出版社》2008 年版。

［106］胡乐明：《“交易”范畴的演化——从康芒斯到威廉姆森》，《山东财政学院学报》2001 年第 1 期。

［107］胡丽华：《加快人口较少民族地区经济社会发展的探讨》，《理论与当代》2010 年第 7 期。

［108］胡清惠，阿南：《内蒙古人口较少民族扶持政策实施效果调查——以鄂温克族自治旗为例》，《内蒙古财经大学学报》2014 年第 5 期。

［109］黄淑萍：《福建省扶持高山族发展的政策研究》，《福建省社会主义学院学报》2017 年第 2 期。

［110］黄新华：《政治过程、交易成本与治理机制——政策制定过程的交易成本分析理论》，《厦门大学学报（哲学社会科学版)》2012 年第 1 期。

［111］霍灵光，陈媛媛：《英语技能在中国劳动力市场的工资溢价测算》，《南方经济》2017 年第 12 期。

［112］霍秋芬：《诺斯视角下的交易成本和意识形态》，《邢台学院学报》

2011 年第 1 期。

［113］［美］加里·贝克尔著：《人力资本》，梁小民译，北京大学出版社 1987 年版。

［114］蒋剑勇，钱文荣，郭红东：《农民创业机会识别的影响因素研究——基于 968 份问卷的调查》，《南京农业大学学报（社会科学版）》2014 年第 1 期。

［115］景跃军，刘晓红：《基于卢卡斯溢出模型的我国人力资本对经济增长贡献率测算》，《东南学术》2013 年第 1 期。

［116］［美］康芒斯著：《制度经济学》，于树生译，商务印书馆 1981 年版。

［117］康忠德，龚高旺：《试论语言符号任意性与语言统一的可行性》，《湖南科技学院学报》2006 年第 2 期。

［118］孔德丰，刘凤存：《人力资本：概念和特征》，《河北大学成人教育学院学报》2015 年第 4 期。

［119］孔微巍，廉永生，刘聪：《人力资本投资、有效劳动力供给与高质量就业》，《经济问题》2019 年第 5 期。

［120］雷开春：《上海城市新移民与本地人群体关系的交往策略研究》，《社会》2012 年第 2 期。

［121］李成友，孙涛，焦勇：《要素禀赋、工资差距与人力资本形成》，《经济研究》2018 年第 10 期。

［122］李丹萍：《风险社会与西部边疆民族地区维护社会稳定评价指标体系的建立》，《知识经济》2013 年第 18 期。

［123］李芳：《集中连片特困地区义务教育精准扶贫制度模式探究——基于帕森斯的社会行动理论》，《华东师范大学学报（教育科学版）》2019 年第 2 期。

［124］李光明，潘明明：《就业能力、择业预期与维吾尔族农村劳动力外出务工意愿》，《人口与经济》2014 年第 6 期。

［125］李光明，孙明霞：《人力资本存量对维吾尔族农村劳动力外出务工意愿的影响分析》，《湖北农业科学》2016 年第 6 期。

［126］李光勤，曹建华，邵帅：《语言多样性与中国对外开放的地区差异》，《世界经济》2017 年第 3 期。

［127］李纪恒：《坚定信心 整合资源 加大投入 促进人口较少民族聚居区

实现跨越发展——在全省扶持人口较少民族发展工作会议上的讲话》，《今日民族》2011 年第 11 期。

［128］李佳颖：2017 年广西贫困人口减少 95 万人．http：//www.ddgx.cn/html/2018/0428/21641.html，2018－04－28/2019－11－08.

［129］李晶：《对扶持人口较少民族发展政策的比较研究》，《内蒙古财经学院学报（综合版）》2010 年第 4 期。

［130］李俊杰，董成云：《扶持人口较少民族涉农政策研究——以云南省宁蒗县普米族为例》，《青海民族大学学报（社会科学版）》2014 年第 3 期。

［131］李练军：《中小城镇新生代农民工市民化意愿影响因素研究——基于江西省 1056 位农民工的调查》，《调研世界》2015 年第 3 期。

［132］李玲，蒋洋梅，孙倩文：《新人力资本理论下学前教育经历对初中生能力发展的影响》，《学前教育研究》2020 年第 1 期。

［133］李敏：《我国民汉双语教育政策发展主要特征——基于六次全国民族教育工作会议政策文本的分析》，中央民族大学，2018 年。

［134］李明辉，杨金江，汪善荣，白琴芳，张艳磊，杨建荣：《云南扶持人口较少民族文化教育发展调查研究》，《经济研究导刊》2015 年第 3 期。

［135］李娜：《人口较少民族扶贫开发政策实施研究》，中央民族大学，2010 年。

［136］李秦，孟岭生：《方言、普通话与中国劳动力区域流动》，《经济学报》2014 年第 4 期。

［137］李若青：《云南扶持人口较少民族发展政策的实践对策研究》，云南大学，2011 年。

［138］李若青：《云南扶持人口较少民族发展政策的实践启示》，《云南行政学院学报》2011 年第 3 期。

［139］李守身，黄永强：《贝克尔人力资本理论及其现实意义》，《江淮论坛》2001 年第 5 期。

［140］李晓斌，杨晓兰：《扶持人口较少民族政策实践的效果及存在的问题——以云南德昂族为例》，《中南民族大学学报（人文社会科学版）》2010 年第 6 期。

［141］李焱：《云南省人口较少民族人口政策研究》，吉林大学，2013 年。

［142］李英勤，梁珊：《生态脆弱地区人口较少民族发展问题研究——以贵州毛南族为例》，《凯里学院学报》2011 年第 5 期。

［143］李宇明：《为脱贫贡献“语言之力”》，《光明日报（语言文字版）》2019 年 9 月 21 日。

［144］李宇明：《语言资源观及中国语言普查》，《郑州大学学报（哲学社会科学版）》2008 年第 1 期。

［145］李正彪，薛勇军：《人力资本外溢性、技术进步及其对经济均衡增长的影响》，《技术经济》2019 年第 4 期。

［146］李志平：《人口较少民族政策下的景颇族人口经济发展思考——基于人口经济学视角分析》，《产业与科技论坛》2011 年第 18 期。

［147］李志平：《我国人口较少民族扶持发展政策及实践探索——兼论景颇族人口较少民族发展试验区的构建》，《淮海工学院学报（人文社会科学版）》2012 年第 10 期。

［148］李舟，周超：《对舒尔茨人力资本理论的理解与思考》，《江南论坛》2019 年第 6 期。

［149］联合国教科文组织：《保护和促进世界语言多样性 岳麓宣言》，《语言战略研究》2019 年第 3 期。

［150］廉超，陆凤娟：《广西边境地区新型城镇化水平评估与实现路径研究》，《当代经济》2018 年第 13 期。

［151］梁源：《基于新常态下的广西经济转型分析》，《现代营销（下旬刊）》2018 年第 5 期。

［152］廖乐焕，赵金洪：《兴边富民行动的实践与成效考察——以云南耿马傣族佤族自治县为例》，《黑龙江民族丛刊》2011 年第 6 期。

［153］凌彬彬：《共享发展理念下的内蒙古“兴边富民行动”研究》，内蒙古大学，2017 年。

［154］凌经球：《论民族地区深度贫困脱贫攻坚的路径创新》，《改革与战略》2018 年第 12 期。

［155］刘楚群：《劳动者收入与国家通用语言认知的相关性调查研究》，《语言文字应用》2019 年第 4 期。

［156］刘德权，王曙光：《黑龙江省边境县市“兴边富民”行动经济绩效的实证研究》，《哈尔滨商业大学学报（社会科学版）》2015 年第 6 期。

［157］刘芳芳，尚明瑞，王建兵，杜晓帆：《城镇化进程中农民工创业意愿及其影响因素研究——基于甘肃省农民工调查数据的实证分析》，《中国农学通报》2015 年第 18 期。

［158］刘贯春，刘媛媛，张军：《中国省级经济体的异质性增长路径及模式转换——兼论经济增长源泉的传统分解偏差》，《管理世界》2019 年第 6 期。

［159］刘广珠，李中斌：《如何定价技术创新中的人力资本》，《中国人力资源开发》2003 年第 4 期。

［160］刘国辉：《中国的外语教育：基于语言能力回报率的实证研究》，山东大学，2013 年。

［161］刘国辉，张卫国：《语言环境、经济激励与外语能力的提高：基于语言经济学视角的外语习得影响因素研究》，《外语教学理论与实践》2017 年第 4 期。

［162］刘国辉，张卫国：《中国城市劳动力市场中的“语言经济学”：外语能力的工资效应研究》，《山东大学学报（哲学社会科学版）》2016 年第 2 期。

［163］刘杰，张红艳，陈政：《新生代农民工市民化程度的测度及其影响因素——基于人力资本与社会资本耦合的视角》，《长沙大学学报》2018 年第 4 期。

［164］刘泉：《外语能力与收入——来自中国城市劳动力市场的证据》，《南开经济研究》2014 年第 3 期。

［165］刘苏荣：《扶持人口较少民族专项项目评析——基于对云南省兰坪县的调查》，《贵州民族研究》2014 年第 2 期。

［166］刘苏荣：《论扶持人口较少民族政策在实施中面临的问题——基于对我国 4 个人口较少民族自治县的调查》，《西南民族大学学报（人文社会科学版）》2015 年第 1 期。

［167］刘苏荣：《论人口较少民族对农村社会救助的现实需求——基于对 8 个人口较少民族 245 户家庭的入户调查》，《湖北民族学院学报（哲学社会科学版）》2016 年第 3 期。

［168］刘苏荣：《人口较少民族聚居地区教育扶持的基本策略——基于对我国几个人口较少民族自治县的调查》，《人民论坛》2016 年第 5 期。

［169］刘苏荣：《人口较少民族聚居地区农村反贫困策略研究——基于对我国 4 个人口较少民族自治县的调查》，《湖北民族学院学报（哲学社会科学版）》2017 年第 1 期。

［170］刘苏荣：《人口较少民族聚居地区农村社会救助现状分析——以云南省贡山县为例》，《曲靖师范学院学报》2016 年第 1 期。

［171］刘苏荣：《人口较少民族聚居地区县域经济的困境及对策——基于对环江、罗城、兰坪、贡山民族自治县的调查》，《改革与战略》2016 年第 3 期。

［172］刘苏荣：《我国扶持人口较少民族政策实施效果调查——以云南省贡山县独龙江乡为例》，《人民论坛》2015 年第 21 期。

［173］刘苏荣，刘黎：《人口较少民族聚居地区城乡医疗救助现状调查》，《红河学院学报》2016 年第 4 期。

［174］刘伟，张立元：《经济发展潜能与人力资本质量》，《管理世界》2020 年第 1 期。

［175］刘晓春：《人口较少民族的特殊性与发展对策》，《黑龙江民族丛刊》2017 年第 2 期。

［176］刘兴全，肖琼，黄莉，王艳：《我国扶持人口较少民族发展政策研究——基于对云南、贵州人口较少民族发展的调研》，《西南民族大学学报（人文社科版）》2017 年第 7 期。

［177］刘扬：《云南人口较少民族扶贫问题研究》，昆明理工大学，2012 年。

［178］刘毓芸，戴天仕，徐现祥：《汉语方言、市场分割与资源错配》，《经济学（季刊）》2017 年第 4 期。

［179］刘毓芸，徐现祥，肖泽凯：《劳动力跨方言流动的倒 U 型模式》，《经济研究》2015 年第 10 期。

［180］柳井术：《新时期赫哲族聚居地区社会发展研究报告》，哈尔滨工程大学，2010 年。

［181］卢凌：《广西靖西县边境贸易发展研究》，广西民族大学，2012 年。

［182］卢盛峰，陈悦：《语言的力量：讲本地话增进了流动人口的社会融合吗?》，《经济科学》2019 年第 4 期。

［183］陆峰，唐明知：《新常态下广西经济转型问题研究》，《区域金融研究》2017 年第 7 期。

［184］陆凤莲：《广西边境贸易在边境民族地区经济社会发展中的效用分析》，《中国市场》2011 年第 28 期。

［185］陆鹏：《广西壮族自治区靖西县“兴边富民行动”实施效果研究》，中央民族大学，2011 年。

［186］罗锦生：《略论美国语言发展的多样化与统一性问题》，《赤峰学院

学报（汉文哲学社会科学版）》2008 年第 11 期。

［187］［美］罗纳德·G. 伊兰伯格，罗伯特·S. 史密斯著：《现代劳动经济学》（第十版），刘昕译，中国人民大学出版社 2012 年版。

［188］罗竖元：《农民工市民化意愿的模式选择：基于返乡创业的分析视角》，《南京农业大学学报（社会科学版）》2017 年第 2 期。

［189］罗勇，高爽：《异质性人力资本、产业转移和产业结构优化》，《工业技术经济》2019 年第 12 期。

［190］吕俊彪，赵业：《“文化兴边”：兴边富民行动的另类选择》，《广西民族研究》2019 年第 1 期。

［191］马双，赵文博：《方言多样性与流动人口收入——基于 CHFS 的实证研究》，《经济学（季刊）》2019 年第 1 期。

［192］［加］迈克尔·豪利特，M. 拉米什著：《公共政策研究》，庞诗译，生活·读书·新知三联书店 2006 年版。

［193］满珂：《“扶持人口较少民族发展”被写入国家“十二五”规划建议》，《西北民族研究》2010 年第 4 期。

［194］毛其淋：《人力资本推动中国加工贸易升级了吗?》，《经济研究》2019 年第 1 期。

［195］梅建明，袁玉洁：《农民工市民化意愿及其影响因素的实证分析——基于全国 31 个省、直辖市和自治区的 3375 份农民工调研数据》，《江西财经大学学报》2016 年第 1 期。

［196］美玉：《肃南裕固族自治县基础教育均衡发展的实证研究》，西北师范大学，2011 年。

［197］闵敏：《从语言与社会发展看二者的共变》，《西安文理学院学报（社会科学版）》2005 年第 6 期。

［198］莫丽敏：《扶持人口较少民族发展政策研究》，广西民族大学，2013 年。

［199］纳克斯·雷格纳著：《不发达国家的资本形成问题》，谨斋译，商务印书馆 1986 年版。

［200］南国早报：投资 173 亿！2019 年广西计划建设农村公路超 5000 公里 . https：//baijiahao. baidu. com/s？ id = 1623434480519406469&wfr = spider&for = pc，2019 －01 －23/2019 －11 －08.

［201］楠顶：《内蒙古“兴边富民行动”政策执行问题研究》，内蒙古大

学，2016 年。

［202］楠顶，马尚云：《内蒙古“十三五”时期扶持人口较少民族发展政策执行对策建议》，《前沿》2017 年第 6 期。

［203］欧元明：《第二轮扶持人口较少民族发展规划中期成效与思考》，《中南民族大学学报（人文社会科学版）》2015 年第 4 期。

［204］潘红祥：《统筹发展：扶持人口较少民族工作的核心理念——云南省贡山独龙族怒族自治县扶持人口较少民族发展调查》，《中南民族大学学报（人文社会科学版）》2010 年第 4 期。

［205］潘明明，李光明：《维吾尔族农民外出务工意愿的非经济影响因素——基于新疆 701 份调查数据分析》，《湖南农业大学学报（社会科学版）》2015 年第 5 期。

［206］朴今海，王春荣：《社会转型视域下东北地区人口较少民族的生存与发展》，《北方民族大学学报（哲学社会科学版）》2018 年第 3 期。

［207］朴君峰：《论兴边富民行动在延边州的实施》，延边大学，2011 年。

［208］钱来琪：《独龙江乡整乡帮扶政策实施研究》，中央民族大学，2012 年。

［209］秦超：《广西边境民族地区公共事务治理研究》，中央民族大学，2015 年。

［210］秦广强：《进京农民工的语言能力与城市融入——基于适应性区群抽样数据的分析》，《语言文字应用》2014 年第 3 期。

［211］人民网：2018 年广西就业三项指标均超额完成 . http：//m. sohu. com/a/298458198_ 114731，2019 - 03 - 01/2019 - 11 - 08.

［212］人民网：广西兴边富民电先行，广西频道 2019 - 04 - 30。

［213］人民网：平南县五措施加大少数民族发展资金产业扶贫项目管理工作 . http：//gx. people. com. cn/n2/2018/0813/c383266 - 31927629. html，2018 - 08 - 13/2019 - 11 - 08.

［214］人民网产经频道：罗黎明委员：民族地区脱贫攻坚至关重要 须注重一二三产业融合发展 . http：//industry. people. com. cn/n1/2019/0310/c413883 - 30967366. html，2019 - 03 - 10/2019 - 07 - 29.

［215］闪神：《额尔古纳市兴边富民行动群众满意度评估》，中央民族大学，2012 年。

［216］沈满洪，张兵兵：《交易费用理论综述》，《浙江大学学报（人文社

会科学版)》2013 年第 2 期。

［217］盛洪:《分工与交易——一个一般理论及其对中国非专业化问题的应用分析》,上海三联书店 1994 年版。

［218］盛洪:《市场扩张、交易费用和生产方式变革》,《管理世界》1990 年第 6 期。

［219］石晶:《建立科学成效评估体系 助力各方资源精准扶贫——精准扶贫成效评价指标体系》,《人民论坛》2018 年第 1 期。

［220］［美］舒尔茨著:《人力资本投资:教育和研究的作用》,蒋斌,张蘅译,商务印书馆 1990 年版。

［221］搜狐网:广西壮族自治区民宗委科学分配少数民族发展资金助推脱贫攻坚工作 . http://www. sohu. com/a/207304902_ 543955,2017 - 11 - 29/2019 - 11 - 08。

［222］孙婧毅:《亚里士多德的致富伦理观及其批判和建设》,《甘肃社会科学》2013 年第 1 期。

［223］孙李傲:《我国兴边富民行动的绩效评估:基于“准自然实验法”的实证》,广西民族大学,2018 年。

［224］孙涛:《语言、制度与后殖民地的增长分岔:一个可能机制的探讨》,《云南师范大学学报(哲学社会科学版)》2018 年第 1 期。

［225］孙文杰,沈坤荣:《人力资本积累与中国制造业技术创新效率的差异性》,《中国工业经济》2009 年第 3 期。

［226］谭冬梅:《扶持人口较少民族发展的政策及其实践研究》,广西民族大学,2012 年。

［227］唐曼萍,李后建:《普通话技能的农户减贫效应研究——基于西部民族地区经济社会的调查》,《中国经济问题》2019 年第 2 期。

［228］滕腾,向秋华:《努力推进兴边富民行动　构建中越边境和谐家园——广西崇左市兴边富民的现状、问题及对策》,《生产力研究》2011 年第 7 期。

［229］土流网:2017 年广西棚户区和农村危房改造建设目标及任务. https://www. tuliu. com/read - 50466. html,2017 - 01 - 20/2019 - 11 - 08。

［230］［美］托马斯·罗伯特·马尔萨斯著:《人口原理》,杨菊华,杜声红译,中国人民大学出版社 2018 年版。

［231］万明钢:《语言多样性是文化多样性的重要条件》,《中国民族教

育》2017 年第 9 期。

[232] 汪轶群:《基于 AHP 方法对兴边富民行动项目效率评估》，中央民族大学，2012 年。

[233] 汪运波，逯进，任龙:《人力资本聚集与溢出效应机制解析》，《江西社会科学》2015 年第 2 期。

[234] 王春超，钟锦鹏:《同群效应与非认知能力——基于儿童的随机实地实验研究》，《经济研究》2018 年第 12 期。

[235] 王春蕊:《禀赋、有限理性与农村劳动力迁移行为研究》，西南财经大学研究生院，2010 年。

[236] 王德强，王峰:《云南人口较少民族发展转型研究：特征、影响因素及实证分析》，《西南民族大学学报（人文社科版）》2015 年第 9 期。

[237] 王飞:《广西兴边富民行动的实施效果评估——基于自然实验的面板数据分析》，《广西社会科学》2014 年第 3 期。

[238] 王刚:《论刚性立法与自组织规则对人口较少民族非物质文化遗产保护之可能贡献》，《河北科技大学学报（社会科学版）》2018 年第 2 期。

[239] 王桂新，武俊奎：《城市农民工与本地居民社会距离影响因素分析——以上海为例》，《社会学研究》2011 年第 2 期。

[240] 王海弘，曹宁，李仲广，何雨晴:《乡村旅游行业中农民创业绩效的影响因素研究》，《辽宁大学学报（哲学社会科学版）》2019 年第 5 期。

[241] 王海兰:《个体语言技能资本投资研究》，山东大学，2012 年。

[242] 王海兰:《国内经济学视角语言与贫困研究的现状与思考》，《语言战略研究》2019 年第 1 期。

[243] 王海兰:《语言多样性与经济发展的互动关系分析》，《制度经济学研究》2017 年第 4 期。

[244] 王海兰，崔萌，尼玛次仁:《“三区三州”地区普通话能力的收入效应研究——以西藏自治区波密县的调查为例》，《云南师范大学学报（哲学社会科学版）》2019 年第 4 期。

[245] 王建民：《论人力资本产权的特殊性》，《财经科学》2001 年第 6 期。

[246] 王金营：《对人力资本定义及涵义的再思考》，《南方人口》2001 年第 1 期。

[247] 王景怿：《从语言多样性与社会发展的相互关系看语言统一的可能

性（英文）》,《语文学刊》2008 第 S1 期。

［248］王凯宏，曲伟：《国家实施兴边富民战略研究——基于沿边 9 省区的调查数据》,《学习与探索》2012 年第 8 期。

［249］王立：《扶持人口较少民族经济发展问题论析》，《前沿》2013 年第 13 期。

［250］王莉宁：《为保护世界语言多样性贡献中国智慧》，2019 年 4 月 24 日《语言文字报》第 2 版。

［251］王美英：《凉山彝族学前教育存在的问题及解决对策研究》,《民族教育研究》2017 年第 1 期。

［252］王明杰，郑一山：《西方人力资本理论研究综述》，《中国行政管理》2006 年第 8 期。

［253］王茜：《广西与越南边境地区安全问题与治理研究》，广西民族大学，2016 年。

［254］王茜芬：《“兴边富民行动”政策的对策思考——以新疆额敏县为例》,《边疆经济与文化》2012 年第 7 期。

［255］王庆生，张行发，郭静：《基于共生理论的乡村旅游精准扶贫模式和路径优化研究——以山东省沂南县竹泉村为例》，《地域研究与开发》2019 年第 3 期。

［256］王文长：《边境地区加快发展需要创新思维》,《中国民族报》2012 年 11 月 30 日。

［257］王晓飞：《中国人口较少民族的贫困问题及扶持政策研究》，中央民族大学，2012 年。

［258］王晓红：《寻求统一性与多样性之间的平衡——全球化视野下的文化选择》,《山东社会科学》2006 年第 5 期。

［259］王新哲，何彩园：《广西边境地区城镇化发展路径探析》,《广西财经学院学报》2015 年第 3 期。

［260］王艳：　《人口较少民族扶持政策效应研究》，西南民族大学，2017 年。

［261］王允武，王杰：《人口较少民族权益及其法律保障研究》,《西南民族大学学报（人文社会科学版）》2011 年第 2 期。

［262］王兆萍，马小雪：《中国少数民族劳动力普通话能力的语言收入效应》,《西北人口》2019 年第 1 期。

[263] 王震:《习近平精准扶贫重要论述的理论构图》,《西南民族大学学报(人文社科版)》2020年第1期。

[264] 韦吉飞,李录堂:《农民创业认知及影响因素研究——基于杨凌农高会参会农民的调查实证分析》,《软科学》2008年第11期。

[265] 韦吉飞,王建华,李录堂:《农民创业行为影响因素研究——基于西北五省区调查的实证分析》,《财贸研究》2008年第5期。

[266] 魏建华:《"人口较少民族"扶贫政策实施背景及模式研究——以云南省保山市为例》,《保山学院学报》2017年第2期。

[267] 魏下海,陈思宇,黎嘉辉:《方言技能与流动人口的创业选择》,《中国人口科学》2016年第6期。

[268] 乌兰:《优化精准扶贫财政政策》,《人民论坛》2019年第19期。

[269] 吴华明:《基于卢卡斯模型的人力资本贡献率测算》,《管理世界》2012年第6期。

[270] 吴小欢:《AHP理论中关于判断矩阵一致性问题研究》,广西大学,2006年。

[271] 伍山林:《交易费用的批评性考察》,《财经研究》2002年第8期。

[272] 伍山林:《交易费用定义比较研究》,《学术月刊》2000年第8期。

[273] 奚云华,朱继英,林巧,杨绍华,戴振华:《幸福写在脸上 西双版纳州扶持人口较少民族发展纪实》,《今日民族》2013年第1期。

[274] 席鸿康,霍子林,王真:《支持人口较少民族聚居地区科学发展的财政思考》,《经济研究参考》2010年第41期。

[275] 冼祥芳:《我国人口较少民族扶持政策研究》,云南财经大学,2015年。

[276] 肖焰,蔡晨:《基于能力理论的人力资本研究综述》,《中国石油大学学报(社会科学版)》2017年第6期。

[277] 谢淑萍,朱婷婷:《东北地区劳动力迁移理论研究综述》,《商业经济》2020年第1期。

[278] 解源:《科技创新是兴边富民的重要着力点》,《中国民族报》2019-05-24。

[279] 新华社:广西村级公共服务中心在贫困村覆盖率达89.56%. http://gx.sina.com.cn/news/sh/2018-08-02/detail-ihhehtqf6203146.shtml, 2018-08-02/2019-11-08.

［280］新华网：广西今年将完成农村危房改造 6 万户 . http：//news. cnr. cn/native/gd/20190326/t20190326 _ 524556501. shtml，2019 - 03 - 26/2019 - 11 - 08.

［281］兴边富民行动“十三五”规划：《边境地区加快发展获重大利好》，《民族论坛》2017 年第 3 期。

［282］徐长恩：《从“援助导向”到“发展媒介”：人口较少民族贫困人口社会救助策略的转变》，《西南民族大学学报（人文社科版）》2016 年第 4 期。

［283］徐现祥，刘毓芸，肖泽凯：《方言与经济增长》，《经济学报》2015 年第 2 期。

［284］许岩，曾国平，尹希果：《中国城市人力资本外部性的收入阶层分布》，《经济科学》2017 年第 2 期。

［285］［美］雅各布 · 明塞尔著：《人力资本研究》，张凤林译，中国经济出版社 2001 年版。

［286］［英］亚当 · 斯密著：《国民财富的性质和原因的研究》，郭大力，王亚南译，商务印书馆 1981 年版。

［287］亚波，闫伟，黄晴，余雪峰：《特殊政策扶持下人口较少民族语言文化保护研究——以珞巴族为例》，《商》2016 年第 2 期。

［288］严庆：《扶持人口较少民族发展理论与政策实践的创新之作》，《中国民族报》2015 年 9 月 1 日。

［289］严涛：《兴边富民行动之内蒙古成效分析》，中央民族大学，2012 年。

［290］闫丽娟，孔庆龙：《政府扶持、社会助力与农民行动——人口较少民族乡村发展的内源动力新探》，《西南民族大学学报（人文社科版）》2016 年第 7 期。

［291］闫沙庆，张利国：《新形势下扶持人口较少民族发展差别化政策研究》，《黑龙江民族丛刊》2016 年第 5 期。

［292］闫沙庆，隋宪忠，张利国：《内蒙古扶持人口较少民族发展政策研究》，《黑龙江民族丛刊》2013 年第 6 期。

［293］杨德丽：《贵州毛南族发展研究》，贵州民族大学，2012 年。

［294］杨海波：《云南“直过民族”教育发展现状探析——从扶持人口较少民族发展规划的视角》，《楚雄师范学院学报》2013 年第 11 期。

［295］杨军昌，华骅：《贵州毛南族人口与社会发展问题试论》，《西南民族大学学报（人文社会科学版）》2014 年第 2 期。

［296］杨丽萍：《新型城镇化进程中的乡镇语言状况调查研究》，扬州大学，2019 年。

［297］杨利锋：《扶持林芝地区人口较少民族的战略思考》，《西藏发展论坛》2013 年第 2 期。

［298］杨连瑞，蔡娉娉：《年龄因素与母语损耗》，《北京第二外国语学院学报》2017 年第 2 期。

［299］杨晔，朱晨，谈毅：《方言能力、语言环境与城市移民创业行为》，《社会》2019 年第 1 期。

［300］杨志雄 黄艳梅：《广西“兴边富民行动”扶持边境地区发展特色优势产业》，《广西经济》2014 年第 12 期。

［301］叶慧：《少数民族发展资金使用绩效评价及优化》，《西南民族大学学报（人文社会科学版）》2019 年第 2 期。

［302］殷俊，徐艺芳：《粤港澳大湾区的语言多样性与语言战略问题》，《云南师范大学学报（哲学社会科学版）》2019 年第 6 期。

［303］银杰：《论人口较少民族传统文化的保护与发展》，内蒙古农业大学，2013 年。

［304］游俊，李晓冰：《同频共振 相得益彰 浅论民族地区脱贫攻坚与民族团结进步创建之关系》，《中国民族》2018 年第 2 期。

［305］于春波：《影响第二语言语音获得年龄因素的研究综述》，东北师范大学，2009 年。

［306］于东兴：《语言的新制度经济学视角》，《现代商业》2014 年第 27 期。

［307］俞林，印建兵，许敏：《新生代农民工市民化约束因素及价值感知驱动模型》，《人口与经济》2019 年第 6 期。

［308］袁利平，丁雅施：《教育扶贫政策实施效果评估指标体系的构建》，《教育研究》2019 年第 8 期。

［309］袁泽高：《语言多样性与国际间语言平等》，提交给“湖北省世界语协会 .2005 年世界语研讨会论文集 .”的论文，湖北省世界语协会，2005 年。

［310］［瑞典］约翰·克劳奈维根编：《交易成本经济学及其超越》，朱

舟，黄瑞虹译，上海财经大学出版社 2002 年版。

［311］［美］詹姆斯·M. 布坎南著：《自由、市场和国家》，北京经济学院出版社 1989 年版。

［312］战成秀：《当代中国兴边富民战略研究》，吉林大学，2013 年。

［313］张创伟，范全青，陈兰，陈洪波：《近二十年浙江省教育对经济增长的贡献研究——人力资本理论的视角》，《终身教育研究》2019 年第 3 期。

［314］张帆，徐元峰，杨文明：《决不让一个兄弟民族掉队　云南扶持人口较少民族发展综述》，《今日民族》2014 年第 10 期。

［315］张国峰：《浅析日本语言政策的统一性和多样性》，《景德镇学院学报》2016 年第 1 期。

［316］张国平：《关于人口较少民族研究中一些问题的思考》，《法制与社会》2012 年第 35 期。

［317］张洪霞：《新生代农民工市民化的影响因素研究——基于全国 797 位农民工的实证调查》，《调研世界》2014 年第 1 期。

［318］张嘉斐：《“兴边富民行动”政策现状研究》，《现代商业》2015 年第 11 期。

［319］张军，张慧慧，徐力恒：《劳动力市场分割的技能偏向如何影响家庭人力资本投资》，《中国工业经济》2018 年第 8 期。

［320］张理：《广西边境地区农村公共文化服务供给有效性研究》，广西大学，2018 年。

［321］张丽君，罗玲，吴本健：《民族地区深度贫困治理：内涵、特征与策略》，《北方民族大学学报（哲学社会科学版）》2019 年第 1 期。

［322］张琦，史志乐：《我国教育脱贫工作绩效评价指标体系构建》，《教育与经济》2018 年第 2 期。

［323］张全红，周强：《精准扶贫政策效果评估——收入、消费、生活改善和外出务工》，《统计研究》2019 年第 10 期。

［324］张韬：《中国人口较少民族发展问题研究》，中央民族大学，2010 年。

［325］张卫国：《作为人力资本、公共产品和制度的语言：语言经济学的一个基本分析框架》，《经济研究》2008 年第 2 期。

［326］张璇：《群山深处：一片情热了一个村——广西罗城、环江扶持人口较少民族发展事业纪实》，《中国民族》2016 年第 4 期。

［327］张银花，阿娜尔：《扶持人口较少民族发展政策的持续及完善——内蒙古自治区扶持人口较少民族发展政策的实践成效调研》，《内蒙古农业大学学报（社会科学版）》2010 年第 12 期。

［328］张英，龙安娜，冯莉：《二十年兴边富民政策与实践的研究与展望》，《广西民族研究》2019 年第 1 期。

［329］张应良，汤莉：《农民创业绩效影响因素的研究——基于对东部地区 284 个创业农民的调查》，《华中农业大学学报（社会科学版）》2013 年第 4 期。

［330］赵新国，刘洁婷：《人口较少民族扶持政策实施效果调查——以云南景洪市基诺山乡为例》，《黑龙江民族丛刊》2012 年第 2 期。

［331］赵新国，毛燕：《云南扶持人口较少民族工作的实践及其成效考察》，《云南民族大学学报（哲学社会科学版）》2012 年第 5 期。

［332］赵延朋：《人力资本会计研究综述》，《绿色财会》2012 年第 1 期。

［333］赵颖：《语言能力对劳动者收入贡献的测度分析》，《经济学动态》2016 年第 1 期。

［334］赵子乐，林建浩：《经济发展差距的文化假说：从基因到语言》，《管理世界》2017 年第 1 期。

［335］郑秀芝，邱乐志，张益丰：《农民创业绩效影响因素分析和实证检验》，《统计与决策》2019 年第 15 期。

［336］郑妍妍，周昕，吴书瑶：《全球化与学英语的回报——来自中国微观调查数据的经验研究》，《中央财经大学学报》2015 年第 6 期。

［337］中国搜索：广西 5 年完成农村危房改造逾 90 万户．https：//baijiahao. baidu. com/s？id = 1593718470254060535&wfr = spider&for = pc，2018 - 03 - 01/2019 - 11 - 08.

［338］中华人民共和国财政部：广西“三个提高”优化少数民族发展资金投向切实发挥资金效益．http：//www. mof. gov. cn/xinwenlianbo/guangxicaizhengxinxilianbo/201701/t20170111 _ 2518198. htm，2017 - 01 - 11/2019 - 11 - 08.

［339］中央广电总台国际在线：广西下达千亿资金推动少数民族民生及文化建设．http：//gx. cri. cn/20180621/6a92fff0 - f899 - 40b6 - 75e2 - 249d4bac3023. html，2018 - 06 - 21/2019 - 11 - 09.

［340］钟国云，陈欢：《习近平关于新时代脱贫攻坚战略重要论述的多维

度探析》,《理论导刊》2018 年第 12 期。

[341] 钟庆才:《人力资本含义的新认识》,《新经济》2004 年第 2 期。

[342] 钟水映，余远:《人口老龄化、人力资本结构对区域产业升级影响的实证分析》,《统计与决策》2017 年第 16 期。

[343] 钟先锋，梁舒妍，王漫君，刘静思，黄桂东:《罗定市围底镇山区贫困村的“三下乡”调研报告——基于留守老人与儿童、水资源及农药使用现状》,《农村经济与科技》2018 年第 5 期。

[344] 周皓:《流动人口社会融合的测量及理论思考》,《人口研究》2012 年第 3 期。

[345] 周洁:《经济新常态下扶持人口较少民族发展政策研究》,《知识经济》2016 年第 11 期。

[346] 周民良，杭正芳:《以边境经济合作区建设推动兴边富民进程》,《开发研究》, 2011 年第 1 期。

[347] 周民良，马博，刘云喜:《兴边富民政策实施效果与转型问题研究——关于呼伦贝尔市与兴安盟五旗市兴边富民政策实施的调研报告》,《民族研究》2014 年第 6 期。

[348] 周明朗:《语言价值观与语言多样性》,《云南师范大学学报（哲学社会科学版)》2019 年第 5 期。

[349] 周仕兴，廖梦芝:《广西兴边富民行动成效显著》,《光明日报》2018 - 11 - 30。

[350] 周思睿:《科技为扶持人口较少民族发展加力》,《云南科技管理》2011 年 2 期。

[351] 周雯:《广西兴边富民行动成效研究》，广西大学，2018 年。

[352] 周骁骏，童政:《广西兴边富民行动成效显著，推动边境 3 市 8 县发展》,《中国经济》2018 年 12 月。

[353] 周燕，潘遥:《财政补贴与税收减免——交易费用视角下的新能源汽车产业政策分析》,《管理世界》2019 年第 10 期。

[354] 周永军，马子豪:《宁夏生态移民区移民语言使用状况实证研究》,《宁夏大学学报（人文社会科学版)》2018 年第 6 期。

[355] 朱丹:《“人力资本”与“劳动力商品”的辨析与批判》,《湖北社会科学》2020 年第 1 期。

[356] 朱海就:《对交易费用理论的反思》，2019 年 9 月 23 日《深圳特区

报》理论版 B07 版。

［357］朱琳，刘彦随：《城镇化进程中农民进城落户意愿影响因素——以河南省郸城县为例》，《地理科学进展》2012 年第 4 期。

［358］朱世达：《当代美国文化与社会》，中国社会科学出版社 2000 年版。

［359］朱玉福：《“兴边富民行动”的意义》，《广西民族研究》2007 年第 4 期。

［360］朱玉福：《扶持人口较少民族发展：期待理论与实践的突破》，《中国民族报》2011 年 11 月 11 日。

［361］朱玉福：《兴边富民行动 10 周年：成就、经验及对策》，《广西民族研究》2011 年第 1 期。

［362］朱玉福：《中国扶持人口较少民族的成就、经验及对策》，《黑龙江民族丛刊》2012 年第 5 期。

［363］朱玉福：《中国扶持人口较少民族政策实践程度评价及思考》，《广西民族研究》2011 年第 4 期。

［364］朱玉福：《中国人口较少民族的法律保护探讨》，《满族研究》2011 年第 3 期。

［365］朱玉福，王军旗，伍淑花：《可持续发展视角下的人口较少民族经济发展模式研究》，《贵州民族研究》2016 年 7 期。

［366］朱玉福，伍淑花：《人口较少民族传统文化保护探讨》，《黑龙江民族丛刊》2011 年第 3 期。

［367］朱玉福，伍淑花：《人口较少民族地区精准扶贫的成效及其经验——基于西藏边境地区南伊珞巴民族乡的调查》，《黑龙江民族丛刊》2018 年第 5 期。

［368］朱玉福，伍淑花：《找准路子是人口较少民族发展的关键——以内蒙古边境小镇恩和俄罗斯族民俗家庭游为例》，《广西民族研究》2016 年第 2 期。

［369］朱玉福，伍淑花：《中国扶持人口较少民族发展的政策及其实践研究》，《贵州民族研究》2011 年第 3 期。

［370］朱玉福，周成平：《人口较少民族教育事业发展研究》，《民族教育研究》2010 年第 4 期。

［371］卓凤：《广西壮汉双语教学的案例研究》，广西师范大学硕士学位

论文，2016 年。

[372] 自治区民委：《扶持人口较少民族发展　保护和发展少数民族特色村寨》，《内蒙古日报（汉）》2015 年 7 月 9 日。

[373] 自治区民宗委网：广西民宗委深入实施精准扶贫工作 . http：//www. gxmzb. net/content/2017 - 04/26/content_ 20831. htm，2017 - 04 - 26/2019 - 11 - 08.

[374] 自治区人力资源社会保障厅：2017 年主要工作目标完成情况和主要工作措施及亮点 . http：//rst. gxzf. gov. cn/gxrst2018xxgk/xxgk/ghjh/201806/t20180621_ 89380. html，2017 - 12 - 12/2019 - 11 - 08.

[375] 字军，张琦：《云南省金融支持人口较少民族发展调查与思考》，《时代金融》2011 年第 20 期。

[376]《扶持人口较少民族发展取得的成就是民族工作的一大亮点》，《中国民族》2018 年第 12 期。

[377]《广西实施兴边富民行动取得了阶段性成果》，科技日报社广西记者站 2018 年 11 月 30 日。

[378]《国家民委举办扶持人口较少民族发展研讨会》，《中国民族》2015 年第 6 期。

[379]《国家制定兴边富民行动“十三五”规划》，《中国经济月报》2017 年第 6 期。

[380]《决不让一个兄弟民族掉队——云南省开展扶持人口较少民族发展工作六年纪实》，《今日民族》2011 年第 7 期。

[381]《梁河县 2010 年扶持人口较少民族工作综述》，《今日民族》2011 年第 7 期。

[382]《省外信息》，《今日民族》2016 年第 7 期。

[383]《新疆出台规划扶持人口较少民族发展》，《城市规划通讯》2012 年第 1 期。

[384]《扬起风帆的海洋民族——广西扶持人口较少民族京族发展纪实》，《桂海论丛》2011 年第 6 期。

[385]《“一步跨千年”之后，党和国家扶持人口较少民族掠影》，《中国民族》2018 年第 12 期。

[386] Aldashev A，Gernandt J，Thomsen S L. “Language usage，participation，employment and earnings：evidence for foreigners in west Germany with multi-

ple sources of selection", Labour Economics, vol. 16, 2009.

[387] Azam M, Chin A, Prakash N. "The returns to English-language skills in India", Economic Development and Culture Change, vol. 61, 2013.

[388] Carliner G. "Wage differences by language group and the market for language skills in Canada", The Journal of Human Resources, vol. 16, 1981.

[389] Casale D, Posel D. "English language proficiency and earnings in a developing country: the case of South Africa", The Journal of Socio-Ecnomics, vol. 40, 2011.

[390] Chang H O, Selmier W T, Lien D. "International trade, foreign direct investment, and transaction costs in language", Journal of Socio-Economics, vol. 40, 2011.

[391] Chen Z, Lu M, Xu L. "Returns to dialect Identity exposure through language in the Chinese labor market", China Economic Review, vol. 30, 2014.

[392] Chiswick B R, Patrinos H A, Hurst M E. "Indigenous language skills and the labor market in a developing economy: Bolivia", Economic Development and Culture Change, vol. 48, 2000.

[393] Church J, King I. "Bilingualism and network externalities", Canadian Journal of Economics, vol. 26, 1993.

[394] Davia M A. Wang T, Gámez M. "Language proçciency and immigrants' labor market outcomes in post-crisis Spain", Munich Personal RePEc Archive, 2019.

[395] Di Paolo A, Tansel A. "Returns to foreign language skills in a developing country: the case of Turkey", The Journal of Development Studies, vol. 51, 2015.

[396] Dovì M-S. "Does higher language proficiency decrease the probability of unemployment? Evidence from China", China Economic Review, vol. 54, 2019.

[397] Dustmann C, Fabbri F. "Language proficiency and labour market performance of immigrants in the UK", The Economic Journal, vol. 113, 2003.

[398] Enke S. "Economics development with unlimited supplies of labor", Oxford Economic Papers, vol. 14, 1962.

[399] Gao W, Smyth R. "Economic returns to speaking 'standard Mandarin' among migrants in China's urban labour market", Economics of Education Review, vol. 30, 2011.

[400] Lewis W A. “Economic development with unlimited supplies of labor”, The Manchester School, vol. 22, 1954.

[401] McManus W. “Labor market assimilation of immigrants: the importance of language skills”, Contemporary Economic Policy, vol. 3, 1985.

[402] McManus W, Gould W, Welch F. “Earnings of Hispanic Men: the role of English language proficiency”, Journal of Labor Ecnomics, vol. 1, 1983.

[403] Melitz J. “Language and foreign trade”, European Economic Review, vol. 52, 2008.

[404] Samuel J, Woloski B. “The labour market experiences of Canadian immigrants”, International Migration, vol. 23, 1985.

[405] Selmier II W T, Oh C H. “The power of major trade language in trade and foreign direct investment”, Review of International Political Economy, vol. 20, 2013.

[406] Shaffer H G. “Investment in human capital: comment”, The American Economic Review, vol. 51, 1961.

[407] Skutnabb-Kangas T, Harmon D. “Biological diversity and language diversity: parallels and differences”, Handbook of Ecolinguistics, 2015.

[408] Swedberg P. “The impact of education and host language skills on the labor market outcomes of immigrants in Spain”, Investigaciones de Economia de la Education, vol. 5, 2010.

[409] Zhou T, Zhu R, Zheng X. “Second language skills and labor market outcomes: Evidence from the handover of Hong Kong”, China Economic Review, vol. 59, 2019.

[410] Zorlu A, Hartog J. “The Impact of Language on Socioeconomic Integration of Immigrants”, Institute of Labor Economics, vol. 4, 2018.

后　记

2021 年 9 月，中共中央政治局常委、全国政协主席汪洋在参观“党的光辉照边疆 各族儿女心向党——全国兴边富民成就展”时强调，做好新时代固边兴边富民工作，要学习领会好中央民族工作会议精神，完整、准确、全面把握和贯彻习近平总书记关于加强和改进民族工作的重要思想，坚持党的全面领导，坚持以人民为中心，坚持以铸牢中华民族共同体意识为主线，坚持从实际出发完善差别化区域支持政策，坚持发挥好中央、地方和各方面积极性创造性，要继续实施好固边兴边富民行动，加快促进边境地区、民族地区服务和融入新发展格局，实现高质量发展，为全面建设社会主义现代化国家作出新贡献。这为新时期我国边境地区以铸牢中华民族共同体意识为主线，调整和完善兴边富民行动政策及其实施效果评估体系指明了方向，也为本书的进一步完善提供了重要指导。

本书从撰写到出版，前后历经了 3 年多的时间。首先，对撰稿过程中给予指导帮助的张晓华老师（广西财经学院）、朱银勉老师（广西民族大学）以及参与调研的广西民族大学硕士研究生蒙思敏、程凡等同学表示衷心的感谢。同时，也非常感谢中国财政经济出版社为本书出版付出艰辛劳动的各位编辑。

由于疫情的影响，以及时间和精力有限，本书无论是在内容的全面性、系统性，还是数据的完整性方面，都难免存在疏漏与不足之处，敬请各位专家多提宝贵意见。

作　者

2021 年 12 月 25 日